建设工程项目全过程管理操作指南

董发根　主编

中国建筑工业出版社

图书在版编目(CIP)数据

建设工程项目全过程管理操作指南／董发根主编．
北京：中国建筑工业出版社，2017.11（2025.11重印）
ISBN 978-7-112-21525-6

Ⅰ．①建… Ⅱ．①董… Ⅲ．①基本建设项目－项目管
理－指南 Ⅳ．①F284-62

中国版本图书馆CIP数据核字（2017）第280800号

责任编辑：赵晓菲　张智芊
责任校对：焦　乐　姜小莲

建设工程项目全过程管理操作指南
董发根　主编

*

中国建筑工业出版社出版、发行（北京海淀三里河路9号）
各地新华书店、建筑书店经销
北京锋尚制版有限公司制版
建工社（河北）印刷有限公司印刷

*

开本：787×1092毫米　1/16　印张：29¾　字数：648千字
2017年11月第一版　2025年11月第八次印刷
定价：70.00元
ISBN 978－7－112－21525－6
（31090）

《建设工程项目全过程管理操作指南》
编委会

序

　　随着时代的发展和社会的进步，我国建筑业进入快速发展期。绿色建筑与建筑工业化的全面实施、BIM技术的运用和全过程工程咨询等先进管理理念及技术的不断引入，必将把我国的建筑水平推向新的高度，与此同时，对建设工程项目的管理要求越来越高，管理水准也会和世界先进水平越来越近，这是全体建设工程项目管理者的机遇和挑战，也是时代赋予我们的责任。

　　建设工程项目管理，涉及政府多个部门，其中建设行政主管部门主要负责建设工程实施时期的管理。正如本书主编董发根所说，目前国内还没有一本从项目设想到设计建造，再到投入使用直至拆除再利用全过程的建设工程项目管理用书。看了《建设工程项目全过程管理操作指南》书稿后，我有三个想法：一是本书的编著需要付出巨大精力，我对作者及其团队的敬业精神表示敬佩；二是全书通俗实用，主次分明，重点突出，过程全面，为规范和提高建设工程项目的管理水平起到了很好的促进作用；三是作为一本实用性很强的书，且填补了国内类似书籍的空白，我认为本书可以作为建设工程项目管理的指导和参考用书。正是鉴于上述想法，我为作者团队引荐了多位国内造诣很深的专家对全书进行修正和完善，使本书更加具有实用性、针对性和权威性。

　　《建设工程项目全过程管理操作指南》不仅仅是建筑工程项目全过程管理的操作指南，书中还列举了建设工程项目管理中的重要过程和关键点的把控，质量通病的产生与防治，以及工程实例等，这些都是作者团队多年呕心沥血实践经验之总结，既有较高的专业水准，也有很多管理理念、模式和工具上的创新，这正是本书精华之处。同时，本书对提高和规范建设工程项目管理也提出了很多建设性的意见及建议，譬如建设目标的科学确定，市场调查与工程咨询的引入，拆迁场地档案的建立等设想，均有很好的社会价值，是推进建设工程项目管理的一股新力量。

在我国，建设工程项目规范管理的道路任重道远，除了建设行政主管部门及全体工程建设参与单位的配合和努力外，还需要政府其他部门和社会各界的配合、支持、帮助与理解。我期待《建设工程项目全过程管理操作指南》能成为建设工程项目管理的"导航"，为促进和提升行业管理水平做出贡献，我还期待有更多工作在建筑业一线的项目经理们，能够像董发根同志及编写团队一样，以高度的责任感和职业精神，对建设工程项目管理的创新和发展做出自己的贡献。

2017年11月

前言

市场上有关项目管理类的书籍琳琅满目，但大部分是专业性很强的或者阶段性的项目管理书籍，目前尚未见到一本从项目设想到设计建造，再到投入使用全过程的建设工程项目管理用书。因此，从事建设工程项目管理的建设单位和勘察、设计、监理、施工等单位的大部分工程技术管理人员，只知道自己在建设工程项目管理过程中所承担的那部分职责和义务，不关心也不了解同一项目其他合作者的管理业务，而作为项目主导的建设单位，又因为其人员在专业配套、业务能力等方面原因，很难做到对各个参建单位的管理业务都十分熟悉。《建设工程项目全过程管理操作指南》就是按照"假如我是项目经理，该掌握的管理知识"而进行编著的。

《建设工程项目全过程管理操作指南》遵循我国建设工程管理顺序，坚持通俗实用、主次分明、过程全面的编著原则，并有针对性地进行表达与叙述。全书对建设工程项目管理的全过程进行系统阐述，列出了建设工程项目建设各个建设时期的流程图以及各个建设时期、阶段和过程的先后建设程序及工作内容，强调了每个过程的注意事项并突出了市场调查、工程咨询、建设目标的确定、重要过程和关键点的把控、质量通病的产生与防治等内容，也是全书的亮点。凡专业性很强必须有相应资质单位来完成的内容，如可行性研究报告、设计计算书、工程量清单、施工组织设计、监理规划等，本书不予赘述。

本书主要介绍政府投资项目和企业投资项目的房屋建筑工程项目全过程管理。

本书由浙江经建工程管理有限公司负责编写，并邀请其他工程管理、建筑、结构、给水排水、电气、暖通、建筑经济等专业技术人员组成编写组，同时，也广泛征求了发改、国土、规划、建管、房管和建设、勘察、设计、监理、施工、造价以及科研院校等有关单位专业技术人员的意见和建议。因此，本书是编者团队多年建设工程项目管理实践的一次总结。

《建设工程项目全过程管理操作指南》是建设工程项目管理人员必备的业务指导工具用书和行业培训用书，也是广大工程技术管理人员和高校师生学习的参考书籍。期望本书能成为广大建设工程项目管理人员和政府有关领导决策项目的良师益友及帮手，也希望本书能成为项目管理初学者了解工程建设项目管理的启蒙老师。

参加各章编写的人员：

第一章　建设工程项目管理概述：董发根、徐斌

第二章　投资决策时期的项目管理：董发根、孙新文、王迪、徐斌

第三章　建设准备：董发根、郁建忠、马勤、平惠英、陆付金、洪波、潘巍

第四章　施工准备：董发根、范建明、徐斌、郁建忠、徐勇、徐启强、黄建斌

第五章　施工管理：董发根、徐斌、顾建明、顾晴、林荣华、任信泽、任文正

第六章　节点控制与质量通病：董发根、郁建忠、洪峰、徐俊鉴、程刚、董菁

第七章　工程竣工验收与备案：董发根、杨勤、孙新文、谢明、周尧程、冯晓琴

第八章　项目综合验收与备案：董发根、吴卫东、吴振明、孙峰、蔡云霞

第九章　交付使用时期的项目管理：董发根、殷慧雯、马慧珍、海滔

《建设工程项目全过程管理操作指南》编写组

2017年11月

目录

第一章
建设工程项目管理概述

建设工程是一种特殊的商品，它具有建设周期长，投资大，顺序强和固定性、独立性、多样性等特点，还会因工程建设地点、时间、环境等变化而结果有所不同，从严格意义上讲，建设工程没有两个完全相同的产品，因此，建设工程项目管理不同于其他产品的管理，而是一种特殊的、针对性极强的产品管理，在建设工程项目实施过程中，国家对建设工程项目管理制定了较全面的政策法规。

按照我国现行建设工程项目管理体制，在整个建设工程项目管理中，除涉及相关建筑业企业外，还包括政府发改、国土、规划、建设等部门，他们之间均有独立的管理要求，既有程序的规定，又有互相的联系，也有相互的制约，这些内容构成了整个建设工程项目的管理系统。而建设工程项目在实施时期的管理，主要由建设行业主管部门负责，也是管理工程中时间最长，最复杂，政策法规最齐全，最成熟的阶段。

在建设工程项目管理的各个时期，对建设工程项目的管理有不同的侧重点，一个时期又分为多个阶段、多个过程。为便于以后各章的叙述，本章介绍了我国建设工程项目的管理概念、程序与建设时期的划分、主要管理制度、建筑企业的资质和业务范围等内容，可以让建设工程项目管理者初步了解与之相关联的业务知识，也为以后各章的叙述作必要的铺垫。

随着我国经济社会的快速发展，建设工程项目管理在与时俱进的同时，更在不断完善和提升之中，绿色建筑、建筑工业化和BIM技术等都是未来建筑业发展的新趋势。

建设工程涵盖房屋建筑工程和冶炼、矿山、石化、水利水电、市政公用工程等，本书主要介绍其中政府投资项目和企业投资项目的房屋建筑工程项目全过程管理，其他建设工程项目管理可以作为参考。

第一节　建设工程项目管理概念

一、概念

为了加强对建筑活动的监督管理，维护建筑市场秩序，保证建筑工程的质量和安全，促进建筑业健康发展，我国于1997年11月1日第八届全国人大常委会第28次会议通过了《建筑法》（凡我国法律均使用简称，下同），自1998年3月1日起施行。2011年4月22日又经第十一届全国人大常委会第20次会议通过了《关于修改〈建筑法〉的决定》。《建筑法》是建设大法，它分总则、建筑许可、建筑工程发包与承包、建筑工程监理、建筑安全生产管理、建筑工程质量管理、法律责任、附则8章共85条。《建筑法》是从事建筑活动的最基本法律和主要依据。

所谓建设工程项目管理，是指以现代建设项目管理理论为指导的建设项目管理活动，建设工程项目管理必须符合有关政策法规的要求和建设工程活动的客观规律。《建设工程项目管理规范》（GB/T 50326—2006）定义"建设工程项目"是：为完成依法立项的新建、扩建、改建等各类工程而进行的、有起止日期的、达到规定要求的一组相互关联的受控活动组成的特定过程，包括策划、勘察、设计、采购、施工、试运行、竣工验收和考核评价等。对"建设工程项目管理"的定义是：运用系统的理论和方法，对建设工程项目进行的计划、组织、指挥、协调和控制等专业化的活动。我们用最简单的表达就是建设单位及其承包工程建设项目的建筑企业一步一步围绕政府规定的政策法规、建设程序、管理流程实施的过程，并在此框架下根据各自项目特点实施项目管理，否则，就是不合法的建设工程管理。

二、现状与方向

国内建设工程项目管理与世界先进水平相比总体起步较晚，但改革开放后，随着我国国民经济的快速发展，建设项目越来越多，规模越来越大，形成了具有中国特色的建设工程项目管理模式。特别是2000年前后，国内经济社会发展进入大发展、大变革、大调整的高速变化时期，建筑行业发展更加迅猛，建设工程项目管理实现转折和突破，主要表现在竣工验收实行备案制，市场准入实行招标制，工程管理实行监理制等，使工程勘察、设计、监理、施工等单位职责更加明确，分工进一步细化。

我国幅员辽阔，虽然国家对建设工程管理的标准相同，但各地因气候条件、人文环境、经济社会等发展不同，各地建设工程项目管理上的差异也是存在的。一般而言，经济发达地区对建设工程项目的管理相对规范，与世界先进水平的距离相对接近，而经济欠发达地区，管理及其意识则相对滞后，这些都需要时间和实践去逐步改进和完善，使我国建设工程项目的管理水平不断提高。

改革开放已近40年，我国建筑业得到高速发展，在推动国家工业化和城市化进程中扮演了重要角色，成为国民经济重要支柱产业之一。随着改革开放的不断深化和社会主义市场经济的发展，我国建设领域出现了投资主体多元化和市场行为复杂化的格局，既有工程管理模式以及工程质量安全监督体系已不能完全满足新的形势和市场经济的需求，并严重影响和制约了建筑行业的健康发展，主要表现在：

一是建设目标没有形成科学决策机制，任由建设单位确定，从而导致质量、安全等问题和目标与实际的差异。

二是招投标过程重视合法性，轻视合理性，造成市场无序竞争和不规范的行为难以遏制。

三是市场需要建设工程监理和项目代建，但实际监理和代建的效果由于多种复杂原因，难以完全满足市场需求等。

这些建筑行业发展的瓶颈，既有现行政策法规执行力度的问题，也急需资质设置的调整和政策配套的完善、创新和改进。

提高建设工程的管理水平和政府对工程质量安全的监督效率，建立适应新时期的工程管理和监督机制，降低工程质量安全事故发生率已迫在眉睫，我们期盼建筑行业发展越来越规范，越来越健康。

按照国家规定对建设工程项目的管理是对建设工程管理者工作的最基本要求。本书在叙述过程中，除遵循我国现行建设工程管理规定外，吸取了编者在实际项目管理中的经验，并结合国内外先进经验和我国社会主义制度的特色，引入了"监督"与"自律"机制（这里主要指项目管理过程中的环节和业务的"监督"与"自律"机制），就会使建设工程项目管理措施和环节更加科学，更加完善，从而达到建设工程品质进一步优化的目的。

践行"监督"与"自律"，是管理意识、经验积累和责任问题的进一步明晰和提升，也是一种工作的创新。因此，本书特别引入了市场调查、工程咨询、建设目标的确定、拆除档案的建立等，目的有两个：

一是这些问题是当前提升建设质量的"短板"，如项目建议书、可行性研究报告的编制与审批流于形式；工程咨询在法律层面上不属于政府建设程序的规定；建设目标的确定有法律和相应定额的规定但没有实施等。在建设工程项目管理实践中，人们似乎对上述问题的重要性、作用认识不够，主动参与性不强，甚至以无法律依据为由，回避这些问题及其工作的开展，尤其是政府投资类项目。殊不知，它们是实实在在地提升建设质量的关键过程和精准"发力点"。

二是工程咨询、广大项目管理者需求十分迫切，社会需求和市场潜力巨大。同时，社会上各类专业技术人员资源丰富，只要组织和市场要素调配得当，一定会起到提升建设质量之目的，也是弥补现有管理体制不足的较好的解决办法。

上述问题已被越来越多的建设工程管理人员所认知，需要政策法规的完善，也应当是当前工程管理领域最大"供给侧"改革的切入点，无论对经济和社会，都有非凡的意义。

2017年2月，国务院办公厅《关于促进建筑业持续健康发展的意见》（国办发〔2017〕19号），在总体要求中指出：牢固树立和贯彻落实创新、协调、绿色、开放、共享的发展理念，坚持以推进供给侧结构性改革为主线，按照适用、经济、安全、绿色、美观的要求，深化建筑业"放管服"改革，完善监管体制机制，优化市场环境，提升工程质量安全水平，强化队伍建设，增强企业核心竞争力，促进建筑业持续健康发展，打造"中国建造"品牌。在完善工程建设组织模式，培育全过程工程咨询中又强调：加快推行工程总承包。装配式建筑原则上应采用工程总承包模式。政府投资工程应完善建设管理模式，带头推行工程总承包。加快完善工程总承包相关的招标投标、施工许可、竣工验收等制度规定。按照总承包负总责的原则，落实工程总承包单位在工程质量安全、进度控制、成本管理等方面的责任。除以暂估价形式包括在工程总承包范围内且依法必须进行招标的项目外，工程总承包单位可以直接发包总承包合同中涵盖的其他专业业务。鼓励投资咨询、勘察、设计、监理、招标代理、造价等企业采取联合经营、并购重组等方式发展全过程工程咨询，培育一批具有国际水平的全过程工程咨询企业。制定全过程工程咨询服务技术标准和合同范本。政府投资工程应带头推行全过程工程咨询，鼓励非政府投资工程委托全过程工程咨询服务。在民用建筑项目中，充分发挥建筑师的主导作用，鼓励提供全过程工程咨询服务。

全过程工程咨询服务已开始全面展开。推行全过程工程咨询服务是深化我国工程建设项目组织实施方式改革，是提高工程建设管理水平，提升行业集中度，保证工程质量和投资效益，规范建筑市场秩序的重要措施。同时也是我国现有勘察、设计、施工、监理、咨询等从业企业调整经营结构，谋划转型升级，增强综合实力，加快与国际建设管理服务方式接轨，是为去除现有"小、散、乱、差"窘境的最佳举措，更是适应社会主义市场经济发展的必然要求。

我们相信，《关于促进建筑业持续健康发展的意见》的出台必将为我国提高建设工程项目管理水平上新台阶提供政策依据和行业发展指引。

第二节　项目建设程序与建设时期划分

一、建设程序

所谓项目建设程序是指建设工程从设想提出到决策确定，再经过土地征用、规划设计、施工许可、实体施工、工程验收、交付使用直至建筑物拆除建档的整个过程中，应当遵循的程序。这种程序是根据《建筑法》《建设工程质量管理条例》《建设工程安全生产管理条例》等法律法规和施工顺序、建设单位要求等条件确定的。从事建设工程活动，必须严格执行建设程序，这是每一位建设工作者必须遵循的原则，也是应当具备和遵守的职业职责。

在投资决策时期，建设单位需要把项目建设的设想提交政府有关部门，再经过项目建议书和可行性研究，确定是否进行项目的建设。对于企业投资项目则可省去项目建议书和可行性研究的审批程序，土地取得后直接进入建设实施时期。

在建设实施时期，项目建设程序十分明确。建设部1995年7月29日颁布的《工程建设项目实施阶段程序管理暂行规定》指出，工程建设项目实施阶段程序，是指土木建筑工程，线路、管道及设备安装工程，建筑装修装饰工程等新建、扩建、改建活动的施工准备阶段、施工阶段、竣工阶段应遵循的有关工作步骤。

建设单位或其代理机构在工程建设项目可行性研究报告或其他立项文件批准后，须向当地建设行政主管部门或其授权机构进行报建，交验工程建设项目立项的批准文件，包括银行出具的资信证明及批准的建设用地等其他有关文件。工程建设项目报建的具体程序，按建设部《工程建设项目报建管理办法》（建建字〔1994〕482号）的规定执行。

建设单位应当具备管理其工程建设项目的能力。凡不具备相应管理能力的，须委托具有相应资质的建设监理单位或其他机构承担工程建设项目的管理工作。

工程建设项目施工，除某些不适宜招标的特殊工程建设项目外，均须实行招标投标。工程建设项目的施工招标投标，按《工程建设施工招标投标管理办法》（七部委30号令）的规定执行。

建设单位和承包单位必须签订工程建设项目承包（施工）合同。总承包企业将承包的工程建设项目分包给其他单位时，应当签订分包合同。分包合同与总承包合同的约定应当一致；不一致的，以总承包合同为准。工程建设项目施工合同的签订，应参照使用国家工商行政管理局、住房城乡建设部制定的《建设工程施工合同》（GF-2013-0201）示范文本。

建设单位必须在开工前向工程建设项目所在地县级以上人民政府建设行政主管部门或其授权的部门办理工程建设项目施工许可证手续。未取得施工许可证的，不得开工。施工许可证的办理及管理，按照《建筑法》等规定办理。

承包工程建设项目的建筑业企业、项目经理必须持有资质证书、执业资格，并在资质许可的业务范围内承揽工程。

建设单位向承包工程建设项目的建筑业企业发送设计文件后，承包单位应组织有关人员认真学习。在设计文件送出一个月内，由建设单位牵头组织设计、承包单位等参加的技术交底，并写出会议纪要。

建筑业企业应严格按照有关法律、法规和工程建设技术标准的规定，编制施工组织设计，制定质量、安全、技术、文明施工等各项保证措施，确保工程质量、施工安全和现场文明施工。建筑业企业必须严格按照批准的设计文件、施工合同和国家现行的施工及验收规范进行工程建设项目施工。施工中若需变更设计，应按有关规定和程序进行，不得擅自变更。

建设、监理、勘察、设计、施工单位和建筑材料、构配件及设备生产供应单位，按照《建设工程质量管理条例》（国务院令第279号）、《建设工程安全生产管理条例》（国务院令第393号）、《生产安全事故报告和调查处理条例》（国务院令第493号）的规定，承担相应的工程质量责任、安全责任。

施工质量和安全监督机构应按照上述规定，加强施工质量和安全的监督管理。

工程建设项目施工阶段结束后，应按照住房城乡建设部《房屋建筑和市政基础设施工程竣工验收规定》（建质〔2013〕171号），及时组织竣工验收，并办理固定资产移交手续。工程建设项目经竣工验收符合要求后，建设单位应尽快与建筑业企业办理工程结算，不得以任何理由拖欠建筑业企业的工程款。

工程建设项目保修期限是指从竣工验收合格交付使用日起，对出现的质量缺陷承担保修和赔偿责任的年限。除特殊情况或合同另有约定外，保修期限、返修和损害赔偿按上述规定执行。

在交付使用时期，建设单位、监理单位、施工单位等在完成工程期内保修后，主要是物业企业进行管理。

对于超过设计规范规定的建设项目，如根据《建筑抗震设计规范》（GB 50011—2010）的规定：7度抗震设防地区现浇钢筋混凝土框架结构高度超过50m，框架-抗震墙结构高度超过120m的建筑，应执行《超限高层建筑工程管理规定》（建设部111号令）和《超限高层建筑工程抗震设防专项审查技术要点》（建质〔2015〕67号）等规定；《建筑设计防火规范》（GB 50016—2014）规定：建筑高度大于250m的建筑，除应符合本规范的要求外，尚应结合实际情况采取更加严格的防火措施，其防火设计应提交国家消防主管部门组织专题研究、论证等。

凡违反工程建设项目实施程序管理规定的，按照有关法律、法规、规章的规定对责任者进行处罚。

二、建设时期划分

按照建设工程的内在规律和项目建设程序，建设项目一般经历投资决策、建设实施和交付使用三个发展时期。每个发展时期又分成若干个阶段，各个阶段的各项工作之间存在着不能随意颠倒以及严格的先后顺序关系，同时，也是项目参建各方必须共同遵守的规则。

在整个建设程序中，尤其在投资决策和建设实施时期，建设单位始终是一条链的一根线，是项目建设管理的主心骨和关键角色，因此，其责任最大。

建设工程项目管理各个时期的划分，我们在以往的书籍中并未找到详细的划分，或各个时期的划分与实际项目管理的程序的表述有所不同，也没有统一的中文术语表达，为了便于本书内容叙述，我们根据建设工程项目管理的实际流程，把它在全寿命的管理分为三个时期，即投资决策时期、建设实施时期和交付使用时期。

三个时期的各阶段内容和工作起止点划分如下：

1. 第一个时期：投资决策时期

主要阶段有项目建议书的编制与审批，可行性研究报告的编制与审批，工作至可行性研究报告审批完成，详见第二章的内容。

2. 第二个时期：建设实施时期

主要阶段有建设准备阶段、施工准备阶段、施工管理阶段（节点控制与质量通病）、工程竣工验收与备案阶段、项目综合验收与备案等，工作至不动产权证的办理，详见第三章至第八章的内容。

3. 第三个时期：交付使用时期

主要内容有物业移交、工程保修、维修、建筑物鉴定到停止使用等，工作至建筑物的拆除建档，详见第九章的内容。

以上各个时期及其每一个阶段和过程的内容，详见各相应章节的流程图和介绍。严格地讲，各个建设时期的工作交接是无法严格划分的，譬如可行性研究阶段，土地征用已开始，对于企业投资项目而言，土地通过拍卖后，土地和规划设计的信息已经全部确定；工程竣工验收与备案后领取不动产权证，不可能全部办理结束，包括工程决算；交付使用时期，施工保修期尚未结束等。

按照以上建设工程项目三个时期的划分，我们把建设工程项目管理各个时期、阶段、章节的划分与主要实施主体的工作关系用图表述，如图1-1所示。

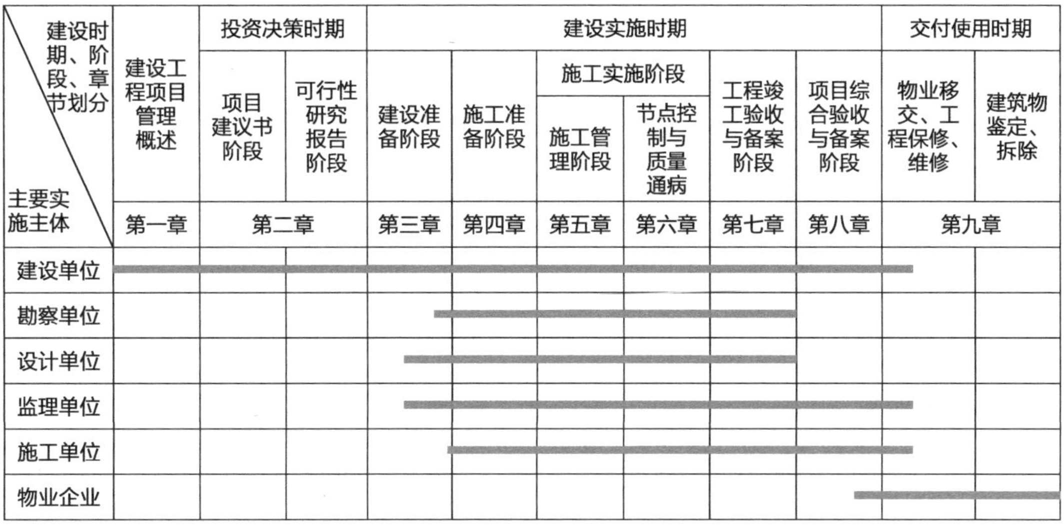

图1-1　各个时期、阶段、章节的划分与主要实施主体的工作关系图

第三节 建设工程主要管理制度

党的十八届四中全会通过的《中共中央关于全面推进依法治国若干重大问题的决定》指出，全面推进依法治国，总目标是建设中国特色社会主义的法制体系，建设社会主义法治国家。为此，我们要坚持法治国家、法治政府、法治社会一体建设，实现科学立法、严格执法、公正司法、全民守法，促进国家治理体系和治理能力的现代化。作为一名建设工程项目管理者，我们必须增强法律意识和法治观念，做到学法、懂法、守法和用法，这是新时期对广大建设工程项目管理者从事建设活动的基本要求。

按照我国现行有关建设工程项目管理规定，在工程项目建设中，主要实行的管理制度有项目法人责任制、工程招标投标制、建设工程监理制、合同管理制等。这些制度相互关联，相互支持，共同构成了建设工程管理制度体系。

一、项目法人责任制

为了建立投资约束机制，规范建设单位的行为，建设工程应当按照政企分开的原则组建项目法人，实行项目法人责任制，即有项目法人对项目的策划、资金筹措、建设实施、生产经营、债务偿还和资金的保值增值，实行全过程负责的制度。

项目法人责任制的依据是原国家计委根据《公司法》等规定出台的《关于实行建设项目法人责任制的暂行规定》（计建设〔1996〕673号）文件，执行日期：1996年4月6日。

所谓项目法人，就是经过一定合法程序包括通过行政指定、委托或招标竞争，并履行法定手续后，便可以确立项目法人的法定地位。

组建项目法人，就是建设单位建设筹备小组，其组成一般在项目建议书批准后进行。成员有行政、技术、采购、财务等人员，项目管理机构主要有办公室（综合部）、前期部（主要负责对外联系协调）、工程技术部（主要负责工程管理和材料采购）、财务部等，对于房地产项目还有营销部、售后服务部、物业管理等。

国有单位经营性大中型建设工程必须在建设阶段组建项目法人。项目法人可按照《公司法》的规定设立有限责任公司（包括国有独资公司）和股份有限公司等。

（一）设立

1. 设立时间

新上项目在项目建议书批准后，应及时组建项目法人筹备组，具体负责项目法人的筹建工作。项目法人筹建组主要由投资方派代表组成。

在申报项目可行性研究报告时，需同时提交项目法人组建方案，否则，其项目可行性报告不予审批。项目可行性研究报告经批准后，正式成立项目法人，并按有关规定确保资金按时到位，同时及时办理公司设立登记。

2. 备案

国家重点建设项目的公司章程须报国家发展改革委备案，其他项目的公司章程按项目隶属关系分别向有关部门、地方发展改革委备案。

（二）组织形式和职责

1. 组织形式

国有独资公司设立董事会，董事会由投资方负责组建。

国有控股或参股的有限责任公司、股份有限公司设立股东会、董事会和监事会，董事会、监事会由各投资方按照《公司法》的有关规定组建。

2. 建设项目董事会职权

（1）负责筹集建设资金；

（2）审核上报初步设计和概算文件；

（3）审核上报年度投资计划并落实年度资金；

（4）提出项目开工报告；

（5）研究解决建设过程中出现的重大问题；

（6）负责提出项目竣工验收申请报告；

（7）审定偿还债务计划和生产经验方针，并负责按时偿还债务；

（8）聘任或解聘项目总经理，并根据总经理提名，聘任或解聘其他高级管理人员。

3. 总经理职权

（1）组织编制项目初步设计文件，对项目工艺流程、设备选型、建设标准、总图布置提出意见，提交董事会审查；

（2）组织工程设计、工程监理、工程施工和材料设备采购招标工作，编制和确定招标方案、标底和评标标准，评选和确定投标与中标单位；

（3）编制并组织实施项目年度投资计划、用款计划和建设进度计划；

（4）编制项目财务预算、决算；

（5）编制并组织实施归还贷款的其他债务计划；

（6）组织工程建设实施，负责控制工程投资、工期和质量；

（7）在项目建设过程中，在批准的概算范围内对单项工程的设计进行局部调整；

（8）根据董事会授权处理项目实施过程中的重大紧急事件，并及时向董事会报告；

（9）负责生产准备工作和培训人员；

（10）负责组织项目试生产和单项工程预验收；

（11）拟订生产经营计划、企业内部机构设置、劳动定员方案及工资福利方案；

（12）组织项目后评估，提出项目后评估报告；

（13）按时向有关部门报送项目建设、生产信息和统计资料；

（14）提请董事会聘请或解聘项目高级管理人员。

二、工程招标投标制

为了在工程建设领域引入竞争机制，择优选定勘察单位、设计单位、监理单位、施工单位以及材料、设备供应单位，需要实行招标投标制。

《招标投标法》对招标范围和规模标准、招标方式和程序、招标投标活动的监督等内容作出了相应的规定。

建设工程招标投标是建设单位对拟建的建设工程项目通过法定的程序和方法吸引承包单位进行公平竞争，并从中选择条件优越者来完成建设工程任务的行为。

（一）必须招标的范围

《招标投标法》规定，在中华人民共和国境内进行下列工程建设项目包括项目的勘察、设计、监理、施工以及与工程建设有关的重要设备、材料等的采购，必须进行招标：

（1）大型基础设施、公用事业等关系社会公共利益、公众安全的项目；

（2）全部或者部分使用国有资金投资或者国家融资的项目；

（3）使用国际组织或者外国政府贷款、援助资金的项目。

（二）必须招标的规模标准

按照《工程建设项目招标范围和规模标准规定》，必须招标范围内的各类工程建设项目，达到下列标准之一的，必须进行招标：

（1）施工单项合同估算价在人民币 200 万元以上的；

（2）重要设备、材料等货物的采购，单项合同估算价在人民币100万元以上的；

（3）勘察、设计、监理等服务的采购，单项合同估算价在人民币50万元以上的；

（4）单项合同估算价低于第（1）、（2）、（3）项规定的标准，但项目总投资额在人民币3000万元以上的。

（三）可以不进行招标的建设工程项目

此外，根据《工程建设项目招标范围和规模标准规定》，建设项目的勘察、设计，采用特定专利或者专有技术的，或者其建筑艺术造型有特殊要求的，经项目主管部门批准，可以不进行招标。

《工程建设项目施工招标投标办法》（七部委30号令）中规定，有下列情形之一的，经该办法规定的审批部门批准，可以不进行施工招标：

（1）涉及国家安全、国家秘密或者抢险救灾而不适宜招标的；

（2）属于利用扶贫资金实行以工代赈需要使用农民工的；

（3）施工主要技术采用特定的专利或者专有技术的；

（4）施工企业自建自用的工程，且该施工企业资质等级符合工程要求的；

（5）在建工程追加的附属小型工程或者主体加层工程，原中标人仍具备承包能力的；

（6）法律、行政法规规定的其他情形。

（四）招标方式

《招标投标法》规定，招标分为公开招标和邀请招标。

（五）招标投标交易场所

招标投标交易场所不得与行政监督部门存在隶属关系，不得以营利为目的。

国家鼓励利用信息网络进行电子招标投标。

三、建设工程监理制

我国的建设工程监理制于1988年开始试点，原建设部发布的《关于开展建设监理工作的通知》中明确提出要建立建设工程监理制度。1997年《建筑法》以法律形式作出规定："国家推行建筑工程监理制度"，从而使建设工程监理在全国范围内进入全面推行阶段，从法律上明确了监理制度的法律地位。建设工程监理制在我国大规模推广是在1998年后，至今已有近20年的历史了。

建设工程监理即指具有相应资质的工程监理企业，接受建设单位的委托，承担其项目管理工作，并代表建设单位对承建单位的建设行为进行监控的专业化服务活动。其特性主要表现为监理的服务性、科学性、独立性和公正性。

（一）工作任务

1.《建筑法》的规定

第三十二条：建筑工程监理应当依照法律、行政法规及有关的技术标准、设计文件和建筑工程承包合同，对承包单位在施工质量、建设工期和建设资金使用等方面，代表建设单位实施监督。

2.《建设工程质量管理条例》中的有关规定

第三十六条：工程监理单位应当依照法律、法规以及有关技术标准、设计文件和建设工程承包合同，代表建设单位对施工质量实施监理，并对施工质量承担监理责任。

第三十七条：工程监理单位应当选派具备相应资格的总监理工程师和监理工程师进驻施工现场。未经监理工程师签字，建筑材料、建筑构配件和设备不得在工程上使用或者安装，施工单位不得进行下一道工序的施工。未经总监理工程师签字，建设单位不拨付工程款，不进行竣工验收。

第三十八条：监理工程师应当按照工程监理规范的要求，采取旁站、巡视和平行检验等形式，对建设工程实施监理。

3.《建设工程安全生产管理条例》中的有关规定

第十四条：工程监理单位应当审查施工组织设计中的安全技术措施或者专项施工方案是否符合工程建设强制性标准。工程监理单位在实施监理过程中，发现存在安全事故隐患的，应当要求施工单位整改；情况严重的，应当要求施工单位暂时停止施工，并及时报告建设单位。施工单位拒不整改或者不停止施工的，工程监理单位应当及时向有关主管部门报告。工程监理单位和监理工程师应当按照法律、法规和工程建设强制性标准实施监理，并对建设工程安全生产承担监理责任。

第五十七条：违反本条例的规定，工程监理单位有下列行为之一的，责令限期改正；逾期未改正的，责令停业整顿，并处10万元以上30万元以下的罚款；情节严重的，降低资质等级，直至吊销资质证书；造成重大安全事故，构成犯罪的，对直接责任人员，依照刑法有关规定追究刑事责任；造成损失的，依法承担赔偿责任：

（1）未对施工组织设计中的安全技术措施或者专项施工方案进行审查的；

（2）发现安全事故隐患未及时要求施工单位整改或者暂时停止施工的；

（3）施工单位拒不整改或者不停止施工，未及时向有关主管部门报告的；

（4）未依照法律、法规和工程建设强制性标准实施监理的。

（二）实施程序

1. 成立项目监理机构

监理单位应根据建设工程的规模、性质，以及业主对监理的要求，委派称职的人员担任项目总监理工程师，总监理工程师是一个建设工程监理工作的总负责人，他对内向监理单位负责，对外向业主负责。

监理机构的人员构成是监理投标书中的重要内容，是业主在评标过程中认可的，总监理工程师在组建项目监理机构时，应根据监理大纲内容和签订的委托监理合同内容组建，并在监理规划和具体实施计划执行中进行及时的调整。

2. 编制建设工程监理规划

建设工程监理规划是开展工程监理活动的纲领性文件。

3. 制定各专业监理实施细则

监理实施细则应由专业监理工程师编制，经总监理工程师批准，在工程开工前完成，并报建设单位核备。

监理实施细则应分专业编制，体现该工程项目在各专业技术、管理和目标控制方面的具体要求，以达到规范监理工作的目的。

4. 规范化地开展监理工作

建设工程监理的主要工作内容是通过合同管理、信息管理和组织协调等手段，控制建设工程质量、造价和进度目标，并履行建设工程安全生产的法定责任。巡视、平行检查、旁站、见证取样则是建设工程监理的主要方式。有关规范化的开展监理工作详见本书第五章、第七章。

（三）项目法人责任制与建设工程监理制的关系

1. 项目法人责任制是实行建设工程监理的必要条件

建设工程监理制的产生、发展取决于社会需求，没有社会需求，建设工程监理就会成为无源之水，也难以发展。

实行项目法人责任制，是贯彻执行市场经济下谁投资、谁决策、谁收益、谁承担风险的基本原则，这就为项目法人提出了一个重大问题：如何做好决策和承担风险的工作。也因此对社会提出需求。这种需求，为建设工程监理的发展提供了坚实的基础。

2. 建设工程监理制是实行项目法人责任制的基本保证

有了建设工程监理制，建设单位就可以根据自己的需要和有关的规定委托监理。在工程监理企业的协助下，做好投资控制、进度控制、质量控制、合同管理、信息管理、组织协调工作，就为在计划目标内实现建设项目提供了基本保证。

四、合同管理制

工程建设是一个极为复杂的社会生产过程，由于现代社会大生产和专业化分工，许多单位会参与到建设过程之中，而各类合同则是维系各参与单位之间关系的纽带。《合同法》明确了合同的订立、效力、履行、变更与转让、终止、违约责任等有关内容以及包括建设工程合同、委托合同在内的15类合同，为实行合同管理制提供了重要法律依据。

为了使建设工程勘察、设计、监理、施工和材料设备供应单位依法履行各自的责任和义务，住房城乡建设部和工商总局联合制定了各类建设工程类示范合同文本，在工程建设中宜执行这些示范合同。

推行示范合同制度，一方面有助于当事人了解并掌握有关法律法规，使具体实施项目的建设工程合同符合法律法规的要求，避免缺款少项，防止出现显失公平的条款，也有助于当事人熟悉合同运行；另一方面，有利于行政管理机构对合同的监管，有助于仲裁机构或者人民法院及时仲裁判决，维护当事人的利益。使用标准化的范本签订合同，对完善建设工程合同管理制度起到了极大的推动作用。

合同管理制的内容是建设工程的勘察、设计、施工、监理和材料设备采购均要依法订立合同，各类合同都要有明确的质量要求、履约担保和违约处罚条款等，违约方要承担相应的法律责任。

合同管理制的实施对建设工程监理开展合同管理工作提供了法律上的支持。

现行的建设工程类合同示范文本主要有《建设工程勘察合同》（GF-2016-0203）、《建设工程设计合同示范文本》（GF-2015-0209）、《建设工程监理合同》（GF-2012-0202）《建设工程施工合同》（GF-2013-0201）等。

第四节　企业资质和业务范围

一个建设工程项目的实施和管理，除项目建设单位本身外，需要其他企业的合作和参与，这些合作和参与的企业主要有勘察单位、设计单位、监理单位、施工单位、招投标代理、咨询机构和物业企业等，国家对这些企业实行"双轨制"管理，即企业资质与其业务范围挂钩的管理办法。为了让项目管理人员了解与项目管理相适应的建筑企业资质等级和业务范围情况，现列出现行我国勘察、设计、监理、施工、招投标代理、物业等有关单位的资质等级及承包业务范围如下。

一、勘察单位资质及承担任务范围

（一）执行依据和日期

1.《建设工程勘察设计管理条例》

2015年6月12日中华人民共和国国务院令第662号公布，自公布之日起施行。

2.《建设工程勘察设计资质管理规定》

2007年6月26日建设部第160号令公布，根据2015年5月4日中华人民共和国住房和城乡建设部令第24号《住房城乡建设部关于修改〈房地产开发企业资质管理规定〉等部门规章的决定》修正。

（二）资质等级

工程勘察资质分为工程勘察综合资质、工程勘察专业资质、工程勘察劳务资质。

工程勘察综合资质只设甲级；工程勘察专业资质设甲级、乙级，根据工程性质和技术特点，部分专业可以设丙级；工程勘察劳务资质不分等级。

工程勘察资质分为三个类别：

1. 工程勘察综合资质

工程勘察综合资质是指包括全部工程勘察专业资质的工程勘察资质。

2. 工程勘察专业资质

工程勘察专业资质包括：岩土工程专业资质、水文地质勘察专业资质和工程测量专业资质。其中，岩土工程专业资质包括：岩土工程勘察、岩土工程设计、岩土工程物探测试检测监测等岩土工程（分项）专业资质。

3. 工程勘察劳务资质

工程勘察劳务资质包括：工程钻探和凿井。

（三）承担业务范围

取得工程勘察综合资质的企业，可以承接各专业（海洋工程勘察除外）、各等级工程勘察业务；取得工程勘察专业资质的企业，可以承接相应等级相应专业的工程勘察业务；取得工程勘察劳务资质的企业，可以承接岩土工程治理、工程钻探、凿井等工程勘察劳务业务。

各级别勘察单位承担业务范围如下：

1. 工程勘察综合甲级资质

承担各类建设工程项目的岩土工程、水文地质勘察、工程测量业务（海洋工程勘察除外），其规模不受限制（岩土工程勘察丙级项目除外）。

2. 工程勘察专业资质

（1）甲级

承担本专业资质范围内各类建设工程项目的工程勘察业务，其规模不受限制。

（2）乙级

承担本专业资质范围内各类建设工程项目乙级及以下规模的工程勘察业务。

（3）丙级

承担本专业资质范围内各类建设工程项目丙级规模的工程勘察业务。

3. 工程勘察劳务资质

承担相应的工程钻探、凿井等工程勘察劳务业务。

工程勘察项目规模划分见表1-1。

工程勘察项目规模划分表 表1-1

序号	项目名称		项目规模		
			甲级	乙级	丙级
1	岩土工程	岩土工程勘察	1. 国家重点项目的岩土工程勘察。 2. 按《岩土工程勘察规范》（GB 50021—2001）岩土工程勘察等级为甲级的工程。 3. 下列工程项目的岩土工程勘察： （1）按《建筑地基基础设计规范》（GB 50007—2011）地基基础设计等级为甲级的工程项目； （2）需要采取特别处理措施的极软弱的或非均质地层，极不稳定的地基；建于严重不良的特殊性岩土上的大、中型项目。 （3）有强烈地下水运动干扰、有特殊工艺要求或安全等级为一级的深基坑开挖工程，有特殊工艺要求的超精密设备基础工程，大型深埋过江（河）地下管线、涵洞等深埋处理工程，核废料深埋处理工程，高度≥100m的高耸构筑物基础，房屋建筑和市政工程中边坡高度≥15m的岩质边坡工程和高度≥10m的土质边坡工程、其他工程中高度≥30m的岩质边坡工程和高度≥15m的土质边坡工程，特大桥、大桥、大型立交桥（含跨海大桥），大型竖井、巷道、平洞、隧道、地铁、城市轻轨和城市隧道，大型地下洞室、地下储库工程，超重型设备，大型基础托换、基础补强工程，Ⅰ级垃圾填埋场，一、二级工业废渣堆场。 （4）大深沉井、沉箱，安全等级为一级的桩基、墩基，特大型、大型桥梁基础，架空索道基础。 （5）其他工程设计规模为特大型、大型的建设项目	1. 按《岩土工程勘察规范》（GB 50021—2001）岩土工程勘察等级为乙级的工程项目。 2. 下列工程项目的岩土工程勘察： （1）按《建筑地基基础设计规范》（GB 50007—2011）地基基础设计等级为乙级的工程项目； （2）中型深埋过江（河）地下管线、涵洞等深埋处理工程，高度＜100m的高耸构筑物基础，房屋建筑和市政工程中边坡高度＜15m的岩质边坡工程和高度＜10m的土质边坡工程、其他工程中边坡高度＜30m的岩质边坡工程和高度＜15m的土质边坡工程，中桥、中型立交桥，中型竖井、巷道、平洞、隧道，中型地下洞室、地下储库工程，中型基础托换、基础补强工程，Ⅱ级垃圾填埋场，三级工业废渣堆场； （3）中型沉井、沉箱，安全等级为二级的桩基、墩基，中型桥梁基础； （4）其他工程设计规模为中型的建设项目	1. 按《岩土工程勘察规范》（GB 50021—2001）岩土工程勘察等级为丙级的工程。 2. 下列工程项目的岩土工程勘察： （1）按《建筑地基基础设计规范》（GB 50007—2011）地基基础设计等级为丙级的工程项目； （2）小桥、涵洞，安全等级为三级的桩基、墩基，Ⅲ级垃圾填埋场，四、五级工业废渣堆场； （3）其他工程设计规模为小型的建设项目
		岩土工程设计	1. 国家重点项目的岩土工程设计。 2. 安全等级为一级、二级的基坑工程，安全等级为一级、二级的边坡工程。 3. 一般土层处理后地基承载力达到300kPa及以上的地基处理设计，特殊性岩土作为中型及以上建筑物的地基持力层的地基处理设计。 4. 不良地质作用和地质灾害的治理设计。 5. 复杂程度按有关规范规程划分为中等以上或复杂工程项目的岩土工程设计。 6. 建（构）筑物纠偏设计及基础托换设计，建（构）筑物沉降控制设计。 7. 填海工程的岩土工程设计。 8. 其他勘察等级为甲、乙级工程的岩土工程设计	1. 安全等级为三级的基坑工程，安全等级为三级的边坡工程。 2. 一般土层处理后地基承载力300kPa以下的地基处理设计，特殊性岩土作为小型建筑物地基持力层的地基处理设计。 3. 复杂程度按有关规范规程划分为简单工程项目的岩土工程设计。 4. 其他勘察等级为丙级工程的岩土工程设计	

序号	项目名称	项目规模		
		甲级	乙级	丙级
1	岩土工程	岩土工程物探测试检测监测	1. 国家重点项目和有特殊要求的岩土工程物探、测试、检测、监测。 2. 大型跨江、跨海桥梁桥址的工程物探，桥桩基测试、检测，岩溶地区、水域工程物探，复杂地质和地形条件下探查地下目的物的深度和精度要求较高的工程物探。 3. 地铁、轻轨、隧道工程、水利水电工程和高速公路工程的岩土工程物探、测试、检测、监测。 4. 安全等级为一级的基坑工程、边坡工程的监测。 5. 建筑物纠偏、加固工程中的岩土工程监测，重特大抢险工程的岩土工程监测。 6. 一般土层处理后，地基承载力达到300kPa及以上的地基处理监测，单桩最大加载在10000kN及以上的桩基检测。 7. 按《岩土工程勘察规范》（GB 50021—2001）岩土工程勘察等级为甲级的工程项目涉及的波速测试、地脉动测试。 8. 块体基础振动测试	1. 安全等级为二、三级的基坑工程、边坡工程的监测。 2. 一般土层处理后，地基承载力300kPa以下的地基处理检测，单桩最大加载在10000kN以下的桩基检测。 3. 独立的岩土工程物探、测试、检测项目，无特殊要求的岩土工程监测项目。 4. 按《岩土工程勘察规范》（GB 50021—2001）岩土工程勘察等级为乙级及以下的工程项目涉及的波速测试、地脉动测试	
2	水文地质勘察		1. 国家重点项目、国外投资或中外合资项目的水源勘察和评价。 2. 大、中城市规划和大型企业选址的供水水源可行性研究及水资源评价。 3. 供水量10000m³/d及以上的水源工程勘察和评价。 4. 水文地质条件复杂的水资源勘察和评价。 5. 干旱地区、贫水地区、未开发地区水资源评价。 6. 设计规模为大型的建设项目水文地质勘察。 7. 按照《建筑与市政工程地下水控制技术规范》（JGJ/T 111—2016）复杂程度为复杂的降水工程或同等复杂的止水工程	1. 小城市规划和中、小型企业选址的供水水源可行性研究及水资源评价。 2. 供水量2000~10000m³/d的水源勘察及评价。 3. 水文地质条件中等复杂的水资源勘察和评价。 4. 设计规模为中型的建设项目水文地质勘察。 5. 按照《建筑与市政工程地下水控制技术规范》（JGJ/T 111—2016）复杂程度为中等及以下的降水工程或同等复杂的止水工程	1. 水文地质条件简单，供水量2000m³/d及以下的水源勘察和评价。 2. 设计规模为小型的建设项目的水文地质勘察
3	工程测量		1. 国家重点项目的首级控制测量、变形与形变及监测。 2. 三等及以上GNSS控制测量，四等及以上导线测量，二等及以上水准测量。 3. 大、中城市规划定测量线、拨地。 4. 20km²及以上的大比例尺地形图地形测量。 5. 国家大型、重点、特殊项目精密工程测量。 6. 20km及以上的线路工程测量。 7. 总长度20km及以上综合地下管线测量。 8. 以下工程的变形与形变测量：地基基础设计等级为甲级的建筑变形，重要古建筑变形，大型市政桥梁变形，重要管线变形，场地滑坡变形。 9. 大中型、重点、特殊水利水电工程测量。 10. 地铁、轻轨隧道工程测量	1. 四等GNSS控制测量，一、二级导线测量，三、四等水准测量。 2. 小城镇规划定测量线、拨地。 3. 10~20km²的大比例尺地形图地形测量。 4. 一般工程的精密工程测量。 5. 5~20km的线路工程测量。 6. 总长度20km以下综合地下管线测量。 7. 以下工程的变形与形变测量：地基基础设计等级为乙、丙级的建筑变形，地表、道路沉降，中小型市政桥梁变形，一般管线变形。 8. 小型水利水电工程测量	1. 一级、二级GNSS控制测量，三级导线测量，五等水准测量。 2. 10km²及以下大比例尺地形图地形测量。 3. 5km及以下线路工程测量。 4. 长度不超过5km的单一地下管线测量。 5. 水域测量或水利、水电局部工程测量。 6. 其他小型工程或面积较小的施工放样等

二、设计单位资质等级及承担任务范围

（一）执行依据和日期

（1）《建设工程勘察设计管理条例》，2015年6月12日中华人民共和国国务院令第662号公布，自公布之日起施行。

（2）《建设工程勘察设计资质管理规定》，2007年6月26日建设部第160号令公布，根据2015年5月4日中华人民共和国住房和城乡建设部令第24号《住房城乡建设部关于修改〈房地产开发企业资质管理规定〉等部门规章的决定》修正。

（3）《工程设计资质标准》（建市〔2007〕86号）。

（二）资质等级

工程设计综合资质只设甲级。工程设计行业资质和工程设计专业资质设甲、乙两个级别；根据行业需要，建筑、市政公用、水利、电力（限送变电）、农林和公路行业可设立工程设计丙级资质，建筑工程设计专业资质设丁级。建筑行业根据需要设立建筑工程设计事务所资质。工程设计专项资质可根据行业需要设置等级。

工程设计资质分为4个序列：

1. 工程设计综合资质

工程设计综合资质是指涵盖21个行业的设计资质。

2. 工程设计行业资质

工程设计行业资质是指涵盖某个行业资质标准中的全部设计类型的设计资质。

3. 工程设计专业资质

工程设计专业资质是指某个行业资质标准中的某一个专业的设计资质。

4. 工程设计专项资质

工程设计专项资质是指为适应和满足行业发展的需求，对已形成产业的专项技术独立进行设计以及设计、施工一体化而设立的资质。

（三）承担业务范围

取得工程设计综合资质的企业，可以承接各行业、各等级的建设工程设计业务；取得工程设计行业资质的企业，可以承接相应行业相应等级的工程设计业务及本行业范围内同级别的相应专业、专项（设计施工一体化资质除外）工程设计业务；取得工程设计专业资质的企业，可以承接本专业相应等级的专业工程设计业务及同级别的相应专项工程设计业务（设计施工一体化资质除外）；取得工程设计专项资质的企业，可以承接本专项相应等级的专项工程设计业务。

1．工程设计综合甲级资质

承担各行业建设工程项目的设计业务，其规模不受限制。

2．工程设计行业资质

（1）甲级

承担本行业建设工程项目主体工程及其配套工程的设计业务，其规模不受限制。

（2）乙级

承担本行业中、小型建设工程项目的主体工程及其配套工程的设计业务。

（3）丙级

承担本行业小型建设项目的工程设计业务。

3．工程设计专业资质

（1）甲级

承担本专业建设工程项目主体工程及其配套工程的设计业务，其规模不受限制。

（2）乙级

承担本专业中、小型建设工程项目的主体工程及其配套工程的设计业务。

（3）丙级

承担本专业小型建设项目的设计业务。

（4）丁级（限建筑工程设计）

1）一般公共建筑工程：①单体建筑面积2000m^{2}及以下；②建筑高度12m及以下。

2）一般住宅工程：①单体建筑面积2000m^{2}及以下；②建筑层数4层及以下的砖混结构。

3）厂房和仓库：①跨度不超过12m，单梁式吊车吨位不超过5t的单层厂房和仓库；②跨度不超过7.5m，楼盖无动荷载的二层厂房和仓库。

4）构筑物：①套用标准通用图高度不超过20m的烟囱；②容量小于50m^{3}的水塔；③容量小于300m^{3}的水池；④直径小于6m的料仓。

4．工程设计专项资质

承担规定的专项工程的设计业务。

建筑行业（建筑工程）建设项目设计规模划分见表1-2。

建筑行业（建筑工程）建设项目设计规模划分表　　　　　表1-2

序号	建设项目	工程等级特征	大型	中型	小型
1	一般公共建筑	单体建筑面积	20000m^{2}以上	5000～20000m^2	≤5000m^2
		建筑高度	＞50m	24～50m	≤24m
		复杂程度	1．大型公共建筑工程	1．中型公共建筑工程	1．功能单一、技术要求简单的小型公共建筑工程

续表

序号	建设项目	工程等级特征	大型	中型	小型
1	一般公共建筑	复杂程度	2. 技术要求复杂或具有经济、文化、历史等意义的省（市）级中小型公共建筑工程	2. 技术要求复杂或有地区性意义的小型公共建筑工程	2. 高度＜24m的一般公共建筑工程
			3. 高度＞50m的公共建筑工程	3. 高度24～50m的一般公共建筑工程	3. 小型仓储建筑工程
			4. 相当于四、五星级饭店标准的室内装修、特殊声学装修工程	4. 仿古建筑、一般标准的古建筑、保护性建筑以及地下建筑工程	4. 简单的设备用房及其他配套用房工程
			5. 高标准的古建筑、保护性建筑和地下建筑工程	5. 大中型仓储建筑工程	5. 简单的建筑环境设计及室外工程
			6. 高标准的建筑环境设计和室外工程	6. 一般标准的建筑环境设计和室外工程	6. 相当于一星级饭店及以下标准的室内装修工程
			7. 技术要求复杂的工业厂房	7. 跨度小于30m、吊车吨位小于30t的单层厂房或仓库；跨度小于12m、6层以下的多层厂房或仓库	7. 跨度小于24m、吊车吨位小于10t的单层厂房或仓库；跨度小于6m、楼盖无动荷载的3层以下的多层厂房或仓库
				8. 相当于二、三星级饭店标准的室内装修工程	
2	住宅宿舍	层数	＞20层	12～20层	≤12层（其中砌块建筑不得超过抗震规范层数限值要求）
		复杂程度	20层以上的居住建筑和20层及以下高标准居住建筑工程	20层及以下一般标准的居住建筑工程	
3	住宅小区工厂生活区	总建筑面积	＞30万m²规划设计	≤30万m²规划设计	单体建筑按上述住宅或公共建筑标准执行
4	地下工程	地下空间（总建筑面积）	＞1万m²	≤1万m²	
		附建式人防（防护等级）	四级及以上	五级及以下	人防疏散干道、支干道及人防连接通道等人防配套工程

三、监理企业资质等级与业务范围

（一）执行依据和日期

《工程监理企业资质管理规定》，2007年6月26日建设部第158号令，自2007年8月1日起施行。

（二）资质等级

工程监理企业资质分为综合资质、专业资质和事务所资质。其中，专业资质按照工程性质和技术特点划分为若干工程类别。

综合资质、事务所资质不分级别。专业资质分为甲级、乙级，其中，房屋建筑、水利水电、公路和市政公用专业资质可设立丙级。

（三）承担业务范围

工程监理企业资质相应许可的业务范围如下：

1. 综合资质

可以承担所有专业工程类别建设工程项目的工程监理业务，以及建设工程的项目管理、技术咨询等相关服务。

2. 专业资质

（1）专业甲级资质

可承担相应专业工程类别建设工程项目的工程监理业务，以及相应类别建设工程的项目管理、技术咨询等相关服务。

（2）专业乙级资质

可承担相应专业工程类别二级（含二级）以下建设工程项目的工程监理业务，以及相应类别和级别建设工程的项目管理、技术咨询等相关服务。

（3）专业丙级资质

可承担相应专业工程类别三级建设工程项目的工程监理业务，以及相应类别和级别建设工程的项目管理、技术咨询等相关服务。

3. 事务所资质

可承担三级建设工程项目的工程监理业务，以及相应类别和级别建设工程项目管理、技术咨询等相关服务。但是，国家规定必须实行强制监理的建设工程监理业务除外。

工程类别及等级见表1-3。

工程类别及等级　　　　　　　　　　　　　　　　表1-3

序号	工程类别		一级	二级	三级
1	房屋建筑工程	一般公共建筑	28层以上，36m跨度以上（轻钢结构除外），单项工程建筑面积3万m²以上	14~28层，24~36m跨度（轻钢结构除外），单项工程建筑面积1万~3万m²	14层以下，24m跨度以下（轻钢结构除外），单项工程建筑面积1万m²以下
		高耸构筑工程	高度120m以上	高度70~120m	高度70m以下
		住宅小区工程	小区建筑面积12万m²以上；单项工程28层以上	建筑面积6~12万m²；单项工程14~28层	建筑面积6万m²以下；单项工程14层以下
2	市政公用工程	城市道路工程	城市快速路、主干路，城市互通式立交桥及单孔跨径100m以上桥梁；长度1000m以上的隧道工程	城市次干路工程，城市分离式立交桥及单孔跨径100m以下的桥梁；长度1000m以下的隧道工程	城市支路工程、过街天桥及地下通道工程

续表

序号	工程类别		一级	二级	三级
2	市政公用工程	给水排水工程	10万t/d以上的给水厂；5万t/d以上污水处理工程；3m³/s以上的给水、污水泵站；15m³/s以上的雨泵站；直径2.5m以上的给水排水管道	2~10万t/d的给水厂；1~5万t/d污水处理工程；1~3m³/s的给水、污水泵站；5~15m³/s的雨泵站；直径1~2.5m的给水管道；直径1.5~2.5m的排水管道	2万t/d以下的给水厂，1万t/d以下污水处理工程，1m³/s以下的给水、污水泵站，5m³/s以下的雨泵站，直径1m以下的给水管道，直径1.5m以下的排水管道
		燃气热力工程	总储存容积1000m³以上液化气储罐场（站），供气规模15万m³以上的燃气工程，中压以上的燃气管道、调压站；供热面积150万m²以上的热力工程	总储存容积1000m³以下的液化气储罐场（站），供气规模15万m³以下的燃气工程，中压以下的燃气管道、调压站，供热面积50~150万m²的热力工程	供热面积50万m²以下的热力工程
		垃圾处理工程	1200t/d以上的垃圾焚烧和填埋工程	500~1200t/d的垃圾焚烧及填埋工程	500t/d以下的垃圾焚烧及填埋工程
		地铁轻轨工程	各类地铁轻轨工程		
		风景园林工程	总投资3000万元以上	总投资1000万~3000万元	总投资1000万元以下

说明：1. 表中的"以上"含本数，"以下"不含本数；
2. 未列入本表中的其他专业工程，由国务院有关部门按照有关规定在相应的工程类别中划分等级；
3. 房屋建筑工程包括结合城市建设与民用建筑修建的附建人防工程；
4. 本表共分14个工程类别，分别是房屋建筑工程、冶炼工程、矿山工程、化工石油工程、水利水电工程、电力工程、农林工程、铁路工程、公路工程、港口与航道工程、航天航空工程、通信工程、市政公用工程、机电安装工程，为符合本书内容，因此，本书仅列2个工程类别，即房屋建筑工程和市政公用工程。

四、施工企业资质等级与承包工程范围

（一）依据和执行日期

（1）《建筑业企业资质标准》（建市〔2014〕159号）。

（2）《住房城乡建设部关于简化建筑业企业资质标准部分指标的通知》（建市〔2016〕226号）。

（二）资质等级

建筑业企业资质分为施工总承包、专业承包和施工劳务3个序列。其中施工总承包序列设有12个类别，一般分为4个等级（特级、一级、二级、三级）；专业承包序列设有36个类别，一般分为3个等级（一级、二级、三级）；施工劳务序列不分类别和等级。

（三）承包工程范围

（1）施工总承包工程应由取得相应施工总承包资质的企业承担。取得施工总承包资质

的企业可以对所承接的施工总承包工程内各专业工程全部自行施工，也可以将专业工程依法进行分包。对设有资质的专业工程进行分包时，应分包给具有相应专业承包资质的企业。施工总承包企业将劳务作业分包时，应分包给具有施工劳务资质的企业。

（2）设有专业承包资质的专业工程单独发包时，应由取得相应专业承包资质的企业承担。取得专业承包资质的企业可以承接具有施工总承包资质的企业依法分包的专业工程或建设单位依法发包的专业工程。取得专业承包资质的企业应对所承接的专业工程全部自行组织施工，劳务作业可以分包，但应分包给具有施工劳务资质的企业。

（3）取得施工劳务资质的企业可以承接具有施工总承包资质或专业承包资质的企业分包的劳务作业。

（4）取得施工总承包资质的企业，可以从事资质证书许可范围内的相应工程总承包、工程项目管理等业务。

建筑工程施工总承包企业承包工程范围：

一级资质，可承担单项合同额3000万元以上的下列建筑工程的施工：

（1）高度200m以下的工业、民用建筑工程；

（2）高度240m以下的构筑物工程。

二级资质，可承担下列建筑工程的施工：

（1）高度100m以下的工业、民用建筑工程；

（2）高度120m以下的构筑物工程；

（3）建筑面积15万m^2以下的建筑工程；

（4）单跨跨度39m以下的建筑工程。

三级资质，可承担下列建筑工程的施工：

（1）高度50m以下的工业、民用建筑工程；

（2）高度70m以下的构筑物工程；

（3）建筑面积8万m^2以下的建筑工程；

（4）单跨跨度27m以下的建筑工程。

注：

（1）建筑工程是指各类结构形式的民用建筑工程、工业建筑工程、构筑物工程以及相配套的道路、通信、管网管线等设施工程。工程内容包括地基与基础、主体结构、建筑屋面、装修装饰、建筑幕墙、附建人防工程以及给水排水及供暖、通风与空调、电气、消防、防雷等配套工程。

（2）建筑工程相关专业职称包括结构、给水排水、暖通、电气等专业职称。

（3）单项合同额3000万元以下且超出建筑工程施工总承包二级资质承包工程范围的建筑工程的施工，应由建筑工程施工总承包一级资质企业承担。

五、招标代理机构资格及营业范围

（一）执行依据和日期

《工程建设项目招标代理机构资格认定办法》已于2006年12月30日经建设部第114次常务会议讨论通过，自2007年3月1日起施行。

（二）机构资格

工程招标代理机构资格分为甲级、乙级和暂定级。工程招标代理机构可以跨省、自治区、直辖市承担工程招标代理业务。

（三）承担业务范围

1. 甲级

甲级工程招标代理机构可以承担各类工程的招标代理业务。

2. 乙级

乙级工程招标代理机构只能承担工程总投资1亿元人民币以下的工程招标代理业务。

3. 暂定资格

暂定级工程招标代理机构，只能承担工程总投资6000万元人民币以下的工程招标代理业务。

六、房地产开发企业资质等级及营业范围

（一）依据和执行日期

《房地产开发企业资质管理规定》于2000年3月29日以建设部令第77号发布，自发布之日起施行。

（二）资质等级

房地产开发企业按照企业条件分为一、二、三、四级四个资质等级。

（三）营业范围

一级资质的房地产开发企业承担房地产项目的建设规模不受限制，可以在全国范围承揽房地产开发项目。

二级资质及二级资质以下的房地产开发企业可以承担建筑面积25万 m^2 以下的开发建设项目，承担业务的具体范围由省、自治区、直辖市人民政府建设行政主管部门确定。

七、物业企业的资质等级及营业范围

（一）依据和执行日期

《物业服务企业资质管理办法》于2004年3月17日建设部令第125号发布，2007年11月26日根据《建设部关于修改〈物业管理企业资质管理办法〉的决定》修正。自2004年5月1日起施行。

（二）资质等级

物业服务企业资质等级分为一、二、三级三个资质等级。

（三）营业范围

一级资质物业服务企业可以承接各种物业管理项目。

二级资质物业服务企业可以承接30万m^2以下的住宅项目和8万m^2以下的非住宅项目的物业管理业务。

三级资质物业服务企业可以承接20万m^2以下住宅项目和5万m^2以下的非住宅项目的物业管理业务。

第五节　融资建设模式

随着我国社会经济的发展和提高，以及经过近20年的建设工程项目管理新模式的实践，国内建设工程管理水平与世界的距离越来越近，甚至创造和刷新了很多的世界纪录。特别是近年来，一些重大建设项目的相继诞生，令世界刮目相看。在此情况下，建设单位对建设工程项目的融资和建设模式需求也在不断地变化和发展，因此，在传统的政府与非政府投资的基础上下，融资与建设模式也出现了多元化趋势，工程总承包等新的建设模式推广和实施将进入新常态。

一、融资主体

融资主体主要有政府融资、非政府融资和股份制融资模式。

（一）政府融资

一个建设项目经过政府有关部门立项批准后，就意味着该建设项目的资金有了落实和保证，建设单位可以按照项目批准的投资、规模、标准等开展项目的实施。

（二）非政府融资

非政府项目的建设投资，主要依靠企业（个人）的自有资金、合作（股份制）、银行贷款等融资，商业房地产开发建设等企业的项目建设，均属于这类投资性质。一般而言，非政府项目的投资，可变性比政府投资项目大，但随着行业管理和法律的不断完善和改进，风险将越来越小。

（三）股份制融资

根据项目规模、性质等情况，由政府、非政府等投资人共同融资的项目。合作形式按照政策法规可以采取协商、招标等方式。

二、融资建设模式

目前，较为常用的融资建设模式有BT、BOT、EPC、PPP等。

1. BT模式

英文Build-Transfer缩写形式，意即"建设—移交"，是政府利用非政府资金来进行非经营性基础设施建设项目的一种融资模式。它指一个项目的运作通过项目公司总承包，融资、建设验收合格后移交给业主，业主向投资方支付项目总投资加上合理回报的过程。

2. BOT模式

英文Build-Operate-Transfer的缩写，意即"建设—经营—移交"。实质上是基础设施投资、建设和经营的一种方式，以政府和私人机构之间达成协议为前提，由政府向私人机构颁布特许，允许其在一定时期内筹集资金建设某一基础设施并管理和经营该设施及其相应的产品与服务。

BOT模式还可以演变成其他模式：

（1）BOO（Build-Own-Operate）：建设—拥有—经营。

项目一旦建成，项目公司对其拥有所有权，当地政府只是购买项目服务。

（2）BOOT（Build-Own-Operate-Transfer）即：建设—拥有—经营—移交。

项目公司对所建项目设施拥有所有权并负责经营，经过一定期限后，再将该项目移交给政府。

（3）BLT（Build-Lease-Transfer）：建设—租赁—移交。

项目完工后一定期限内出租给第三者，以租赁分期付款方式收回工程投资和运营收益，以后再将所有权移交给政府。

（4）BTO（Build-Transfer-Operate）：建设—移交—经营。

项目的公共性很强，不宜让私营企业在运营期间享有所有权，须在项目完工后移交所有权，其后再由项目公司进行维护经营。

（5）ROT（Rehabilitate-Operate-Transfer）：修复—经营—移交。

项目在使用后，发现损毁，项目设施的所有人进行修复恢复整顿—经营—移交。

（6）DBFO（Design-Build-Finance-Operate）：设计—建设—融资—经营。

（7）BT（Build-Transfer）：建设—移交。

（8）BOOST（Build-Own-Operate-Subsidy-Transfer）：建设—拥有—经营—补贴—移交。

（9）ROMT（Rehabilitate-Operate-Maintain-Transfer）：修复—经营—维修—移交。

（10）ROO（Rehabilitate-Own-Operate）：修复—拥有—经营。

3. EPC模式

英文Engineering-Procurement-Construction的缩写，是指公司受业主委托，按照合同约定对工程建设项目的设计、采购、施工、试运行等实行全过程或若干阶段的承包。通常公司在总价合同条件下，对其所承包工程的质量、安全、费用和进度进行负责。在EPC模式中，Engineering不仅包括具体的设计工作，而且可能包括整个建设工程内容的总体策划以及整个建设工程实施组织管理的策划和具体工作；Procurement也不是一般意义上的建筑设备材料采购，而更多的是指专业设备、材料的采购；Construction应译为"建设"，其内容包括施工、安装、试车、技术培训等。

4. PPP模式

英文Public-Private-Partnership的字母缩写，是指政府与私人组织之间，为了提供某种公共物品和服务，以特许权协议为基础，彼此之间形成一种伙伴式的合作关系，并通过签署合同来明确双方的权利和义务，以确保合作的顺利完成，最终使合作各方达到比预期单独行动更为有利的结果。公私合营模式PPP，以其政府参与全过程经营的特点受到国内外广泛关注。

PPP模式将部分政府责任以特许经营权方式转移给社会主体（企业），政府与社会主体建立起"利益共享、风险共担、全程合作"的共同体关系，政府的财政负担减轻，社会主体的投资风险减小。

以上融资建设模式已成为国内建设工程项目建设常态，但不管何种建设模式，都必须经历相同的建设阶段和过程。

三、工程总承包

工程总承包是指从事工程总承包的企业受业主委托，按照合同约定对工程项目的可行性研究、勘察、设计、采购、施工、试运行（竣工验收）等实行全过程或若干阶段的承包。工程总承包企业对承包工程的质量、安全、工期、造价全面负责。

第六节　新兴技术与未来方向

我国的建筑业，虽然在全世界建设规模最大，但目前建设质量和水平有待进一步提高，如建造模式仍以传统方式为主，新兴技术应用率不高，这与当前我国总体发展水准相比是不匹配的。因此，国家对建筑行业的健康发展高度重视，未来绿色建筑、建筑工业化、BIM技术将成为建筑行业发展的新风向，建筑业将迎来新的发展和变革时期。

一、绿色建筑

20世纪中叶以来，人类进入了大规模的工业化革命时代，世界经济蓬勃发展、蒸蒸日上，但随之也带来了全球性的资源紧缺，并衍生了暖冬现象、海平面上升、动植物灭绝、自然灾害频发等危及人类生存和发展的重大问题，地球的生存环境受到了前所未有的破坏和威胁，能源引发的战争与冲突不断升级，为此付出了惨痛的代价，能源问题将越来越突出，因此，节能减排早已备受世界所关注。

由于历史、经济、技术等各方面的原因，我国的建筑节能目前尚处于较初级的起步阶段，运用水平也只相当于发达国家20世纪50～60年代的水准，而建筑是能耗大户，它产生了约30%的CO_2，运行能耗约占全社会总能耗的30%。随着我国经济的持续高速发展，资源问题已成为我国经济和社会发展的突出问题，因此，各级政府对节能减排越来越重视。

（一）定义

所谓"绿色建筑"的"绿色"，并不是指一般意义的立体绿化、屋顶花园，而是代表一种概念或象征，指建筑对环境无害，能充分利用环境自然资源，并且在不破坏环境基本生态平衡条件下建造的一种建筑，又可称为可持续发展建筑、生态建筑、回归大自然建筑、节能环保建筑等。按照我国《绿色建筑评价标准》（GB/T 50378—2014）的表述，绿色建筑是指在全寿命周期内，最大限度地节约资源（节能、节地、节水、节材）、保护环境、减少污染，为人们提供健康、适用和高效的使用空间，与自然和谐共生的建筑。

（二）评价

为贯彻国家技术经济政策，节约资源，保护环境，规范绿色建筑的评价，推进可持续发展，国家制定了《绿色建筑评价标准》（GB/T 50378—2014），对民用建筑进行绿色建筑评价。

绿色建筑评价应遵循因地制宜的原则，结合建筑所在地域的气候、环境、资源、经济及文化等特点，对建筑全寿命期内节能、节地、节水、节材、保护环境等性能进行综合评价。

1. 一般规定

（1）绿色建筑的评价应以单栋建筑或建筑群为评价对象。评价单栋建筑时，凡涉及系统性、整体性的指标，应基于该栋建筑所属工程项目的总体进行评价。

（2）绿色建筑的评价分为设计评价和运行评价。设计评价应在建筑工程施工图设计文件审查通过后进行，运行评价应在建筑通过竣工验收并投入使用一年进行。

（3）申请评价方应进行建筑全寿命期技术和经济分析，合理确定建筑规模，选用适当的建筑技术、设备和材料，对规划、设计、事故、运行阶段进行全过程控制，并提交相应分析、测试报告和相关文件。

（4）评价机构应按本标准的有关要求，对申请评价提交的报告、文件进行审查，出具评价报告，确定等级。对申请运行评价的建筑，尚应进行现场考察。

2. 评价与等级划分

（1）绿色建筑评价指标体系由节地与室外环境、节能与能源利用、节水与水资源利用、节材与材料资源利用、室内环境质量、施工管理、运营管理7类指标组成。每类指标均包括控制项和评分项。评价指标体系还统一设置加分项。

（2）设计评价时，不对施工管理和运营管理2类指标进行评价，但可预评相关条文。运行评价应包括7类指标。

（3）控制项的评定结果为满足或不满足；评分项和加分项的评定结果为分值。

（4）绿色建筑评价应按总得分确定等级。

（5）评价指标体系7类指标的总分均为100分。7类指标各自的评分项得分Q_1、Q_2、Q_3、Q_4、Q_5、Q_6、Q_7按参评建筑该类指标的评分项实际得分值除以适用于该建筑的评分项总分值再乘以100分计算。

（6）加分项的附加得分Q_8按提高和创新的有关规定确定。

（7）绿色建筑评价的总得分按式（1-1）进行计算，其中评价指标体系7类指标评分项的权重$w_1 \sim w_7$按表1-4取值。

$$\sum Q = w_1Q_1 + w_2Q_2 + w_3Q_3 + w_4Q_4 + w_5Q_5 + w_6Q_6 + w_7Q_7 + Q_8 \qquad （1-1）$$

绿色建筑各类评价指标的权重　　　　　　　　表1-4

		节地与室外环境 w_1	节能与能源利用 w_2	节水与水资源利用 w_3	节材与材料资源利用 w_4	室内环境质量 w_5	施工管理 w_6	运营管理 w_7
设计评价	居住建筑	0.21	0.24	0.20	0.17	0.18	—	—
	公共建筑	0.16	0.28	0.18	0.19	0.19	—	—
运行评价	居住建筑	0.17	0.19	0.16	0.14	0.14	0.10	0.10
	公共建筑	0.13	0.23	0.14	0.15	0.15	0.10	0.10

注：1. 表中"—"表示施工管理和运营管理两类指标不参与设计评价；
　　2. 对于同时具有居住和公共功能的单体建筑，各类评价指标权重取为居住建筑和公共建筑所对应权重的平均值。

（8）星级绿色建筑分为一星级、二星级、三星级3个等级。3个等级的绿色建筑均应满足本标准所有控制项的要求，且每类指标的评分项得分不应小于40分。当绿色建筑总得分分别达到50分、60分、80分时，绿色建筑等级分别一星级、二星级、三星级。

（9）对多功能的综合性单体建筑，应按本标准全部评价条文逐条对适用的区域进行评价，确定各评价条文的得分。

（三）主要目标

住房城乡建设部印发的《建筑节能与绿色建筑发展十三五规划》指出：

（1）到2020年，城镇新建建筑能效水平比2015年提升20%，部分地区及建筑门窗等关键部位建筑节能标准达到或接近国际现阶段先进水平。

（2）城镇新建建筑中绿色建筑面积比重超过50%，绿色建材应用比重超过40%。

（3）完成既有居住建筑节能改造面积5亿m²以上，公共建筑节能改造1亿m²，全国城镇既有居住建筑中节能建筑所占比例超过60%。

二、建筑工业化

建筑工业化并不是一个新名词，我国的建筑工业化最早在新中国成立初期，当时主要引进苏联模式。改革开放初期，装配式建筑在工业厂房中也广泛运用，但很少在居住等建筑中运用，同时由于社会、经济等各方面原因，建筑工业化发展缓慢，因此，我国的建筑工业化水平与发达国家相比差距较大。近年来，国家对建筑工业化高度重视，2016年2月，中央城市工作会议出台了《中共中央国务院关于进一步加强城市规划建设管理工作的若干意见》（中发〔2016〕6号），要求推动建造方式创新，大力发展装配式混凝土和钢结构建筑，在具备条件的地方倡导发展现代木结构建筑，不断提高装配式建筑在新建建筑中的比例。实现路径是适应新型工业化、城镇化建设需要，以转变建筑业发展方式为主线，推动新兴建筑产业快速发展，加快建立适应我国国情的建筑产业现代化体系，创新管理体制和运行机制，着力提升自主创新能力，全面提高建筑工程质量、效率和效益水平，实现建设与供给模式的根本性转变，促进社会经济和资源环境的可持续发展。在提升城市建筑水平、发展新型建造方式中指出：大力推广装配式建筑，减少建筑垃圾和扬尘污染，缩短建造工期，提升工程质量。制定装配式建筑设计、施工和验收规范。完善部品部件标准，实现建筑部品部件工厂化生产。鼓励建筑企业装配式施工，现场装配。建设国家级装配式建筑生产基地。加大政策支持力度，力争用10年左右时间，使装配式建筑占新建建筑的比例达到30%。

（一）定义

当前，我国建筑业与国外同行业相比，手工作业多，工业化程度低，劳动生产率低，工人工作条件差，建筑工程质量和安全问题时有发生，建造过程的能源和资源消耗大，环境污染严重，建筑寿命短，建筑业传统生产方式仍占据主导地位，传统建筑业模式积累的问题和矛盾日益突出。推动建筑产业现代化发展，要促进我国建设发展方式的转变，改变我国建筑业现状，必须要摆脱传统模式路径的依赖和束缚，寻求建筑产业现代化为目标的新型建筑工业化发展路径。

建筑工业化，是指传统的建筑业生产方式向工业化生产方式转变的过程，其基本内涵是以绿色发展为理念，以技术进步为支撑，以信息管理为手段，运用工业化的生产方式，将工程项目的设计、开发、生产、管理的全过程形成一体化产业链。所谓一体化产业链是指通过现代化的设计、制造、运输、安装和科学管理的大工业生产方式，来代替传统建筑业中分散的、低水平的、低效率的手工业生产方式，从而提高建筑工程质量和效益，实现节能减排和节约资源。它的主要标志有六个要素，即标准化设计、工厂化生产、装配化施工、一体化装修、信息化管理、智能化应用。

（二）内容

建筑工业化的基本内容是采用先进、适用的技术、工艺和装备，科学合理地组织施工，发展施工专业化，提高机械化水平，减少繁重、复杂的手工劳动和湿作业；发展建筑构配件、制品、设备生产并形成适度的规模经营，为建筑市场提供各类建筑使用的系列化的通用建筑构配件和制品；制定统一的建筑模数和重要的基础标准（模数协调、公差与配合、合理建筑参数、连接等），合理解决标准化和多样化的关系，建立和完善产品标准、工艺标准、企业管理标准、工法等，不断提高建筑标准化水平；采用现代管理方法和手段，优化资源配置，实行科学的组织和管理，培育和发展技术市场及信息管理系统，适应发展社会主义市场经济的需要。

（三）特征信息

1. 设计和施工的系统性
在实现一项工程的每一个阶段，从市场分析到工程交工都必须按计划进行。

2. 施工过程和施工生产的重复性
构配件生产的重复性只有当构配件能够适用于不同规模的建筑、不同使用目的和环境才有可能。构配件如果要进行批量生产就必须具有一种规定的形式，即定型化。

3. 建筑构配件生产的批量化
没有任何一种确定的工业化结构能够适用于所有的建筑营造需求，因此，建筑工业化必须提供一系列能够组成各种不同建筑类型的构配件。

（四）建筑方式

工业化建造方式是指采用标准化的构件，并用通用的大型工具（如定型钢板）进行生产和施工的方式。根据住宅构件生产地点的不同，工业化建造方式可分为工厂化建造和现场建造两种。

1. 工厂化建造

工厂化建造是指采用构配件定型生产的装配施工方式，即按照统一标准定型设计，在工厂内成批生产各种构件，然后运到工地，在现场以机械化的方法装配成房屋的施工方式。采用这种方式建造的住宅可以被称为预制装配式住宅，主要有大型砌块住宅、大型壁板住宅、框架轻板住宅、模块化住宅等类型。预制装配式住宅的主要优点是构件工厂生产效率高，质量好，受季节影响小，现场安装的施工速度快。缺点是需以各种材料、构件生产基地为基础，一次投资很大；构件定型后灵活性小，处理不当易使住宅建筑单调、呆板；结构整体性和稳定性较差，抗震性不佳。日本为克服预制装配式住宅抗震性差的缺点，在预制混凝土构件连接时采用节点现浇的方式，以加强其整体的强度和结构的稳定性，取得了很好的效果。

2. 现场建造

现场建造是指直接在现场生产构件，生产的同时就组装起来，生产与装配过程合二为一，但是在整个过程中仍然采用工厂内通用的大型工具和生产管理标准。根据所采用工具模板类型的不同，现场建造的工业化住宅主要有大模板住宅、滑升模板住宅和隧道模板住宅等。采用工具式模板在现场以高度机械化的方法施工，取代了繁重的手工劳动，与预制装配方式相比它的优点是一次性投资少，对环境适应性强，建筑形式多样，结构整体性强。缺点是现场用工量比预制装配式大，所用模板较多，施工容易受季节的影响。

（五）实现措施

建筑工业化，首先应从设计开始，从结构入手，建立新型结构体系，包括钢结构体系、预制装配式结构体系，要让大部分的建筑构件包括成品、半成品，实行工厂化作业。一是要建立新型结构体系，减少施工现场作业。多层建筑应由传统的砖混结构向预制框架结构发展；高层及小高层建筑应由框架向剪力墙或钢结构方向发展；施工上应从现场浇筑向预制构件、装配式方向发展；建筑构件、成品、半成品以后场化、工厂化生产制作为主。二是要加快施工新技术的研发力度，主要是在模板、支撑及脚手架施工方向有所创新，减少施工现场的湿作业。在清水混凝土施工、新型模板支撑和悬挑脚手架有所突破；在新型围护结构体系上，大力发展和应用新型墙体材料。三是要加快"四新"成果的推广应用力度，减少施工现场手工操作。在积极推广住房城乡建设部建筑业十项新技术的基础上，加快这十项新技术的转化和提升力度，其中包括提高部品件的装配化、施工的机械化能力。

在新型结构体系中，应尽快推广建设钢结构建筑，应用预制混凝土装配式结构建筑，研发复合木结构建筑。当前，进行钢结构建设的时机已比较成熟，一批钢结构建筑已陆续建成，相应的设计标准、施工质量验收规范已出台，如《装配式混凝土建筑技术标准》（GB/T 51231—2016）、《装配式钢结构建筑技术标准》（GB/T 51232—2016）等。同时，钢结构以其施工速度快、抗震性能好、结构安全度高等特点，在建筑中应用的优势日显突出。如钢结构使用面积比钢筋混凝土结构增加面积4%以上，工期大大缩短；在工程建设中采用钢结构技术有利于建筑工业化生产，促进冶金、建材、装饰等行业的发展，促进防火、防腐、保温、墙材和整体厨卫产品与技术的提高，况且钢结构可以回收，再利用，节能、环保，符合国民经济可持续发展的要求。

预制装配式结构应积极提倡。目前，大量的混凝土结构都是现场浇筑的，不仅污染环境，制造噪声，还增加了工人的劳动强度，又难以保证工程质量。预制装配式结构体系是采用预制钢筋混凝土柱，预制预应力混凝土梁、板，通过钢筋混凝土后浇部分将梁、板、柱及节点连成整体的框架结构体系。具有减少构件截面，减轻结构自重，便于工厂化作业、施工速度快等优点，是替代砖混结构的一种新型多层装配式结构体系。

复合木结构应尽快研发。复合木结构不仅适用于大跨度的建筑中，还可适用于广大村镇建筑和2~3层的别墅中。应该说，与混凝土结构不同，复合木结构作为今后新型结构形式之一，极具有人性化和环保的特点。针对杨树快速生长和再生的特点，应着力开发杨树木材的深加工技术，包括木材的处理、复合、成型等，制作成建筑用的柱、梁、板等构件，并使其具有防虫、防火、易组合的能力。大量使用复合木结构，可减少对钢材、水泥、石子等建材的需求，这对资源是一种保护；同时，也为广大种植杨树的农民提供了一个优越的市场，不仅提升了杨树的使用价值，而且还为广大农民脱贫致富寻找到一个新途径。可谓是一举多得。可以预见，复合木结构的潜在能量将随着技术的成熟日益显现出来，必将会对我国的建筑业带来一场革命。

浙江省为贯彻中央和省委、省政府的决策部署，落实省委城市工作会议精神，根据《中共中央国务院关于进一步加强城市规划建设管理工作的若干意见》和《浙江省绿色建筑条例》等有关要求，提出了大力推进绿色建筑发展，促进建筑产业现代化的决定，2016年9月，《浙江省人民政府办公厅关于推进绿色建筑和建筑工业化发展的实施意见》出台，提出了绿色建筑和建筑工业化的发展主要目标：

1. 实现绿色建筑全覆盖

按照适用、经济、绿色、美观的建筑方针，进一步提升建筑使用功能以及节能、节水、节地、节材和环保水平，到2020年，实现全省城镇地区新建建筑一星级绿色建筑全覆盖，二星级以上绿色建筑占比10%以上。

2. 提高装配式建筑覆盖面

政府投资工程全面应用装配式技术建设，保障性住房项目全部实施装配式建造。2016

年全省新建项目装配式建筑面积达到800万m²以上，其中装配式住宅和公共建筑（不含场馆建筑）面积达到300万m²以上；2017年1月1日起，杭州市、宁波市和绍兴市中心城区出让或划拨土地上的新建项目，全部实施装配式建造；到2020年，实现装配式建筑占新建建筑比例达到30%。

3. 实现新建住宅全装修全覆盖

2016年10月1日起，全省各市、县中心城区出让或划拨土地上的新建住宅，全部实行全装修和成品交付，鼓励在建住宅积极实施全装修。

三、BIM技术

BIM（Building Information Modeling）是以建筑工程项目的各项相关信息数据作为基础，建立起三维的建筑模型，通过数字信息仿真模拟建筑物所具有的真实信息。它具有信息完备性、信息关联性、信息一致性和可视化、协调性、模拟性、优化性以及可出图性等特点。我国《建筑信息模型应用统一标准》（GB/T 51212—2016）已经发布，2017年7月1日起实施。该标准是我国第一部建筑信息模型应用的工程建设标准，提出了建筑信息模型应用的基本要求，是建筑信息模型应用的基础标准，可作为我国建筑信息模型应用及相关标准研究和编制的依据。

（一）定义

从BIM设计过程的资源、行为、交付三个基本维度，给出设计企业的实施标准的具体方法和实践内容。BIM（建筑信息模型）不是简单地将数字信息进行集成，而是一种数字信息的应用，并可以用于设计、建造、管理的数字化方法。这种方法支持建筑工程的集成管理环境，可以使建筑工程在其整个进程中显著提高效率，大量减少风险。

BIM技术是一种应用于工程设计建造管理的数据化工具，通过参数模型整合各种项目的相关信息，在项目策划、运行和维护的全生命周期过程中进行共享和传递，使工程技术人员对各种建筑信息作出正确理解和高效应对，为设计团队以及包括建筑运营单位在内的各方建设主体提供协同工作的基础，在提高生产效率、节约成本和缩短工期方面发挥重要作用。

Building SMART分三个层次定义BIM：

第一个层次是Building Information Model，译为"建筑信息模型"，BSI对这一层次的解释为：建筑信息模型是一个工程项目物理特征和功能特性的数字化表达，可以作为该项目相关信息的共享知识资源，为项目全生命期内的所有决策提供可靠的信息支持。

第二个层次是Building Information Modeling，译为"建筑信息模型应用"，BSI对这一层次的解释为：建筑信息模型应用是创建和利用项目数据在其全生命期内进行设计、施工和运营的业务过程，允许所有项目相关方通过不同技术平台之间的数据互用在同一时间利用相同的信息。

第三个层次是Building Information Management，译为"建筑信息管理"，BSI对这一层次的解释为：建筑信息管理是指通过使用建筑信息模型内的信息支持项目全生命期信息共享的业务流程组织和控制过程，建筑信息管理的效益包括集中和可视化沟通、更早进行多方案比较、可持续分析、高效设计、多专业集成、施工现场控制、竣工资料记录等。

（二）拓展

建筑信息的数据在BIM中的存储，主要以各种数字技术为依托，从而以这个数字信息模型作为各个建筑项目的基础，去进行各个相关工作。

在建筑工程整个生命周期中，建筑信息模型可以实现集成管理，因此，这一模型既包括建筑物的信息模型，同时又包括建筑工程管理行为的模型。它将建筑物的信息模型同建筑工程的管理行为模型进行完美的组合。因此在一定范围内，建筑信息模型可以模拟实际的建筑工程建设行为，例如：建筑物的日照、外部维护结构的传热状态等。

当前建筑业已步入计算机辅助技术的引入和普及的阶段，例如CAD的引入，解决了计算机辅助绘图的问题，而且这种引入受到了建筑业业内人士大力欢迎，较好地满足建筑市场的需求，设计人员不再用手工绘图了，同时也解决了手工绘制和修改易出现错误的弊端。在"对图"时也不再用落后的将各专业的硫酸图纸进行重叠式的对图了。这些CAD图形可以在各专业中进行相互的利用。给人们带来便捷的工作方式，减轻劳动强度，所以计算机辅助绘图一直在受到人们的热烈欢迎。其他方面的特点，在此就不再列举了。

（三）特点

真正的BIM应符合以下八个特点：

1. 可视化

可视化即"所见所得"的形式，对于建筑行业来说，可视化的真正运用在建筑业的作用是非常大的，例如经常拿到的施工图纸，只是各个构件的信息在图纸上的采用线条绘制表达，但是其真正的构造形式就需要建筑业参与人员去自行想象了。对于一般简单的东西来说，这种想象也未尝不可，但是近几年建筑业的建筑形式各异，复杂造型在不断地推出，那么这种光靠人脑去想象的东西就未免有点不太现实了。所以BIM提供了可视化的思路，将以往的线条式的构件形成一种三维的立体实物图形展示在人们的面前；建筑业也有设计方面出效果图的事情，但是这种效果图是分包给专业的效果图制作团队进行识读设计制作出的线条式信息制作出来的，并不是通过构件的信息自动生成的，缺少了同构件之间的互动性和反馈性，然而BIM提到的可视化是一种能够同构件之间形成互动性和反馈性的可视，在BIM建筑信息模型中，由于整个过程都是可视化的，所以，可视化的结果不仅可以用来做效果图的展示及报表的生成,更重要的是项目设计、建造、运营过程中的沟通、讨论、决策都在可视化的状态下进行。

2. 协调性

这个方面是建筑业中的重点内容,不管是施工单位还是业主及设计单位,无不在做着协调及相配合的工作。一旦项目的实施过程中遇到了问题,就要将各有关人士组织起来开协调会,找施工问题发生的原因及解决办法,然后出变更,采取相应补救措施。那么这个问题的协调真的就只能出现问题后再进行协调吗?在设计时,往往由于各专业设计师之间的沟通不到位,而出现各种专业之间的碰撞问题,例如暖通等专业中的管道在进行布置时,由于施工图纸是各自绘制在各自的施工图纸上的,真正施工过程中,可能在布置管线时正好在此处有结构设计的梁等构件妨碍着管线的布置,这种就是施工中常遇到的碰撞问题,像这样的碰撞问题的协调解决就只能在问题出现之后再进行解决吗?BIM的协调性服务就可以帮助处理这种问题,也就是说BIM建筑信息模型可在建筑物建造前期对各专业的碰撞问题进行协调,生成协调数据,提供出来。当然BIM的协调作用也并不是只能解决各专业间的碰撞问题,它还可以解决例如:电梯井布置与其他设计布置及净空要求之协调,防火分区与其他设计布置之协调,地下排水布置与其他设计布置之协调等。

3. 模拟性

模拟性并不是只能模拟设计出的建筑物模型,BIM模拟性还可以模拟不能够在真实世界中进行操作的事物。在设计阶段,BIM可以对设计上需要进行模拟的一些东西进行模拟实验,例如:节能模拟、紧急疏散模拟、日照模拟、热能传导模拟等;在招投标和施工阶段可以进行4D模拟(三维模型加项目的发展时间),也就是根据施工的组织设计模拟实际施工,从而来确定合理的施工方案来指导施工。同时还可以进行5D模拟(基于3D模型的造价控制),从而来实现成本控制;后期运营阶段可以进行日常紧急情况处理方式的模拟,例如地震人员逃生模拟及消防人员疏散模拟等。

4. 优化性

事实上整个设计、施工、运营的过程就是一个不断优化的过程,当然优化和BIM也不存在实质性的必然联系,但在BIM的基础上可以做更好的优化。优化受三样东西的制约:信息、复杂程度和时间。没有准确的信息做不出合理的优化结果,BIM模型提供了建筑物的实际存在的信息,包括几何信息、物理信息、规则信息,还提供了建筑物变化以后的实际存在。复杂程度高到一定程度,参与人员本身的能力无法掌握所有的信息,必须借助一定的科学技术和设备的帮助。现代建筑物的复杂程度大多超过参与人员本身的能力极限,BIM及与其配套的各种优化工具提供了对复杂项目进行优化的可能。基于BIM的优化可以做下面的工作:

(1)项目方案优化:把项目设计和投资回报分析结合起来,设计变化对投资回报的影响可以实时计算出来,这样业主对设计方案的选择就不会主要停留在对形状的评价上,而更多的可以使得业主知道哪种项目设计方案更有利于自身的需求。

（2）特殊项目的设计优化：例如裙楼、幕墙、屋顶、大空间到处可以看到异型设计，这些内容看起来占整个建筑的比例不大，但是占投资和工作量的比例和前者相比却往往要大得多，而且通常也是施工难度比较大和施工问题比较多的地方，对这些内容的设计施工方案进行优化，可以带来显著的工期和造价改进。

5. 可出图性

BIM并不是为了出常见的建筑设计院所出的建筑设计图纸和一些构件加工的图纸，而是对建筑物进行可视化展示、协调、模拟、优化以后，帮助业主出如下图纸：

（1）综合管线图（经过碰撞检查和设计修改，消除了相应错误以后）；

（2）综合结构留洞图（预埋套管图）；

（3）碰撞检查侦错报告和建议改进方案。

由上述内容，我们可以大体了解BIM的相关内容。BIM在世界很多国家已经有比较成熟的标准或者制度。BIM在中国建筑市场内要顺利发展，必须将BIM和国内的建筑市场特色相结合，才能够满足国内建筑市场的特色需求，同时BIM将会给国内建筑业带来一次巨大变革。

6. 一体化性

基于BIM技术可进行从设计到施工再到运营贯穿了工程项目的全生命周期的一体化管理。BIM的技术核心是一个由计算机三维模型所形成的数据库，不仅包含了建筑的设计信息，而且可以容纳从设计到建成使用，甚至是使用周期终结的全过程信息。

7. 参数化性

参数化建模指的是通过参数而不是数字建立和分析模型，简单地改变模型中的参数值就能建立和分析新的模型；BIM中图元是以构件的形式出现，这些构件之间的不同，是通过参数的调整反映出来的，参数保存了图元作为数字化建筑构件的所有信息。

8. 信息完备性

信息完备性体现在BIM技术可对工程对象进行3D几何信息和拓扑关系的描述以及完整的工程信息描述。

（四）价值

建立以BIM应用为载体的项目管理信息化，提升项目生产效率，提高建筑质量，缩短工期，降低建造成本。具体体现在：

1. 三维渲染，宣传展示

三维渲染动画，给人以真实感和直接的视觉冲击。建好的BIM模型可以作为二次渲染开发的模型基础，大大提高了三维渲染效果的精度与效率，给业主更为直观的宣传介绍，提升中标概率。

2. 快速算量，精度提升

BIM数据库的创建，通过建立5D关联数据库，可以准确快速计算工程量，提升施工预算的精度与效率。由于BIM数据库的数据粒度达到构件级，可以快速提供支撑项目各条线管理所需的数据信息，有效提升施工管理效率。

3. 精确计划，减少浪费

施工企业精细化管理很难实现的根本原因在于海量的工程数据，无法快速准确获取以支持资源计划，致使经验主义盛行。而BIM的出现可以让相关管理条线快速准确地获得工程基础数据，为施工企业制定精确人、材计划提供有效支撑，大大减少了资源、物流和仓储环节的浪费，为实现限额领料、消耗控制提供技术支撑。

4. 多算对比，有效管控

管理的支撑是数据，项目管理的基础就是工程基础数据的管理，及时、准确地获取相关工程数据就是项目管理的核心竞争力。BIM数据库可以实现任一时点上工程基础信息的快速获取，通过合同、计划与实际施工的消耗量、分项单价、分项合价等数据的多算对比，可以有效了解项目运营是盈是亏、消耗量有无超标、进货分包单价有无失控等问题，实现对项目成本风险的有效管控。

5. 虚拟施工，有效协同

三维可视化功能再加上时间维度，可以进行虚拟施工。随时随地直观快速地将施工计划与实际进展进行对比，同时进行有效协同，施工方、监理方，甚至非工程行业出身的业主领导都对工程项目的各种问题和情况了如指掌。这样通过BIM技术结合施工方案、施工模拟和现场视频监测，大大减少建筑质量问题、安全问题，减少返工和整改。

6. 碰撞检查，减少返工

BIM最直观的特点在于三维可视化，利用BIM的三维技术在前期可以进行碰撞检查，优化工程设计，降低在建筑施工阶段可能存在的错误损失和返工的可能性，而且优化净空，优化管线排布方案。最后施工人员可以利用碰撞优化后的三维管线方案，进行施工交底、施工模拟，提高施工质量，同时也提高了与业主沟通的能力。

7. 冲突调用，决策支持

BIM数据库中的数据具有可计量（computable）的特点，大量工程相关的信息可以为工程提供数据后台的巨大支撑。BIM中的项目基础数据可以在各管理部门进行协同和共享，工程量信息可以根据时空维度、构件类型等进行汇总、拆分、对比分析等，保证工程基础数据及时、准确地提供，为决策者进行工程造价项目群管理、进度款管理等方面的决策提供依据。

第二章

投资决策时期的项目管理

从项目建设的重要性而言，投资决策时期的项目管理，虽然过程和内容"比较简单"，但作用却最为关键和重要。在决策过程中，每一个过程都必须遵循科学、缜密、周到的原则，因此，在决策调研过程中，决策者们常常因为各种因素的变化而需要反复酝酿、推敲，用充分的依据和足够的时间去思考。决策一旦决定，就确定了建设工程项目的建设目标，也影响后续项目的建设全局。

投资决策时期主要由投资主体主导投资决策，由建设单位及相关顾问单位（咨询、代建、监理等）参与决策，投资决策事项的相关外部性条件同时需经政府部门审定、批准，涉及的主要部门有发改、国土、规划等。

项目决策分析与评价是投资项目科学决策的重要工作，是项目前期工作的核心，关系到投资项目建设的成败。在项目决策前期，尽管不同的决策者可能面对不同的决策目标、不同的决策及其管理程序，但都必须认真做好项目前期工作，才能提高决策的正确性，避免失误造成损失。

对于政府投资项目而言，投资决策会根据当地国民经济发展规划、产业政策、经济条件和实际需求等情况，做出项目建设总体规划，再根据经济社会发展需求的轻重缓急做出安排，然后决策确定项目的建设。

对于企业投资项目而言，投资决策是一个长期的过程，企业需要根据市场情况和发展规划、自身实力等综合考虑确定。因此，企业投资项目，在科学分析与评价的基础上，一旦时机和条件成熟，便确定了决策。

本章介绍建设工程项目从设想提出到项目确立为止的过程。内容有投资决策的概念和作用、过程和内容以及建设目标与目标的确定、市场调查、工程咨询、项目前期咨询评估在建设工程决策和实施过程中的重要作用，介绍了项目建议书的编制与审批、可行性研究报告的编制与审批等。

第一节　投资决策的概念和作用

一、投资项目决策的概念

一个政府、一个企业乃至一个家庭和个人，为了发展需要，就会有一种发展的设想，这种设想来自多种因素，有外在的、有内在的……随着时间和环境的变化、推动，条件逐渐成熟后，这种设想就有了实现的可能。如人们设想购物，设想买车……设想一个项目建设的过程也是如此，一旦设想条件具备，项目从设想到确立就瓜熟蒂落，项目也由此而诞生。

投资项目决策是由有关部门、单位或个人等投资主体在调查、分析、论证的基础上，对投资项目的根本性问题作出的判断和决定。

（一）决策的含义

按照现代决策理论，决策是为达到一定的目标，从两个或多个方案中选择一个较优方案的分析判断和抉择的过程。具体地说，决策是指人们为了实现特定的目标，在掌握大量有关信息基础上，运用科学的理论和方法，系统地分析主客观条件，提出若干预选方案，分析各种方案的优缺点，并从中选出较优方案的过程。决策过程可以分为信息收集、方案设计、方案评价、方案抉择四个相互联系的阶段。这四个阶段相互交织，往复循环，贯穿于整个决策过程。

决策有诸多分类方法。根据决策对象的不同，可分为投资决策、融资决策、营销决策等；根据决策目标的数量，可分为单目标决策和多目标决策；根据决策问题面临条件的不同，可分为确定型决策、风险型决策和不确定型决策。

（二）投资项目决策

投资项目决策是指最终作出是否投资建设某个项目的决定。项目目标的确定，项目建设规模和产品（服务）方案的确定，场（厂）址的确定，技术方案、设备方案、工程方案的确定，环境保护方案以及融资方案的确定等都属于投资项目决策的范畴。

从不同决策者的角度可将投资项目决策分为：

1. 政府投资项目决策

政府投资项目决策是指政府根据经济社会发展的需要，以满足社会公共需求，促进经济社会可持续发展为目标，作出政府是否投资建设项目的决定。

2. 企业投资项目决策

企业投资（包括个人投资者兴办企业）项目决策是指企业根据总体发展战略、自身资源条件、在竞争中的地位以及项目产品所处的生命周期阶段等因素，以获得经济效益、社会效益和提升持续发展能力为目标，作出是否投资建设项目的决定。

3. 金融机构贷款决策

金融机构贷款决策是指银行等金融机构遵照"独立审贷、自主决策、自担风险"的原则，依据申请贷款的项目法人单位的信用水平、经营管理能力和还贷能力以及项目的盈利能力，作出是否贷款的决定。

二、投资项目的决策原则和作用

（一）决策原则

1. 科学决策原则

科学决策要求决策者按照规范的程序，采用求实的方法和先进的技术手段，调查研究项目建设的客观条件，依据国家有关政策、技术发展趋势和客观需求状况，对项目涉及的重大方案的有关数据进行认真分析研究，在保证研究结论真实可靠的基础上进行决策。

2. 民主决策原则

民主决策要求决策者充分听取专家的意见，善于吸纳各种不同意见，做到先评估、后决策。对于政府投资项目，一般都要经过符合资质要求的咨询机构的评估论证，特别重大的项目还应实行专家评议制度；对于企业投资项目，为了降低投资风险，通常也聘请外部咨询机构提供投资决策咨询服务；对于涉及社会公共利益的项目，要采取适当的公众参与形式，广泛征求意见与建议，以使决策符合社会公众的利益。

3. 多目标综合决策原则

投资项目产生的影响是多方面的，包括对经济的、社会的、环境的影响，决策者应综合考虑多种影响因素，从实现经济效益、社会效益和环境效益三者统一的社会责任目标出发，进行项目决策。

4. 风险责任原则

按照"谁投资、谁决策、谁收益、谁承担风险"的原则，强调投资项目决策的责任制度。企业投资项目由企业进行投资决策，项目的市场前景、经济效益、资金来源和产品技术方案等均由企业自主决策、自担风险，政府仅对外部性条件进行审核。采用直接投资和资本金注入方式的政府投资项目，由政府进行投资决策，政府要审批项目建议书和可行性研究报告，并对项目的风险承担责任。

5. 可持续发展原则

加快建设资源节约型、环境友好型社会，是我国经济社会可持续发展的基本国策。根据投资体制改革规定，对投资建设项目要建立科学的行业准入制度，规范行业环保标准、安全标准、能源消耗标准和产品技术、质量标准，防止低水平重复建设。可持续发展原则已成为投资项目建设必须遵循的基本原则。

（二）决策作用

1. 对项目建设的成败和投资效益的高低有决定性的影响

投资项目建设具有整体性和固定性，只有整个项目全部完成，才能形成综合生产能力，发挥投资效益，并且一经建成投产交付使用，就木已成舟，不能随意移动和变更。项目决策得当，建成后的项目在使用期内就能发挥良好效益；决策失误，就会使建成后的项目难以发挥生产经营效益。投资项目一般建设时间长，投资大，项目决策失误会影响到项目的施工进度。由于工期拖长，一方面会积压和浪费已投入的大量人力、物力、财力，提高投资费用；另一方面，还会使建设项目错过最佳投产时间。两个方面都会影响投资效益的提高，关系到项目建设的成败。

2. 对整个国家经济也会产生重大影响

首先，国民经济效益是一个个微观项目的效益综合而成的，项目决策成功，项目投资效益良好，就会对国民经济产生有利的影响，反之则将影响宏观效益。其次，投资活动是实现社会扩大再生产的基本手段。这就要求我们在投资项目建设时，进行科学的项目决策，从多方面中优选出最佳投资行动方案，以保证社会扩大再生产的顺利进行。最后，项目建设是实现社会生产结构合理化的有效手段。投资活动不仅扩大了社会再生产的规模，而且也改变了社会再生产的生产结构。我们可以通过确定上哪些行业项目，不上哪些行业项目，对某些部门的生产进行加强，对另一些部门的生产进行调整，从而改变现有的生产结构，以提高整个社会的经济效益。

3. 是合理控制投资规模的重要手段

通过项目决策，可以对建设项目进行全面分析和论证，从而决定取舍。这样就可以避免重复建设、盲目建设，坚决压缩不利于国民经济综合平衡、协调发展的项目，使投资建设规模得到合理的控制，进而平稳经济发展。

第二节　投资决策时期的过程和内容

一、投资决策的过程

投资决策时期的过程和内容主要包括项目建议书的编制和审批、可行性研究报告的编制和审批等，从表面上看其过程和内容似乎比较简单，但实际上是一个复杂且重要的过程。投资决策阶段可能因政策、项目投资性质、技术等原因而不易确定。

投资决策时期的过程和内容流程，如图2-1所示。

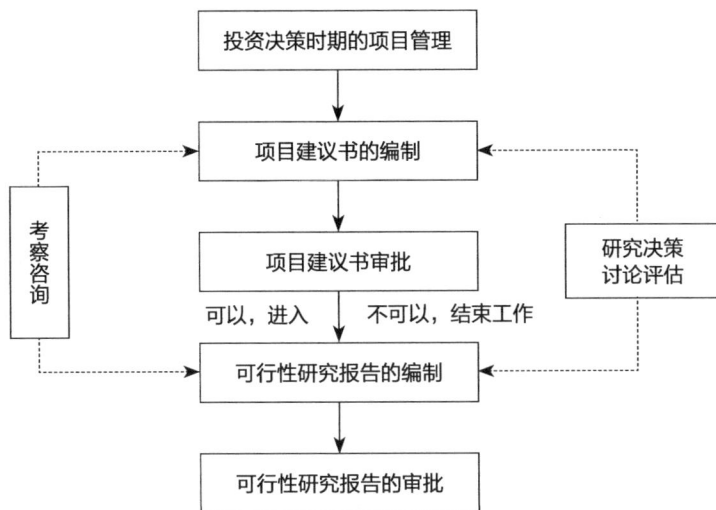

图2-1　投资决策时期的过程和内容流程图

二、项目决策程序

2004年7月，国务院印发《关于投资体制改革的决定》（国发〔2004〕20号），正式开启投资体制改革的大幕，在此基础上，2016年7月，中共中央、国务院印发《关于深化投融资体制改革的意见》（中发〔2016〕18号），在文件的权威性和改革的系统性方面又上升到了一个新的高度，并将作为我国投融资体制改革的纲领性文件加以贯彻。上述文件作为建设和完善社会主义市场经济体制的重要举措，打破了传统计划下高度集中的投资管理模式，基本形成了投资主体多元化、资金来源多渠道、投资方式多样化、项目建设市场化的新格局。

（一）投资体制改革的基本内容

投资体制改革的基本内容包括改革政府对企业投资的管理制度，按照"谁投资、谁决策、谁收益、谁承担风险"的原则，落实企业投资自主权；合理界定政府投资职能，提高投资决策的科学化、民主化水平，建立投资决策责任追究制度；进一步拓展项目融资渠道，发展多种融资方式；培育规范的投资中介服务组织，加强行业自律，促进公平竞争；健全投资宏观调控体系，改进调控方式，完善调控手段；加快投资领域的立法进程，最终建立起市场引导投资、企业自主决策、银行独立审贷、融资方式多样、中介服务规范、宏观调控有效的新型投资体制。

（二）投资项目决策的程序和内容

深化投资体制改革的一个基本出发点，就是要改进既有投资项目的决策规则和程序，提高投资决策的科学化、民主化水平。对于企业不使用政府投资建设的项目，政府一律不再实行审批制，对于政府投资项目，采用直接投资和资本金注入方式的，从投资决策角度只审批项目建议书和可行性研究报告。

1. 政府投资项目决策（审批）的程序和内容

对于政府投资项目，仍要按照规定的程序进行决策。这类建设项目必须先列入行业、部门或区域发展规划，由政府投资主管部门审批项目建议书，审查决定项目是否立项；再经过对可行性研究报告的审查，决定项目是否建设。

根据投资体制改革有关完善政府投资体制、规范政府投资行为、合理界定政府投资范围的规定，政府投资主要用于关系国家安全和市场不能有效配置资源的经济和社会领域，包括加强公益性和公共基础设施建设，保护和改善生态环境，促进欠发达地区的经济和社会发展，推进科技进步和高新技术产业化。按照投资事权划分，中央政府投资除本级政权等建设外，主要安排跨地区、跨流域以及对经济和社会发展全局有重大影响的项目。

为健全政府投资项目决策机制，提高政府投资项目决策的科学化、民主化水平，政府投资项目一般都要经过符合资质要求的咨询中介机构的评估论证。特别重大的项目还应实行专家评议制度；逐步实行政府投资项目公示制度，广泛听取各方面的意见和建议。

对于政府投资项目，采用直接投资和资本金注入方式的，政府投资主管部门从投资决策角度只审批项目建议书和可行性研究报告。除特殊情况外，不再审批开工报告，同时应严格执行政府投资项目的初步设计、概算审批工作；采用投资补助、转贷和贷款贴息方式的，只审批资金申请报告。政府投资项目决策（审批）的程序，如图2-2所示。

2. 企业投资项目决策（批准）的程序和内容

企业投资项目决策，特别是投资规模较大的大型项目的投资决策，关系到企业的长远发展。应按照公司法人治理结构的权责划分，经经理层讨论后，报决策层进行审定，特别重大的投资决策还要报股东大会讨论通过。

有的企业投资项目是由项目的发起人及其他投资人出资，组建具有独立法人资格的项目公司，由出资人或其授权机构对项目进行投资决策。

对企业投资项目，政府仅对《政府核准的投资项目目录》内的项目（重大项目和限制类项目）从维护公共利益角度进行核准，其他的项目，除国家法律法规和国务院专门规定禁止投资的项目以外，无论规模大小，均实行备案制。项目的市场前景、经济效益、资金来源和产品技术方案等均由企业自主决策、自担风险，并依法办理环境保护、土地利用、资源利用、安全生产、城市规划等许可手续和减免税确认手续。

对于企业投资建设实行政府核准制的项目，一般是在企业完成项目可行性研究后，根据可行性研究的基本意见和结论，委托具备相应工程咨询资格的机构编制项目申请报告，按照事权划分，分别报政府投资主管部门进行核准。由国务院投资主管部门核准的项目，其项目申请报告应有具备甲级工程咨询资格的机构编制。

项目申报单位在向项目核准机关报送申请报告时，需根据国家法律、法规的规定，附送城市规划、国土资源等行政主管部门出具的审批意见。

项目核准机关在受理核准申请后，如有需要，应委托符合资质要求的咨询中介机构进行评估。从狭义上来理解，核准并不属于决策程序范畴，但可理解为企业决策最终确立的一个标志。企业投资项目决策（核准）程序，如图2-2、图2-3所示。

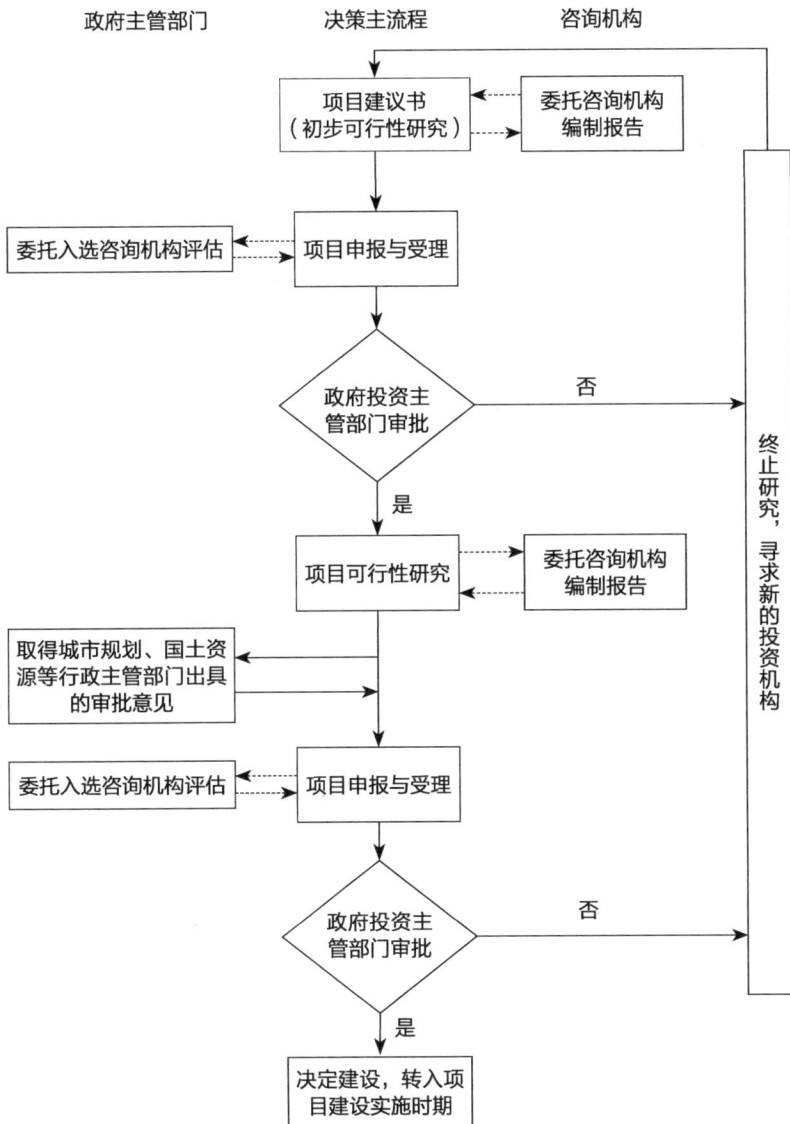

图2-2 政府投资项目决策（审批）程序

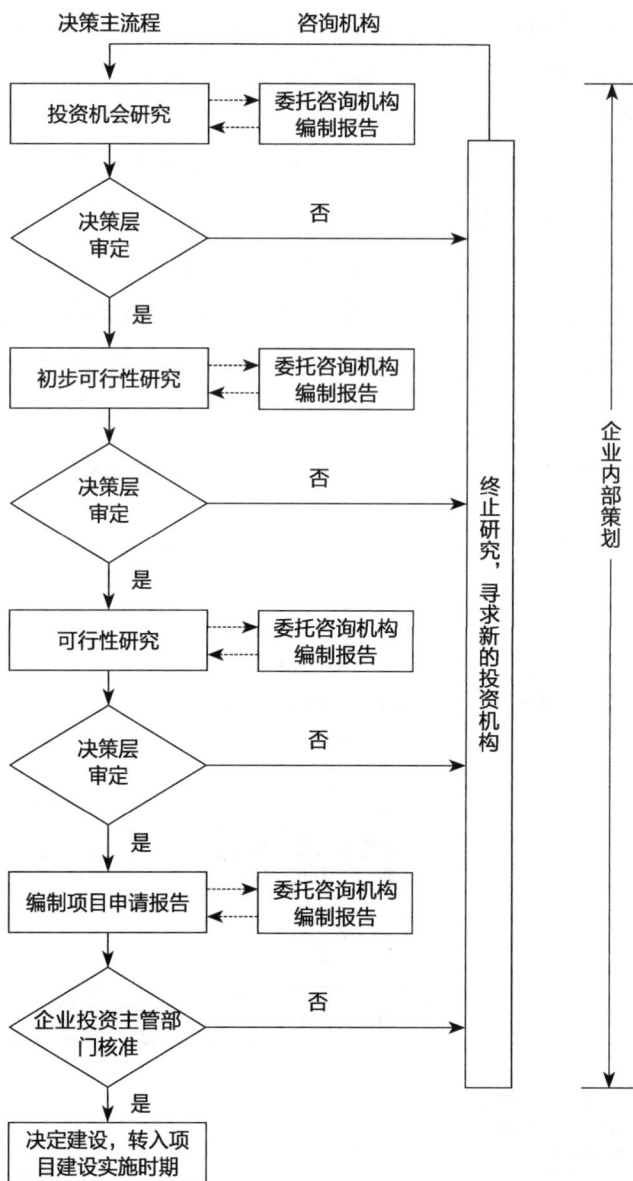

图2-3 企业投资项目决策程序

（三）项目决策的责任

项目决策相关单位的职责如下：

1. 政府投资主管部门

对项目的审批（核准）以及向国务院提出审批（核准）的审查意见承担责任，着重对项目是否符合国家宏观调控政策、发展建设规划和产业政策，是否维护了经济安全和公众利益，资源开发利用和重大布局是否合理，是否有效防止了垄断出现等承担责任。

2. 环境保护主管部门

对项目是否符合环境影响评价的法律、法规要求，是否符合环境功能区划，拟采取的环保措施能否有效治理环境污染和防止生态破坏等负责。

3. 国土资源主管部门

对项目是否符合土地利用总体规划和国家供地政策，项目拟用地规模是否符合有关规定和控制要求，补充耕地方案是否可行等负责，对土地、矿产资源开发利用是否合理负责。

4. 城市规划主管部门

对项目是否符合城市规划要求，选址是否合理等负责。

5. 相关行业主管部门

对项目是否符合国家法律、法规、行业发展建设规划以及行业管理的有关规定负责。

6. 其他有关主管部门

对项目是否符合国家法律、法规和国务院的有关规定负责。

7. 金融机构

按照国家有关规定对申请贷款的项目独立审贷，对贷款风险负责。

8. 咨询机构

对咨询评估结论负责。

9. 项目（法人）单位

对项目的申报程序是否符合有关规定，申报材料是否真实，是否按照经审批或核准的建设内容进行建设负责，并承担投资项目的资金来源、技术方案、市场前景、经济效益等方面的风险。

三、项目决策分析与评估的任务和基本要求、主要内容

项目决策分析与评价是项目决策、建设的关键。2004年国务院批准投资体制改革后，对政府投资和企业投资建设项目规定了不同的审批（核准）程序、审批文件和要求、事权责任，但作为一个工程项目，投资前期的策划过程以及决策所依据的内容基本相同。

（一）任务和基本要求

项目决策分析与评价是指对不同研究阶段的方案构造，并对其进行分析评价的全过程，其目的是为项目决策提供科学可靠的依据。

1. 任务

在项目决策分析与评价过程中，应完成以下主要任务：

（1）分析项目建设的必要性，推荐符合市场需求的产品（服务）方案和建设规模；

（2）分析项目建设的可行性，研究项目运营发展所必需的条件；

（3）比较并推荐先进、可靠、适用的项目建设方案；

（4）估算项目建设与运营所需要的投资和费用，计算分析项目的盈利能力、偿债能力与财务生存能力；

（5）从经济、社会、资源及环境影响的角度，分析评价项目建设与运营所产生的经济效益、社会效益、资源环境效益，分析评价项目的经济合理性、与所处的社会环境是否和谐以及资源节约和综合利用效果；

（6）分析项目存在的风险，并提出防范和降低风险的措施；

（7）在上述分析评价归纳总结的基础上，分析项目目标的可能实现程度，论证项目建设的必要性和技术经济的可行性，提出研究结论；

（8）对项目建设与运营的有关问题及应采取的措施提出必要的建议。

2. 基本要求

（1）贯彻落实科学发展观

贯彻落实科学发展观，要求项目决策分析与评价必须坚持以人为本，促进经济社会和人的全面发展，统筹人与自然的和谐发展，实现可持续发展；必须体现经济增长方式的加快转变，抓好节能、节水、节材、节地、资源综合利用和发展循环经济等重要环节，推进资源节约型、环境友好型社会建设；必须体现自主创新能力的显著提高，优化产品、产业结构，增强核心竞争力，促进创新体系建设；必须体现城乡区域的协调发展，落实区域发展战略，重视经济布局，促进城乡良好互动、东中西优势互补，推进和谐社会建设。

（2）资料数据准确可靠

信息是项目决策分析与评价的基础和必要条件，全面、准确地了解和掌握有关项目决策分析与评价的资料数据是决策分析与评价的最基本要求。

由于项目决策分析与评价是个动态过程，在实施中要注意新情况的出现，要及时、全面、准确地获取新的信息，必要时作出追踪决策分析。

（3）采取方法科学有效

项目决策分析与评价要注意方法的科学性，根据不同情况选择不同的方法，并通过多种方法进行验证，以保证分析与评价的准确性。项目决策分析与评价的方法很多，主要可归纳为三类：

1）经验判断法。即依靠咨询工程师的经验进行综合判断。这是一种常用的方法，尤其是对有较多难以定量化的抽象因素（如社会因素、心理因素、道德因素等）进行分析时，经验判断更是不可缺少。经验之所以可作为决策分析与评价的依据，在于历史发展存在的规律性和继承性，但经验不能作为百分之百的依据，对于决策分析与评价中遇到的新情况、新问题，必须认真分析，不能机械地套用经验去作简单判断。经验判断法的最大缺点是容易受个人主观认识的限制。因此，在应用经验判断法时，要充分吸收他人的经验。

2）数学分析法。指系统分析、线性分析、统筹方法等建立在数学手段基础上的定量分析方法。采用这些定量分析方法，可以使评价结论更加严密与准确。

3）试验法。即经多轮试验及检验，从中选择典型可用的方法。由于在决策分析中不可能创造出像实验室那样人为的典型可控条件，所以试验法也不像在科学技术研究中那样作为一种基本方法。但对于一些经不起失误的重大决策问题，尤其是对于缺乏经验的新问题，先选少数典型单位或部分环节作试点，然后总结经验作为最后评价的依据，仍不失为一种可行的方法。

以上三种方法各有所长，应当根据决策分析与评价的内容特点、研究工作的深度要求综合选用。

（4）定量分析与定性分析相结合，以定量分析为主

随着应用数学和计算机的发展，经济决策更多地依赖于定量分析的结果。投资项目决策分析与评价的本质是对项目建设和运营过程中各种经济因素给出明确的数量概念，通过费用和效益的计算，比选取舍。但是一个复杂的项目，总会有一些因素不能量化，不能直接进行定量分析，只能通过文字描述、对比，进行定性分析。定性分析是一种在占有一定资料的基础上，根据咨询工程师的经验、学识和逻辑推理能力进行的决策分析。在项目决策分析与评价时，应遵循定量分析与定性分析相结合，以定量分析为主的原则，对不能直接进行数量分析比较的，则应实事求是地进行定性分析。由于项目的不确定性、不可预见性等因素，有时候定性分析反而更重要。

（5）动态分析与静态分析相结合，以动态分析为主

动态分析是指在项目决策分析与评价时要考虑资金的时间价值，对项目在整个计算期内费用与效益进行折（贴）现现金流量分析。动态分析方法将不同时点的现金流入和流出换算成同一时点的价值，为不同项目、不同方案的比较提供可比的基础。动态分析指标主要有内部受益率、净现值、净年值等指标。

静态分析是指在项目决策分析与评价时不考虑资金的时间价值，把不同时点的现金流入和流出看成是等值的分析方法。静态分析方法不能准确反映项目费用与效益的价值量，但指标计算简便、易于理解。静态分析指标主要有项目静态投资回收期、总投资收益率等指标。在项目决策分析与评价中应遵循动态分析与静态分析相结合、以动态分析为主的原则，根据工作阶段和深度要求的不同，选择采用动态分析指标与静态分析指标。

（6）多方案比较与优化

项目决策分析与评价时在对建设规模与产品方案、工艺技术方案、工程方案、场（厂）址选择方案、环境保护治理方案、资源利用方案、融资方案等各方案选择比较的基础上，再从技术和经济相结合的角度进行多方案综合分析论证，比选优化。多方案比选可以采用专家评分法、目标排序法等方法进行综合评价优化选择。

（二）主要内容

项目决策分析与评价的过程，是一个由粗到细、由浅到深的递进过程。在这个过程中，主要包括投资机会研究、初步可行性研究（项目建议书）、可行性研究、项目申请报告等内容。

1. 投资机会研究

（1）目的

投资机会研究（Opportunity Study，OS），也称投资机会鉴别，是指为寻找有价值的投资机会而进行的准备性调查研究。

投资机会研究的目的是发现有价值的投资机会。

（2）分类

投资机会研究可分为一般投资机会研究与具体投资机会研究两类。

1）一般投资机会研究。一般投资机会研究是一种全方位的搜索过程，需要进行广泛的调查，收集大量的数据。一般投资机会研究又可分为三类：①地区投资机会研究，即通过调查分析地区的基本特征、人口及人均收入、地区产业结构、经济发展趋势、地区进出口结构等状况，研究、寻找在某一特定地区内的投资机会；②部门投资机会研究，即通过调查分析产业部门在国民经济中的地位和作用、产业的规模和结构、各类产品的需求及其增长率等状况，研究、寻找在某一特定产业部门的投资机会；③资源开发投资机会研究，即通过调查分析资源的特征、储量、可利用和已利用状况、相关产品的需求和限制条件等情况，研究、寻找开发某项资源的投资机会。

2）具体项目投资机会研究。在一般投资机会研究初步筛选投资方向和投资机会后，需要进行具体项目的投资机会研究。具体项目投资机会研究比一般投资机会研究更为深入、具体，需要对项目的背景、市场需求、资源条件、发展趋势以及需要的投入和可能的产出等方面研究和分析，并作出大体上的判断。

企业对投资机会的研究，还应结合企业的发展战略和经营目标以及企业内外部资源条件。企业内外部资源条件主要指企业的财力、物力和人力资源，企业的技术和管理水平，以及外部建设条件。

（3）内容和研究重点

投资机会研究的内容，包括市场调查、消费分析、投资政策、税收政策研究等，其研究重点是分析投资环境，如在某一地区或某一产业部门，对某类项目的背景、市场需求、资源条件、发展趋势以及需要的投入和可能的产出等方面进行准备性的调查研究和分析，从而发现有价值的投资机会。

投资机会研究的成果是机会研究报告。投资机会研究报告是开展初步可行性研究的根据。在投资机会研究中，项目的建设投资和成本一般参照类似项目的数据作粗略的估算。

2. 初步可行性研究（项目建议书）

初步可行性研究（Pre-Feasibility Study，PS），也称预可行性研究，是在投资机会研究的基础上，对项目方案进行初步的技术、经济分析和社会、环境评价，对项目是否可行作出初步判断。

初步可行性研究的主要目的是判断项目是否有生命力，是否值得投入更多的人力和资金进行可行性研究。

初步可行性研究的重点，主要是根据国民经济和社会发展中长期规划、行业规划和地区规划以及国家产业政策，经过调查研究、市场预测，从宏观上分析论证项目建设的必要性和可能性。

初步可行性研究的深度介于投资机会研究和可行性研究之间。在初步可行性研究中，项目投资和成本费用可主要采用相对粗略的估算指标法，有条件的也可采用分类估算法估算。

通过初步可行性研究，如果认为项目建设是必要的，而且具备了基本的建设条件，就可以编制初步可行性研究报告（项目建议书）。对于企业投资项目，政府不再审批项目建议书，初步可行性研究仅作为企业内部决策层进行项目投资策划、决策的依据；而对政府投资项目，仍需按基本建设程序要求审批项目建议书（初步可行性研究报告）。如果企业内部判断项目是有生命力或政府投资项目经投资主管部门批准立项，就可开展下一步的可行性研究。需要指出的是，不是所有项目都必须进行初步可行性研究，小型项目或者简单的技术改造项目，在选定投资机会后，可以直接进行可行性研究。

初步可行性研究的成果是初步可行性研究报告或者项目建议书。它们之间的差别，主要是对研究成果具体阐述的详略。初步可行性研究报告详尽一些，项目建议书简略一些，可根据投资主体以及审批机构的要求确定。

3. 可行性研究

可行性研究（Feasibility Study，FS）一般是在初步可行性研究的基础上进行详细分析、研究。通过对拟建项目的建设方案和建设条件的分析、比较、论证，从而得出该项目是否值得投资，建设方案是否合理、可行的研究结论，为项目的决策提供依据。

可行性研究是建设项目决策分析与评价分析阶段最重要的工作。可行性研究的过程既是深入调查研究的过程，又是多方案比较的过程。

（1）依据

1）项目建议书（初步可行性研究报告）及其批复文件；

2）国家和地方的经济和社会发展规划、行业部门的发展规划，如江河流域开发治理规划、铁路公路路网规划、电力电网规划、森林开发规划，以及企业发展战略规划等；

3）有关的法律、法规和政策；

4）有关机构发布的工程建设方面的标准、规范、定额；

5）拟建场（厂）址的自然、经济、社会概况等基础资料；

6）合资、合作项目各方签订的协议书和意向书；

7）与拟建项目有关的各种市场信息资料或社会公众要求等。

（2）可行性研究与初步可行性研究的关系和区别

建设项目的前期工作，是对拟建设项目研究由浅入深、工作质量和要求逐步提高、建设方案不断优化的过程。可行性研究与初步可行性研究相比，在构成与内容上大体相似，是初步可行性研究的延伸和深化，但这两个阶段的目的与作用、研究论证重点以及研究方法和深度要求有明显的区别。主要是：

1）目的与作用不同。初步可行性研究是政府投资项目立项和企业内部策划初步决定投资建设意向的重要依据。如政府投资项目的项目建议书（初步可行性研究）批准后（即为立项），可列入前期工作计划，组织开展项目可行性研究；企业投资项目，如通过初步可行性研究经判断项目具有生命力，就可组织开展项目可行性研究。

可行性研究报告是项目审批决策的依据，项目可行性研究（项目申请报告）批准（核准）后，决策基本完成，可组织下一步初步设计等后续工作。

2）研究论证的重点不同。初步可行性研究主要从宏观角度分析研究项目的必要性，初步论证项目建设是否符合国家长远规划、地区和行业发展规划、产业政策和生产力布局的合理性，进行初步的市场调查和主要产品的市场需求分析，结合建设地点和项目特点初步分析项目建设条件（工程地质、工艺技术、资源供应、外部运输、环境治理等）的可能性，主要采用粗略的估算指标法初步估算项目建设投资和资金筹措的设想方案，对项目的经济效益和社会效益进行初步分析。

可行性研究是从宏观到微观进行全面的技术经济分析，论证项目建设的可行性，经过技术经济比较择优确定建设方案，重点论证项目建设是否符合国家长远规划、地区和行业发展规划、产业政策和生产力布局的合理性，进行全面的市场调查和竞争能力分析，合理确定产品方案，通过必要的勘察、调查和技术经济比较，择优确定项目场（厂）址和工艺技术方案，根据建设方案和国家法规、政策、标准和定额计算项目工程量，通过分类估算确定项目总投资、资金来源和筹措方案，对项目的经济效益和社会效益进行较系统的评价和测算。

3）研究方法和深度要求不同。初步可行性研究主要是采用近年同行业类似项目及其生产水平的类比方法，匡算项目总投资（允许误差20%左右），经济效益评价可以静态为主或与动态分析相结合。

可行性研究报告应按照项目建设方案确定的工程量测算项目总投资，投资估算误差不应大于10%，资金筹措应有具体方案，项目效益测算以动态为主。

4. 项目申请报告

（1）目的和作用

项目申请报告是指对《政府核准的投资项目目录》内企业投资的重大项目和限制类项

目为获得政府投资主管部门行政许可而报送的项目论证报告。其目的是根据政府关注的公共管理要求，对拟建项目从规划布局、资源利用、生态环境、经济和社会影响等方面进行综合论证，为有关部门对企业投资项目进行核准审查提供依据。

项目申请报告是在项目可行性研究的基础上，重点论述项目的外部性、公共性等事项，其作用是为了维护经济安全、合理开发利用资源、保护生态环境、优化重大布局、保障公众利益、防止出现垄断。

（2）主要内容

为指导企业做好项目申请报告的编写工作，规范项目核准机关核准行为，根据《企业投资项目核准和备案管理办法》（国家发展改革委第2号令）和《外商投资项目核准和备案管理办法》（国家发展改革委第12号令）有关规定，进一步完善、规范企业投资项目核准，帮助和指导企业编制项目申请报告，对需要报送、核准的企业投资项目申请报告，国家发改委发布了《项目申请报告通用文本的通知》（发改投资〔2017〕684号），供编写时借鉴和参考。编写项目申请报告的内容，一般包括以下五个方面的内容：

1）项目单位及拟建项目情况：

①项目单位情况。包括项目单位的主营业务、营业期限、资产负债、企业投资人（或者股东）构成、主要投资项目、现有生产能力、项目单位近几年信用情况等内容。

②拟建项目情况。包括拟建项目的建设背景、建设地点、主要建设内容、建设（开发）规模与产品方案、工程技术方案、主要设备选型、配套公用辅助工程、投资规模和资金筹措方案等。拟建项目与国民经济和社会发展总体规划、主体功能区规划、专项规划、区域规划等相关规划衔接和协调情况，拟建项目的产业政策、技术标准和行业准入分析。拟建项目取得规划选址、土地利用等前置性要件的情况。

2）资源开发及综合利用分析：

①资源开发方案。资源开发类项目，包括对金属矿、煤矿、石油天然气矿、建材矿以及水（力）、森林等资源的开发，应分析拟开发资源的可开发量、自然品质、赋存条件、开发价值等，评价是否符合资源综合利用的要求。

②资源利用方案。包括项目需要占用的重要资源品种、数量及来源情况；多金属、多用途化学元素共生矿、伴生矿、尾矿以及油气混合矿等的资源综合利用方案；通过对单位生产能力主要资源消耗量指标的对比分析，评价资源利用效率的先进程度；分析评价项目建设是否会对地表（下）水等其他资源造成不利影响。

③资源节约措施。阐述项目方案中作为原材料的各类金属矿、非金属矿及能源和水资源节约以及项目废弃物综合利用等的主要措施方案。对拟建项目的资源能源消耗指标进行分析，阐述在提高资源能源利用效率、降低资源能源消耗、实现资源能源再利用与再循环等方面的主要措施，论证是否符合能耗准入标准及资源节约和有效利用的相关要求。

3）生态环境影响分析：

①生态和环境现状。包括项目场址的自然生态系统状况、资源承载力、环境条件、现有污染物情况和环境容量状况等，明确项目建设是否涉及生态保护红线以及与相关规划环评结论的相符性。

②生态环境影响分析。包括生态破坏、特种威胁、排放污染物类型、排放量情况分析，水土流失预测，对生态环境的影响因素和影响程度，对流域和区域生态系统及环境的综合影响。

③生态环境保护措施。按照有关生态环境保护修复、水土保持的政策法规要求，对可能造成的生态环境损害提出治理措施，对治理方案的可行性、治理效果进行分析论证。根据项目情况，提出污染防治措施方案并进行可行性分析论证。

④特殊环境影响。分析拟建项目对历史文化遗产、自然遗产、自然保护区、森林公园、重要湿地、风景名胜和自然景观等可能造成的不利影响，并提出保护措施。

4）经济影响分析：

①社会经济费用效益或费用效果分析。从资源综合利用和生态环境影响等角度，评价拟建项目的经济合理性。

②行业影响分析。阐述行业现状的基本情况以及企业在行业中所处地位，分析拟建项目对所在行业及关联产业发展的影响，尤其对产能过剩行业注重宏观总量分析影响，避免资源浪费和加剧生态环境恶化，并对是否可能导致垄断，是否符合重大生产力布局等进行论证。

③区域经济影响分析。对于区域经济可能产生重大影响的项目，应从区域经济发展、产业空间布局、当地财政收支、社会收入分配、市场竞争结构、对当地产业支撑作用和贡献等角度进行分析论证。

④宏观经济影响分析。投资规模巨大、对国民经济有重大影响的项目，应进行宏观经济影响分析。涉及国家经济安全的项目，应分析拟建项目对经济安全的影响，提出维护经济安全的措施。

5）社会影响分析：

①社会影响效果分析。阐述拟建项目的建设及运营活动对项目所在地可能产生的社会影响和社会效益。其中要对就业效果进行重点分析。

②社会适应性分析。分析拟建项目能否为当地的社会环境、人文条件所接纳，评价该项目与当地社会环境的相互适应性，提出改进性方案。

③社会稳定风险分析。重点针对拟建项目直接关系人民群众切实利益且涉及面广、容易引发的社会稳定问题，在风险调查、风险识别、风险估计、提出风险防范和化解措施、判断风险等级基础上，从合法性、合理性、可行性和可控性等方面进行分析。

④其他社会风险及对策分析。针对项目建设所涉及的其他社会因素进行社会风险分

析，提出协调项目与当地社会关系、规避社会风险、促进项目顺利实施的措施方案。

（3）项目申请报告与可行性研究报告的关系和区别

企业投资建设实行核准制的项目所编制的项目申请报告，与为企业内部策划编制的项目可行性研究以及为政府批准编制的项目可行性研究报告，既有密切的关系，又有较大的区别。

项目申请报告与可行性研究报告有着密切的关系。对于企业投资需要由政府核准的项目，一般是在企业内完成项目可行性研究报告，由企业内部自主决策后，根据可行性研究的基本意见和结论，编制项目申请报告。因此，编制申请报告的基础是可行性研究报告，其深度要求基本相同。但可行性研究报告与项目申请报告也存在着明显的区别，主要区别有以下三个方面：

1）适用范围和作用不同。

可行性研究报告是投资建设项目内在的规律的要求，是项目决策分析与评价过程中的客观要求，它适用于所有投资建设项目。即使是企业投资项目，为防止和减少投资失误，保证投资效益，在企业自主决策时，也应以项目可行性研究报告作为企业内部决策的依据。

项目申请报告是政府行政许可的要求，它仅仅适用于企业投资建设实行政府核准制的项目，即列入《政府核准的投资项目目录》的不使用政府投资建设的重大项目和限制类项目。其作用是根据政府关注的公共管理要求，主要从维护经济安全，合理开发利用资源，保护生态环境，优化重大布局，保障公众利益，防止出现垄断等方面进行核准。政府投资项目和实行备案制的企业投资项目，均不需要编制项目申请报告。

2）目的不同。

对于企业投资项目而言，可行性研究报告的目的是论证项目的可行性，提交企业内部决策机构（如企业董事会）审查批准，以及提交贷款方（包括内、外资银行以及国际金融组织和外国政府）评估，以便其作出贷款决定。

项目申请报告不是对项目财务可行性的研究，而是对政府关注的项目外部影响，涉及公共利益的有关问题进行论证说明，以获得政府投资主管部门的核准（行政许可）。在政府投资主管部门核准之前，企业需要根据规划、国土资源等部门的要求，进行相关分析论证，以获得各有关部门的许可。

3）内容不同。

可行性研究报告不仅要对市场前景、技术方案、设备选型、项目选址、投资估算、融资方案、财务效益、投资风险等方面进行分析与研究，而且要对政府关注的涉及公共利益的有关问题进行论证。

考虑到可行性研究报告是项目申请报告编制的基础，本章前述的可行性研究内容已经扩展，以方便列入《政府核准的投资项目目录》的企业投资项目的申请报告编制。

项目申请报告主要是从规划布局、资源利用、征地移民、生态环境、经济和社会影响等方面对拟建项目进行论证，市场、技术、资金来源、财务效益等不涉及政府公权力等"纯内部"问题不作为主要论证内容，但需要对项目有关问题加以简要说明，作为对项目核准提供项目背景、外部影响评估的基础材料。如为了便于政府对发展规划、产业政策及行业准入等内容进行审查，需要对采用工艺技术方案的先进性、创新性作简要说明等。

第三节　建设目标与目标的确定

一、项目目标

项目一词，目前已经广泛应用于社会经济各个领域。本书所称的项目，是指投资于工程建设的项目，也称工程项目或建设项目。

项目目标一般有两个层次，即项目的宏观目标和具体目标。

（一）宏观目标

项目的宏观目标是指项目建设对国家、地区、部门或行业要达到的整体发展目标所产生的积极影响和作用。

不同性质项目的宏观目标是有区别的。如工业项目的宏观目标主要是满足国民经济发展对项目产品的需要，推动相关产业的发展，促进产业结构的调整。交通运输等基础设施项目的宏观目标主要是改善交通运输条件，便利人民的生活，促进国民经济或地区经济的发展。文化、教育、卫生等社会公益性项目的宏观目标主要是改善人们的工作、活动空间和环境，提高生活质量，满足人民不断增长的物质文化生活需要。

（二）具体目标

项目的具体目标是指项目建设要达到的直接效果。具体目标主要有：

1. 效益目标

效益目标指项目要实现经济效益、社会效益、环境效益的目标值。对于经营性项目，其效益目标主要是对投资收益的具体目标值。如某工业项目确定其效益目标值为：项目投资所得税后财务内部收益率达到10%，项目本金财务内部收益率达到12%。对于公共基础设施项目，其效益目标主要是指满足客观需要的程度或提供服务的范围。如某城市水厂的效益目标主要是满足城东区所有单位及30万居民的供水需求。对于环境治理项目，其效益目标主要是指环境治理的效果。如某城市水环境综合治理工程的效益目标主要是使城市污水处理率从36%提高到70%，并使河水体达到符合旅游景观的水质标准。

2．规模目标

规模目标是指对项目建设规模确定的目标值。如某市民广场项目，建设用地6hm²，建筑面积7.3万m²，其中地上11层、地下1层，其余为市民广场、公园和道路等。

3．功能目标

功能目标指对项目功能的定位。企业投资项目可供选择的功能目标主要有：

（1）扩大生产规模，降低单位产品成本。

（2）向前延伸，生产所需原材料，降低产品成本和经营风险。

（3）向后延伸，延长产品生产链，提高产品附加值。

（4）引进先进技术设备，提高产品的技术含量和质量。

（5）进行技术改造，调整产品结构，开发适销对路产品。

（6）利用专利技术，开发高新技术产品。

（7）拓宽投资领域，分散经营风险。

企业必须根据本企业的总体发展战略、主要经营方向以及国家总体规划、产业政策和技术政策、资源政策和环境政策的要求，研究确定建设项目的功能目标。

4．市场目标

市场目标指对项目产品（或服务）目标市场及市场占有份额的确定。

（三）目标的一致性

项目目标要与国家、地区、部门或行业的宏观规划发展目标相一致，要符合国家产业政策和技术政策的要求，符合区域发展规划、行业发展规划、城市规划的要求，符合合理配置、有效利用资源、保护环境、可持续发展和建设和谐社会的要求。

对于不同行业的项目，需要结合行业的特点分析论证项目目标与宏观规划发展目标的一致性。

二、建设目标的确定

一个建设项目决策决定以后，就需要科学确定项目的建设目标和建设规划，它是项目建设的关键和建设实施的"总导航"，项目建设目标与规划对顺利实施项目具有重要的作用和意义。因此，它必须尊重科学、遵循规律，按照建设工程管理规定并因地制宜。项目决策与确定—建设目标与规划—工程规划与设计，依次是项目建设的三大灵魂，也就是解决了我们"要不要做，做到怎样，如何去做"的关系，决策者把握好这几个项目建设的关键环节，就奠定了一个建设项目科学建设、规范建设的基础。

建设工程目标规划是一项动态性工作，在建设工程的不同阶段都要进行，因而建设工程的目标并不是一经确定就不再改变的（但也不是可以随意改变的）。

　　由于建设工程不同阶段所具备的条件不同，目标确定的依据自然也就不同。如在可行性研究阶段，就确定了项目建设的目标，但此时相对确定依据比较缺乏，是一个比较宏观的计划目标，此时，调查研究和建设工程的数据库具有十分重要的作用，应予以足够的重视。

　　（1）按照一定的标准对建设工程进行分类。通常按使用功能分类较为直观，也易于为人接受和记忆。

　　（2）对各类建设工程所可能采用的结构体系进行统一分类。

　　（3）数据既要有一定的综合性又要能足以反映建设工程的基本情况和特征。

　　而在施工图设计完成之后，目标规划的依据就比较充分了，因而，目标规划的结果也比较准确和可靠，但目标确定依据充分并不表示目标确定就科学，因为此时如果目标确定的人为因素取代事实依据，这个目标计划就没有意义了。

　　建设工程数据库对建设工程目标确定的作用，在很大程度上取决于数据库中与拟建工程相似的同类工程的数量。因此，建立和完善建设工程数据库需要经历较长的时间，在确定数据库的结构之后，数据的积累、分析就成为主要任务，也可能在应用过程中对已确定的数据库结构和内容还要作适当的调整、修正和补充。

　　如果从理论上来讲述建设工程项目的目标确定，将有大篇内容，因此，我们在这里不做过多讲述。本节所述建设目标主要是质量目标、投资目标、进度目标、安全目标，特别介绍了工期目标的确定。

（一）质量目标

　　建筑工程施工质量验收应符合《建筑工程施工质量验收统一标准》（GB 5030—2013）等规定。

　　国内建设工程质量的最高奖有"鲁班奖""国优奖""詹天佑奖"等。

　　"鲁班奖"全称为"建筑工程鲁班奖"。1987年由中国建筑业联合会设立，1993年移交中国建筑业协会。主要目的是为了鼓励建筑施工企业加强管理，搞好工程质量，争创一流工程，推动我国工程质量水平普遍提高。目前，这项标志着中国建筑业工程质量的最高荣誉，由建设部、中国建筑业协会颁发。

　　"国优奖"的组织评选单位是中国施工企业管理协会，上级主管单位是国家发展和改革委员会。国家优质工程奖是中华人民共和国优质产品奖（简称国家质量奖）的一部分，是工程建设质量方面的最高荣誉奖励。1991～1998年，中国施工企业协会短暂合并到中国建筑业协会，国优奖也短暂地被鲁班奖合并。1991年之后的鲁班奖都会在后面加个括号，括号里写着国优二字，国优分为金奖和银奖。

　　"詹天佑奖"全称为"中国土木工程詹天佑大奖"，1999年设立，是中国土木工程设立的最高奖项。该奖由中国土木工程学会、詹天佑土木工程科技发展基金会联合设立。

其主要目的是为了推动土木工程建设领域的科技创新活动，促进土木工程建设的科技进步，进一步激励土木工程界的科技与创新意识。因此，该奖又被称为建筑业的"科技创新工程奖"。

在创国家奖活动的影响下，许多地方根据当地实际设立了相应奖项，如北京的"长城杯"奖、上海的"白玉兰"奖、浙江的"钱江杯"奖、江苏的"扬子杯"奖、山东的"泰山杯"奖等等。每年荣获鲁班奖的工程项目都是在成千上万个省部级优质奖项中选出的。

建设单位应当根据项目的规模、投资、标准、技术、重要性以及了解相应级别奖项的地区指标等情况后综合考虑确定项目建设的质量目标。

（二）投资目标

可行性研究报告后，政府就批准了投资项目的总投资估算，也就是意味着项目的建设资金已经基本落实。对于企业投资项目，虽然项目无需可行性研究报告审批环节，但一旦拍卖取得土地使用权后，投资者应当事前了解建设地市场情况（如拟建建筑建安成本、各种规费标准等），其中土地款、规划设计条件、土地用地红线等在《国有建设用地使用权出让合同》中已经确定，因此，投资依据已经较为充分和相对固定，投资者必须保证建设资金的到位，这是确保项目顺利实施的基础。

我国建设工程投资的组成如图2-4所示。

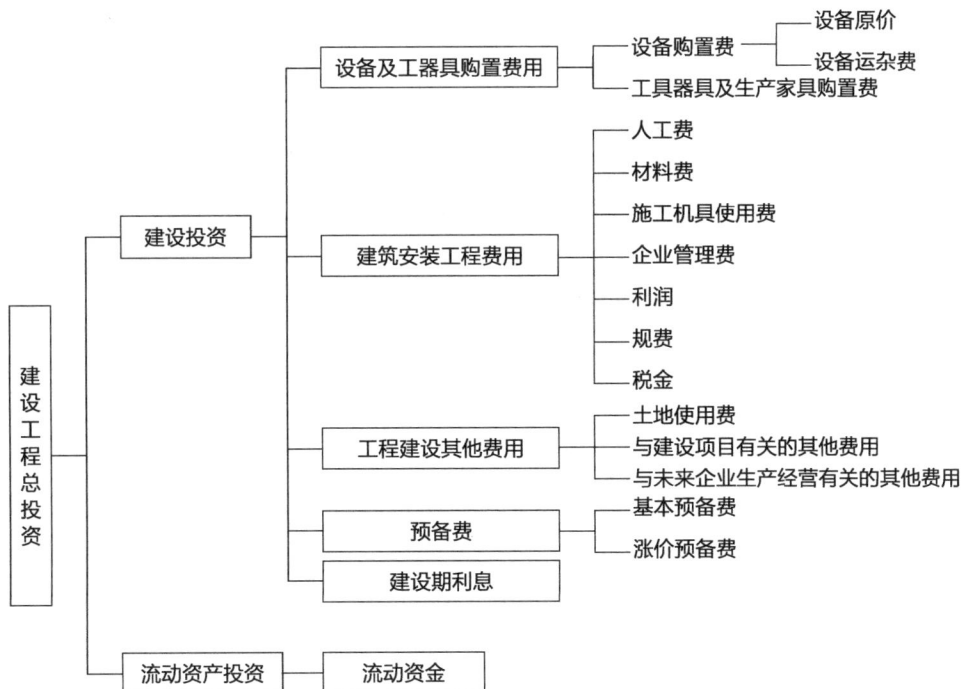

图2-4 我国现行建设工程总投资构成

（三）进度目标

1. 建设工期确定的依据

建设工程项目建设工期的组成，根据项目的规模大小、结构形式、建设地点、气候条件等不同而有所不同，因此，它的组成比较复杂。目前，我国已有规定的工期（周期）定额或有关法规条文规定的过程有招标投标、建筑设计、建筑安装施工，也有无国家规定工期定额的过程，如项目建议书的编制和审批，可行性研究报告的编制和审批，环境评估，节能评估报告的编制和评审以及工程勘察，工程预算的编制，施工图审查等。

建设工程项目建设工期确定的依据主要有：

（1）《招标投标法》《招标投标法实施条例》（国务院令第613号）。

（2）《全国建筑设计周期定额》（2016版）。

（3）《建筑安装工程工期定额》（TY 01–89–2016）。

（4）地方政府承诺的过程办理时间：

为了提高政府办事效率，方便企业办事，很多地方都成立了行政审批服务中心，相关部门制定了相应审批服务的承诺时间，譬如，一些地方政府规定项目建议书、可行性研究报告、方案设计、初步设计、建筑许可证等办理的最长审批时间。

（5）建设单位与相关单位约定的时间：

这部分内容主要是建设单位与有关单位约定的时间，事前应当签订合同。譬如工程勘察、工程预算的编制、施工图审查等时间。

（6）建设单位的合理利用时间：

建设工程项目建设在整个过程复杂繁琐，很多过程环节是不在建设工期关键线路上的，但一旦错过机会，原来非关键线路就会变成关键线路，从而影响建设工期，譬如项目建议书立项批复后，要利用可行性研究报告编制和审批的时间，及时组织招投标代理机构的招标，招投标代理机构产生后，就不会影响设计单位和监理单位的招标，设计和监理同时招标又可以节省招标时间，而监理单位的早日介入，对建设单位是大有好处的。

2. 政府投资项目的建设流程与工期

为了全面了解政府投资项目建设工程项目的建设流程，我们先编制政府投资项目在投资决策时期和建设实施时期的建设准备阶段、施工准备阶段的工期（习惯上称为前期工期）横道图，如图2-5所示。

政府投资项目投资决策时期和建设实施时期的建设准备阶段、施工准备阶段（前期工期）的建设工期横道图编制说明：

（1）图中"—"为关键工序，横线起止为该工作的开始与结束；"→"为非关键工序，该工作应尽量提前（箭头的起点），箭头的终点表示该工作的最迟结束时间，任何超过终点的工作都将延长工期。

序号	建设时期	建设阶段（过程）	进度（d）															
			T_{w_1}	T_{w_2}	T_{w_3}	T_{w_4}	T_{y_1}			T_{w_5}	T_{w_6}	T_{w_7}	T_{y_2}	T_{w_8}	T_{w_9}	T_{y_1}		$T_{w_{10}}$
							5	20	3							20	3	
1	投资决策时期	项目建议书的编制																
2		项目建议书的审批（立项）																
3		可行性研究报告的编制																
4		可行性研究报告的审批																
5	建设实施时期 / 建设准备阶段	办理土地征用																
6		办理建设用地规划许可证																
7		发布招投代理机构招标公告																
8		招投代理机构招标、开标																
9		招标代理机构中标结果公示																
10		发布设计、监理单位招标公告																
11		设计、监理单位招标、开标																
12		设计、监理单位中标结果公告																
13		方案设计及审查																
14		地质勘察																
15		初步设计及审查																
16		土壤氡检测																
17		环境评估																
18		建筑面积测绘																
19		节能设计评估、审查																
20		办理建设工程规划许可证																
21		施工图设计																
22		施工图审查																
23		发布施工单位招标公告																
24		工程量清单编制																
25		施工单位招标文件发放																
26		施工单位招标、开标																
27		施工单位中标结果公示																
28	施工准备阶段	"三通一平"、施工合同签订																
29		编制报审文件																
30		办理建筑工程施工许可证																
31		图纸会审与设计交底																
32		签发"开工令"																

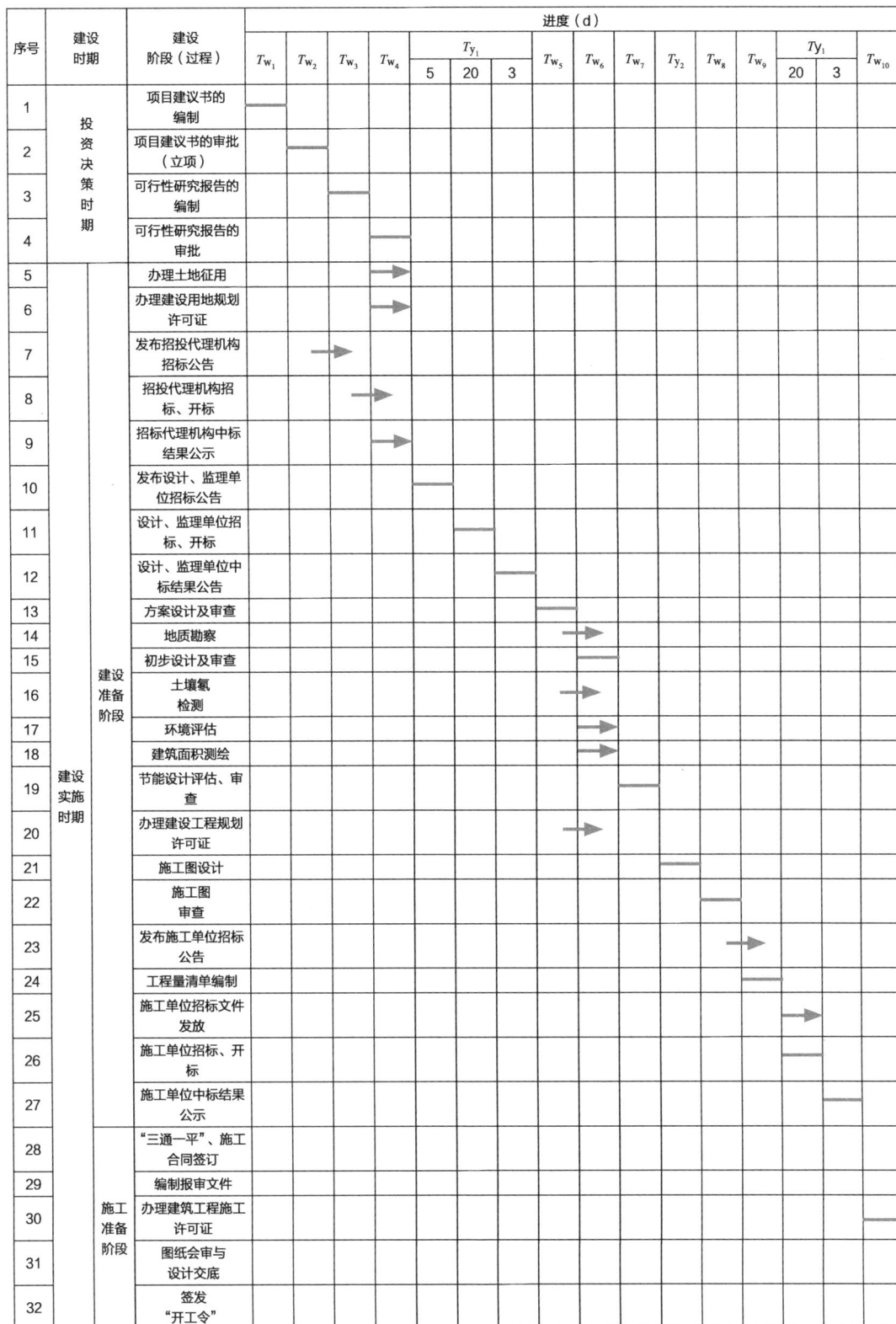

图2-5　政府投资项目前期工期横道图

关键线路上的工作相连，就是该项目的建设总工期（最短工期）。本横道图设计时已考虑最短工期（最佳工期），如方案设计及审批阶段已包括方案公示的时间；各类考察活动的时间均安排在其他工作期间；当地城市方案审定委员会等待的时间（一般一月一次）等。因此，决策者在制定工期目标时，不宜在此基础上再继续压缩工期。

（2）项目审批的时间需了解当地审批机构的情况。

（3）项目建议书编制及审批，属于关键工序。

（4）招投标代理机构的确定，可以在项目建议书编制及审批期间办理，同时考虑招标代理机构具有工程量清单编制的资质，属于非关键工期。

（5）可行性研究报告编制及审批，属于关键工序。

（6）土地征用及规划许可证的取得，考虑与可行性研究报告及其批复同时取得，该工作不是关键工序。

（7）可行性研究报告及其批复后，考虑设计、监理单位同时招投标，属于关键工序。

（8）方案设计及审批，属于关键工序。

（9）地质勘察单位的确定，考虑在方案设计后立即进行招投标，在初步设计时可以提供地质勘察报告，属于非关键工序。

（10）土壤氡检测、环境评估、建筑面积测绘考虑在方案设计审批后进行，属于非关键工序。

（11）初步设计及审批，属于关键工序。

（12）打试桩的时间，考虑在初步设计后即进行，属于非关键工序。

（13）项目建议书、可行性研究报告的编制机构，施工图审查机构，环境评估单位，建筑面积测绘单位一般标的较小，考虑直接委托，属于非关键工期。

（14）节能评估报告及其评审，属于关键工序。

（15）规划许可证在初步设计审查完成即取得，属于非关键工序。

（16）施工图设计，属于关键工序。

（17）施工图审查，属于关键工序。

（18）施工单位招标公告，考虑在施工图设计期间进行，属于非关键工序。

（19）工程量清单编制，属于关键工序。

（20）施工单位招标文件发放，属于关键工序。

（21）施工单位招标开标，属于关键工序。

（22）施工单位中标公示，属于关键工序。

（23）施工准备工期，属于关键工序。

（24）图中阴影部分为建设实施时期建设准备阶段的工作内容，阴影部分以下为建设实施时期施工准备的工作内容。

工期的计算：

我们把项目建设总工期称为T（d），有国家规定的工期称为T_y（d），无国家规定的工期为T_w（d）。

则总工期称T（d）为：

$$T=T_y+T_w \tag{2-1}$$

（1）有国家规定的工期T_y（关键工序）。

有国家规定的工期时间，主要有招标投标的时间T_{y_1}（d）、建筑设计的周期T_{y_2}（d）、建筑施工的工期T_{y_3}（d）。

则有国家规定的工期T_y（关键工序）为：

$$T_y=T_{y_1}+T_{y_2}+T_{y_3} \tag{2-2}$$

式中　T_y—有国家规定的工期（d）；

　　　T_{y_1}—招标投标的时间（d）；

　　　T_{y_2}—建筑设计的周期（d）；

　　　T_{y_3}—建筑施工的工期（d）。

1）招标投标的时间T_{y_1}（d）。

按照《招标投标法实施条例》的规定：

第十六条　招标人应当按照资格预审公告、招标公告或者投标邀请书规定的时间、地点发售资格预审文件或者招标文件。资格预审文件或者招标文件的发售期不得少于5日。

第十七条　招标人应当合理确定提交资格预审申请文件的时间。依法必须进行招标的项目提交资格预审申请文件的时间，自资格预审文件停止发售之日起不得少于5日。

第二十一条　招标人可以对已发出的资格预审文件或者招标文件进行必要的澄清或者修改。澄清或者修改的内容可能影响资格预审申请文件或者投标文件编制的，招标人应当在提交资格预审申请文件截止时间至少3日前，或者投标截止时间至少15日前，以书面形式通知所有获取资格预审文件或者招标文件的潜在投标人；不足3日或者15日的，招标人应当顺延提交资格预审申请文件或者投标文件的截止时间。

第二十二条　潜在投标人或者其他利害关系人对资格预审文件有异议的，应当在提交资格预审申请文件截止时间2日前提出；对招标文件有异议的，应当在投标截止时间10日前提出。招标人应当自收到异议之日起3日内作出答复；作出答复前，应当暂停招标投标活动。

第五十四条　依法必须进行招标的项目，招标人应当自收到评标报告之日起3日内公示中标候选人，公示期不得少于3日。

投标人或者其他利害关系人对依法必须进行招标的项目的评标结果有异议的，应当在中标候选人公示期间提出。招标人应当自收到异议之日起3日内作出答复；作出答复前，应当暂停招标投标活动。

以上招投标时间公告5天，投标20天，公示3天，最少时间28天（不考虑资格预审）。

招标投标是否属于关键工序，要根据具体情况确定。

从图2-5政府投资项目前期工期横道图中，我们可以清楚地看到设计和监理单位招标公告的时间、设计和监理单位招标开标的时间、设计和监理单位中标结果公示的时间以及工程量清单编制的时间、施工单位招标、开标的时间、施工单位中标结果公示的时间都在关键工序中，而施工单位招标公告时间则为非关键工序。所以，正常情况下，一般项目的招标投标（前期）总工期：

$$T_{y_1}=（5+20+3）+（20+3）=28+23=51d$$

2）建筑设计的周期T_{y_2}（d）。

依据：《住房城乡建设部关于印发全国建筑设计周期定额（2016版）的通知》。执行时间：2016年12月21日。

建筑设计时间根据《全国建筑设计周期定额（2016年版）》总说明的规定：

①《全国建筑设计周期定额（2016年版）》（以下简称《周期定额》）是建设单位与设计单位签订建设工程设计合同，确定合理设计周期的依据。编制方案设计招标文件时，可作为参照依据。

建筑设计的特点是以脑力劳动为主的复杂的创造性劳动，建筑设计产品是科学技术与文化艺术的结晶。设计单位和工程技术人员必须对建设项目的设计质量在保质期内终身负责。设计文件必须符合国家现行有关法律、法规、技术标准、技术规范和设计深度的要求。因此，合理的设计周期是满足设计质量与设计深度的必要条件。建设单位和设计单位不得任意压缩设计周期。

②《周期定额》考虑了我国各类民用建筑设计一般需要投入的设计力量，以单项工程为单位，按建筑类别及规模、复杂程度，按正常设计程序和方案设计、初步设计、施工图设计三个阶段（简单和一般类别的工程按方案设计和施工图设计两个阶段），分别列出除施工配合至竣工验收以外的设计工作周期（日历月）。使用时应按单项工程分别套用，类似的工程可参照套用，无法套用时，另行商定周期。功能单一、技术要求简单的"简单和一般"类项目经商定可分为两阶段，即由方案设计阶段直接进入施工图设计阶段。由方案设计直接进入施工图设计的项目，其初步设计周期应并入施工图设计周期之内。

③《周期定额》的每个日历月以4个日历周近似计算，即表格中的0.25个月为1个日历周，即每年度12个日历月，每个日历周7天。

④《周期定额》的设计工作及设计时间范围包括：自设计条件具备开始正式实施方案设计、初步设计到全部施工图设计完成，通过施工图审查并完成改图，向建设单位提交设计文件。《周期定额》不包括：a. 设计前期工作；b. 设计方案投标及方案多轮概念性筛选；c. 设计前赴外地现场踏勘、搜集资料和工程调研时间；d. 方案设计、初步设计的审批时间，施工图审查时间；e. 由于建设单位原因或方案设计、初步设计批复后发生方案性重大变更造成的设计返工、修改时间；f. 施工图预算；g. 有专门要求的室内外装饰设

计；h. 专项设计；i. 绘制竣工图；j. 不属于项目合同涉及范围内的其他技术服务。

A. 方案设计阶段。根据设计任务书和各项设计基础资料，按规划等审查部门的限制条件进行方案设计：若建设单位直接委托时应进行正式方案设计；若投标中标应进行实施方案设计。

B. 初步设计阶段。根据方案设计的书面批复进行初步设计，编制初步设计文件，完成初步设计会审后的修改，直至满足进入施工图设计必须达到的设计深度。

C. 施工图设计阶段。根据初步设计的书面批复进行施工图设计，完成包括室外总体设计、管线综合设计在内的全部施工图设计。全部施工图设计文件必须达到设计深度并通过施工图审查。

⑤《周期定额》在下列情况下予以调整。

A. 复用合计（套图）：a. 全部复用，按同类工程施工图周期的10%计取；b. 上部复用，基础重新设计，按同类工程施工图周期的20%计取。

B. 改建、扩建工程：根据不同复杂程度按同类工程周期增加10%~40%。

C. 分阶段分别委托设计：初步设计和施工图设计周期各增加10%。

D. 工程设计有一个以上设计单位共同设计：主体设计单位按同类工程周期增加10%。

E. 五级及以上附建式人防设计：初步设计和施工图设计周期各增加15%。

F. 大型工程或居住小区由多个单体子项组成时，其设计周期按各单体子项周期相加后折减，具体幅度由委托方与设计方商定。

G. 建于风景区的宾馆设计周期增加30%。

H. 古建筑、仿古建筑、保护性建筑、园林庭院式建筑、宗教类建筑的设计周期由双方商议。

I. 在工程设计中采用新技术、新工艺、新材料等先进技术或在本省、市、自治区范围内首次应用重大新技术或特别复杂的重要项目，可适当延长初步设计阶段和施工图阶段的设计周期并在合同内明确。

J. 国外境外、援外或对外总承包的工程设计可根据工程复杂程度，套用同类工程并增加周期。

K. 由于建设单位的原因造成一般性设计返工、修改可根据返工、修改量的大小增加该阶段的设计周期。

L. 遇有国家法定节假日时，设计周期可相应增加。

M. 建设单位因工程特殊原因要求减少设计周期时，经双方协商，在设计单位采取措施确保设计质量和设计深度的情况下，可适度减少设计周期。

N. 特殊工程，因工作量发生较大变化需调整周期时，双方协商增加周期。

⑥套用周期定额时，若工程规模在两档之间时，采用插入法求值；低于同类起档规模时，采用该档周期。

⑦设计单位除按周期定额的时间完成各阶段设计工作外，应参加施工过程的设计配合、中间验收和竣工验收工作，总周期不含在《周期定额》中。

建筑设计周期属于关键工序。

【例2-1】试计算建于浙江某地市城市政府投资高层办公楼建设项目的设计工期（T_{y_2}）。

已知：该工程总建筑面积21000m²，其中地下室1层，建筑面积1700m²，层数13层，中级装修。

解：查《全国建筑设计周期定额》（2016版）办公建筑，定额编号01-1，建筑规模20000m²和50000m²的办公楼设计周期，见表2-1。

办公建筑设计周期　　　　　　　　　　　　　表2-1

规模（m²）	设计周期（月）			
	方案设计	初步设计	施工图设计	合计
20000	1.25	1.00	2.00	4.25
50000	1.50	1.25	3.00	5.75

根据表2-1办公楼设计周期定额，用插入法计算本工程的设计周期结果为4.29个月，见表2-2。

办公建筑设计周期计算结果　　　　　　　　　表2-2

规模（m²）	设计周期（月）			
	方案设计	初步设计	施工图设计	合计
21000	1.26	1.01	2.03	4.30

由表2-2办公建筑设计周期计算结果可知，该高层办公建筑的方案设计周期为1.26个月，初步设计的周期为1.01个月，施工图设计周期为2.03个月，总设计周期：

$$T_{y_2}=4.30个月，4.30个月 \times 30d/月=129d$$

3）建筑施工的工期T_{y_3}（d）。

依据和执行时间：《住房城乡建设部关于印发建筑安装工程工期定额的通知》，执行时间为2016年7月26日。

建筑施工的工期根据《建筑安装工程工期定额》（TY 01-89-2016）总说明的规定：

①《建筑安装工程工期定额》（以下简称"本定额"）是在《全国统一建筑安装工程工期定额》（2000年）基础上，依据国家现行产品标准、设计规范、施工及验收评定标准和技术、安全操作规程，按照正常施工条件、常用施工方法、合理劳动组织及平均施工技术装备程度和管理水平，并结合当前常见结构及规模建筑安装工程的施工情况编制的。

②本定额适用于新建和扩建的建筑安装工程。

③本定额是国有资金投资工程在可行性研究、初步设计、招标阶段确定工期的依据，非国有资金投资工程参照执行，是签订建筑安装工程施工合同的基础。

④本定额工期，是指开工之日起（签发开工令），到完成各章、节所包含的全部工程内容并达到国家验收标准之日止的日历天（包括法定节假日）；不包括"三通一平"、打试验桩、地下障碍物处理、基础施工前的降水和基坑支护时间、竣工文件编制所需的时间。

⑤本定额包括民用建筑工程、工业及其他建筑工程、构筑物工程、专业工程四部分。

⑥我国各地气候条件差别较大，以下省、市和自治区按其省会（首府）气候条件为基础划分为Ⅰ、Ⅱ、Ⅲ类地区，工期天数分别列项。

Ⅰ类地区：上海、江苏、浙江、安徽、福建、江西、湖北、湖南、广东、广西、四川、贵州、云南、重庆、海南。

Ⅱ类地区：北京、天津、河北、山西、山东、河南、陕西、甘肃、宁夏。

Ⅲ类地区：内蒙古、辽宁、吉林、黑龙江、西藏、青海、新疆。

设备安装和机械施工工程执行本定额时不分地区类别。

⑦本定额综合考虑了冬雨期施工、一般气候影响、常规地质条件和节假日等因素。

⑧本定额已考虑预拌混凝土和现场搅拌混凝土、预拌砂浆和现场搅拌砂浆的施工因素。

⑨框架–剪力墙结构工期按照剪力墙结构工期计算。

⑩本定额的工期是按照合格产品标准编制的。

工期压缩时，宜组织专家论证，且相应增加压缩工期增加费。

⑪本定额施工工期的调整：

A．施工过程中，遇不可抗力、极端天气或政府政策性影响施工进度或暂停施工的，按照实际延误的工期顺延；

B．施工过程中发现实际地质与地质勘查报告出入较大的，应按照实际地质情况调整工期；

C．施工过程中遇到障碍物或古墓、文物、化石、流沙、溶洞、暗河、淤泥、石方、地下水等需要进行特殊处理且影响关键线路时，工期应顺延；

D．合同履行工程中，因非承包人原因发生重大设计变更的，应调整工期；

E．其他非承包人原因造成的工期延误应予以顺延。

⑫同期施工的群体工程中，一个承包人同时承包2个以上（含2个）单项（位）工程时，工期的计算：

以一个最大工期的单项（位）工程为基数，另加其他单项（位）工程工期总和乘以相应系数计算。加1个乘以系数0.35；加2个乘以系数0.2；加3个乘以系数0.15，加4个以上的单项（位）工程不另增加工期。

加1个单项（位）工程：$T=T_1+T_2 \times 0.35$。

加2个单项（位）工程：$T=T_1+(T_2+T_3) \times 0.2$。

加3个及以上单项（位）工程：$T=T_1+(T_2+T_3+T_4) \times 0.15$。

其中：T_1、T_2、T_3、T_4为所有单项（位）工程最大的前四个，且$T_1 \geqslant T_2 \geqslant T_3 \geqslant T_4$。

⑬本定额建筑面积按照国际标准《建筑工程建筑面积计算规范》（GB/T 50353—2013）计算。层数以建筑自然层计算，设备管道层计算层数，出屋面的楼（电）梯间、水箱间不计算层数。

⑭本定额子目凡注明"××以内（下）"者，均包括"××"本身，注明"××以外（上）"者，则不包括"××"本身。

⑮超出本定额范围的按照实际情况另行计算工期。

在建设工程项目实施中，建筑安装工程施工是最关键的工序。

【例2-2】试计算建于浙江某地市城市政府投资高层办公楼建设项目的施工工期（T_{y_3}）。

已知：该工程总建筑面积21000m²，其中地下室1层，建筑面积1700m²，层数13层，中级装修，钢筋混凝土框架结构，基础采用预应力管桩，桩长40m，桩数630根，基坑支护经专家论证确定工期为60天。

解：查《建筑安装工程工期定额》（TY 01—89—2016）定额计算说明：该工程总工期由桩基础、±0.000以下地下室、±0.000以上工程三部分组成，浙江属于Ⅰ类地区，中级装修工期乘以1.05系数。

本工程建筑安装工程总工期=（桩基础工期）+（±0.000以下地下室工期）+（±0.000以上工程工期）

（1）桩基础工期：查《建筑安装工程工期定额》（TY 01—89—2016）第81页：预制混凝土桩，定额编号4—164，桩长40m以内，Ⅰ类地区桩数650根以内的工期为57天。

（2）±0.000以下地下室工期：查《建筑安装工程工期定额》（TY 01—89—2016）第5页：地下室建筑面积3000m²内，Ⅰ类地区的工期为105天。

（3）±0.000以上工程工期：查《建筑安装工程工期定额》（TY 01—89—2016）第14页：现浇框架结构，16层以下、地上建筑面积19300m²（21000m²—1700m²），Ⅰ类地区20000m²以内的工期为430天。

经查阅以上定额得知该工程总工期T_{y_3}=（桩基础工期）+（±0.000以下地下室工期）+（±0.000以上工程工期）=57天+105天+430天=592天×1.05（中级装修）=622天+60天（基坑支护）=682天（22.73个月）。

因此，该工程建筑安装工程总工期为22.73个月，取T_{y_3}=23个月。

（2）无国家规定的工期T_w（关键工序）。

无国家规定的工期时间主要有项目建议书编制的时间T_{w_1}（d）、项目建议书立项批复的时间T_{w_2}（d）、《可行性研究报告》编制的时间T_{w_3}（d）、可行性研究报告批复的时间T_{w_4}

（d）、方案设计及审查的时间T_{w_5}（d）、初步设计及审查的时间T_{w_6}（d）、节能评估及审查的时间T_{w_7}（d）、施工图审查的时间T_{w_8}（d）、工程量清单编制的时间T_{w_9}（d）、施工准备的时间$T_{w_{10}}$（d）。

则，无国家规定的定额工期T_w（关键工序）为：

$$T_w=T_{w_1}+T_{w_2}+T_{w_3}+T_{w_4}+T_{w_5}+T_{w_6}+T_{w_7}+T_{w_8}+T_{w_9}+T_{w_{10}} \tag{2-3}$$

式中　　T_{w_1}——项目建议书编制的时间（d），属于关键工序；

T_{w_2}——项目建议书立项批复的时间（d），属于关键工序；

T_{w_3}——可行性研究报告编制的时间（d），属于关键工序；

T_{w_4}——可行性研究报告批复的时间（d），属于关键工序；

T_{w_5}——方案设计审批的时间（d），属于关键工序；

T_{w_6}——初步设计审批的时间（d），属于关键工序；

T_{w_7}——节能评估及审查的时间（d），属于关键工序；

T_{w_8}——施工图审查的时间（d），属于关键工序；

T_{w_9}——工程量清单编制的时间（d），属于关键工序；

$T_{w_{10}}$——施工准备的时间（d），属于关键工序。

（3）政府投资项目建设工程总工期的确定

根据以上描述，我们就知道有国家规定的定额工期和无国家规定的定额工期的关键工序了，关键工序组成的工期就是建设工程项目的总建设工期。

1）有国家规定的定额工期（关键工序）内容。

有国家规定的定额工期工序有招标投标（T_{y_1}）、建筑设计（T_{y_2}）、建筑施工（T_{y_3}），由式（2-2）知：

$$T_y = T_{y_1}+ T_{y_2}+ T_{y_3}$$

2）无国家规定的工期（关键工序）内容。

无国家规定的定额工期工序有项目建议书编制的时间（T_{w_1}）、项目建议书立项批复的时间（T_{w_2}）、可行性研究报告的时间（T_{w_3}）、可行性研究报告批复的时间（T_{w_4}）、方案设计及审查（T_{w_5}）、初步设计及审查（T_{w_6}）、节能评估及审查（T_{w_7}）、施工图设计（T_{w_8}）、审查图审查（T_{w_9}）、施工准备（$T_{w_{10}}$），由式（2-3）知：

$$T_w = T_{w_1}+ T_{w_2}+ T_{w_3}+ T_{w_4}+ T_{w_5}+ T_{w_6}+ T_{w_7}+ T_{w_8}+ T_{w_9}+ T_{w_{10}}$$

3）政府投资项目建设工程总工期的确定。

为了让大家了解政府投资项目建设工程总工期的确定，我们还是以【例2-1】和【例2-2】的某政府建设工程项目为例来计算和说明政府投资项目建设工程的总工期是如何确定的。

【例2-3】试根据【例2-1】和【例2-2】的规模，确定该项目的建设工程总工期。

解：

（1）该项目有国家规定的工期（关键工序），按式（2-2）知：

$$T_y = T_{y_1} + T_{y_2} + T_{y_3}$$

则：

$$T_y = T_{y_1} + T_{y_2} + T_{y_3} = 51 + 129 + 690 = 870d$$

（2）该项目无国家规定的工期（关键工序），按式（2-3）知：

$$T_w = T_{w_1} + T_{w_2} + T_{w_3} + T_{w_4} + T_{w_5} + T_{w_6} + T_{w_7} + T_{w_8} + T_{w_9} + T_{w_{10}}$$

根据该项目的规模和实际经验，我们确定该项目无国家规定的工期如下：

T_{w_1}——项目建议书编制的时间（d），约3周＝21d；

T_{w_2}——项目建议书立项批复的时间（d），约1周＝7d；

T_{w_3}——可行性研究报告编制的时间（d），约4周＝28d；

T_{w_4}——可行性研究报告批复的时间（d），约1周＝7d；

T_{w_5}——方案设计审批的时间（d），约1周＝7d；

T_{w_6}——初步设计审批的时间（d），约1周＝7d；

T_{w_7}——节能评估及审查的时间（d），约3周＝21d；

T_{w_8}——施工图审查的时间（d），约2周＝14d；

施工图审查，根据项目规模大小和复杂情况等确定，建设单位需与施工图审查机构和设计单位交流沟通后，具体双方在合同中确定。

T_{w_9}——工程量清单编制的时间（d），约2周＝14d；

编制工程工程量清单，根据项目规模大小和复杂情况等确定，也与工程量清单编制人员投入有关，具体双方在合同中确定。

$T_{w_{10}}$——施工准备的时间（d），约1月＝30d。

施工准备，即"三通一平"施工合同签订、编制报审文件、办理施工许可、图纸会审与设计交底、签发开工令的时间。

则：

$$T_w = T_{w_1} + T_{w_2} + T_{w_3} + T_{w_4} + T_{w_5} + T_{w_6} + T_{w_7} + T_{w_8} + T_{w_9} + T_{w_{10}}$$
$$= 21 + 7 + 28 + 7 + 7 + 7 + 21 + 14 + 14 + 30 = 156d$$

那么，总工期T按式（2-1）为：

$$T = T_y + T_w = 870 + 156 = 1026d$$

（3）除以上工期外，还有以下时间：

1）工程竣工验收备案的时间，一般不少于15d。

2）项目竣工验收的时间（政府项目），一般不少于90天；项目竣工综合验收备案的时间（商业开发<房地产>），一般不少于15天。

3）不动产权证的办理时间，一般不少于7天。

为了更清晰地表达这个建设项目总工期的组成情况，我们把本例列成表格，见表2-3。

建设项目总工期的组成（单位：d）　　　　　　　　　　表2-3

序号	有国家规定的工期 T_y			无国家规定的工期 T_w										合计 T
1	T_{y_1}	T_{y_2}	T_{y_3}	T_{w_1}	T_{w_2}	T_{w_3}	T_{w_4}	T_{w_5}	T_{w_6}	T_{w_7}	T_{w_8}	T_{w_9}	$T_{w_{10}}$	
2	招标投标的时间	建筑设计的时间	建筑施工的时间	项目建议书编制的时间	项目建议书批复的时间	可行性研究报告编制的时间	可行性研究报告批复的时间	方案设计审批的时间	初步设计审批的时间	节能评估及审查的时间	施工图审查的时间	工程量清单编制时间	施工准备的时间	
3	51	129	690	21	7	28	7	7	7	21	14	14	30	1026
	870			156										

至此，我们就知道这个政府投资项目的建设总工期了。

3. 非政府投资项目的建设流程与工期

如果上例为非政府投资项目，根据有关规定，可以省去项目建议书和可行性研究报告的编制和审批时间，建设单位土地经过拍卖后，即可以进行勘察单位、设计单位、监理单位的选择和其他工作，招投标方式和时间也可以压缩。

以【例2-3】为例，如该建设项目为非政府投资，那么，该非政府投资建设工程项目总工期的组成可减去的时间$T_{减}$为：

$$T_{减}=T_{y_1}+T_{w_1}+T_{w_2}+T_{w_3}+T_{w_4} \tag{2-4}$$

式中　　$T_{减}$——为非政府投资项目与政府投资项目减少的时间。

把上例数据代入式（2-4）得：

$$T_{减}=T_{y_1}+T_{w_1}+T_{w_2}+T_{w_3}+T_{w_4}=51+21+7+28+7=114d$$

那么，该非政府投资项目的建设项目总工期为：

$$T_1=T-T_{减} \tag{2-5}$$

式中　　T_1——为非政府投资项目的建设总工期。

再把非政府投资项目与政府投资项目减少的时间$T_{减}$代入式（2-5），我们可以得到这个非政府投资项目的建设总工期为：

$$T_1=T-T_{减}=1026-114=912d$$

同样，我们就可以很清楚地知道这个非政府投资项目的建设总工期了。

（四）安全目标

安全生产关系到人民群众生命和国家财产的安全，关系到项目能否顺利推进，为防止和减少各类事故的发生，建设工程目标确立时，必须按照《建设工程安全生产管理条例》和国家、地方有关安全生产的法律法规要求，实施对建设工程项目的管理。同时，项目建设各方主体必须提出实现安全生产的指导思想、基本方针、目标、主要任务、保障措施，以指导项目实施的安全生产工作。

（五）目标确定建议

科学确定建设工程项目管理目标，过程复杂，决策重要，事关建设工程项目建设大局，决策者应当了解建设工程项目情况，尊重自然和科学，切忌随心所欲、头脑风暴。在我们的实际工作中，对建设工程目标的确定，缺乏严肃性和科学性以及基本的专业常识，存在随意压缩建设工期，随意压低工程造价，随意提高质量目标等情况。有些开发商更是信口开河，要求对方以最低的价格、最好的服务，还要满足他的所谓管理要求（很多是无理的要求，如阴阳合同，"三边"工程（边设计、边施工、边修改），没有办理施工许可证就要求施工，违法分包，违法指定产品等），这些问题在工程界成为一种司空见惯的现象，我们的建筑企业和工程师们也无奈"适应"。

决策者的"任性"眼下较难改变，也客观存在，这是导致工程出现质量问题、安全问题、使用问题乃至腐败等问题的概率大大提升的重要原因，对社会造成的损失和伤害以及不良后果是无法衡量的，对于习惯"适应"决策者们的建筑企业和工程师们来说，无疑也是不合理和不公正的，也是广大建筑企业和工程师们的"痛"和"伤"。

此外，长期以来，有关部门对建设工程目标的控制和管理也流于形式，重视过程的合法性，轻视实际的合理性，对以上所出现的诸多问题，缺乏有效的监督和管理，这也是目前建筑市场亟须改变的一大难题，也给合作者增加了不公正的责任和风险。譬如，招标文件的主要建设目标（造价、进度、质量、安全）主要由建设单位确定，审计部门对工程审计的依据是招投标文件和合同，没有对招投标文件和合同是否合理进行审计；建设合同备案只是"备案"，对阴阳合同监管不力，没有发挥备案的应有作用等。

建设工程建设目标不科学和关键过程缺乏有效监管，是导致建设工程出现重大问题的根源，作为广大建设工程项目管理者，我们身处其中，也深受其害，教训之深刻，损失之惨重，我们应当觉醒并引起高度重视。因此，加强建设工程项目目标确定和过程控制的有效管理，是确保建设工程建设质量主动控制的关键，对确保建设工程质量意义重大。

第四节　市场调查

一、市场调查的内容与关系

一个建设项目从决策到实施再到建成，需要经过决策层的周密决策才能确定。同样，一个项目的圆满建成，需要通过实施者的周密计划才能实现。这里所说的决策层就是项目建设方的领导层，实施者就是建设工程的管理者、项目经理（也包括建设、设计以及其他参与单位的工程管理者）。

从理论上讲，一个项目的调研考察应该在项目建议书和可行性研究报告阶段已经完成，不错，这是在项目决策时期，是建设方领导对拟建项目是否实施作出的决定，一个项目决策是否正确，当然是决策者的责任。

我们这里所说的是建设地建设市场的调查，包括建设地施工能力、原材料情况、市场价格、人力资源和主管部门因地制宜政策执行情况以及建设地人文风情等。市场调查主要是指实施者在项目决策后，也就是在决策时期的后期和实施时期的前期阶段的建设工程管理，实施者需要进行的调研、考察等了解建设信息的工作。

领导决策决定建设项目，这是大目标。实施者的工作就是按照大目标把工程建成，如何建设就是我们工程建设管理者的任务了。在这个时候进行市场调查，与前者相比，实用性更强，目的性更明，前者对项目是否成立进行决策，后者对如何实施项目进行决策。

"目标一致，过程不同，结果就有所不同。"决策者与实施者往往是"两拨人"，即目标制定人与任务执行人的关系。

一个决策层已定的建设项目，如果没有实施者的技术和相应的组织措施来保证，那么，其实施结果一定会与初衷目标有所不同。即便如此，如果没有市场调查，其结果也会有所差异。通过市场调查和专业技术、科学合理的组织措施，才能保证项目的顺利实施，这是建设工程管理者的责任，需要用技术和智慧来实现。因此，市场调查工作，是一种隐形的生产力！

二、市场调查的主要工作与重要性

市场调查的主要工作，就是实施者除了具备与工程建设相对应的技术能力外，还应当了解与工程建设相关的所有信息，并以高度的责任心、工作技巧高质量地完成实施者的任务。

从项目建设的总体来说，实施者的工作都是工程建设主动控制内容，是确保建设工程施工（我们把实施施工任务称为操作者）圆满完成的基础，因此，我们每一位工程建设的管理者应当做到"眼观六路"和"面面俱到"，不能"按部就班"或"鲁莽行动"。

一个工程设计，基本使用功能相同，假如设计人员不了解、不进行市场调查，盲目进行设计，就一定会出现平面布局、结构方案或材料使用等方面的欠妥之处（这里我们主要指设计人员不了解技术以外的信息，也不包括技术咨询范畴），设计造价相差10%左右，是非常正常的事，因此，一个优秀的设计，是一个好项目建成的基础。

一个招标文件看似简单，但它是确保建设工程目标实现的"守护神"，目标过高（把所有的责任和风险都留给投标单位）或过低（设计浪费，用途不合理），都会对工程建设产生重大影响。我们经常遇到要求过高的招标文件，实际是实现不了的，过低的招标文件，则不能实现建设目标。无论目标过高或过低，都将造成工期延误、质量降低和安全事故等问题，这些屡见不鲜的问题，其实是制定目标的决策者和实施者（主要是建设单位的实施者）造成的，施工等建设参与方往往是问题的"冤大头"和"牺牲品"，但最终最大的受影响者和损失者都是建设单位，作为一个有责任的实施者不能过度盲从决策者的指令。因此，一份好的招标文件是确保项目顺利建成的保障。

归根结底，市场调查要"接地气"，主要的工作就是围绕设计和招标的要约，根据市场情况，制定科学合理的建设目标，才能保证工程建设的顺利和圆满完成。

市场调查，应当贯穿项目建设的整个过程。从以上分析可见，市场调查对工程建设十分重要。

第五节　工程咨询

我国的建设工程管理，在各级政府的关心和重视下，虽然发展越来越规范，但与市场需求和国际先进水平相比尚有较大距离，其中主要原因：一是我国的建设工程项目管理制度尚在不断完善中；二是很多人对工程咨询了解不多，意识不强。因此，社会总体对工程咨询并不重视。

本章特地增加工程咨询一节，主要是介绍除前述决策前期咨询外，针对工程建设准备和实施过程中的技术咨询，目的就是引起广大建设工程管理者的重视。

我国现行建设工程管理模式实行近20年以来，存在的缺陷日益突显，主要表现在：一是相对于质量控制而言，对投资、进度的控制和合同的管理较为薄弱，效果较差，管理尚在走程序的"粗放型"阶段。二是政府投资项目因为"任务要求"盲目上马现象普遍，并成为一种我国工程建设领域的特色和常态。因此，就主要目标控制、过程质量把控而言，改进余地巨大。在新形势下，这也是行业发展和企业优化资源、结构调整、提升实力的一种创新模式，譬如对于建设工程设计而言，对其进行优化，节省1%~5%的造价是十分有把握的，市政等其他建设工程项目优化力度可能会更大，而优化节省的费用，可能比目前建设单位支付设计和监理费的总额还多，这种隐形的浪费数额十分惊人。

所谓工程咨询，是指适应现代经济发展和社会进步需要，集中专家群体或个人的智慧和经验，运用现代科学技术和工程技术以及经济、管理、法律等方面的知识，为建设工程决策和管理提供智力服务，我们也把它作为建设工程管理的"第三只眼睛"。工程咨询是隐形的生产力，潜力巨大，意义深远，在发达经济体早已成为工程建设管理行业的一种惯例。

一、现阶段状况

目前，执行国家规定建设程序，进行建筑工程管理活动，就是建设工程管理的标准，这在很大一部分工程管理者意识中已形成习惯，至于项目建设目标的科学性、合理性则并不被重视，尤其是对政府投资项目而言，只要按照规定顺序实施，管理者就没有责任。

现阶段建设工程项目管理中，存在的主要问题有：

1. 建设工期确定随意性强

长期以来，建设单位对国家《建筑安装工程工期定额》和《勘察设计工期定额》等规定"视而不见"，"建设单位的要求就是唯一标准"的思维根深蒂固，有关部门也疏于管理。因此，虽然目标有依据，但名存实亡，建设工期目标主要由建设单位说了算。

2. 质量目标任意提高

对一定规模的建设项目，建设单位提出质量目标为市级、省级甚至国家级优质工程奖的非常普遍，尤其是政府项目，但有时受地方奖项指标的影响，工程质量很好，也难以实现。

3. 决策过程流于形式

政府投资项目的项目建议书和可行性研究报告，只是项目实施过程的"走秀"，成为项目立项条件的"摆设"，没有调查、研究和科学决策过程。

4. 招标文件缺乏专业审核

招标文件中，项目建设的质量、安全文明、造价、工期等主要目标是建设单位确定的，招标文件确定没有经过专家的科学审定过程。譬如工程设计，由于建设单位给予设计单位施工图设计时间过紧（客观上施工图设计阶段，也是项目进展的关键线路），设计单位往往很难保证设计质量。

5. 参与服务单位过多

传统建设工程的目标、计划、控制都以参与单位个体为主要对象，项目管理的阶段性和局部性割裂了项目的内在联系，导致项目管理存在明显的管理弊端，这种模式已经与国际主流的建设管理模式脱轨。"专而不全""多、小、散"企业的参与，通常会导致项目信息流通的断裂和信息孤岛现象，致使整个建设项目缺少统一的计划和控制系统，业主无法得到完整的建筑产品和完备的服务。

综上所述，项目建设目标确定的主体实际上是建设单位。因此，造成建设工程项目造价结算超预算、预算超概算、概算超估算和工期超计划等现象非常普遍，而不科学、不合理的建设目标又是导致建设市场乱象和质量、安全问题乃至腐败问题的主要根源。

正是在这样的背景下，有识之士早已意识到工程咨询的重要性和必要性，因此，一种不承担建设工程的具体任务，专门为建设单位提供建设项目管理服务的咨询公司应运而生了，目前，在我国大中城市已经开始实施，国内大型房地产企业较为领先，并且迅速发展壮大，成为工程建设领域的一股洪荒之力。工程咨询，也是当前建设领域多种投资和管理模式过渡和发展期建设单位的好帮手，以及工程建设以后长期的一种辅助和补充力量。

二、工程咨询的作用

从前面分析可知，工程咨询的作用不言而喻，它的作用主要有以下几点：

（一）为决策者提供科学合理的建议

工程咨询并不决策，但它可以弥补决策者职责与能力之间的差距。根据决策者的委托，咨询者可以利用自己的知识、经验和已掌握的调查资料，为决策者提供科学合理的一种或多种可供选择的建议或方案，从而减少决策者的决策失误。这里的决策者可以是各级政府机构，也可以是企业领导或具体建设工程的业主。

有关工程设计咨询的案例详见本书第三章第四节实例3-2。

（二）保证工程的顺利进行

由于建设工程具有一次性的特点，而且其实施过程中有众多复杂的管理工作，业主通常没有能力自行管理。工程咨询公司和人员在这方面则具有较专业的知识和经验，由于他们负责工程实施过程的管理，可以及时发现和处理所出现的问题，大大提高工程实施过程管理的效率和效果，从而保证工程的顺利实施。

（三）为客户提供信息和先进技术

工程咨询机构往往集中了一定数量的专家、学者，拥有大量的信息、知识、经验和先进技术，可以随时根据客户需要提供信息和技术服务，弥补客户在科技和信息方面的不足。从全社会来说，这对于促进科学技术和情报的交流与转移，更好地发挥科学技术作为生产力的作用，都起到十分积极的作用。

（四）发挥仲裁人的作用

由于相互利益关系的不同和认识水平的不同，在建设工程实施过程中，业主与建设工程其他参与各方之间，尤其与承包方之间，往往会产生合同争议，需要第三方来合理解决所出现的争议。工程咨询机构是独立法人，不受其他机构的约束和控制，只对自己咨询的结果负责，因而可以公正、客观地为客户提供解决争议的方案和建议。而且，由于工程咨询公司所具备的知识、经验、社会声誉及其所处的第三方地位，因而其所提出的方案和建议易被争议双方所接受。

（五）促进国际工程领域的交流和合作

随着全球经济一体化的发展，境外投资的数额和比例越来越大，境外工程咨询业务也越来越多。在这些业务中，工程咨询公司和人员往往表现出其在工程咨询和管理方面的理念与方法以及所掌握的工程技术和建设工程组织管理的新型模式，这对促进国际工程领域技术、经济、管理和法律等方面的交流与合作无疑起到了十分积极的作用。此外，虽然目前在国际工程咨询市场中，发达国家工程咨询公司占绝对主导地位，但他们境外工程咨询业务的拓展在客观上也是有利于提高发展中国家工程咨询水平的。

三、工程咨询的未来

工程咨询是一个陌生而熟悉的名词，虽然大家知道过程重要，但在目前我国建设市场上尚未成为主流，也未成为国家建设程序必须要经过的过程，目前尚属于建设单位"自发"或"自愿"的行为状态。

有些建设单位，知道工程咨询的重要性，但因为经费"无法开支"，而放弃对工程的咨询。

工程咨询，是一个潜在的巨大隐形市场，是新常态下现成的"供给侧"市场资源，政府需要、建设单位需要、全体参建单位需要。同时，社会咨询资源丰富，因此，只要政府搭桥，我们可以憧憬，未来一个美好的工程咨询市场就会迅速形成，这对提升建设工程质量意义重大。

工程咨询的目的不仅仅是降低造价（有时可能增加造价），还可以使目标（如设计、招投标文件）更加科学、合理、适用，同时，也可以减少环节、纠纷甚至解决一系列社会问题，更重要的是工程咨询机制的引入，将会大大提高相关参建单位的责任心、技术水平和综合能力。因此，工程咨询的开展是工程建设领域的一件大事、好事。

为提升建设工程建设品质，中央和各级地方政府出台了一系列政策举措，如刚刚完成了工程质量治理"两年行动"计划后，2017年4月，住房城乡建设部又在南京召开会议，部署了全国工程质量安全提升"三年行动"，"三年行动"指出："要提高行业创新能力，大力推行工程总承包和全过程咨询服务、装配式建筑、建筑信息模型（BIM）技术等先进管理制度、建造方式及技术，以技术、管理、科技创新推动建筑业传统生产方式的升级。"开展工程质量安全提升行动是住房城乡建设部贯彻落实中央城市工作会议精神和《国务院办公厅关于促进建筑业持续健康发展的意见》要求的重要举措，是推进建筑业供给侧结构性改革的重要内容，是工程质量治理"两年行动"基础上的系统工程。2017年5月，住房城乡建设部又出台了《关于开展全过程工程咨询试点工作的通知》（建市〔2017〕101号），选择北京、上海、江苏、浙江、福建、湖南、广东、四川8省（市）以及中国建筑设计院有限公司等40家企业，开展全过程工程咨询试点。通过选择有条件的地区和企业开展全过程工程咨询试点，健全全过程工程咨询管理制度，完善工程建设组织模式，培养有国际竞争力的企业，提高全过程工程咨询服务能力和水平，为全面开展全过程工程咨询积累经验。

我们相信，随着我国建筑工程的发展和管理水平的不断提高，在不远的将来，工程咨询一定会成为工程建设的一种新常态，它就像监理、审计一样，成为国家建设工程法定的建设程序。

第六节　项目前期咨询评估

从1986年开始，对需要国家审批的投资建设项目实行"先评估，后决策"的制度。随着投资体制改革的深入推进，对各类投资中介服务机构的管理逐步健全和完善，咨询评估程序和方法更加科学、规范。根据国务院《关于投资体制改革的决定》和《国家发展改革委委托投资咨询评估管理办法》，对政府投资项目的项目建议书和可行性研究报告、企业投资项目的项目申请报告、重要领域的发展建设规划等在决策审批前，按照公平、公正、公开和竞争的原则，选择相应有资质、有能力、有实力的咨询中介机构进行咨询评估。

一、项目咨询评估的作用

项目咨询评估是咨询机构根据政府投资主管部门、金融机构或企业等的委托，在项目投资决策之前，对项目建议书（初步可行性研究报告）、可行性研究报告或项目申请报告，按照项目建设目标和功能定位，采用科学的方法，对项目的市场、技术、财务、经济，以及环境和社会影响等方面开展进一步的分析论证和再评价，权衡各种方案的利弊和潜在风险，判断项目是否值得投资，提出明确的评估结论，并对项目建设方案提出优化建议，从而为决策者进行科学决策或为政府核准项目提供依据的咨询活动。

在许多国家，无论私人还是公共投资项目，都必须得到项目所在国家或地区政府批准后才能实施。一方面政府通常要对项目进行评估，评估拟建项目是否符合政府的发展目标、开发规划，项目对本国或本地经济、社会、环境等的影响。另一方面，投资者在完成项目可行性研究后，为了分析其可靠性，进一步完善项目方案，往往也聘请独立的咨询机构对可行性研究报告进行评估。至于向项目贷款的银行，项目评估是其贷款决策的必要程序，评估结论是发放贷款的重要依据。

不同的委托主体，对评估的内容及侧重点的要求可能有所不同。总体上，政府部门委托的评估项目，一般侧重于项目的经济及社会影响评价，分析论证资源配置的合理性等；银行等金融机构委托的评估项目，主要侧重于融资主体的盈利能力和偿债能力评价；企业或机构投资者委托的评估项目，将重点评估项目本身的盈利能力、资金的流动性和财务风险等方面。

二、项目建议书和可行性研究报告的评估

项目建议书和可行性研究报告评估是指在项目建议书和可行性研究报告编制完成后，由另一家符合资质要求、委托入选的工程咨询单位再一次对拟建项目的技术、财务、经济、环境、社会、资源利用、投资风险等方面进行论证，对项目建议书和可行性研究报告所作结论的真实性和可靠性进行核实和评价，如实反映项目潜在的有利和不利因素，对项目建设的必要性、可能性和可行性作出明确的结论，为项目决策者提供依据。

（一）项目建议书和可行性研究报告评估的范围

项目建议书和可行性研究报告评估通常在以下几种情况下进行：

（1）政府投资项目的项目建议书和可行性研究报告评估，一般都要经过符合资质要求、委托入选的工程咨询单位进行评估论证，项目建议书的评估结论是项目立项的依据，可行性研究报告的评估结论是政府投资决策的依据。

（2）企业投资者为了分析可行性研究报告的可靠性，进一步完善项目建设方案，往往聘请另一家工程咨询单位对初步可行性研究和可行性研究报告进行评估，作为企业内部决策的依据。

（3）拟对项目贷款的银行，一般自行组织专家组，有时也委托工程咨询单位对可行性研究报告进行评估，评估结论是银行贷款决策的依据。

（二）项目建议书（初步可行性研究）、可行性研究报告的编制与其评估的关系和区别

项目建议书（初步可行性研究）、可行性研究报告的编制，与项目建议书（初步可行性研究）、可行性研究的评估，是项目前期工作的两项重要内容。两者同处于项目投资的前期阶段，出发点是一致的，都以市场或社会需求研究为出发点，按照国家有关的法规、政策，将资源条件同产业政策与行业规划结合起来进行方案选择。同时，内容及方法基本

一致，目的和要求基本相同，均是为了提高项目投资科学决策的水平，提高投资效益，避免决策失误。因此，它们都是项目前期工作的重要内容，都是对项目是否可行及投资决策的咨询论证工作。但是两者也存在一定的区别：

1. 承担主体不同

在我国，项目建议书（初步可行性研究）、可行性研究通常由项目法人或企业主持，按照合同委托咨询机构进行研究；项目评估由项目投资主管部门主持，委托符合资质要求入选的工程咨询单位进行项目建议书（初步可行性研究）、可行性研究评估。

2. 评估角度和任务不同

项目建议书、可行性研究一般从行业或企业角度，论证项目建设的必要性、市场前景、技术和经济的可行性，着重项目投资的微观效益；项目评估主要从国家和社会的角度，对报送的项目建议书（初步可行性研究）、可行性研究进行系统的核实、评审，提出评估结论和建议，着重项目投资的宏观效益。

3. 决策时序和作用不同

项目建议书、可行性研究在先，项目评估在后。项目建议书、可行性研究主要是项目法人和企业内部决策的依据，是项目评估的重要基础和前提；项目评估是可行性研究的延续，是项目投资决策民主化、科学化的必备条件，其评估结论和建议是政府投资主管部门项目立项和决策的重要依据。

因此，项目建议书、可行性研究是项目投资决策的基础，是项目评估的重要前提。项目评估是可行性研究的延续、深化和再研究，独立地为决策者提供直接的、最终的依据。

三、项目申请报告评估

项目申请报告评估是政府投资主管部门根据需要，委托符合资质要求、入选的工程咨询单位对拟建企业投资项目从维护经济安全、合理开发利用资源、保护生态环境、优化重大布局、保障公共利益、防止出现垄断等方面进行评估论证，对项目申请报告中所评估的发展规划、产业政策和行业准入，资源开发及综合利用，项目节能，建设用地、征地拆迁及移民安置，环境和生态影响，经济和社会影响，主要风险等内容的符合性、合理性、真实性和可靠性进行核实和评价。

为进一步贯彻投资体制改革精神，规范企业投资项目的核准评估工作，提高咨询评估的质量和水平，国家发展改革委根据《国务院关于投资体制改革的决定》（国发〔2004〕20号）精神，在颁发《企业投资项目核准暂行办法》（国家发展改革委第19号令）、《国家发展改革委关于发布项目申请报告通用文本的通知》（发改投资〔2017〕684号）和《国家发展改革委委托投资咨询评估管理办法》（发改投资〔2004〕1973号）规定的基础上，以2008年第37号公告，颁发了《关于企业投资项目咨询评估报告的若干要求》和《企业投项目咨询评估报告编写大纲》。

根据国家发展改革委2008年第37号公告，咨询评估报告通常包括以下10项内容：

（1）申报单位及项目概况；

（2）发展规划、产业政策和行业准入评估；

（3）资源开发及综合利用评估；

（4）节能方案评估；

（5）建设用地、征地拆迁及移民安置评估；

（6）环境和生态影响评估；

（7）经济影响评估；

（8）社会影响评估；

（9）主要风险及应对措施评估；

（10）主要结论和建议。

总体而言，项目申请报告的编制与项目申请报告评估之间的关系，与项目建议书（初步可行性研究）、可行性研究报告的编制与项目建议书（初步可行性研究）、可行性研究评估之间的关系有相似之处，其内容与方法、目的和要求基本相同，如：项目申请报告的评估与编制项目申请报告一样，都应达到可行性研究同等深度的要求；项目申请报告评估的结构、内容要求，与企业编制、报送的项目申请报告基本相对应。为了防止和规避项目建设对国家经济安全和社会公共利益可能存在的风险，在项目申请报告评估中，特别要求单独列出"主要风险及应对措施评估"的内容。

四、咨询评估机构的选择

根据国家投资体制改革规范中介服务机构"培育规范投资中介服务组织，加强行业自律，促进公平竞争"的规定，对"承担编制项目建议书、可行性研究报告、项目申请报告、重要领域发展建设规划等业务的入选咨询机构，不得承担同一项目或事项的咨询评估任务""不得承担同一项目的设计、优化设计、招标代理、监理、代建、后评价等后续业务"。因此，在开展项目前期评估选择中介服务机构时，一般应符合以下三个基本条件：

1. 有执业资格

承担可行性研究报告评估的工程咨询单位，必须依法取得政府有关部门及其授权机构认定的工程咨询单位资格。工程咨询单位资格包括资格等级、咨询专业和服务范围三部分。工程咨询单位应在其执业范围内承担任务，并有良好的业绩。

2. 有信誉

承担可行性研究报告评估的工程咨询单位，应能遵循"公正、科学、可靠"的宗旨和"敢言、多谋、善断"的行为准则。实事求是，一切从实际情况出发，说实话、办实事。

应能做到严谨廉洁、优质高效，既对国家负责，又对投资者负责。

3. 有实力

主要考核专家层次、组织管理能力和装备水平。承担可行性研究报告评估的工程咨询单位，应有自己的专家队伍，有一批能胜任编制可行性研究报告、组织项目评估任务的项目经理，善于综合优化多种咨询方案和意见，作出正确的判断和结论。应具有规范化、制度化和现代化的管理和装备，并有组织高层次评估专家组的能力。

选择的方式可根据咨询服务的特点，结合有关国际惯例和国内法规，采取公开招标、邀请招标、征求建议书、两阶段招标、竞争性谈判、聘用专家等方式进行。

第七节　项目建议书的编制与审批

一、定义

项目建议书，又称项目立项申请书或立项申请报告，是拟建项目建设筹建单位或项目法人，根据国民经济的发展、国家和地方中长期规划、产业政策、生产力布局、国内外市场、所在地的内外部条件等，向政府相关部门提出某一具体项目的建议文件，是拟建项目建设筹建单位或项目法人对拟建工程项目建设的轮廓设想。

对于政府投资项目，项目建议书按要求编制完成后，应根据资金来源和项目类别等分别报送有关部门审批。项目建议书经批准后，可以进行详细的可行性研究工作，但并不表明项目非上不可，批准的项目建议书不是项目的最终决策。

项目建议书的研究内容包括进行市场调研、对项目建设的必要性和可行性进行研究、对项目产品的市场、项目建设内容、生产技术和设备及重要技术经济指标等分析，并对主要原材料的需求量、投资估算、投资方式、资金来源、经济效益等进行初步估算。

拟建项目往往是在项目早期，由于项目条件还不够成熟，仅有规划意见书，对项目的具体建设方案还不明晰，市政、环保、交通等专业咨询意见尚未办理。项目建议书主要论证项目建设的必要性，建设方案和投资估算也比较粗，投资误差为±30%左右。

因此，我们可以说项目建议书是项目发展初始阶段基本情况的汇总，是选择和审批项目的依据，也是编制可行性研究报告的依据。

二、作用

项目建议书是由拟建项目建设筹建单位或项目法人向其主管部门上报的文件，目前广泛应用于项目的国家立项审批工作中。它要从宏观上论述项目设立的必要性和可能性，把项目投资的设想变为概略的投资建议。项目建议书的呈报可以供项目审批机关作出初步决策。它可以减少项目选择的盲目性，为下一步可行性研究打下基础。

项目建议书的主要作用是推荐一个拟建项目，论述其建设的必要性、建设条件的可行性和获利得可能性，供政府决策机构选择并确定是否进行下一步工作。

三、内容和深度

（一）主要内容

项目建议书的内容视项目的不同有繁有简，但一般包括以下几方面的内容：

（1）项目提出的必要性和依据；

（2）产品方案、拟建规模和建设地点的初步设想；

（3）资源情况、建设条件、协作关系和设备引进国别、厂商的初步分析；

（4）投资估算、资金筹措及还贷方案设想；

（5）项目进度计划；

（6）经济效益和社会效益的初步估计；

（7）环境影响的初步评估。

（二）深度要求

1. 关于投资建设必要性和依据

（1）阐明拟建项目提出的背景、拟建地点，提出或出具与项目有关的长远规划或行业、地区规划资料，说明项目建设的必要性；

（2）对改扩建项目要说明现有企业的情况；

（3）对于引进技术和设备的项目，还要说明国内外技术的差距与概况以及进口的理由，工艺流程和生产条件的概要等。

2. 关于产品方案、拟建项目规模和建设地点的初步设想

（1）产品的市场预测，包括国内外同类产品的生产能力、销售情况分析和预测、产品销售方向和销售价格的初步分析等；

（2）说明（初步确定）产品的年产值，一次建成规模和分期建设的设想（改扩建项目还需说明原有生产情况及条件），以及对拟建项目规模经济合理性的评价；

（3）产品方案设想，包括主要产品和副产品的规模、质量标准等；

（4）建设地点论证，分析项目拟建地点的自然条件和社会条件，论证建设地点是否符合地区布局的要求。

3．关于资源、交通运输以及其他建设条件和协作关系的初步分析

（1）拟利用的资源供应的可行性和可靠性；

（2）主要协作条件情况、项目拟建地点水电及其他公用设施、地方材料的供应情况分析；

（3）对于技术引进和设备进口项目应说明主要原材料、电力、燃料、交通运输、协作配套等方面的要求，以及所具备的条件和资源落实情况。

4．关于主要工艺技术方案的设想

（1）主要生产技术和工艺，如拟引进国外技术，应说明引进的国别以及国内技术与之相比存在的差距，技术来源、技术鉴定及转让等情况；

（2）主要专用设备来源，如拟采用国外设备，应说明引进理由以及拟引进设备的国外厂商的概况。

5．关于投资估算和资金筹措的设想

投资估算根据掌握数据的情况，可进行详细估算，也可以按单位生产能力或类似企业情况进行估算或匡算。投资估算中应包括建设期利息、投资方向调节税和考虑一定时期内的涨价影响因素（即涨价预备金），流动资金可参考同类企业条件及利率，说明偿还方式、测算偿还能力。对于技术引进和设备进口项目应估算项目的外汇总用汇额以及其用途，外汇的资金来源与偿还方式，以及国内费用的估算和来源。

6．关于项目建设进度的安排

（1）建设前期工作的安排，应包括涉外项目的询价、考察、谈判、设计等；

（2）项目建设需要的时间和生产经营时间。

7．关于经济效益和社会效益的初步估算（可能的话应含有初步的财务分析和国民经济分析的内容）

（1）计算项目全部投资的内部收益率、贷款偿还期等指标以及其他必要的指标，进行盈利能力、偿还能力初步分析；

（2）项目的社会效益和社会影响的初步分析。

8．有关的初步结论和建议

对于技术引进和设备进口的项目建议书，还应有邀请外国厂商来华进行技术交流的计划、出国考察计划，以及可行性分析工作的计划（如聘请外国专家指导或委托咨询的计划）等附件。

受项目所在细分行业、资金规模、建设地区、投资方式等不同影响，项目建议书均有不同侧重。为了保证项目顺利通过地区或者国家发改委批准完成立项，项目建议书的编制可由专业有经验的咨询机构协助完成。

可行性研究报告经批准后，正式组建项目法人运作班子。

四、项目建议书的审批

（一）项目的产生

为加强政府投资项目管理，建立决策科学、投向合理、运作规范、监管严格的政府投资管理体制，优化投资结构，各地政府对政府投资项目的建设均制定了相关规定。

政府发改部门是政府投资项目的综合管理部门，在政府的领导下，负责辖区政府投资项目的计划编制、协调监督等综合管理工作。财政部门负责政府投资项目资金财务活动的监督管理。审计部门负责政府投资资金的执行情况、竣工决算的审计监督。监察等有关政府部门按各自职责对政府投资项目进行管理和监督。

政府投资应当符合国民经济和社会发展规划，重点投向基础性和公益性项目。鼓励社会资本参与公益事业和公共基础设施建设。行政机关在政府投资项目管理活动中，应当保证其他出资人的合法权益。

政府投资项目计划纳入国民经济和社会发展计划，经辖区人民代表大会批准后执行，执行情况接受辖区人民代表大会及其常务委员会的监督。

（二）投资资金的内容

政府投资项目是指使用下列资金进行的直接投资和资本金注入的固定资产投资的项目，内容有：

（1）财政一般预算内安排的建设资金；

（2）政府非税收入安排的建设资金；

（3）政府（包括区属国有独资公司和国有控股公司）融资或利用国债用于建设的资金；

（4）国际金融组织和外国政府的贷款、赠款；

（5）转让、出售、拍卖国有资产及经营权所得的国有资产权益收入；

（6）土地使用权出让金；

（7）法律、法规规定的其他政府性资金。

（三）项目管理原则

（1）政府投资项目的投资规模应与地方可用财力相适应，既统筹兼顾又集中财力保重点；

（2）政府投资项目坚持民主化和科学化的决策制度，部门合理分工，协同共管；

（3）政府投资项目严格执行基本建设管理程序，坚持估算控制概算，概算控制预算，预算控制决算；

（4）政府投资项目严格执行项目法人制、招投标制、合同管理制、工程监理制、安全生产制、质量监督制。

（四）政府投资项目管理的程序

（1）编制下达政府投资项目年度计划；

（2）编报和审批项目建议书；

（3）编报和审批项目可行性研究报告；

（4）编报和审批项目初步设计和项目概算；

（5）项目实施过程中协调检查；

（6）组织项目竣工验收；

（7）组织项目后评估。

以上程序可由投资综合管理部门视项目性质、建设规模、建设条件等作适当调整。

（五）项目立项计划（批文）

政府投资项目一般实行年度计划管理。政府各部门（单位）应在每年截止日期前向政府发改部门提出下一年度政府投资项目的初步意见，由政府发改部门综合平衡汇总、政府财政部门对项目财政资金落实审核后，编制完成《政府投资项目计划》，经政府常务会议审议批准后下达。

政府投资项目在项目立项前，有关部门已做了相应的调研工作。

1. 政府投资项目年度计划内容

（1）项目名称；

（2）建设内容和规模；

（3）建设周期；

（4）总投资；

（5）年度投资计划和建设资金来源；

（6）年度建设形象进度；

（7）其他。

政府投资项目计划经批准下达后，各实施单位依据计划开展项目前期审批。政府投资项目计划一经批准，必须严格执行，任何单位和个人不得擅自变更。

2. 政府投资项目的立项批文内容

（1）项目名称；

（2）建设性质；

（3）建设地址；

（4）建设规模和内容；

（5）项目总投资和资金来源；

（6）项目建设单位；

（7）项目法人；

（8）其他。

五、企业投资项目的备案

企业投资项目与政府投资项目的手续大为简化，其决策决定主要是企业自身的行为，只要符合政府政策和发展需要，政府就会指导、帮助和监督企业对项目的实施，随着政府简政放权政策的落实，企业投资项目的备案规定更加方便。

企业投资项目主要是政府招商项目和房地产项目。企业即可取得由政府相关部门颁发的《企业投资项目备案通知书》。

第八节　可行性研究报告的编制与审批

一、定义

可行性研究是指在项目决策之前，通过调查、研究、分析与项目有关的工程、技术、经济等方面的条件和情况，对可能的多种方案进行比较论证，同时对项目建成后的经济效益进行预测和评估的一种投资决策分析研究方法和科学分析活动。可行性研究是对工程项目在技术上是否可行和经济上是否合理进行科学的分析和论证。可行性研究工作完成后，需要编写出反映其全部工作成果的"可行性研究报告"。

根据《国务院关于投资体制改革的决定》，政府投资项目和企业投资项目分别实行审批制、核准制或备案制。

（一）政府投资项目

对于采用直接投资和资本金注入方式的政府投资项目，政府需要从投资决策的角度审批项目建议书和可行性研究报告，除特殊情况外不再审批开工报告，同时还要严格审批其初步设计和概算；对于采用投资补助、转贷和贷款贴息方式的政府投资项目，则只审批资金申请报告。

政府投资项目一般都要经过符合资质要求的咨询中介机构的评估论证，特别重大的项目还应实行专家评议制度。国家将逐步实行政府投资项目公示制度，以广泛听取各方面的意见和建议。

（二）企业投资项目

对于企业不使用政府资金投资建设的项目，一律不再实行审批制，区别不同情况实行核准制或登记备案制。

1. 核准制

企业投资建设《政府核准的投资项目目录》中的项目时，仅需向政府提交项目申请报告，不再经过批准项目建议书、可行性研究报告和开工报告的程序。

2. 备案制

对于《政府核准的投资项目目录》以外的企业投资项目，实行备案制。除国家另有规定外，由企业按照属地原则向地方政府投资主管部门备案。

二、作用

可行性研究的主要作用是为建设项目投资决策提供依据，同时也为建设项目设计、银行贷款、申请开工建设、建设项目实施、项目评估、科学实验、设备制造等提供依据。因此，可行性研究必须具备：

1. 预见性

可行性研究不仅应对历史、现状资料进行研究和分析，更重要的是应对未来的市场需求、投资效益进行预测和估算。

2. 客观性

可行性研究必须坚持实事求是，在调查研究的基础上，按照客观情况进行论证和评价。

3. 可靠性

可行性研究应认真研究确定项目的技术经济措施，以保证项目的可行性，同时也应否定不可行的项目和方案，以避免投资损失。

4. 科学性

可行性研究必须应用现代科学技术手段进行市场预测，运用科学的评价指标体系和方法分析评价项目的财务效益、经济效益和社会影响，为项目决策提供科学依据。

可行性研究报告是在制定某一建设项目之前，对该项目实施的可能性、有效性、技术方案及技术政策进行具体、深入、细致的技术论证和经济评价，以求确定一个在技术上合理、经济上合算的最优方案和最佳时机而写的书面报告。

可行性研究报告要求以全面、系统的分析为主要方法。整个可行性研究提出综合分析评价，指出优缺点和建议。根据结论的需要，以增强可行性研究报告的说服力。

可行性研究报告是项目建设论证、审查、决策的重要依据，也是以后筹集资金或者申请资金的一个重要依据。可行性研究编写时要注意数据方面的真实性和合理性，只有报告通过审核后，才能得到资金支持，同时也能为项目以后的发展提供重要的依据。

可行性研究是确定建设项目前具有决定性意义的工作，是在投资决策之前，对拟建项目进行全面技术经济分析论证的科学方法，在投资管理中，可行性研究是指对拟建项目有关的自然、社会、经济、技术等进行调研、分析比较以及预测建成后的社会经济效益。

可行性研究报告通过对项目的市场需求、资源供应、建设规模、工艺路线、设备选型、环境影响、资金筹措、盈利能力等方面的研究调查，在行业专家研究经验的基础上对项目经济效益及社会效益进行科学预测，从而为客户提供全面的、客观的、可靠的项目投资价值评估及项目建设进程等咨询意见。

三、内容、要求和深度

项目可行性研究的内容，因项目的性质不同、行业特点而异。从总体看，可行性研究的内容与项目建议书的内容基本相同，但研究的深度有所提高，研究的范围有所扩大。可行性研究的重点是研究论证项目建设的可行性，必要时还需进一步论证项目建设的必要性。可行性研究是从项目建设和生产经营全过程分析项目的可行性，应完成以下工作：

1. 市场研究
以解决项目建设的必要性问题。

2. 工艺技术方案的研究
以解决项目建设的技术可行性问题。

3. 财务和经济分析
以解决项目建设的经济合理问题。

（一）内容

项目的可行性研究，其内容主要包括：

1. 项目建设的必要性
要从两个层次进行分析，一是结合项目功能定位，分析拟建项目对实现企业自身发展，满足社会需求，促进国家、地区经济和社会发展等方面的必要性；二是从国民经济和社会发展角度，分析拟建项目是否符合合理配置和有效利用资源的要求，是否符合区域规划、行业发展规划、城市规划的要求，是否符合国家产业政策和技术政策的要求，是否符合保护环境、可持续发展的要求等。

2. 市场分析
调查、分析和预测拟建项目产品和主要投入品的国际、国内市场的供需状况和销售价格；研究确定产品的目标市场；在竞争力分析的基础上，预测可能占有的市场份额；研究产品的营销策略。

3. 建设方案

主要包括建设规模与产品方案，工艺技术和主要设备方案，场（厂）址选择，主要原材料、辅助材料、燃料供应方案，总图运输和土建方案，公用工程方案，节能、节水措施，环境保护治理措施方案，安全、职业卫生措施和消防设施方案，项目的组织机构与人力资源配置等。

4. 投资估算

在确定项目建设方案工程量的基础上估算项目的建设投资，分别估算建筑工程费、设备购置费、安装工程费、工程建设其他费用、基本预备费、涨价预备费，还要估算建设期利息和流动资金。

5. 融资方案

在投资估算确定融资额的基础上，研究分析项目的融资主体，资金来源的渠道和方式，资金结构及融资成本、融资风险等。结合融资方案的财务分析，比较、选择和确定融资方案。

6. 财务分析（也称财务评价）

按规定科目详细估算营业收入和成本费用，预测现金流量；编制现金流量表等财务报表，计算相关指标；进行财务盈利能力、偿债能力分析以及财务生存能力分析，评价项目的财务可行性。

7. 经济分析（也称国民经济评价）

对于财务现金流量不能全面、真实地反映其经济价值的项目，应进行经济分析。从社会经济资源有效配置的角度，识别与估算项目产生的直接和间接的经济费用与效益，编制经济费用效益流量表，计算有关评价指标，分析项目建设对社会经和所作出的贡献以及项目所耗费的社会资源，评价项目的经济合理性。

8. 经济影响分析

对于行业、区域经济及宏观经济影响较大的项目，还应从行业影响、区域经济发展、产业布局及结构调整、区域财政收支、收入分配以及是否可能导致垄断等角度进行分析。对于涉及国家经济安全的项目，还应从产业技术安全、资源供应安全、资本控制安全、产业成长安全、市场环境安全等角度进行分析。

9. 资源利用分析

对于高耗能、高耗水、大量消耗自然资源的项目，如石油天然气开采、石油加工、发电等项目，应分析能源、水资源和自然资源利用效率，一般项目也应进行节能、节水、节地、节材分析，所有项目都要提出降低资源消耗的措施。

10. 土地利用及移民搬迁安置方案分析

对于新增建设用地的项目，应分析项目用地情况，提出节约用地措施。涉及搬迁和移民的项目，还应分析搬迁方案和移民安置方案的合理性。

11. 社会评价或社会影响分析

对于涉及社会公共利益的项目，如农村扶贫项目，要在社会调查的基础上，分析拟建项目的社会影响，分析主要利益相关者的需求，对项目的支持和接受程度，分析项目的社会风险，提出需要防范和解决社会问题的方案。

12. 敏感性分析与盈亏平衡分析

进行敏感性分析，计算敏感度系数和临界点，找出敏感因素及其对项目效益的影响程度；进行盈亏平衡分析，计算盈亏平衡点，粗略预测项目适应市场变化的能力。

13. 风险分析

对项目主要风险因素进行识别，采用定性和定量分析方法估计风险程度，研究提出防范和降低风险的对策措施。

14. 结论与建议

在以上各项分析研究之后，应进行归纳总结，说明所推荐方案的优点，并指出可能存在的主要问题和可能遇到的主要风险，作出项目是否可行的明确结论，并对项目下一步工作和项目实施中需要解决的问题提出建议。

此外，除了在项目建设方案中提出环境保护治理和保障建设与运行安全的方案外，还应进行环境影响评价和安全预评价，这是由环境影响评价机构和安全预评价机构具体执行的，与项目可行性研究工作并行的重要工作。

对于政府投资建设的基础设施、公共服务以及环境保护等项目，除上述各项内容外，可行性研究及其报告的内容还应包括：

（1）政府投资的必要性；

（2）项目需要实施代建制的方案；

（3）政府投资项目的投资方式。对采用资本金注入方式的项目，要分析出资人代表的情况及其合理性；

（4）对没有营业收入或收入不足以弥补运营成本的公益性项目，要从项目运营的财务可持续性角度，分析、研究政府提供补贴的方式和数额；

（5）依法须进行招标的工程建设项目，增加具体招标范围、拟采用的招标组织形式、招标方式等有关招标内容；不进行招标的，须说明不招标原因。

可行性研究及其报告的侧重点，因项目的性质、特点不同有所差别：

（1）水利水电项目。通常具有防洪、灌溉、治涝、发电、供水等多项功能。需要重点研究水利水电资源的开发利用条件，水文、气象、工程地质条件，坝型与枢纽布置，库区淹没与移民安置等；项目经济评价以经济分析为主，财务分析为辅；对于社会公益性的水利项目，如防洪、治涝项目，财务分析的目的是测算提出维持项目正常运行需要国家补助的资金数额和需要采取的经济优惠政策。

（2）交通运输项目。包括公路、铁路、机场、航道、桥梁、隧道等项目，不生产实物产品，而是为社会提供运输服务。需要重点研究项目对经济和社会发展、区域综合运输网布局、路网布局等方面的作用和意义；研究运量、线路方案，建设规模、技术标准，建筑工程方案等；项目经济评价以经济分析为主，财务分析为辅。

（3）农业开发项目。一般多为综合开发项目，可能包括农、林、牧、副、渔和加工业等项目，建设内容比较复杂。需要重点研究市场分析，建设规模和产品方案，原材料供应等；农业项目受气候等自然条件影响，效益与费用的不确定性较大。项目经济评价一般分项目层和经营层两个层次，项目层次评价以经济分析为主，财务分析为辅，经营层次评价只进行财务分析。

（4）文教卫生项目。包括学校、体育馆、图书馆、医院、卫生防疫与疾病控制系统等项目。项目建设的目的在于改善公共福利环境，提高人民的生活水平，保障社会公平，促进社会发展。需要重点研究项目的服务范围，确定项目的建设规模；依据项目的功能定位，比较选择适宜的建筑方案、主要设备和器械；项目经济评价以经济分析为主，常用的方法有最小成本分析、经济费用效果分析等。

（5）资源开发项目。包括煤、石油、天然气、金属、非金属等矿产资源的开发项目、森林资源的采伐项目等。需要重点研究资源开发利用的条件，包括资源开发的合理性、拟开发资源的可利用量、自然品质、赋存条件和开发价值；分析项目是否符合资源总体开发规划的要求，是否符合资源综合利用、可持续发展的要求，是否符合保护生态环境的有关规定。

（二）要求

（1）基本情况：中外合资经营企业名称、法定地址、宗旨、经营范围和规模；合营各方名称、注册国家、法定地址和法定代表人姓名、职务、国籍；企业总投资、注册资本股本额（自有资金额、合营各方出资比例、出资方式、股本交纳期限）；合营期限、合营方利润分配及亏损分担比例；项目建议书的审批文件；可行性研究报告的负责人名单；可行性研究报告的概况、结论、问题和建议。

（2）产品生产安排及其依据。要说明国内外市场需求情况和市场预测的情况，以及国内外当前已有的和在建的生产装备能力。

（3）物料供应安排（包括能源和交通运输）及其依据。

（4）项目地址选择及其依据。

（5）技术装备和工艺过程的选择及其依据（包括国内外设备分批交货的安排）。

（6）生产组织安排（包括职工总数、构成、来源和经营管理）及其依据。

（7）环境污染治理和劳动安全保护、卫生设施及其依据。

（8）建设方式、建设进度安排及其依据。

（9）资金筹措及其依据（包括厂房、设备入股计算的依据）。

（10）外汇收支安排及其依据。

（11）综合分析（包括经济、技术、财务和法律方面的分析）。要采用动态法和风险法（或敏感度分析法）等方法分析项目效益和外汇收支等情况。

（12）必要的附件。如合营各方的营业执照副本；法定代表人证明书；合营各方的资产、经营情况资料；上级主管部门的意见。

（三）深度

可行性研究的成果是可行性研究报告。可行性研究及其报告应达到以下深度要求：

（1）可行性研究报告应达到内容齐全、数据准确、论据充分、结论明确的要求，以满足决策者定方案、定项目的要求；

（2）可行性研究中选用的主要设备的规格、参数应能满足预订货的要求。引进技术设备的资料应能满足合同谈判的要求；

（3）可行性研究中的重大技术、财务方案，应有两个以上方案的比选；

（4）可行性研究中确定的主要工程技术数据，应能满足项目初步设计的要求；

（5）可行性研究阶段对投资和成本费用的估算应采用分项详细估算法；

（6）可行性研究确定的融资方案，应能满足项目资金筹措及使用计划对投资数额、时间和币种的要求，并能满足银行等金融机构信贷决策的需要；

（7）可行性研究报告应反映可行性研究过程中出现的某些方案的重大分歧及未被采纳的理由，以供决策者权衡利弊进行决策；

（8）可行性研究报告应附有供评估、决策审批所必需的合同、协议和城市规划、土地使用等相关主管部门的意见，出具相应行政许可文件。

四、可行性研究的审批

可行性研究报告的审批单位是项目建设地政府发改部门，根据咨询评估对建设项目进行决策，可行性研究报告经批准后，形成项目批准文件，批准文件内容包括用地性质、规模、投资估算、工期等内容，作为规划、设计的依据，这是项目建设的最重要依据。凡经可行性研究未通过的项目，不得进行下一步工作。

可行性研究报告涉及内容较多，一般建设单位委托具有相应资质的单位编制，因篇幅较大实例不予选登。

第三章

建设准备

本章为建设工程项目建设实施时期管理的开篇章。建设工程项目建设实施时期是指项目从建设准备到工程具体施工建造再到验收通过的过程。它主要是依据规划设计文件等规定，由工程技术人员具体负责工程实体施工，并满足设计和合同关于建设工程项目建设目标的要求及其履行其质量、安全和质量保修义务等。建设实施时期主要有建设单位和勘察单位、设计单位、监理单位、施工单位（以下称"五方主体"）等参与，涉及的主要政府部门有发改、国土、规划、建设等。

建设实施时期的建设工程项目管理，主要分为建设准备阶段的土地征用、招标投标、工程设计等，施工准备阶段的"三通一平"、合同签订、编制报审文件与施工许可、图纸会审与设计交底、工程开工等，施工实施阶段的质量、投资、进度、安全控制和关键过程的把控、质量通病的产生与防治等，工程验收与备案阶段的分部分项工程验收、档案移交、单位工程验收、竣工验收备案等，项目竣工验收与备案阶段的项目竣工验收、备案和不动产权证的办理等。

由于建设实施时期的内容最多，我们把这一时期的内容分为6个部分：

（1）建设准备。主要内容有土地征用、招标投标、工程设计等（本书第三章）。

（2）施工准备。主要内容有"三通一平"与合同签订、编制报批文件与办理建筑施工许可、图纸会审与设计交底、办理开工报告等（本书第四章）。

（3）施工管理。主要内容有施工实施的质量控制、投资控制、进度控制、合同管理、安全管理、信息管理、组织协调等（本书第五章）。

（4）节点控制与质量通病。主要内容有重要过程的控制、关键点的控制、质量通病的产生与防治等（本书第六章）。

（5）工程竣工验收与备案。主要内容有建设工程的各种验收、工程竣工验收和备案等（本书第七章）。

（6）项目综合验收与备案。主要内容有项目竣工验收、不动产权证的办理等（本书第八章）。

　　建设工程项目实施时期的项目管理，是工程管理技术人员大显身手的时期，也是本书内容最多、过程最长的章节。建设工程实施时期的工作程序性、政策性最强，可变和约束因素多，但管理规定比较成熟，法律、法规规定的职责、义务十分明确。"按章办事、按图施工"是这一时期工作的主题词，也是建设工程"五方主体"共同参与、协作实施最紧密的过程。

　　本章同样介绍了建设工程实施时期的流程和内容，在介绍各阶段、各过程管理实务的同时，指出了项目管理需要注意的事项，列举了较多的工程实例和格式，但有关比较常规、专业和篇幅较大的内容，诸如施工组织设计、监理规划等内容在这里不予列出。

第一节　建设实施时期的管理范围和过程

一、管理范围

（一）范围

有关建设实施时期"五方主体"的管理范围、工作内容、质量安全和法律责任等在《建筑法》《建设工程质量管理条例》《建设工程安全生产管理条例》等规定中，有较详细的规定。建设实施时期的项目管理由建设单位主导，监理单位按照建设单位的委托范围要求，接受并实施施工现场的监督管理，并在施工单位自检的基础上实施监督管理。其中，建设单位的主要工作是把握全局、负责对外单位的联系和处理，如办理土地征用手续、工程招标、委托设计、开工前准备、施工许可、工程竣工验收与备案、项目竣工验收与备案等，与政府发改、国土、规划、消防、环保、公安、交通、水利、排污、环卫、人防、气象、地名办、街道和配套单位供水、供电、广电、通信、天然气、供暖等做进一步的联系、接洽，落实和确定在初步设计中确定的相关具体工作任务。所谓的具体工作任务，主要是指与以上相关配套单位明确落实与建设工程项目相关的具体事宜，如确定相应系统方案、造价、施工计划、开竣工日期等，并签订合同。

有关建设工程项目与上述单位相关联的对接内容和节点，建设单位首先必须及时保持与设计单位的沟通和联系，使其满足设计和项目建设的要求，这样才能使拟建项目的配套内容满足建设单位项目的建设要求，并与城市各个系统融为一体。

在整个建设实施时期，建设单位要保持与有关单位的密切联系，制定和审查施工总包单位主体施工和各相关配套单位的施工计划，保持信息畅通，工作有机衔接，及时掌握动态。

相关配套单位的施工，贯穿于整个建设工程的施工中，也是整个建设工程项目建设的一部分，因此，合理安排施工作业面，是确保工程质量和进度的关键。施工总包单位要在全面了解各配套单位施工计划的基础上，科学制定施工总进度计划，避免施工总包单位主体施工与各相关配套单位的施工发生作业面冲突，尤其是在最后的室外工程施工期间。

按照上述规定，在现行的自来水、电力、电讯、煤气、排污等行业建设管理中，这些行业在城市规划中，均有相应区域的实施规划（也就是俗称的基础设施），而且超前于具体建设项目，对于绝大部分建设项目而言，也就是项目建设单位必须在这样的大规划框架下才能实施项目的建设。

以上这部分信息，加上国土和规划部门制定的规划设计条件、当地水文条件，组成了建设工程项目的全部设计条件，建设单位应当在可行性研究阶段获取，此外，这些信息的取得越早越好，越全越好，对项目建设也越有利。同时，为保证相应行业的建设质量和更好地分清日后使用责任，大部分地区相关行业在满足政府总体规划要求的条件下，均采用独立的建设和管理系统，即该部分工作直接由相应的单位来实施，工程竣工验收后，相关单位与用户发生直接关系。如自来水公司，在建设工程项目通过批准的初步设计供水方案后，自来水公司负责项目总体（公共部位）的供水系统规划，完成施工图设计，编制预算，实施供水部分的施工，并对其质量负责。工程验收合格投入使用后，自来水公司与直接用户发生关系。

勘察单位、设计单位、监理单位、施工单位对建设工程项目的详细管理有其独立的系统，我们在这里不予叙述。

在建设实施时期，监理单位则根据建设单位的委托范围要求，负责相应的监理工作，如全过程的监理、设计阶段的监理、施工阶段的监理和工程咨询等服务，目前，最常见的监理委托服务阶段是施工阶段的监理。

（二）要点

在建设工程实施过程中，监理单位对施工现场的监督和管理主要应把握以下几点。

1. 了解管理信息

监理工作，必须先从了解监理项目的信息开始。监理的信息包括招投标文件、勘察设计文件、合同、监理大纲、监理规划、监理细则、专项施工方案、施工组织设计、相关标准规范、业主信息和场地情况、气候水文、民俗文化等，这是做好监理工作的基础，也是监理树立工作威信的基础。换言之，监理了解信息越提前、越深入、越全面，监理工作就会越主动，监理品质就会越有保障。

监理过程中，信息是动态的，监理工程师只有全面了解监理信息后，才能开展监理工作，同时，监理工程师要对相关的信息适时向业主、施工方和监理公司内部反馈，特别是合理化建议、意见，以赢得工作的主动，这个过程是无限循环的，直至监理工作结束。

2. 把控关键过程

把握过程控制（其实就是严格实施程序），首先，要确定工程的关键部位、重要把控，全面了解工程情况，其次，是根据施工组织设计和专项施工方案等，精心编制监理规划和监理实施细则，并确保按照要求实施。

在监理过程中，要特别注意原材料质量控制！施工组织设计、专项施工方案是施工单位提出并经监理单位审查同意的重要技术文件，施工验收时必须按照审定要求实施。如监理工程师放松管理出现问题，一是监理工作失职，二要承担责任，三是放松管理施工单位并不会因此而尊重监理单位。因此，监理工程师要有高度的责任心，现场发现问题必须及时制止并纠正。通过签发监理通知、停工通知等手段履行监理职责。对发现重大隐患的，要按照逐级汇报的程序向项目管理机构总监和监理公司、建设单位，直至建设主管部门进行汇报。监理人员要牢记：当你采取措施（签发监理通知、停工通知等）的同时，既是监理人员的应尽职责，又是化解监理责任（不是推脱责任）的义务。

3. 管理模式

任何一个项目目标的实现，都需要通过目标建立并通过过程实施才能实现目标，建设工程管理目标实现更不例外。当一个建设工程目标确定后，首先是决策决定，其次是实际操作，关键是过程监管，这样的三级管理系统就会很好地保证目标的实现。譬如监理单位的一个监理项目，要实现建设单位的要求，首先，监理单位决策层要保证监理人员的结构合理、人员到位、技术到位、组织到位、制度到位，这是关键；其次是项目监理机构要按照监理规范和委托合同等规定的要求，具体操作和实施工程监理，这是基础；此外，监理单位的工程技术部就是检查、监督执行层，起到承上启下作用，这是保障。

4. 履行管理职责

监理的主要工作，从广义来讲就是"三控制、三管理、一协调"，它们之间存在着既独立又统一的辩证关系，三者不分主次，相辅相成，缺一不可。所以，成为一名合格的监理工程师要求很高，他必须具备较高的专业学历和复合型的知识结构，并有丰富的工程建设实践经验，才能胜任岗位。

每个监理人员（包括监理员、监理工程师、总监理工程师代表、总监理工程师）虽然岗位不同，但必须全面了解监理的工作内容和职责范围，具备相应的执业知识和能力，并遵章守纪，各司其职，互相配合，才能把监理工作做好。

目前，监理的服务范围主要是接受业主的委托，对工程项目进行施工阶段的监理。对项目前期、勘察设计阶段的服务尚未全面开展，这也是未来监理服务的方向和必由之路。

二、管理过程

（一）过程

建设实施时期的主要任务是在取得土地使用权后，根据规划设计条件、按照设计文件和有关法律法规进行施工安装，建成实体建筑物，也就是从前一项目投资决策时期的"理想"变为"蓝图"，再从"蓝图"变为"现实"的过程。

投资决策与建设实施的区别和特点：

（1）工作由理论变为实际操作；

（2）目标由不确定变为固定；

（3）由于市场等因素，存在投资变化风险；

（4）由于施工等因素，存在质量安全风险；

（5）由于合同等因素，存在目标可变风险；

（6）由于组织等因素，存在管理滞后风险。

在建设实施时期，要确保一个项目的成功实施，首先，建设目标必须科学合理，"五方主体"等参建单位必须目标一致，互相协作，互相配合，严格履行承诺（合同），做到目标清晰，分工明确，责任到人，过程搭接，落实到位，管理PDCA〔Plan（计划）、Do（执行）、Check（检查）和Action（纠正）〕循环，才能确保过程控制。就整个项目建设而言，是确保工程项目建设的内在条件。其次，项目建设必须得到建设行政主管部门和供水、供电、广电、通信、天然气、供暖等部门的帮助、支持和配合，这是确保工程建设的外在条件，有了和谐的内在条件和外在条件，才能确保项目建设目标全过程的控制。

建设单位作为项目的法人，是把握和总揽项目建设的灵魂与核心，其作用和责任重大，因此，建设单位应当也必须首先做好依法、依规、诚信的楷模，统筹协调，指导全局，把握每一道建设环节。

（二）流程

建设实施时期的各个阶段包括建设准备阶段、施工准备阶段、施工实施阶段、过程验收备案阶段和项目竣工验收备案阶段等。

建设实施时期各阶段的过程和内容如图3-1所示。

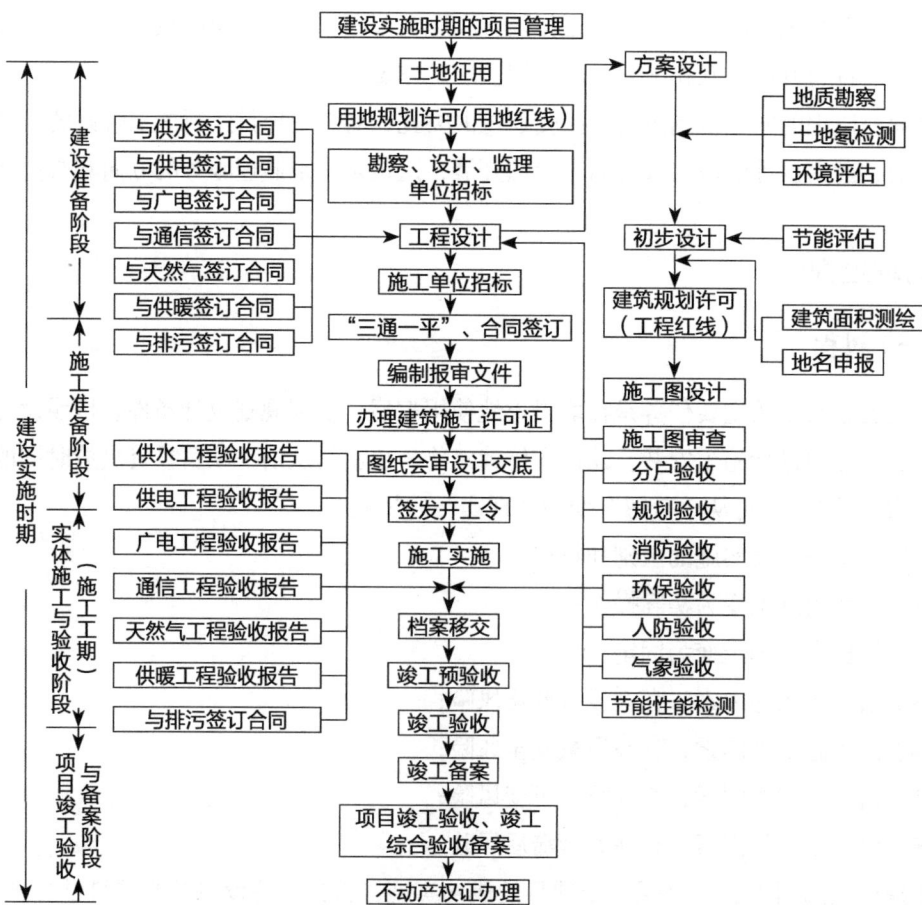

图3-1 建设实施时期各阶段的过程和内容流程图

第二节　项目建设用地

一、土地所有权和使用权

我国实行土地的社会主义公有制，即全民所有制和劳动群众集体所有制。土地所有权分为国家土地所有权和集体土地所有权，自然人不能成为土地所有权的主体。中华人民共和国是国家土地所有权的统一和唯一的主体，由其代表全体人民对国有土地享有独占性支配的权利。在我国《宪法》《民法通则》《土地管理法》等法律中，对国家土地所有权作了明确规定。《土地管理法》第8条规定：城市市区的土地属于国家所有。农村和城市郊区的土地，除法律规定属于国家所有的以外，属于农民集体所有。

我国实行土地所有权与土地使用权相分离的土地使用制度。单位和个人可以依法使用国有土地或集体土地。

二、土地使用权的取得

根据我国现行法律法规规定，国有建设用地的取得主要方式有划拨和有偿使用。有偿使用包括了出让、租赁、作价出资（入股），其中出让方式又分为招拍挂出让和协议出让。

（一）划拨方式取得土地使用权

属于一种无偿的行政配置方式，因此，法律政策对于划拨用地范围有严格的限制。划拨方式使用土地没有使用期限的限制。

1. 范围

根据《划拨用地目录》的规定，主要适用于以下几种：国家机关用地和军事用地；城市基础设施用地和公益事业用地；国家重点扶持的能源、交通、水利等基础设施用地；法律、行政法规规定的其他用地。

2. 程序

用地单位经发改项目建议书批复，并经城乡规划部门同意核发建设项目选址意见书，同时核发规划设计条件，再向国土局申请办理土地预审，取得城乡规划部门建设用地规划许可证，同时取得发改部门可研报告批复、扩初批复，环保部门的环评批复，经国土局审核同意报同级人民政府批准后由国土局签发《国有建设用地划拨决定书》。

（二）出让方式取得土地使用权

根据《土地管理法》《城镇国有土地使用权出让和转让暂行条例》等的规定，土地使用权出让是指国家以土地所有者的身份将土地使用权在一定年限内让与土地使用者，并由土地使用者向国家支付土地使用权出让金的行为，土地使用权出让应当签订出让合同。土地使用权的出让，由市、县人民政府负责，有计划、有步骤地进行。土地使用权出让的地块、用途、年限和其他条件，由市、县人民政府土地管理部门会同城市规划和建设管理部门、房产管理部门共同拟订方案，按照国务院规定的批准权限报经批准后，由土地管理部门实施。土地使用权出让合同应当按照平等、自愿、有偿的原则，由市、县人民政府土地管理部门与土地使用者签订。土地使用权出让可以采取、协议、招标、拍卖，具体程序和步骤，由省、自治区、直辖市人民政府规定。

1. 协议出让

属有偿使用的一种方式，其程序基本与划拨方式类同，只不过协议出让最终由国土局和用地单位签订《国有建设用地使用权出让合同》，但其范围有严格的限制，需符合《协议出让国有土地使用权规定》和《协议出让国有土地使用权规范》。

2. 招拍挂出让

属有偿使用的另一种方式，是土地资源市场化配置的有效方式。

（1）范围

国有建设用地使用权出让，以下几种情形的土地必须实行招拍挂方式：工业用地和商业、旅游、娱乐及商品住宅等各类经营性用地；同一宗地有两个以上意向用地者；原划拨土地及出让土地使用权改变用途经收回使用权后需重新出让的。

（2）程序

公布国有建设用地使用权出让计划，确定供地方式；城乡规划部门出具规划设计条件和要求，同时由经信局产业定位或发改项目准入及环保部门初步意见；国土局编制出让方案经同级人民政府批准，编制招拍挂出让文件并发布出让公告，实施招拍挂活动，与竞得人签订《国有建设用地使用权出让合同》，用地单位缴纳土地出让金及相关税费后核发建设用地批准书，办理土地登记；城乡规划部门办理建设用地规划许可证和建设工程规划许可证。

3. 土地使用权出让最高年限

（1）居住用地70年；

（2）工业用地50年；

（3）教育、科技、文化、卫生、体育用地50年；

（4）商业、旅游、娱乐用地40年；

（5）综合或者其他用地50年。

三、国有建设用地使用权出让合同中的重要条款

《国有建设用地使用权出让合同》签订并缴款后，说明建设单位合法取得土地的使用权，《国有建设用地使用权出让合同》内容包括土地的使用性质、使用年限、价款及其支

付、面积、位置、规划设计条件、开竣工时间、处罚条款等。因此，它是一个重要的工程建设文件，也是制约建设工程管理的一大条件。

《国有建设用地使用权出让合同》中的内容，涉及政府发改、规划、财政等部门的要求，其实就是确定了建设项目的工期总目标，譬如：《国有建设用地使用权出让合同》规定了建设项目的开竣工时间："合同签订后6个月内开工，24个月内竣工"，由于各种原因，很大一部分项目的合同开竣工时间要求与实际工程是不相符的，但它具有法律制约作用，因此，关于土地开竣工时间不合理的规定，缺乏科学性，很多建设单位叫苦不迭。对于合同中开竣工的时间规定，有关部门应当经过专业部门科学决策作出决定。

此外，对于土地使用性质已确定的拍卖土地，譬如房地产项目，环境评估应当在土地拍卖前完成，以避免建设单位按《国有建设用地使用权出让合同》规定设计，环评结果达不到要求的尴尬。

四、建设用地与周边自然环境的关系

建设用地原则上不能影响和改变原有河流、溪沟、山丘等自然生态系统，在土地拍卖和《国有土地使用权出让合同》中，一般针对宗地范围内的自然环境有所要求，建设单位也应当严格按照要求实施项目的建设。当建设单位为了项目布局和规划设计更加合理时，可以在不影响生态环境和当地有关部门管理的范围内作适当调整，如河流位置的适当调整，在建设地水利部门办理有关变更手续，并在有关部门同意后才能实施。

第三节　招标投标

建设准备阶段，选择勘察、设计、监理、施工等单位是除决策之外的最重要工作，根据实际建设程序，其中招投标代理机构的选择应最早完成。建设准备阶段，设计、监理和施工单位的招标是项目建设中标的额最大，也是最关键的招投标。

一、几种常用的评标方法介绍

（一）综合评估法

综合评估法，是指在最大限度地满足招标文件实质性要求前提下，按照招标文件中规定的各项因素进行综合评审后，以评标总得分最高的投标人作为中标候选人或者中标人的评标方法。

衡量投标文件是否最大限度地满足招标文件中规定的各项评价标准，可以采取折算为货币的方法、打分的方法或者其他方法。需量化的因素及其权重应当在招标文件中明确规定。评标委员会对各个评审因素进行量化分析时，应当将量化指标建立在同一基础或者同一标准上，使各投标文件具有可比性。对技术部分和商务部分量化后，计算出每一投标的综合评估价或者综合评估分。

对于技术复杂的工程项目可以采用综合评估法。综合评估法应当综合权衡商务标、技术标和资信标三部分分值设置权重。

建筑工程设计招标，根据《建筑工程设计招标投标管理办法》（中华人民共和国住房和城乡建设部令第33号）规定，一般应采取综合评估法进行，招标人可以根据项目特点和实际需要选择设计方案招标或设计团队招标。设计方案招标，是指主要通过对投标人提交的设计方案进行评审确定中标人。设计团队招标，是指主要通过对投标人拟派设计团队的综合能力进行评审确定中标人。设计类项目招标的技术标部分分值权重一般不少于80%，资信标和商务标两部分权重不超过20%。

工程建设项目施工招标，根据《房屋建筑和市政基础设施工程施工招标投标管理办法》规定，采用综合评估法的，应当对投标文件提出的工程质量、施工工期、投标价格、施工组织设计或者施工方案、投标人及项目经理业绩等，能否最大限度地满足招标文件中规定的各项要求和评价标准进行评审和比较，评分的主要因素是：价格、技术、财务状况、信誉、业绩、服务、对招标文件的响应程度，以及相应的比重或者权值等。上述因素应当根据招标项目情况，在招标文件中明确合理设置各项评审因素及其分值，并明确具体加分或减分因素及评审标准，鼓励将建筑市场信用等级与招标投标活动进行挂钩。技术标与资信标两部分分值权重一般不得超过40%，商务标分值权重不得少于60%，且技术标与资信标的评分标准设置不能对评标结果起决定性作用。

招标文件编制应坚持公平公正、诚信择优的原则，不得为特定对象"量体裁衣"。评标时，评标委员会各成员应当独立对每个有效投标人的标书进行评价、打分，然后汇总每个投标人每项评分因素的得分。

（二）合理低价评标法

"合理低价评标法"应该是"最低价中标"评标法的一次扬弃，存其优化竞争的一面，弃其不能排除恶性竞争的一面，达到有序竞争的目的。在目前，如何把低于成本的恶性竞价排除在投标价之外，是"合理低价评标法"面临的主要任务。因此可以认为"合理低价评标法"是在各投标人满足招标文件实质性要求的前提下，在不低于企业个别成本的报价中，选择最低报价投标候选人中标的评标法。同时，也要考虑到不能排除企业追求其他发展目的，尤其是新兴企业或扩张企业，或训练人员，或占领区域性市场，暂时低于成本投标，然后通过学习曲线和规模经济来降低成本，取得优势。对于其中的"企业个别成本"应作动态的理解。如果企业能够证明其低报价是理性计算以后的行为，即使暂时低于成本，理论上也应该接受，以获取双赢。为了准确界定合理低价，可以从以下几个方面入手：

1. 投标总价

目前采用工程量清单招标，投标总价仍然是一个很重要的评价因素，它是投标人结合工程特点和自身情况自主报价的汇总，是投标人报价水平的综合反映，也是招标人控制工程造价的依据，但前提是必须在对报价文件计算审核后才能评定。具体方法是：

（1）无标底时，以有效投标人报价的平均值为基准价制定经济标评审的合理范围，超出此范围的投标报价视为不合理。

（2）有标底（社会平均水平）时，可上浮一定比例制定一个最高控制线，下浮一定比例制定一个最低控制线，凡投标报价超出控制线的投标人，不再参与评标。评标时按照评标办法规定的评审内容、指标和合理范围标准，评审出合理的投标报价、投标总价最低的投标人为中标候选人。

2. 综合单价

在定额计价模式下，由政府主管部门制定的消耗指标和基础单价，不能真实反映投标人的个别成本和价格水平，招投标双方不能自主定价，除政府规定和设计变更外，工程造价与工程量一般都不准调整，实际上仅用投标总价反映工程项目的价格水平。而工程量清单招标一般遵守"中标后，综合单价不变，工程量按实调整"的原则，投标总价并不能真实反映工程价格水平。因此，必须增加对投标人的综合单价进行分析和评审的环节，以便及时发现不平衡的报价因素，避免实施中和结算时埋下隐患，损害某方的利益。具体评价方法可按上述评总价的方法。

3. 分析不可竞争成本

不可竞争费用包括：

（1）国家、省财政、物价部门规定的，投标人为承担该招标工程施工应缴纳的各种规费；

（2）施工现场安全文明施工措施费用；

（3）税金；

（4）招标文件规定的暂定项目；

（5）甲供材料及设备费用；

（6）法规等规定的其他不可竞争费用。

对评标过程中出现投标人降低不可竞争费用标准进行竞标的，投标人在投标文件中应提交相关的说明资料，没有提交相关说明资料和证明材料的或者相关说明资料、证明材料不能很好地说明降低理由的，则视为低于成本报价竞标。

4. 分析可竞争成本

可竞争费用包括：

（1）人工工资（包括基本工资、各种津贴、补贴等）、材料价格、机械台班单价；

（2）人工、材料、机械台班消耗量；

（3）除现场安全文明施工措施费以外的措施项目费；

（4）管理费用；

（5）利润；

（6）其他可竞争的费用等。

分析主要分项工程的人、材、机消耗量及单价，分析主要措施项目费用，分析管理费和利润的费率，发现过分离谱的现象应加以特别关注。总之，在评标过程中，每种方法并不是固定使用的，在评标过程中应该根据具体的实际情况选择评标方法进行合理评标，真正做到公平、公正。

（三）单项评议法

又称单因素评议法、低标价法，是一种只对投标人的投标报价进行评议从而确定中标人的评标定标方法，主要适用于小型工程。

单项评议法的主要特点是仅对价格因素进行评议，不考虑其他因素，报价低的投标人中标。当然，这里未考虑的其他因素，实际上在资格审查时已获通过，只不过不作为评标定标时的考虑因素，因而也不是投标人竞争成败的决定性因素。

采用单项评议法评标定标，决定成败的唯一因素是标价的高低。但不能简单地认为，标价越低越能中标。一般的做法是，通过对投标书进行分析、比较，经初审后，筛选出低标价，通过进一步的澄清和答辩，经终审证明该低标价确实是切实可行、措施得当的合理低标价的，则确定该合理低标价中标。合理低标价不一定是最低投标价。所以，单项评议法可以是最低投标价中标，但并不保证最低投标价必然中标。

采用单项评议法对投标报价进行评议的方法多种多样，主要有以下三类具有代表性的模式：

1. 将投标报价与标底价相比较的评议方法

这种方法是将各投标人的投标报价直接与经招标投标管理机构审定后的标底价相比较，以标底价为基础来判断投标报价的优劣，经评标被确认为合理低标价的投标报价即能中标。

2. 将各投标报价相互进行比较的评议方法

从纯粹择优的角度看，可以对投标人的投标报价不做任何限制、不附加任何条件，只将各投标人的投标报价相互进行比较，而不与标底相比，经评标确认投标报价属最低价或次低价的（即为合理低标价的），即可中标。

这种对投标报价的评议方法，优点是给了投标人充分自主报价的自由，标底的保密性不成问题，评标工作也比较简单。不足之处是招标人无须编制标底或虽有标底但形同虚设，不起什么作用，因而导致投标人对投标报价的预期和认同心中无数，事实上处于盲目状态，很难说清楚是否科学、合理。而投标人为了中标常常会进行竞相压价的恶性竞争，也极易形成串通投标。

3. 将投标报价与标底价结合投标人报价因素进行比较的评议方法

这种方法要借助于一个可以作为评标定标参照物的价格。这个在评标定标中作为参照物的价格，是指投标报价最接近于该价时便能中标的价格，我们称之为"最佳评标价"。采用定量综合评议法，原则上得分最高的投标人为中标人。但当招标工程在一定限额（如1000万元）以上，最高得分者和次高得分者的总得分差距不大（如差距仅在2分之内），且次高得分者的报价比最高得分者的报价低到一定数额（如低2%以上）的，可以选择次高得分者为中标人。对此，在制定评标定标办法时，应作出详尽说明。

定量综合评议法的主要特点是要量化各评审因素。对各评审因素的量化是一个比较复杂的问题，各地的做法不尽相同。从理论上讲，评标因素指标的设置和评分标准分值的分配，应充分体现企业的整体素质和综合实力，准确反映公开、公平、公正的竞标法则，使质量好、信誉高、价格合理、技术强、方案优的企业能中标。

（四）其他方法

评标方法还包括法律、行政法规允许的其他评标方法。事实上，对专业性较强的招标项目，相关行政监督部门也规定了其他评标方法。招标人可根据招标项目特点、规模、周期等实际情况采用最低投标价法、经评审的最优投标价法、综合评估法和法律法规允许的记名投票法、排序法等其他评标办法进行评标。

二、工程招投标的实施

（一）招标备案提供的材料清单

（1）申请表；
（2）立项批文；
（3）规划许可文件；
（4）施工图设计审查文件；
（5）代理合同；
（6）项目代理机构人员表。

（二）信息发布

提供以上材料，经建设行政主管部门审批核准，发出招标公告，接受投标单位的报名。同时，招投标代理机构编制招标文件，招标文件经建设单位和建设行政主管部门审批核准后，形成正式的招标文件。

招标文件文件的主要内容：

（1）建设单位和工程名称；

（2）建设资金来源；

（3）投标资格要求；

（4）业绩要求；

（5）发标和踏勘时间；

（6）招标答疑和回复时间；

（7）投标文件数量；

（8）投标保证金额；

（9）履约担保金额；

（10）投标有效期；

（11）投标书递交地点；

（12）标书提交时间；

（13）标书截止时间；

（14）开标；

（15）评标办法；

（16）合同主要条款；

（17）其他。

投标报名实施网上报名，开标时投标单位不足三家时不得开标，招标人应当重新招标。

（三）资格预审

国企投资项目或经招投标管理部门批准的特殊项目可以进行预审。

深基坑建筑、超高层建筑、城市轨道交通、大型桥梁、污水处理、地下公共设施等工程和技术复杂或有特别要求的项目可进行资格预审。实行资格预审的，必须使用《标准施工招标资格预审文件》。

（四）招标文件的审核

达到公开招标限额标准的招标文件，需有项目所在地招投标管理部门审核。发售招标文件、招标资格预审文件时间不得少于5个工作日；发售招标资格预审文件之日起至递交招标资格预审材料截止时间不得少于10d；发售招标文件之日起至开标之日止不得少于20d；中标候选人、评标被废除的投标人及废标原因、中标人应在招标投标网及其相关的交易中心、网站上公示（公告），时间不少于3个工作日；招标人和中标人应当自中标通知书发出之日起30d内签订合同。

（五）补充通知或招标答疑及预算的审核

招标控制价不得上调或下浮，并报造价管理部门备案。

（六）开标、评标、定标

公示、发出中标通知书、IC卡解锁。

（七）招标资料备案

按照《招投标法》的时间规定要求：信息发布不得少于3个工作日，从发出招标文件到开标不得少于20个日历天，中标公示期为3个工作日。

信息发布、IC卡报名、开标、评标依托各级公共资源交易中心平台（评标专家从省综合专家库中随机抽取）。

（八）中标公示和中标通知书内容

1. 中标公示

项目经评标后，必须对招标结果进行公示。依法必须进行招标的项目，招标人应当自收到评标报告之日起3d内公示中标候选人，公示期不得少于3d。

根据《政府采购信息公告管理办法》（财政部令第19号）第十二条的规定，中标公告应当包括下列内容：

（1）采购人、采购代理机构的名称、地址和联系方式；

（2）采购项目名称、用途、数量、简要技术要求及合同履行日期；

（3）定标日期（注明招标文件编号）；

（4）本项目招标公告日期；

（5）中标供应商名称、地址和中标金额；

（6）评标委员会成员名单；

（7）采购项目联系人姓名和电话。

2. 中标通知书

所谓中标通知书，是指招标人在确定中标人后向中标人发出其中标的书面通知。中标通知书的内容应当简明扼要，只要告知招标项目已经由其中标，并确定签订合同的时间、地点即可，中标通知书主要内容应包括：

（1）中标工程名称；

（2）中标价格；

（3）工程范围；

（4）工期；

（5）开工及竣工日期；

（6）质量等级等。

对所有未中标的投标人也应当同时给予通知。投标人提交投标保证金的，招标人还应退还这些投标人的投标保证金。

三、招投标的注意事项

招投标的目的就是找到理想的合作伙伴，也就是综合性价比最好的合作对象，这是招标者的理想目标，建设行为通过市场招投标，也标志着双方的合作行为受到法律保护。如何做到招投标的合法又合理，就要经过事前市场认真调研、考察，然后通过招投标环节作出科学判断并确定中标单位。

招投标文件的编制应本着"合法、公正、科学、严谨、务实"的原则，任何只有单方面有利的招标文件都是不好的招标文件，最终导致各参建单位的损失。

招投标工程中，评标办法是招标文件的核心，评标办法一般采用综合评分法，即由资信、技术和商务三部分组成。

对整个项目建设而言，施工单位的招标是仅次于设计和监理的最重要招标，科学合理的招投标文件，是选择理想中标单位和确保工程建设质量的基础。尤其建设目标（质量、进度、投资）的确定，必须经过市场调查、科学判断后确定。因此，招标文件不仅要符合法律法规的规定，更要符合工程建设的需要和了解市场，才能真正体现建设意愿。

招投标方式根据投资项目的规模和性质等不同，采用公开或邀请招投标方式，其中政府投资（含国有投资和控股）项目必须采用公开招标方式；全部使用非国有投资的项目招标人（民营项目），可以自主决定发包方式、自主决定是否进入公共资源交易中心交易，并自主组织交易活动（可采用邀请招标方式）。

工程招标的大部分招投标内容在项目开工前完成，但有时设备、材料等招投标，由于用途、时间等原因，在建设过程中招投标，因此，招投标贯彻于整个项目建设过程。

第四节　工程设计

2016年初《中共中央、国务院关于进一步加强城市规划建设管理工作的若干意见》提出了建筑设计新的八字方针："适用、经济、绿色、美观"，与原建筑设计方针相比增加了"绿色"两字，这意味着建筑设计水准的全面提升。工程设计是根据政府规划设计条件等规定，对拟建工程在技术和经济上进行全面的安排，是把"理想"变为"蓝图"的过程，是工程建设计划的具体化和组织施工的依据，因此，工程设计质量直接关系到建设工程的质量，工程设计是把握建设工程质量的决定性环节。

一般工程分为两个设计阶段，即初步设计和施工图设计，有些工程根据需要增加方案设计，也有在初步设计和施工图设计之间增加技术设计。

根据《建筑工程设计文件编制深度规定》（2016版）的表述，工程设计分为方案设计、初步设计、施工图设计三个过程。同时增加了建筑幕墙、基坑工程、建筑智能化、预制混凝土构件加工图设计四项专项设计内容。

工程设计阶段的具体过程划分，根据实际项目情况，由建设单位和当地规划建设主管部门确定。

一、方案设计

方案设计是整个设计过程中要求最高的过程，是"规定范围"的创作，它不但要求建筑师具有扎实的专业技术功底满足建筑物的使用要求，还需涉及政策、历史、文化、人文和美学、哲学等学科和元素的输入，赋予建筑物灵气和活力，因此，它是项目建设的灵魂，是技术与艺术的结晶与表达，是凝固的音乐。经典的建筑会让人流连忘返、赏心悦目。

（一）设计任务书

在完成立项、征地等手续后，建设单位有了拟建项目的建设设计条件、用地红线和自己对项目建设的轮廓。一个项目的建成，必须首先通过设计来完成，把建设许可条件和建设轮廓转化为设计文件。建设单位就要结合自身对项目的使用需要，提出设计要求，这就是设计任务书，建设单位提出的设计任务书应当根据使用要求和设计的有关规定进行修正、完善。设计任务书除满足建设许可条件外，建设单位应当向设计单位提出对项目设计的合理要求，供建筑师参考，以尽可能地体现建设单位的建设意图。

让建筑师了解建设规划设计条件、用地红线十分容易，让建筑师全面了解建设单位的设计意图以完美表达则不易，因此，建筑设计除了建筑师了解设计条件和用地红线等规定条件外，建设单位应当主动与建筑师进行交流，尽可能让建筑师了解建设单位的全面要求，此时，建设单位应当把自己的想法、要求全部"灌输"给建筑师，"志同道合"才能结出智慧的火花和满意硕果。对于整个建筑工程建设质量而言，这是最重要的主动控制源泉。

设计考察就是让建设单位和建筑师交流的很好形式，对于规模较大和较为复杂的建设项目，设计考察更为重要。设计考察是建设单位和建筑师进一步开阔视野、了解信息、吸收经验和情感交流的最直接方式，"百闻不如一见"一定会起到事半功倍的效果。

建筑师的专业能力、理解能力、表达能力与其所获得的信息，是一个优秀建筑作品诞生的基础和关键，同时，一名优秀的建筑师除了具有一流的专业技术水准外，还必须具备强烈的社会责任感、高度的道德修养、丰富的人文知识以及了解建设地环境、水平等，才能设计出优秀的建筑作品。

优秀的建筑方案必须在符合设计条件的同时，满足建设单位的使用要求，还要满足社会大众对其表象印象的认可。

把以上要求集中起来，就成了设计任务书。

某镇安置房建设项目，在多年前是第一次进行规模较大的安置房建设，镇领导对此十分重视，邀请了专业代建单位为该项目提供咨询服务与建设管理。代建单位根据建设单位要求和安置房建设的经验，在项目设计前作了充分的了解和准备，经过事前考察并结合该项目实际，建设单位与代建单位经过认真商量，确定了设计任务书。

该安置房建设项目设计任务书，根据安置房建设的特点，除确定了各种户型面积的套数、层数，结构形式和主要部位的做法等之外，还根据安置房的特点，在设计任务书中规定了客厅阳台门的宽度为1800mm（1800mm是两扇门的合理宽度，地方标准两扇门的最大宽度为2100mm，易造成门框受刚度影响，使门扇变形而产生开启不灵的后患）；空调预留孔的位置有较详细的尺寸和要求（保证空调机内外机有位置、有电源、有预留孔、有冷凝水排水措施）；规定了每个房间的插座数量和开关形式等，这些要求都很好地规避了安置房建设质量问题的产生。

某镇安置房项目设计任务书，见实例3-1。

方案设计转化为初步设计是一个重要的过程，因此，初步设计必须充分理解方案设计意图，成为方案设计的延续和深化。

对重大或要求较高的建设项目，在设计依据初步具备后，建设单位往往会在初步设计前先进行方案设计招标，再邀请专家和政府规划、消防等主要部门进行比较、评审，从而确定最理想的设计方案进行初步设计，这一过程对提升项目设计品质具有重要意义。

对于一定规模的项目，先进行设计方案招标，是一个很好的提升设计质量过程。建设单位可以通过各个方案对比，广泛吸收信息，博采众长，从而选择最合理的方案。同时，使初步设计针对性更强，也减少了初步设计不必要的工作量。

（二）方案设计文件需提供的主要内容

（1）设计说明，包括各专业设计说明以及投资概算等内容；对于涉及建筑节能的专业，其设计说明应有建筑节能设计专门内容；

（2）总平面图以及建筑设计图纸；

（3）设计委托书或设计合同中规定的透视图、鸟瞰图、模型等。

（三）方案设计的其他事宜

（1）对城市较大的项目设计方案，为了确保方案符合政府城市规划和设计要求，根据

《规划法》的规定，一般经过需要通过当地县级政府部门成立的城市方案审定小组确认并批复后，方可进行初步设计。

（2）根据《行政许可法》第四十七条的规定：行政许可直接涉及申请人与他人之间重大利益关系的，行政机关在作出行政许可决定前，应当告知申请人、利害关系人享有要求听证的权利；申请人、利害关系人在被告知听证权利之日起5d内提出听证申请的，行政机关应当在20d内组织听证。

据此，在方案审批、初步设计审批前应对设计项目进行审批前公示。

（3）除符合国家规范规定和项目规划设计条件外，各级地方政府都根据当地情况制定了相关标准，如嘉兴市制定了《嘉兴市城市规划管理技术规定》《嘉兴市区容积率计算暂行规定》等，规定明确了室外地面的最低标高、地下室和超过一定层高的容积率计算等，这是对国家规范的补充和完善。

（四）建筑方案的自我完善

在实际操作中，建设单位为了提升方案的设计水准，同时希望造价合理，服务方便，常采用方案设计委托较知名的设计单位，甚至是国外设计机构设计，施工图委托当地较优秀的设计单位设计。方案设计、初步设计和施工图设计不是同一家设计单位的案例较为常见，这样的设计组合，从理论上讲是合理的，但如果方案设计与初步设计由于时间等原因在沟通、理解上出现不一致，到项目实施时出现问题，两家设计单位互推责任的情况比较多见。出现这种情况，建设单位往往没有能力在第一时间发现问题，等到工程实施时再调整，为时已晚并将造成损失，有时也根本无法调整，留下了遗憾。当然，在这个过程中出现问题，也不一定是两家设计单位的问题。

对于建设单位来说，建筑方案的自我完善是一个极其关键和重要的过程，一个负责任的建设单位管理人员应当具备这种责任意识和职业素质，利用一切积极因素（技术、信息）进行自我完善，弥补由于管理、时间、设计等方面出现的漏洞。

在正常的项目管理中，政府部门对设计方案的审查，主要涉及和侧重政策层面，对方案设计的合理性、科学性则不会过度关注，因此，在方案基本确定进入初步设计时，工程设计方案仍然还有很大的改进空间和余地。这时，建设单位如果邀请工程咨询，对设计方案进行技术审查、提出修正和合理化建议十分重要，会避免上述问题的出现，这是控制项目建设质量的一个重要过程和措施，也是一个有经验、负责任的建设单位应当"补修的一课"，它对提升项目建设质量意义重大。

建设单位邀请工程咨询，虽然在建设程序中并无要求，但咨询公司作为项目建设的"第三只眼睛"，一定会起到事半功倍的效果。这样做并不是否认建设单位的能力和设计单位的辛勤付出和成果，目的只有一个，那就是设计方案更加圆满并锦上添花。

在项目建设过程中，"第三只眼睛"作用巨大，正所谓"旁观者清"。对于"第三只眼睛"的介入时间，能早则早，越早越好，越前越好，越全越好，如果由于时间等因素，就设计阶段而言，这个"补修的一课"最迟不能晚于初步设计阶段，施工图设计阶段乃至整个建设阶段"第三只眼睛"一样需要。

有关"第三只眼睛"的作用，同样适用于招投标、设备选型、材料采购等整个项目建设过程。

下面简要介绍某文化传媒广场项目，建设单位邀请专家组在初步设计前进入咨询提出的建筑设计建议，提升项目设计质量的案例。

这是一个省属文化传媒广场项目，有营业、办公、阅览、展示、宾馆、餐饮等功能，类似一个小型多功能城市综合体，建设单位建设目标是打造一处城市标志性建筑和城市客厅。

为提高建设品质，建设单位建筑方案设计邀请国内外知名设计单位投标，经专家评审，方案中标方为某国外设计机构。这个方案中标的亮点主要是该方案在总体布局和外观设计上符合建设单位和规划部门对方案设计的要求，但内部存在交通流线互相干扰等问题（这也是难免的）。根据计划，建设单位在方案中标结束后，初步设计和施工图设计委托当地知名设计单位设计，但对初步设计和施工图设计的时间要求较紧，设计人员根本没有时间进行方案优化和修正。

在进行初步设计和施工图设计时，设计单位和建设单位发现方案设计存在不少问题，建设单位遂邀请专家对方案设计进行分析、优化，专家组对设计方案进行了认真审查（专家拿到设计文件已接近施工图深度），发现大部分问题出在方案上，并提出了很好的意见建议。

这个项目虽然及时解决了方案设计中的问题，避免了方案设计问题留给初步设计或施工图设计的遗憾，但给初步设计和施工图设计单位增加了不少工作量，也拖延了宝贵的设计时间。

从专家组提供的建筑设计建议中可知，专家们对地下室用房的合理布局，增加停车位数量，改变屋面找坡形式，调整内墙抹灰配比，改变地下室排水方式，电梯位置和数量调整等提出了很好的意见建议，从而提升了设计质量，得到了建设单位的肯定和设计单位的理解。

大幅度压缩设计周期，是当前建设单位的一个惯例，发现问题说设计质量不好，对设计单位而言是不公平的。在现实实践中，设计时间往往只是国家标准时间的1/3，甚至更短，因此，设计行业也成了最辛苦、加班最多的行业。建设单位给予设计单位必要的设计时间，合理的校审过程，要尊重科学，理解设计人员的职业特点，确保合理的设计时间，是确保设计质量的关键。施工图审查和项目实施阶段再修改设计，将增加设计单位很多不必要的工作量，也影响设计单位的声誉，更可怕的是在项目建设实施阶段，增加投资，增加纠纷的发生以及工程质量、安全的隐患和风险，成为影响工期的重要因素，因此，对于建设单位来说，盲目缩短设计工期最终是得不偿失的。

该项目专家组提供的设计咨询报告，见实例3-2。

【实例3-1】

设计任务书

拆迁安置房的设计工作，是落实政府拆迁安置政策，实现建设目标和保证项目建设质量的关键。建筑设计除满足规划条件和设计规范外，必须针对安置房建设的特点和要求进行认真设计。

在总结和吸取安置房建设经验的基础上，结合本镇实际，现提出设计要求，请按以下要求进行设计。

兴乐苑拆迁安置房位于××镇兴乐路南侧，长水塘西侧，用地面积为6680m²。计划在该地块内建造4幢单体建筑，其中沿兴乐路建造2幢（1号、2号楼）大户型，底层沿街部分为商业用房，底层南侧部分为自行车车库加夹层，二至五层为住宅，每幢为2单元16套，共32套。场地南侧西边建造1幢（3号楼）中户型住宅，底层为自行车车库，一至五层为住宅，2单元共20套。场地南侧东边建造1幢（4号楼）小户型住宅，底层为自行车车库，一至五层为住宅，共3单元30套。

建筑设计必须充分体现拆迁安置房的建设特点。每幢单体住宅户型应一致，避免造成户内面积相同，公摊面积不同，导致同一户型建筑面积不同的现象。

自行车库面积尽可能平均分配，并按照好层次小面积的分配原则进行搭配。要注意门的开启方向，通道要确保普通摩托车能进出自如，并尽可能减少交通干扰。同一户型、层次对应的自行车库位置应相同。底层自行车车库采用集中出入口，车库门不直接对外。

大户型考虑三室（含书房）、二厅、二卫、二阳台（沿街考虑封闭，如立面处理困难或平面户型较佳，也可设一个），中户型考虑二室、二厅、二卫、一阳台，小户型考虑二室、一厅、一卫、一阳台。

户型面积：大户型120～125m²，共32套；中户型95～100m²，共20套；小户型70～75m²，共30套。

一、土建部分

1. 层高：1号、2号楼底层商业用房为4200mm，其中南侧自行车车库为2200mm，夹层为2200mm，自行车车库标高比商业用房低200mm，标准层2900mm。3号、4号楼车库层为2200mm，标准层为2900mm。底层室内外高差统一为250mm。

2. 层数：1号、2号楼为5层，其中底层为商业用房（含自行车车库、夹层），住宅标准层为4层。3号、4号楼标准层为5层加自行车车库。

3. 结构形式：1号、2号楼为框架结构，3号、4号楼为砖墙承重现浇楼板结构。

1号、2号楼砌体：±0.000标高以下为MU10水泥蒸压砖、M10水泥砂浆砌筑；±0.000

标高以上为MU10多孔砖，顶层及山尖为M7.5混合砂浆砌筑，其余为M5混合砂浆砌筑。基础防潮层统一设在-0.060m处，用1：2.5水泥砂浆加5%防水剂砌筑，砖基础内外粉1：3水泥砂浆20厚。

3号、4号楼砌体：±0.000标高以下为MU10水泥蒸压砖、M10水泥砂浆砌筑；±0.000标高以上为MU10多孔砖，自行车库层、一层、顶层及山尖为M7.5混合砂浆砌筑，其余为M5混合砂浆砌筑。基础防潮层同1号、2号楼。

混凝土：基础垫层为C10，刚性屋面防水层为C30，其余均为C25。

钢筋（用于混凝土中）：楼板钢筋为冷轧带肋钢筋，刚性屋面防水层为冷拔丝，其余钢筋直径≤ϕ12为HPB 300，直径>ϕ12为HRB 335。

4. 对门窗的要求，见表3-1。

门窗设计要求 表3-1

序号	部位	规格（mm）	备注
1	进户门	1000×2100	成品品牌防盗门
2	客厅阳台门	1800×2400	塑钢推拉门
3	卧室、书房门	900×2100	胶合板门
4	厨房门	800×2100	胶合板门
5	主卫生间门	800×2100	胶合板门
6	卧室卫生间门	700×2100	胶合板门
7	管道井门		胶合板门
8	闷顶门、窗		塑钢百叶门、窗
9	楼梯间窗	1200×1500	塑钢推拉窗
10	卧室窗	1500×1500	塑钢推拉窗
11	自行车库窗	1200×600	塑钢推拉窗
12	自行车库门	1000×1800	钢板门（下带百叶）

5. 屋面设计应考虑太阳能热水器的安装位置。

6. 对细部构造的几点建议：

（1）房间门边拟留60～120mm的垛，以避免抹灰咬边和门套二次装修，也可减少构造柱的数量。

（2）楼板的厚度应满足××市的有关规定，如板厚不小于板短向跨度的1/30。楼板配筋采用双层双向，并适当提高屋面板的厚度和配筋率。

（3）为减少屋面渗水的可能性，屋面设计尽量避免内檐沟、女儿墙。

（4）空调洞：预留PVC管，管径客厅为ϕ75，卧室为ϕ50，管内外侧加装饰圈。管内外侧高低差为20mm，管中心（内侧）距地卧室为2100mm，客厅为150mm，管壁垂直墙面（粉刷层）距离为50mm。

（5）檐沟溢水管：位置在落水管对应垂直处，溢水管为PVC管，管径为ϕ50，溢水管外露粉刷层外为100mm，坡度为20mm，出口处（内侧）管底距檐沟底（混凝土面）为200mm。

（6）楼梯：楼梯梯井宽度为100mm，踏步阳角设铜条。

底层楼梯踏步斜段与地面相交处用砖封，高度为300mm。

（7）标高：卫生间、敞开阳台比所在楼层室内低50mm，厨房间、楼梯平台与所在楼层面平。自行车车库通道标高与室内宜降低100mm，并满足净高的要求，入口处坡度为1：2。

（8）管道井：管道井内不粉刷，管道井应每层封闭，自行车车库层不设管道井。

7. 屋面、楼面、地面：

（1）屋面：

平屋面做法自上而下为：30mm厚隔热砖，20mm厚1：3水泥砂浆结合层，40mm厚C30细石混凝土刚性防水层，3mm厚油毡隔离层干铺一层，3mm厚SBS卷材防水层，现浇板结构找坡（底平）坡度为2%。

斜屋面做法自上而下为：20mm厚混凝土瓦、1.2mm厚防水涂膜、25mm（上宽）×50mm（下宽）×25mm（高）C30细石混凝土挂瓦条（平行屋脊方向@900长留60mm宽水槽，垂直屋脊方向@380，具体按瓦的构造或屋面实际尺寸）下为30mm厚C30细石混凝土刚性防水层，3mm厚油毡隔离层干铺一层，25mm厚聚苯乙烯保温板，20mm厚1：3水泥砂浆找平层，现浇斜屋面板结构层。

（2）楼面：

自上而下为：30mm厚C20细石混凝土随捣随抹光，纯水泥浆一道，钢筋混凝土现浇楼板。踢脚120mm高，做法为1：3水泥砂浆底14mm厚、1：2.5水泥砂浆面6mm厚。其中户内做暗踢脚，户外（楼梯）做明踢脚，踢脚与墙平，明踢脚与墙面用宽10 mm塑料凹线条分隔。

（3）地面：

自上而下为：20mm厚1：2水泥砂浆压光面层，70mm厚C15混凝土垫层，80mm厚碎石压实，素土夯实；自行车车库层墙裙做600mm高，做法为1：3水泥砂浆底14mm厚，1：2.5水泥砂浆面6mm厚，墙裙与墙面平，用宽10mm塑料凹线条分隔。

8. 装饰工程：

（1）外墙：

外墙面抹灰为1：3水泥砂浆底14mm厚，1：2.5水泥砂浆面6mm厚，外墙弹性涂料面。外墙裙高（窗台下）1200mm，做法为1：3水泥砂浆底14mm厚，1：2水泥砂浆结合层6mm厚，蘑菇石贴面。

滴水线、压顶：室、内外滴水线，宽度统一为40mm，向外倾10mm，凹槽宽10mm（设一条塑料凹线）；栏杆、檐沟、屋顶人字线、泛水、女儿墙顶、窗台等压顶的坡度均做1/6坡，找坡用C20细石混凝土。

排油烟气道、通风道与墙面连接处设钢丝网片，总宽度为400mm（钢丝网片按定额规格）。

（2）内墙：

内墙面抹灰为1：1：6混合砂浆分层抹平20mm厚，普通内墙涂料二度。厨房、卫生间内墙面为1：3水泥砂浆14mm厚底，1：2.5水泥砂浆6mm厚拉毛面到顶。

顶层闷顶内墙面、地面及顶棚，除门窗孔洞周边宽300mm宽粉1：2.5水泥砂浆20mm厚外，其余不做面层。

（3）天棚：

天棚（含檐沟、雨棚、楼梯、飘窗底）1：0.5水泥纸筋灰3mm厚，1：1：4水泥纸筋砂分层抹平2mm厚纸筋灰面，普通内墙涂料二度。

当天棚较平整时，面层可采用批刮法施工。

（4）油漆：

木门内外均为浅灰色醇酸调和漆二度。楼梯木扶手浅栗壳色醇酸调和漆二度，外露铁件均须除锈后刷红丹二度，黑色醇酸调和漆二度。

9. 防止和减少楼板和墙体裂缝措施的其他设计建议：

（1）户型设计要避免开间尺寸大小悬殊、大洞口和平面过分凹凸；

（2）伸缩缝间距取较小值；

（3）闷顶要有良好的自然通风；

（4）顶层、底层窗台及裂缝敏感部位设计配筋砌体或增设圈梁、构造柱；

（5）相邻楼板厚度不宜相差过大。

二、设备部分

每个户型和房间的水、电设施数量和位置必须统一。水、电的计量设施均考虑在户外。每个空调机的室内安装位置、电源位置、空调洞位置、冷凝水接水口位置和室外机位置必须对应，并注意与阳台雨水管的位置冲突。

1. 给水排水

（1）厨房内考虑一个水龙头和配套的洗涤池。

（2）主卫生间考虑台盆（板）、浴缸、坐便器、洗衣机位置和相应配套的水龙头，设地漏2个（含洗衣机）。

卧室卫生间考虑台盆（板）、淋浴房、坐便器和相应配套的水龙头，设地漏1个。

（3）太阳能热水器管道预留到位。

（4）阳台不考虑设置洗衣机和水龙头。

（5）阳台排水、空调冷凝水均考虑有组织排水，并尽可能利用落水管道。

（6）考虑当地实际，供水系统采用屋顶水箱，各层均由水箱供水。

（7）不考虑分质供水和热水。

2. 电气

（1）照明灯具的设置数量除客厅带餐厅设2盏外，其余每个房间（含自行车库）均设1盏普通白炽灯。

阳台设一盏普通吸顶灯。

所有照明灯具均考虑单联开关控制。

（2）底层单元防盗门预留管到每户。

（3）楼梯每层考虑一盏普通白炽灯、自行车库通道每单元考虑一盏普通白炽灯、入口雨棚考虑一盏普通白炽灯，每个单元公共部分用电均有电力计量均分器均分。

（4）电源插座的设置数量，见表3-2。

电源插座的设置数量　　　　　　　　　　　表3-2

序号	部位	设置数量
1	卧室、书房	一个单相三线、一个单相二线的插座两组和一个单相三线空调插座
2	厨房	一个单相三线、一个单相二线的插座两组和一个单相三线脱排油烟机插座
3	客厅	一个单相三线、一个单相二线的插座三组和一个单相三线空调插座。客厅带餐厅另加一个单相三线、一个单相二线的插座一组
4	卫生间	防溅水性一个单相三线、一个单相二线的组合插座一组和一个单相三线浴霸插座
5	自行车库	一个单相三线、一个单相二线的插座一组

（5）商业用房每间插座数量设一个单相三线、一个单相二线的插座两组和一个单相三线空调插座，每间设一个吊扇和一盏普通白炽灯。

3. 电信、有线电视

（1）电话端子每户两个，其中一个设在客厅，一个设在主卧室。

（2）有线电视端子每户一个，设在客厅。

（3）每户宽带网接入。其中大户型设在书房，中小户型设在主卧室。

（4）商业用房每间考虑电话端子、有线电视端子和宽带网端子各一个。

三、其他

1. 不考虑管道煤气设计。

2. 水文、气象等设计资料由设计单位根据本地情况自行收集、采用。

3. 房屋的热工、节能等设计应满足现行规范的要求。

请按以上要求进行设计，最终方案经建设、设计单位充分讨论后，由建设单位签字确认，再进行施工图的设计。

附：项目批文、规划设计条件、用地红线图、地质勘察报告各一份（略）。

××镇人民政府
20××年××月××日

【实例3-2】

设计咨询报告

××文化传媒有限公司：

受贵公司委托，要求对贵公司文化传媒广场设计文件提出技术咨询，现根据贵公司提供的有关设计文件和使用要求，报告如下。

一、主楼

建施-01

1. 二、项目概况，本工程总建筑面积74949.59m²（加附楼7847.79m²，总建筑面积82797.38m²），其中：地下二层23668.42m²（与附楼共用）、地上59128.96m²。

主楼、附楼地上总建筑面积为59128.96m²，总停车位491辆（其中：地下二层381辆、地上110辆），按地上建筑面积59128.96m²/491辆＝120.43m²/辆，本项目停车位是非常紧张的，因此，充分挖掘地下和地面的停车资源十分重要。

2. 四、墙体工程，4.……做20mm厚1:2水泥砂浆，内加3%～5%防水剂。实际工程无此内容，如果有，防水剂的掺量应固定，如5%。

建议：施工图设计说明中无关本项目的内容删除。

3. 四、墙体工程，5.……注明外均做180mm。

高C25混凝土翻高（门洞除外）。应调整为……注明外均做180mm高与所在楼面相同混凝土强度等级翻高（门洞除外），并必须与所在楼面同时浇捣。

4. 六、地下室防水工程，未见到地下室的防水做法。

5. 七、屋面工程，2.屋面做法自上而下为：a.平屋面一（建筑找坡，有保温）。建议调整如下：

（1）40mm厚C20混凝土保护层，内配Φ4@200双向，建议调整为45～50mm厚C25混凝土保护层，内配Φ6@200双向。理由：

①冷拔丝已淘汰使用；

②用Φ6@200双向配筋，由于厚度较薄容易露筋；

③公共建筑的屋面有设备、太阳能、广告牌等设施，会经常检修，易破坏保护层，从而影响屋面的防水和热工性能。

（2）缝宽度10mm，虽满足规范要求（10～20mm），但根据实际经验，不能保证施工质量和防水作用，故建议缝宽度改为20mm。

（3）亚凝硅保温混凝土［导热系数为0.08W/（m·K）、容重为500kg/m³］，建议保温层采用泡沫混凝土［导热系数为0.075W/（m·K）、容重为300kg/m³，用于屋面］，价廉物美（价格低、重量轻、热工性能好、不燃、憎水）、保证质量。

（4）找坡2%应为2%～3%（屋面平面图上有2%和3%）。

建议：屋面改为结构找坡。保温层的厚度可为70～100mm。

6. 七、屋面工程，2.屋面做法自上而下为：b.平屋面二（结构找坡，有保温）。参见上条。

7. 十、外装修工程，2.干挂石材饰面外墙（由内至外）……60mm厚矿（岩）棉板（耐火性能等级为A级）；5mm厚抗裂砂浆复合耐碱玻纤网布；建议保温层采用60mm厚泡沫混凝土［导热系数为0.065W/（m·k），容重为250kg/m³，用于墙面］，同时，5mm厚抗裂砂浆复合耐碱玻纤网布可取消。

8. 十、外装修工程，3.铝塑板饰面外墙做法（由内至外）……60mm厚矿（岩）棉板（耐火性能等级为A级）；5mm厚抗裂砂浆复合耐碱玻纤网布；建议同上。

9. 十、外装修工程，4.陶板饰面外墙做法（由内至外）……60mm厚矿（岩）棉板（耐火性能等级为A级）；5mm厚抗裂砂浆复合耐碱玻纤网布；建议同上。

10. 十、外装修工程，5.真石漆板饰面外墙做法，该做法不妥，应调整。

11. 十、外装修工程，8.……外门窗上楣外口均做滴水线；外窗台设置5%的外排水坡度。应注明滴水线的具体做法。外窗台规范规定坡度为1/6（16.67%），5%的坡度是偏小的。

12. 十、外装修工程，9、10……应注明滴水线的具体做法。外窗台规范规定坡度为1/6（16.67%），5%的坡度是偏小的。

13. 十、外装修工程，11.……压顶向内找坡2%。规范规定坡度为1/6（16.67%），2%的坡度是偏小的。

14. 十一、内装修工程，4.凡设有地漏的房间应做防水层，但未注明防水层的具体做法。

15. 十一、内装修工程，5.凡内墙、柱阳角，均做1800mm高1：2水泥砂浆护角，两边各宽50，建议范围增加门窗阳角。

16. 十七、防火设计专篇，二、地下防火分区及安全疏散中，面积单位"m"，应为"m²"。

建施-02

1. 表2：室内装修表做法，地下室，汽车库楼地面水泥金刚砂面层的配比和细石混凝土找平层的强度等级未注明；顶棚抹灰做法不妥，建议采用批刮。

建议：

（1）凡吊顶区域顶棚面层均应取消（余同）；

（2）汽车库找平层中应设钢筋网片。

2. 表2：室内装修表做法，一层，电梯间楼地面做法套用图集节点有误（在素土上）。

建议：

（1）内墙1：1：4水泥石灰砂浆（应称为"混合砂浆"）强度太高，用1：1：6已足够（余同），实际施工中也是不会采用如此高配比的；

（2）顶棚除楼梯间外有吊顶，不必抹灰。

3. 应注明电梯井道内不必粉刷。

4. 独立柱的面层做法未注明。

建施-03

1. 书城、影城电梯DT8-11（4部）和宾馆消防电梯XFDT1-2（2部），在很集中的范围内设置6部电梯至地下二层，是否有必要？建议书城、影城电梯DT8-11（4部）从地下一层出入。

2. 机动车出入口坡度下宜为架空，可作为停车场或储藏空间等使用。

3. 2部货梯出入口设在地下二层，位于建筑平面的中心区域，无论从经济和使用均不是不妥的。建议调整（建施-05，第4条内容）。

4. 西北1-K，1-J与1-1，1-2轴线之间的剪刀梯表示方法有误，南侧无处出入（应有门及前室）。

5. 地面应设有伸缩缝（未注明）。

建议：

二层地下室未注明排水及其措施（注中稍提明沟及盖板）。建议采用墙边小明沟加集水井的排水方式，尽可能不做地下排水沟。因为地下排水沟的盖板容易损坏、不易修复，车辆开过时又有声音，而且能够节省结构造价。实际地下室产生大量积水的可能性不大，即使有，也是主要依靠集水井解决，明沟只是起引流作用。

建施-04

1. 如果考虑货梯出入口设在地下二层，地下一层楼板应考虑汽车重量的荷重（增加造价）。

2. 建议：下沉式广场与一层地下室连接处的墙面，尽可能地设置采光、通风面（口）。

3. 下沉式楼梯投影有误。

未见下沉式广场的排水方式。此处上北墙面将有大量雨水产生，易产生集中积水现象，设计应重点考虑。

建施-05

1. 西北1-K，1-J与1-1，1-2轴线之间的剪刀梯、楼梯，共有3部（其中2部剪刀梯）电梯的功能，为何设置在一起？

2. 电梯DT5-7共3部电梯，是仅为三至五层局部面积服务的，建议取消。理由：

（1）完全可以利用西边电梯厅的6部电梯；

（2）按照使用功能，电梯实际使用时间是叉峰的；

（3）一进门厅直接上电梯，不符合常规电梯的布置方式；

在不到20m×25m（500m²）的范围内，布置15部电梯，密度太高，很不符合常规布置，并会造成人为的人流、物流集中和交通干扰。

3. 平面中心两处卫生间的距离较近，建议南边卫生间移至地下车库出入口处，可直接采光、通风。

4. 建议中间2部货梯移至南侧货梯处，数量由3部变为2部（设在现有楼梯的东侧）并升至六层。理由：

（1）可以使一层人、货分流（货流从南侧出入，人流从北侧出入），人货流互不干扰；

（2）减少地下一层的楼面由于载重车辆的设计荷重；

减少货物上下和水平的不必要运送距离，既经济又方便、卫生（尤其是厨房间泔水，很容易晒在坡道上）。

5. 地下车库出入口易做防雨玻璃顶棚。

6. 大型公共建筑，底层室内外高差150mm是偏小的。

建施-06、07

1. 如符合设计要求，卫生间可移至靠近窗口。

2.1-A轴与附楼的间距在6m左右，小于高层建筑的防火间距（13m），建议两侧的墙面采用实体（防火墙），否则造价较高。

建施-10

1. 如按建施-05第4条调整货梯位置后，货梯将升至六层，变为南部2部（中间2部取消）货梯。不影响原有货梯功能，新增货梯靠厨房间也最近。

2. 六层层高6m，可否与一至五层一样高（5m或5.5m）。

建施-11

1. 电梯共6部，其中西侧南边DT4可取消（从下到上）。理由：

（1）本层建筑面积1858m²（标准层1806m²），消防电梯数量有较大富裕。

按照消防规范关于设置消防电梯的规定如下：

面积≤1500m²，设1部；

面积在1500～4500m²，设2部。

消防电梯是完全可以作为客、货梯使用的（并非发生火灾时才能使用）。

（2）七至十九层共13层，建筑面积为13×1772.49=23042m²。

▲按办公用房指标计算电梯数量（参考）：

23042m²/6000m²（经济级指标）=3.84部；

23042m²/4000m²（舒适级指标）=5.76部；

23042m²/5000m²（常用级指标）=4.61部。

▲按客房数量指标计算电梯数量：

标准层每层23间客房×13层=299个房间，其中19层为健身房。

299个房间/120～140（经济级指标）=2.30部；

299个房间/70～100（舒适级指标）=3.52部；

299个房间/100～120（常用级指标）=2.72部；

平均2.85部。因此，3部客梯已满足要求（不含2部消防电梯）。

二、附楼

建施-01

1. 施工图设计说明的内容参见主楼。

建施-02

1. 合用前室（一层办公主出入口，即门厅）与室外的高差为150mm，让人感觉很"平和"（显得过于低调）。

2. 合用前室（一层办公主出入口，即门厅）是很小的，有效面积仅3.4m×4.8m，好似私家客厅，四面有门窗（洞），没有完整的墙面，显得比较凌乱，也较"吝啬"，与建设单位企业形象显得"格格不入"。建议排风井、排烟管井移位。

建施-07

1. 建议北楼梯间的位置与卫生间对调。理由：

（1）楼梯间从东进东出，不符合常规布置（绕路，不易找到出入口），一般楼梯的出入口应面向走廊；

（2）如果调整，卫生间的窗朝东，可以直接采光、通风；

（3）如果调整，在裙房部分没必要设防火窗；

（4）标准层建筑面积仅562.68m²，弱电间可移位或取消（应集中一处）。

（5）合用前室（每层门厅）处的排风井、排烟管井最好移位，否则走廊进（每层门厅）有"过渡"，感觉"不爽"。

附楼平面布置建议：

附楼标准层建筑面积仅562.68m²，如果东凹进部分填平也仅703.8m²，一层为一个防火分区。按照现在的布置，无疑辅助用房是偏多的（不经济，实际办公用房面积的利用率不到50%），而且南部最好的朝向做门厅（中间又布置空调室外机），不免让人感觉有点可惜。调整后无论使用性能、经济性能均能提高。

为此，建议附楼平面进行调整，主要内容如下：

1. 将电梯、门厅和两部楼梯以及井道、交接间全部设在东边中间两跨内（8.4m×8.4m×2开间）。

2. 现两部电梯合在一起做剪刀梯，设在中间靠走廊处，保证每层两个安全疏散口，且调整后疏散口的间距、疏散距离和前室等均能满足规范要求。

3. 卫生间设在中间靠东，可直接采光、通风。

4. 进行以上调整后，一层办公出入口将在东侧。

建施-15

1. 标准层的层高为3.6m，很经济。但大空间的房间（会议室、通间办公室）的净高估计在2.5m左右（虽满足规范有空调的办公室净高不小于2.4m的要求，但感觉有些压抑），如有可能，建议适当提高层高。

已建××市行政中心标准层层高为3.9m，实际办公室净高2.7m，走廊净高2.4m，且进深小于本项目。

三、其他设计建议

1. 外墙面慎用干挂花岗岩。理由：

（1）造价昂贵（本工程按地上建筑面积58208.57m²×0.8×1400元/m²=6519万元）；

（2）存在安全、质量等严重隐患（容易脱落伤人、渗水）；

（3）不节能、不环保；

（4）有效使用期25年。

因此，建议设计采用铝板或高级涂料（如真石漆），这也是国际流行做法（干挂花岗岩只有在中国大陆流行）。

如必须采用，建议事前进行详细的考察。

2. 加强和重视外围护结构的设计。建议外门窗采用两道（尤其东西朝向的办公部分）。

3. 充分利用屋面。可作为员工的运动场地（网球场、羽毛球场等）。地面无场地可用，即使有，留着做停车空间。

4. 电梯、空调应选用名牌。

5. 空调应按使用功能分区设置。

6. 设备的节能辅助设计应同时进行。用电、用水等应根据使用单元独立计量。

××工程管理有限公司

20××年7月7日

二、初步设计

（一）概述

初步设计是根据批准的可行性研究报告和设计基础资料以及规划设计条件、设计任务书，对工程进行系统研究，概略计算，作出总体安排，拿出具体实施方案。目的是在指定的时间、空间等限制条件下，在总投资控制的额度内和质量要求下，作出技术可行、经济合理的设计和规定，并编制工程概算。

设计基础资料一般由设计单位自行取得或通过建设单位取得，内容主要包括建筑物设计使用年限、气候区划分、抗震级别、水文气候、洪水位标高、地方标准、习惯做法等。规划设计条件由政府规划、国土等部门提供，是用地红线图的其中主要部分，对于拍卖得到的土地，在拍卖文件中把它作为主要附件，内容主要包括土地使用性质、年限，容积率、建筑密度、绿化率、出入口位置、建筑高度、建筑风格等。设计任务书是建设单位根据规划设计条件和使用要求提出的书面文件，内容更加具体化。

如项目有方案设计过程，一般建设单位应在方案设计招标时作为招标文件的附件。

设计单位编制初步设计文件后，召开初步设计审查会议，审查会议由项目批准单位（发改委）主持，建设单位、设计单位和政府发改、国土、规划、消防、环保、公安、交通、水利、排污、环卫、人防、气象、地名办、街道和配套单位自来水、电力、电讯、煤气等与项目建设有关的部门、单位以及邀请若干专家组成。

会议议程一般由项目批准单位主持，建设单位作项目情况介绍，设计单位对项目设计文件进行介绍，邀请专家对方案进行点评，各参与单位、部门发表意见，主持单位在听取各方意见后形成初步设计会议纪要，并由批准单位发出同意初步设计批复的文件。

为保证初步设计的深度和质量，在初步设计进行到适当时候，一般在建筑方案确定后，就应进行地质勘察，以便初步设计确定较合理的场地标高、桩基和基础选型。

（二）初步设计文件需提供的主要内容

（1）设计说明，包括总说明、各专业设计说明。对于涉及建筑节能设计的专业，其设计说明应有建筑节能设计专门内容；
（2）有关专业的设计图纸；
（3）主要设备或材料表；
（4）工程概算书；
（5）有关专业计算书。

为了进一步做好建筑节能工作，浙江省2012年在全国率先出台了建筑节能导则和与之相配套的政策法规，把建筑节能评估和审查作为初步设计的前置条件，取得了较好的效果。

（三）建筑节能评估

在初步设计审批前，应对项目进行建筑节能评估和审查，经评审的初步设计才能进入施工图设计。为了深入贯彻实施《节约能源法》《民用建筑节能条例》《浙江省实施〈节约能源法〉办法》《浙江省绿色建筑条例》和《浙江省人民政府关于积极推进绿色建筑发展的若干意见》等法律、法规、规章和政策规定，有序推进民用建筑节能评估工作，不断提高我省民用建筑节能设计水平，浙江省编制了《民用建筑项目节能评估技术导则》。《导则》共分6章11个附录，

《导则》规定了民用建筑节能评估的目的、基本原则、方法、内容和程序，是民用建筑的节能评估报告书、节能评估报告表和节能登记表等文件编制的技术依据，为浙江省民用建筑节能项目评估提供了规范化的判断依据，同时可作为业主、勘察设计、施工监理、运行管理、节能评估人员开展建筑节能工作的技术参考。

1. 主要技术内容

（1）总则；

（2）术语；

（3）节能评估的原则、方法与基本内容；

（4）节能评估相关资料及分析；

（5）节能评估要点；

（6）建筑能源消耗与能源结构情况分析。

2. 节能评估的原则

（1）节能评估应在综合考虑建设项目所消耗能源的基础上，对建设项目节能工作相关文件和资料等内容进行技术评估，其评估内容必须实事求是、客观、公正。

（2）节能评估应满足与节能相关的国家或地方现行的法律、法规、政策性文件、技术规范与标准以及国家、地方规划审批文件及绿色建筑专项规划文件。

3. 节能评估的方法

（1）节能评估主要可采用现场调查、资料收集、对比分析、专题调研、模拟验算、科学指导等方法。

（2）民用建筑项目建设单位宜在委托建筑设计单位进行工程设计的同时，委托民用建筑节能评估机构开展节能评估相关工作。

（3）民用建筑节能评估机构应当为建设单位及建筑设计单位提供全过程的专业化绿色节能设计咨询服务。节能评估工作应在民用建筑项目方案设计阶段结束之后、施工图设计阶段结束之前完成。

4. 节能评估的基本内容

（1）节能评估的基本内容应包括符合性评估、性能性评估以及能耗量化评估。

（2）节能评估应对建设项目与法律法规、规范标准等有关政策的符合性作出评价。

（3）节能评估应对以下建筑节能措施进行性能性评估。

1）节能评估应对建设项目所采取各项建筑绿色节能措施的可靠性和合理性进行评价；

2）节能评估应对建设项目所采取的建筑绿色节能措施技术经济可行性进行评价；

3）在建设项目存在的能源利用风险及制约因素时，节能评估可从建筑能耗各个角度评估建设项目能源利用风险的可接受性，以及评估能源利用风险防范措施和能源利用事故处理应急方案的可靠性和合理性。

（4）节能评估应对建设项目能耗预测和能耗总量进行控制，评估建设项目实施后的建筑能耗的可接受性。

（5）节能评估应按建筑性质和项目总建筑面积形成节能评估报告书、节能评估报告表或者节能登记表。

5. 建筑节能评估和审查需提供的资料

（1）建设单位提供的资料清单

1）项目立项、方案论证会、初步设计论证批复；

2）建设单位营业执照复印件；

3）规划条件、红线图；

4）项目的环评报告；

5）规划通过的日照分析报告；

6）地质勘探报告（电子版）；

7）土地合同。

（2）设计单位提供的资料清单

1）建筑方案设计文本（电子版）；

2）初步设计文本（含绿色建筑设计专篇）（电子版）；

3）建筑、结构、电气、暖通、给水排水、总图等各专业初步设计深度全套图纸，建筑节能计算模型、计算书（以上均电子版）；

4）可再生能源利用方案。

初步设计不得随意改变批准的可行性报告所确定的建设规模、产品方案、工程标准、建设地址和总投资等基本条件。如果初步设计的总概算超过可行性研究报告总投资10%以上，或者其他主要指标需要变更时，应重新向原审批单位报批。

（四）建筑节能（绿色建筑）的审查

1. 概念

指在建筑材料生产、房屋建筑和构筑物施工及使用过程中，满足同等需要或达到相同目的的条件下，尽可能降低能耗。

　　建筑节能，在发达国家最初为减少建筑中能量的散失，普遍称为"提高建筑中的能源利用率"，在保证提高建筑舒适性的条件下，合理使用能源，不断提高能源利用效率。

　　建筑节能具体指在建筑物的规划、设计、新建（改建、扩建）、改造和使用过程中，执行节能标准，采用节能型的技术、工艺、设备、材料和产品，提高保温隔热性能和采暖供热、空调制冷制热系统效率，加强建筑物用能系统的运行管理，利用可再生能源，在保证室内热环境质量的前提下，增大室内外能量交换热阻，以减少供热系统、空调制冷制热、照明、热水供应因大量热消耗而产生的能耗。

2. 内容

　　建筑节能涉及很多系统，相配套的建筑技术、建筑材料、建筑产品也发生了很大变革，在对建设项目进行规划设计的过程中，应当通过统筹考虑项目特点和绿色建筑的理念，对各种技术方案进行技术、经济性的统筹对比和优化的基础上，达到合理控制成本、实现各项指标的目的。

　　（1）总平面设计

　　1）场地设计是否符合设计概况设计依据及相关政府批复及规划条件的要求。

　　2）场地内总平面布局、建筑物的形式、高度、体量、色调、朝向等是否根据当地气候特点、合理布置建筑单体的朝向、综合考虑建筑与周边建筑的相互影响。

　　3）功能与分区布置是否合理；地下空间是否与地面交通系统有效连接。

　　4）总平面中建设项目的公共服务设施布置是否合理便捷：

　　A. 居住建筑住区场地出入口到达商业服务设施的步行距离合理；

　　B. 居住建筑住区1000m范围内公共服务设施数量是否满足要求；

　　C. 公共建筑公共服务设施、配套辅助设施、设备布置合理。

　　5）总平面中建设项目空间布置：

　　A. 建设项目空间是否布置合理，建筑空间与设施是否共享；

　　B. 是否充分利用连廊、架空层、上人屋面、室外广场等设置公共步行通道、公共活动空间、公共开放空间，满足全天候的使用要求；

　　C. 总平面中项目停车设施的设置是否合理。

　　6）总建筑面积5万m²及5万m²以上的居住建筑项目和总建筑面积1万m²及1万m²以上的公共建筑建议采用数值模拟进行日照、采光、风环境、热环境模拟。

　　7）建议对建设项目的采光环境采用专业采光环境模拟软件进行数值模拟。

　　（2）围护结构保温隔热系统

　　1）屋面的保温隔热：

　　A. 保温隔热系统与屋面防水做法选择是否合理，构造是否清晰；施工工艺是否明确；选用材料是否安全；

　　B. 保温隔热材料的热工参数来源是否可靠；材料的燃烧性能等级是否满足消防安全

要求；

C. 设置种植屋面的屋顶，是否根据日照模拟结果，对屋顶绿化的位置、植物品种选择、绿化的实现方式应合理；绿化的面积及绿化面积占可绿化面积的比例是否可行；

D. 设置太阳能设施的屋面，设施的设置位置是否合理，是否考虑检修维护方便，是否破坏屋面防水构造。

2）外墙的保温隔热：

A. 保温隔热材料选择是否合理，系统构造做法是否明确、冷（热）桥处理节点做法是否清晰、施工工艺是否明确及材料是否安全；

B. 保温隔热材料的热工参数是否来源可靠；

C. 保温材料的燃烧性能等级、系统的构造是否满足消防安全要求。

3）楼板及架空楼板的保温隔热：

A. 保温隔热材料选择是否合理，系统构造做法是否明确，冷（热）桥处理节点做法是否清晰，施工工艺是否明确及材料是否安全；

B. 保温隔热材料的热工参数来源是否可靠；

C. 保温材料的燃烧性能等级、系统的构造是否满足消防安全要求。

4）外窗（透明幕墙）的保温隔热及遮阳：

A. 外窗（透明幕墙）热工参数（玻璃的光反射率、透射率、吸收率、可见光透射比，材料的热工系数）是否完整，来源是否可靠；

B. 遮阳系数（太阳的热系数）是否明确合理；

C. 窗墙面积比、外窗的可开启面积（有效通风面积）比，屋顶透明部分的面积比计算是否准确；

D. 气密性要求是否准确合理；

E. 遮阳措施形式是否科学合理与做法、要求是否明晰。

（3）暖通空调用能设备系统

1）暖通空调设计参数与设计指标：

A. 室内外设计参数选取是否合理，是否满足相关国家、地方规范与标准的要求；

B. 空调负荷计算模型与建设项目的功能、建筑围护资料、预期运营管理方式是否一致，折算建筑面积冷热负荷指标同比该地区同类型节能建筑是否在合理范围内；

C. 空调通风计算折算房间通风换气次数是否合理。

2）空调冷热源设备：

A. 空调冷热源形式是否符合项目特点；

B. 空调冷热源设备的总装机容量是否合理，是否满足现行国家、地方规范与标准的要求。空调冷热源配置数量与预期运行策略是否能满足不同负荷率的调节需求；

C. 空调冷热源设备位置是否合理，室外散热条件是否良好；

D. 多联式空调（热泵）室内外机配比率是否满足产品要求且符合项目特点；

E. 空调冷热源设备的效率是否符合国家和地方现行节能规范与标准的要求。

3）暖通空调输配系统：

A. 空调输配系统形式是否符合项目特点；

B. 空调水输配系统供回水温度与温差的选取是否合理节能；

C. 空调输配系统分区是否合理、可行，满足运营特点；

D. 空调输配系统控制系统是否合理；

E. 空调输配系统的流速是否合理，系统的比摩阻是否在合理范围内，输配系统的作用半径是否合理；

F. 水泵输配系统设备效率、耗电输冷比、耗电输热比、多联机VRF系统冷媒管等效长度下负荷运行性能系数、大于10000m³/h风量的风道系统单位风量耗功率W_s及风机设备效率是否满足现行国家、地方节能规范与标准的要求。

4）应对建设项目的暖通空调末端进行评价，包括以下内容：

A. 空调末端的方式、气流组织形式应符合项目特点；

B. 空调送风温度的选取应合理、节能；

C. 末端及管道减少冷热量损失的措施应完整、有效。

（4）电气系统和智能化系统

1）电气系统的节能设计范围：

A. 电气设计的基本情况、各系统的设计思路等是否合理；

B. 供配电系统的节能设计要点；

C. 照明设计标准、照明装置、照明控制等；

D. 动力设备的节能要求；

E. 用电分项计量等内部计量系统；

F. BAS、能耗监测等有关节能的智能化子系统。

2）电气设计的基本情况：

A. 设计依据是否正确、全面；

B. 是否采用需要系数法进行负荷计算；计算取值与结果是否合理；

C. 负荷分级是否准确，供电电源的数量及电压等级是否合理；

D. 变配电、照明、动力系统、计量、运行管理等主要系统的设计是否清晰。

3）供配电系统：

A. 变压器数量、容量、负载率是否合理，自备电源数量、容量是否合理；

B. 各变、配、发电站的位置、供电范围及供电半径是否合理；

C. 变压器选型及其能效等级是否满足节能要求；

D. 变压器等的运行方案是否明确，利于节能；

E. 三相平衡是否符合要求；

F. 无功功率补偿的设置是否满足节能要求；

G. 谐波治理措施是否合理、可行，满足节能要求；

H. 导体材质及其截面的确定是否满足要求。

4）照明系统：

A. 照度标准的取值是否满足规范要求；

B. 照明功率密度值是否满足节能要求；

C. 是否采用合理的照明方式；

D. 照明光源、灯具及镇流器等附件是否符合节能要求；

E. 照明控制方式是否合理、可行。

5）动力、空调系统：

A. 各动力、空调设备配置的电动机的能效等级要求是否明确；

B. 各种设备的启、停、调速等控制方式是否合理，是否满足各专业的工艺要求；

C. 电梯、自动扶梯的节能措施是否明确。

6）建筑内部用电计量系统：

A. 各功能区域的电能监测与计量是否满足相关规范、标准的要求；

B. 用电分项计量系统的设计是否满足国家、省市的规范要求。

7）智能化系统：

A. 智能化系统的配置标准是否满足现行国家标准《智能建筑设计标准》（GB 50314—2015）、《居住区智能化系统配置与技术要求》（CJ/T 174—2003）的要求；

B. 建筑设备监控系统对各用能设备的控制是否合理，是否满足各专业的工艺要求；

C. 能耗监测系统的设置是否满足节能要求；用电分项计量系统是否具备远程传输，并将数据上传至主管部门监控平台的功能。

（5）给水排水系统用能和节水设计评估

1）给水排水设计参数与设计系统：

A. 给水系统设计参数选取是否合理，是否满足相关国家、地方规范与标准的要求，给水系统设计是否合理；

B. 热水系统设计参数选取是否合理，是否满足相关国家、地方规范与标准的要求，热水系统设计是否合理；

C. 排水系统设计是否合理，是否满足相关国家、地方规范与标准的要求；

D. 非传统水源利用设计合理，是否满足相关国家、地方规范与标准的要求。

2）给水系统：

A. 项目用水定额的选取，项目的最高日用水量以及年用水量是否符合现行国家规范《建筑给水排水设计规范》（2009年版）（GB 50015—2003）和现行国家标准《民用建筑节水设计标准》（GB 50555—2010）要求；

B．水源选择、水泵房位置、水池容积、主要设备性能参数是否满足相关国家、地方规范与标准的要求；

C．给水系统分区、加压设备的选择是否合理；

D．给水器具、卫生洁具的选择、给水计量设置是否合理；

E．当建设项目设置冷却水系统时，冷却塔补水系统、循环系统、冷却塔选型是否合理；当建设项目设置游泳池时，游泳池补水系统、循环处理系统、池水加热系统等是否合理；

F．当建设项目设置景观水池时，景观水池水源、水质保持措施是否合理。

3）当建设项目有热水需求时，热水系统节能设计：

A．项目热水用水定额的选取、热水使用温度、项目的最高日用水量以及年用水量是否符合现行国家规范《建筑给水排水设计规范》（2009年版）（GB 50015—2003）和现行国家标准《民用建筑节水设计标准》（GB 50555—2010）要求；

B．热源选择是否符合项目特点及节能要求；

C．热水系统设计是否合理；

D．主要设备性能参数选择是否合理。

4）排水系统：

A．排水系统设计参数取值是否满足现行国家规范《建筑给水排水设计规范》（GB 50015—2010）和《室外排水设计规范》（GB 50014—2006）要求；

B．排水体制、排水方式是否满足相关国家、地方规范与标准的要求；

C．排水系统设计、排水出路是否合理；

D．污水处理系统规模及处理流程合理，出水水质是否满足相关国家和地方现行规范与标准要求。

5）当建设项目存在非传统水源利用时：

A．非传统水源的选择、使用是否合理，非传统水源用水是否安全；

B．非传统水源水处理系统设计合理，水量平衡计算是否符合本项目特点；

C．雨水控制和利用设计是否满足政策、现行国家和地方的规范要求。

（6）建筑节材

建筑节材设计评估包括结构设计节材评估和建筑节材技术评估。

1）建筑节材：

A．建筑造型是否简约，不宜采用纯装饰性构件；

B．结构及构造是否合理，满足建筑功能和技术的要求；

C．太阳能集热器、光伏组件等可再生能源利用设施是否与建筑进行一体化设计；

D．应根据建筑使用功能，考虑空间变化的适应性，宜采用可重复使用的隔断（墙）。

2）结构节材设计：

A. 根据建设项目特点及所在区域抗震设计要求，结构设计的安全等级、基础（桩基）设计等级、人防抗力等级、抗震参数（设防烈度、设防类别、抗震等级）等是否完整和准确；

B. 荷载取值是否完整和准确；

C. 结构分析模型及分析软件是否合理；

D. 勘察报告提供参数是否合理；根据上部结构特点、地质和环境条件，经技术经济比较，设计采用参数是否准确性及选用基础形式是否合理；分析勘察报告提供的地下水腐蚀性等级，评价设计采取相应措施是否合理；

E. 结构是否规则和结构体系是否合理。

3）主要结构材料：

A. 分析建筑与结构材料的构成，建筑与结构材料是否本地化取材；

B. 建筑墙体填充材料的选用是否满足相应规范要求，并符合省市地方墙改政策；

C. 建设项目所用砂浆是否采用预拌砂浆，其类别和强度等级均应符合相应规范的要求；

D. 混凝土强度等级及使用部位是否合理，现浇混凝土应采用预拌混凝土；

E. 对有特殊要求的结构采用高性能混凝土时，应遵循有效、合理、可行的原则；

F. 钢筋的品种、强度等级、物理力学性能的指标是否符合相关规范的要求，当配筋由承载力控制时，应优先选用强度等级HRB400及以上高强钢；

G. 钢材的品种、强度等级、物理力学性能的指标是否符合相关规范的要求，以承载力控制为主的构件应优先采用Q345及以上等级钢材。

4）建筑可再利用材料和可再循环材料的使用情况。

5）结构体系采用装配式结构时，建筑结构体系是否符合工业化标准。

（7）可再生能源的利用、余热废热利用

公共建筑和所有居住建筑项目需根据省市当地规范标准要求判断是否需要制定可再生能源利用方案。

太阳能资源状况建议根据数值模拟计算结果确定，数值模拟尽量采用符合当地要求的专业日照分析模拟软件。

1）太阳能光热系统：

A. 太阳能光热系统系统选型、系统设计和建筑一体化是否合理、可靠；

B. 根据设计参数的选择情况评估配置辅助能源加热设备是否合理、可靠；

C. 太阳能集热器面积计算数据是否准确有效，储热水箱热损系数、集热系统效率是否合理可信；

D. 集热器的安装倾角是否根据热水的使用季节和地理纬度确定；

E．集热器排间距以及集热器与前侧遮光物的距离是否符合规范要求；

F．循环水泵选型合理，流量和扬程选型是否符合节能设计要求；

G．太阳能热水系统集热和加热系统、辅助加热系统和热水供回水系统是否采用全自动控制操作方式。控制功能应尽量简单可靠，符合节能和系统运行要求。

2）空气源热泵热水系统：

A．空气源热泵热水系统选型、系统设计和建筑一体化是否合理、可靠；

B．根据设计参数的选择情况评估配置辅助能源加热设备是否合理、可靠；

C．储热水箱热损系数、集热系统效率分析可信；

D．空气源热泵热水系统的热泵主机应根据平均日用水量调节的要求合理确定供热能力；

E．热泵热水系统的输入功率应根据热泵的能效比值和平均秒功率确定，浙江地区的系统综合能效比值：考虑全年使用宜取2.5，冬季使用宜取1.5；

F．循环水泵选型合理，流量和扬程选型应符合节能设计要求；

G．热泵热水系统集热和加热系统、辅助加热系统和热水供回水系统应采用全自动控制操作方式。控制功能应简单可靠，符合节能和系统运行要求。

3）建筑光伏系统：

A．太阳能光伏系统选型、系统设计和建筑一体化是否合理、可靠；

B．根据项目太阳能数值模拟报告，太阳能光伏系统系统选型、系统设计是否合理、可靠；

C．根据产电量情况评估是否需要储能装置，宜优先采用不带储能装置的系统；

D．光伏构件可能引起的二次辐射光污染对本建筑或周围建筑造成的影响进行评估并采取相应的措施。

4）导光管采光系统：

A．导光管采光系统的选型、系统设计和建筑一体化应合理、可靠；

B．应对导光管采光系统进行采光计算，复杂项目可采用数值模拟软件计算，合理确定导光管采光系统的尺寸和数量；

5）地（水）源热泵系统：

A．地（水）源热泵系统的选型、系统设计是否合理、可靠；

B．根据初步设计估算负荷进行全年冷热负荷计算，地源热泵系统总释热量宜与其总吸热量相平衡，确定是否采取热量平衡措施；

C．当项目存在集中生活热水需求时，地源热泵空调系统作为生活热水系统热源的可行性；

D．地源热泵系统应设置机房群控设施，满足节能设计要求。

6）余热废热的利用

A．废热余热利用的方式、设备、热回收量是否可行有效；

B．当项目周边存在市政热电余热废热时，则必须优先采用市政热电余热废热能源，若市政热电余热废热采用蒸汽时，蒸汽利用后凝水应首先考虑回收，且凝水的排放符合市政排水水温水质要求；

C．热回收效率计算是否准确，热回收两侧温度等参数计算与取值是否合理；

D．排风能量热回收效率是否满足国家与地方节能标准要求，应分析能量回收设施投入产出收益。

（五）技术设计

为了进一步解决初步设计中的重大问题，如工艺流程、建筑结构、设备选型等，根据初步设计和进一步的调查研究资料进行技术设计。这样做可以使建设工程设计更具体，更完善，技术指标更合理、可靠。

（六）初步设计后确定的内容

初步设计完成后，标志着建设工程项目的主要内容已经确定，因此，除设计可以进入施工图设计阶段外，很多与之相关的工作可以据此开展，建设单位并应尽快落实，以便后续工作的顺利开展，主要内容如下。

1. 建筑面积测绘

初步设计方案确定后，建筑物的定位和平面、立面、剖面等尺寸以固定，可以委托有相应资质的面积测绘单位进行面积测绘，并提供建筑面积面积测绘报告。建筑面积面积测绘报告是办理施工许可证和不动产权证等的依据。

2. 物业用房、社区用房

根据《物业管理条例》等规定，物业用房是指物业服务企业为了管理物业项目，用来办公、仓储物资、值班和居住的房及设备设施的配套房屋。如物业办公室、物业员工食堂、物业员工宿舍、维修备料库房等等。物业用房没有独立产权，只登记不发证，物业用房属于全体业主的共有财产。物业公司在《物业管理合同》的有效期内，拥有上述房屋的免费使用权，但是没有产权。物业用房既然属于业主的共有财产，当然不能出售，也不能改变用途，必须用于物业管理。物业企业擅自更改物业用房的用途，甚至出售的，属于违法行为，不但要追回非法所得，还要承担法律责任，严重的会被吊销物业管理资质，并追究企业法人代表的刑事责任。

各个地区物业管理用房的面积没有强制标准，如浙江省嘉兴市根据《物业管理条例》《浙江省物业管理条例》，制定了《嘉兴市物业管理条例实施细则》和《关于加强城市社区建设的若干意见》，规定了物业用房和社区用房面积如下：

（1）物业用房

住宅区开发建设中，应当按住宅区总建筑面积7‰的比例配置物业管理用房。物业管理用房由建设单位无偿提供，其中3‰作为物业管理用房，4‰作为物业管理经营用房。

物业管理区域内的物业均为非住宅的，物业管理用房的配置比例为物业建设工程规划许可证载明的地上总建筑面积的3‰。

规划部门审批新建物业规划设计方案时应征求属地物业主管部门对物业管理用房设置的意见，建设单位应将物业管理用房的面积、位置在设计方案中载明。

（2）社区用房

根据国务院办公厅《关于印发社区服务体系建设规划（2011～2015年）的通知》（国办发〔2011〕61号）指出：力争到"十二五"期末，社区服务设施综合覆盖率达到90%，每百户居民拥有的社区服务设施面积不低于20m²，基本建成以社区综合服务设施为主体、各类专项服务设施相配套的综合性、多功能的社区服务设施网络。

而浙江省早在2001就提出了社区用房按每百户30m²的要求。

物业用房和社区用房应在初步设计中，明确具体位置、面积和用途，并有独立的水、电、暖等计费系统。

3. 申报地名

（1）申报材料

1）××市区门牌编制申请表1份（地名办网上表格下载）；

2）建设工程规划许可证、建筑红线图及规模一览表复印件各1份（需盖申请单位公章）；

3）建筑项目总平面图、商铺平面图蓝图（需审图章）各1份。

（2）办理程序

1）产权所有权人提出书面申请；

2）市地名办审核并受理；

3）实地踏勘、测量，编制；

4）填写《××市区门（楼）牌编号审批表》并审批。

4. 与管线单位签订合同

（1）与供水部门签订合同；

（2）与供电部门签订合同；

（3）与广电（有线电视）部门签订合同；

（4）与通信部门签订合同；

（5）与天然气供应部门签订合同；

（6）与供暖部门签订合同；

（7）与排污部门签订合同；

（8）根据建设地要求，与建设工程项目相关的单位签订合同。

5. 物业、营销介入

对于普通建设项目而言，物业应当提早介入；对于房地产项目而言，营销和物业应当同时介入，尤其是营销，可能根据市场情况需要调整设计等。

在实际项目管理中，项目建设、使用早已成为一体，物业使用和营销是项目建设的目的和项目管理的重要组成部分，因此，建设单位对物业使用和营销十分重视，甚至以物业使用和营销来指导设计。

（七）缴纳规费

某区缴纳相关规费收费标准，见表3-3。

某区相关规费收费标准　　　　　　　　　　　　　　表3-3

收费项目	收费标准	部门
测量服务费（房建工程）	2594元/件×0.8	××测绘
测量服务费（管线工程）及验线	各3420元/公里	××测绘
测量服务费（道路工程）及验线	各3210元/公里	××测绘
人防费	市区2500元/m² 镇区2000元/m²	人防
燃气管网配套费	12.5元/m²	天然气管网公司
燃气配套建设费	3.5元/m²	燃气公司
城市基础设施配套费	中心城区住宅：50元/m²	住建局：为鼓励地下空间开发利用，不计入容积率计算的地下室、半地下室，以及单独建设开发的地下空间，其建筑面积均不计入缴费面积。工业、物流仓储按每亩300m²建筑面积计入缴费面积
	中心城区非住宅：80元/m²	
	镇规划区住宅：30元/m²	
	镇规划区非住宅：80元/m²	
	原集镇规划区住宅、非住宅：20元/m²	

注：根据2017年3月15日财政部、国家发展改革委《关于清理规范一批行政事业性收费有关政策的通知》（财税〔2017〕20号）等规定，已取消了墙体改革费、散装水泥费、白蚁防治费等收费内容。

（八）初步设计批复

在满足政府规划等要求和缴纳有关费用后后，政府发改部门签发初步设计批复文件，建设行政主管部门颁发建设工程规划许可证，证明该项目的建筑设计方案得到政府的许可。

三、施工图设计

在初步设计和技术设计的基础上进行施工图设计，使设计达到施工安装的要求。对初步设计不明并需要进一步了解的信息，必须在施工图设计前进行补充和完善。

施工图设计应结合实际情况，包括因地制宜选用材料等，完整、准确地表达出建筑物的外形、内部空间的分割、结构体系以及设备系统的组成和周围环境的协调。

为了全面把握施工图的设计深度要求，现摘录最新《建筑工程设计文件深度规定》（2016版）施工图设计深度规定如下：

（一）一般要求

1. 施工图设计文件

（1）合同要求所涉及的所有专业的设计图纸（含图纸目录、说明和必要的设备、材料表）以及图纸总封面；对于涉及建筑节能设计的专业，其设计说明应有建筑节能设计的专项内容；涉及装配式建筑设计的专业，其设计说明及图纸应有装配式建筑专项设计内容。

（2）合同要求的工程预算书。对于方案设计后直接进入施工图设计的项目，若合同未要求编制工程预算书，施工图设计文件应包括工程概算书（同初步设计）。

（3）各专业计算书。计算书不属于必须交付的设计文件，但应按本规定相关条款的要求编制并归档保存。

2. 总封面标识内容

（1）项目名称；

（2）设计单位名称；

（3）项目的设计编号；

（4）设计阶段；

（5）编制单位法定代表人、技术总负责人和项目总负责人的姓名及其签字或授权盖章；

（6）设计日期（即设计文件交付日期）。

（二）总平面

1. 内容

在施工图设计阶段，总平面专业设计文件应包括图纸目录、设计说明、设计图纸、计算书。

2. 图纸目录

应先列入绘制的图纸，后列选用的标准图和重复利用图。

3. 设计说明

一般工程分别写在有关的图纸上，复杂工程也可单独。如重复利用某工程的施工图图纸及其说明时，应详细注明其编制单位、工程名称、设计编号和编制日期；列出主要技术经济指标表，说明地形图、初步设计批复文件等设计依据、基础资料。

4. 总平面图

（1）保留的地形和地物。

（2）测量坐标网、坐标值。

（3）场地范围的测量坐标（或定位尺寸），道路红线、建筑控制线、用地红线等的位置。

（4）场地四邻原有及规划的道路、绿化带等的位置（主要坐标或定位尺寸），周边场地用地性质以及主要建筑物、构筑物、地下建筑物等的位置、名称、性质、层数。

（5）建筑物、构筑物（人防工程、地下车库、油库、储水池等隐蔽工程以虚线表示）的名称或编号、层数、定位（坐标或相互关系尺寸）。

（6）广场、停车场、运动场地、道路、围墙、无障碍设施、排水沟、挡土墙、护坡等的定位（坐标或相互关系尺寸）。如有消防车道和扑救场地，需注明。

（7）指北针或风玫瑰图。

（8）建筑物、构筑物使用编号时，应列出"建筑物和构筑物名称编号表"。

（9）注明尺寸单位、比例、建筑正负零的绝对标高、坐标及高程系统（如为场地建筑坐标网时，应注明与测量坐标网的相互关系）、补充图例等。

5. 竖向布置图

（1）场地测量坐标网、坐标值；

（2）场地四邻的道路、水面、地面的关键性标高；

（3）建筑物、构筑物名称或编号、室内外地面设计标高、地下建筑的顶板面标高及覆土高度限制；

（4）广场、停车场、运动场地的设计标高，以及景观设计中，水景、地形、台地、院落的控制性标高；

（5）道路、坡道、排水沟的起点、变坡点、转折点和终点的设计标高（路面中心和排水沟顶及沟底）、纵坡度、纵坡距、关键性坐标，道路表明双面坡或单面坡、立道牙或平道牙，必要时标明道路平曲线及竖曲线要素；

（6）挡土墙、护坡或土坎顶部和底部的主要设计标高及护坡坡度；

（7）用坡向箭头或等高线表示地面设计坡向，当对场地平整要求严格或地形起伏较大时，宜用设计等高线表示，地形复杂时应增加剖面表示设计地形；

（8）指北针或风玫瑰图；

（9）注明尺寸单位、比例、补充图例等。

（10）注明尺寸单位、比例、建筑正负零的绝对标高、坐标及高程系统（如为场地建筑坐标网时，应注明与测量坐标网的相互关系）、补充图例等。

6. 土石方图

（1）场地范围的坐标或注尺寸；

（2）建筑物、构筑物、挡墙、台地、下沉广场、水系、土丘等位置（用细虚线表示）；

（3）一般用方格网法（也可采用断面法），20m×20m或40m×40m（也可采用其他方格网尺寸）方格网及其定位，各方格点的原地面标高、设计标高、填挖高度、填区和挖区的分界线，各方格土石方量、总土石方量；

（4）土石方工程平衡表，见表3-4。

土石方工程平衡表

表3-4

序号	项目	土石方量（m³）		说明
		填方	挖方	
1	场地平整			
2	室内地坪填土和地下建筑物、构筑物挖土、房屋及构筑物基础			
3	道路、管线地沟、排水沟			包括路堤填土、路堑和路槽挖土
4	土方损益			指土壤经过挖填后的损益数
5	合计			

注：表列项目随工程内容增减。

7. 管道综合图

（1）总平面布置；

（2）场地范围的坐标（或注尺寸）、道路红线、建筑控制线、用地红线等的位置；

（3）保留、新建的各管线（管沟）、检查井、化粪池、储罐等的平面位置，注明各管线、化粪池、储罐等与建筑物、构筑物的距离和管线间距；

（4）场外管线接入点的位置；

（5）管线密集的地段宜适当增加断面图，表明管线与建筑物、构筑物、绿化之间及管线之间的距离，并注明主要交叉点上下管线的标高或间距；

（6）指北针；

（7）注明尺寸单位、比例、图例、施工要求。

8. 绿化及建筑小品布置图

（1）总平面布置；

（2）绿地（含水面）、人行步道及硬质铺地的定位；

（3）建筑小品的位置（坐标或定位尺寸）、设计标高、详图索引；

（4）指北针；

（5）注明尺寸单位、比例、图例、施工要求等。

9. 详图

道路横断面、路面结构、挡土墙、护坡、排水沟、池壁、广场、运动场地、活动场地、停车场地面、围墙等详图。

10. 设计图纸的增减

（1）当工程设计内容简单时，竖向布置图可与总平面图合并；

（2）当路网复杂时，可增绘道路平面图；

（3）土石方图和管线综合图可根据设计需要确定是否出图；

（4）当绿化或景观环境另行委托设计时，可根据需要绘制绿化及建筑小品的示意性和控制性布置图。

11. 计算书

设计依据及基础资料、计算公式、计算过程、有关满足日照要求的分析资料及成果资料等。

（三）建筑

（1）内容。

在施工图设计阶段，建筑专业设计文件应包括图纸目录、设计说明、设计图纸、计算书。

（2）图纸目录。

先列绘制图纸，后列选用的标准图或重复利用图。

（3）设计说明。

1）依据性文件名称和文号，如批文、本专业设计所执行的主要法规和所采用的主要标准（包括标准名称、编号、年号和版本号）及设计合同等。

2）项目概况。内容一般应包括建筑名称、建设地点、建设单位、建筑面积、建筑基底面积、项目设计规模等级、设计使用年限、建筑层数和建筑高度、建筑防火分类和耐火等级、人防工程类别和防护等级、人防建筑面积、屋面防水等级、地下室防水等级、主要结构类型、抗震设防烈度等，以及能反映建筑规模的主要技术经济指标，如住宅的套型和套数（包括套型总建筑面积等）、旅馆的客房间数和床位数、医院的床位数、车库的停车泊位数等。

3）设计标高。工程的相对标高与总图绝对标高的关系。

4）用料说明和室内外装修：

A. 墙体、墙身防潮层、地下室防水、屋面、外墙面、勒脚、散水、台阶、坡道、油漆、涂料等处的材料和做法，墙体、保温等主要材料的性能要求，可用文字说明或部分文字说明，部分直接在图上引注或加注索引号，其中应包括节能材料的说明。

室内装修做法表　　　　　　　　　表3-5

名称＼部位	楼、地面	踢脚板	墙裙	内墙面	顶棚	备注
门厅						
走廊						

注：表列项目可增减。

B．室内装修部分除用文字说明以外亦可用表格形式表达，见表3-5，在表上填写相应的做法或代号；较复杂或较高级的民用建筑应另行委托室内装修设计；凡属二次装修的部分，可不列装修做法表和进行室内施工图设计，但对原建筑设计、结构和设备设计有较大改动时，应征得原设计单位和设计人员的同意。

5）对采用新技术、新材料和新工艺的做法说明及对特殊建筑造型和必要的建筑构造的说明。

6）门窗表（表3-6）及门窗性能（防火、隔声、防护、抗风压、保温、隔热、气密性、水密性等）、窗框材质和颜色、玻璃品种和规格、五金件等的设计要求。

门窗表　　　　　　　　　　表3-6

类别	设计编号	洞口尺寸（mm）		樘数	采用标准图集及编号		备注
		宽	高		图集代号	编号	
门							
窗							

注：1. 采用非标准图集的门窗应绘制门窗立面图及开启方式；
　　2. 单独的门窗表应加注门窗的性能参数、型材类别、玻璃种类及热工性能。

7）幕墙工程（玻璃、金属、石材等）及特殊屋面工程（金属、玻璃、膜结构等）的特点，节能、抗风压、气密性、水密性、防水、防火、防护、隔声的设计要求、饰面材质、涂层等主要的技术要求，并明确与专项设计的工作及责任界面。

8）电梯（自动扶梯、自动步道）选择及性能说明（功能、额定载重量、额定速度、停站数、提升高度等）。

9）建筑设计防火设计说明，包括总体消防、建筑单体的防火分区、安全疏散、疏散人数和宽度计算、防火构造、消防救援窗设置等。

10）无障碍设计说明，包括基地总体上、建筑单体内的各种无障碍设施要求等。

11）建筑节能设计说明：

A．设计依据；

B．项目所在地的气候分区、建筑分类及围护结构的热工性能限值；

C．建筑的节能设计概况、围护结构的屋面（包括天窗）、外墙（非透光幕墙）、外窗（透光幕墙）、架空或外挑楼板、分户墙和户间楼板（居住建筑）等构造组成和节能技术措施，明确外门、外窗和建筑幕墙的气密性等级；

D．建筑体形系数计算（按不同气候分区城市的要求）、窗墙面积比（包括屋顶透光部分面积）计算和围护结构热工性能计算，确定设计值。

12）根据工程需要采取的安全防范和防盗要求及具体措施，隔声减振减噪、防污染、防射线等的要求和措施。

13）需要专业公司进行深化设计的部分，对分包单位明确设计要求，确定技术接口的深度。

14）当项目按绿色建筑要求建设时，应有绿色建筑设计说明：

A．设计依据；

B．绿色建筑设计的项目特点与定位；

C．建筑专业相关的绿色建筑技术选项内容；

D．采用绿色建筑设计选项的技术措施。

15）当项目按装配式建筑要求建设时，应有装配式建筑设计说明：

A．装配式建筑设计概况及设计依据；

B．建筑专业相关的装配式建筑技术选项内容，拟采用的技术措施，如标准化设计要点、预制部位及预制率计算等技术应用说明；

C．一体化装修设计的范围及技术内容；

D．装配式建筑特有的建筑节能设计内容。

16）其他需要说明的问题。

（4）平面图。

1）承重墙、柱及其定位轴线和轴线编号，轴线总尺寸（或外包总尺寸）、轴线间尺寸（柱距、跨度）、门窗洞口尺寸、分段尺寸。

2）内外门窗位置、编号，门的开启方向，注明房间名称或编号，库房（储藏）注明储存物品的火灾危险性类别。

3）墙身厚度（包括承重墙和非承重墙），柱与壁柱截面尺寸（必要时）及其与轴线关系尺寸，当围护结构为幕墙时，标明幕墙与主体结构的定位关系及平面凹凸变化的轮廓尺寸；玻璃幕墙部分标注立面分格间距的中心尺寸。

4）变形缝位置、尺寸及做法索引。

5）主要建筑设备和固定家具的位置及相关做法索引，如卫生器具、雨水管、水池、台、橱、柜、隔断等。

6）电梯、自动扶梯、自动步道及传送带（注明规格）、楼梯（爬梯）位置，以及楼梯上下方向示意和编号索引。

7）主要结构和建筑构造部件的位置、尺寸和做法索引，如中庭、天窗、地沟、地坑、重要设备或设备基础的位置尺寸、各种平台、夹层、人孔、阳台、雨棚、台阶、坡道、散水、明沟等。

8）楼地面预留孔洞和通气管道、管线竖井、烟囱、垃圾道等位置、尺寸和做法索引，以及墙体（主要为填充墙，承重砌体墙）预留洞的位置、尺寸与标高或高度等。

9）车库的停车位、无障碍车位和通行路线。

10）特殊工艺要求的土建配合尺寸及工业建筑中的地面荷载、起重设备的起重量、行车轨距和轨顶标高等。

11）建筑中用于检修维护的天桥、栅顶、马道等的位置、尺寸、材料和做法索引。

12）室外地面标高、首层地面标高、各楼层标高、地下室各层标高。

13）首层平面标注剖切线位置、编号及指北针或风玫瑰。

14）有关平面节点详图或详图索引号。

15）每层建筑面积、防火分区面积、防火分区分隔位置及安全出口位置示意，图中标注计算疏散宽度及最远疏散点到达安全出口的距离（宜单独成图）；当整层仅为一个防火分区，可不注防火分区面积，或以示意图（简图）形式在各层平面中表示。

16）住宅平面图中标注各房间使用面积、阳台面积。

17）屋面平面应有女儿墙、檐口、天沟、坡度、坡向、雨水口、屋脊（分水线）、变形缝、楼梯间、水箱间、电梯机房、天窗及挡风板、屋面上人孔、检修梯、室外消防楼梯、出屋面管道井及其他构筑物，必要的详图索引号、标高等；表述内容单一的屋面可缩小比例绘制。

18）根据工程性质及复杂程度，必要时可选择绘制局部放大平面图。

19）建筑平面较长较大时，可分区绘制，但须在各分区平面图适当位置上绘出分区组合示意图，并明显表示本分区部位编号。

20）图纸名称、比例。

21）图纸的省略：如系对称平面，对称部分的内部尺寸可省略，对称轴部位用对称符号表示，但轴线号不得省略；楼层平面除轴线间等主要尺寸及轴线编号外，与首层相同的尺寸可省略；楼层标准层可共用同一平面，但需注明层次范围及各层的标高。

22）装配式建筑应在平面中用不同图例注明预制构件（如预制夹心外墙、预制墙体、预制楼梯、叠合阳台等）位置，并标注构件截面尺寸及其与轴线关系尺寸；预制构件大样图，为了控制尺寸及一体化装修相关的预埋点位。

（5）立面图。

1）两端轴线编号，立面转折较复杂时可用展开立面表示，但应准确注明转角处的轴线编号。

2）立面外轮廓及主要结构和建筑构造部件的位置，如女儿墙顶、檐口、柱、变形缝、室外楼梯和垂直爬梯、室外空调机搁板、外遮阳构件、阳台、栏杆、台阶、坡道、花台、雨棚、烟囱、勒脚、门窗（消防救援窗）、幕墙、洞口、门头、雨水管，以及其他装饰构件、线脚和粉刷分格线等，当为预制构件或成品部件时，按照建筑制图标准规定的不同图例示意，装配式建筑立面应反映出预制构件的分块拼缝，包括拼缝分布位置及宽度等。

3）建筑的总高度、楼层位置辅助线、楼层数、楼层层高和标高以及关键控制标高的标注，如女儿墙或檐口标高等；外墙的留洞应注尺寸与标高或高度尺寸（宽、高、深及定位关系尺寸）。

4）平面和剖面未能表示出来的屋顶、檐口、女儿墙、窗台以及其他装饰构件、线脚等的标高或尺寸。

5）在平面图上表达不清的窗编号。

6）各部分装饰用料、色彩的名称或代号。

7）剖面图上无法表达的构造节点详图索引。

8）图纸名称、比例。

9）各个方向的立面应绘齐全，但差异小、左右对称的立面可简略；内部院落或看不到的局部立面，可在相关剖面图上表示，若剖面图未能表示完全时，则需单独绘出。

（6）剖面图。

1）剖视位置应选在层高不同、层数不同、内外部空间比较复杂、具有代表性的部位；建筑空间局部不同处以及平面、立面均表达不清的部位，可绘制局部剖面。

2）墙、柱、轴线和轴线编号。

3）剖切到或可见的主要结构和建筑构造部件，如室外地面、底层地（楼）面、地坑、地沟、各层楼板、夹层、平台、吊顶、屋架、屋顶、出屋顶烟囱、天窗、挡风板、檐口、女儿墙、幕墙、爬梯、门、窗、外遮阳构件、楼梯、台阶、坡道、散水、平台、阳台、雨棚、洞口及其他装修等可见的内容。

4）高度尺寸。

外部尺寸：门、窗、洞口高度、层间高度、室内外高差、女儿墙高度、阳台栏杆高度、总高度。

内部尺寸：地坑（沟）深度、隔断、内窗、洞口、平台、吊顶等。

5）标高。

主要结构和建筑构造部件的标高，如室内地面，楼面（含地下室），平台，雨棚，吊顶，屋面板，屋面檐口，女儿墙顶，高出屋面的建筑物、构筑物及其他屋面特殊构件等的标高，室外地面标高。

6）节点构造详图索引号。

7）图纸名称、比例。

（7）详图。

1）内外墙、屋面等节点，绘出不同构造层次，表达节能设计内容，标注各材料名称及具体技术要求，注明细部和厚度尺寸等。

2）楼梯、电梯、厨房、卫生间、阳台、管沟、设备基础等局部平面放大和构造详图，注明相关的轴线和轴线编号以及细部尺寸，设施的布置和定位、相互的构造关系及具体技术要求等，应提供预制外墙构件之间拼缝防水和保温的构造做法。

3）其他需要表示的建筑部位及构配件详图。

4）室内外装饰方面的构造、线脚、图案等；标注材料及细部尺寸、与主体结构的连接等。

5）门、窗、幕墙绘制立面图，标注洞口和分格尺寸，对开启位置、面积大小和开启方式，用料材质、颜色等作出规定和标注。

6）对另行专项委托的幕墙工程、金属、玻璃、膜结构等特殊屋面工程和特殊门窗等，应标注构件定位和建筑控制尺寸。

（8）对贴邻的原有建筑，应绘出其局部的平、立、剖面，标注相关尺寸，并索引新建筑与原有建筑结合处的详图号。

（9）计算书。

1）建筑节能计算书。

A. 根据不同气候分区地区的要求进行建筑的体形系数计算；

B. 根据建筑类别，计算各单一立面外窗（包括透光幕墙）窗墙面积比、屋顶透光部分面积比，确定外窗（包括透光幕墙）、屋顶透光部分的热工性能满足规范的限值要求；

C. 根据不同气候分区城市的要求对屋面、外墙（包括非透光幕墙）、底面接触室外空气的架空或外挑楼板等围护结构部位进行热工性能计算；

D. 当规范允许的个别限值超过要求，通过围护结构热工性能的权衡判断，使围护结构总体热工性能满足节能要求。

2）根据工程性质和特点，提出进行视线、声学、安全疏散等方面的计算依据、技术要求。

（10）当项目按绿色建筑要求建设时，相关的平、立、剖面图应包括采用的绿色建筑设计技术内容，并绘制相关的构造详图。

（11）增加保温节能材料的燃烧性能等级，与消防相统一。

（四）结构

1. 内容

在施工图设计阶段，结构专业设计文件应包含图纸目录、设计说明、设计图纸、计算书。

2. 图纸目录

应按图纸序号排列，先列新绘制图纸，后列选用的重复利用图和标准图。

3. 结构设计总说明

每一单项工程应编写一份结构设计总说明，对多子项工程应编写统一的结构设计总说明。当工程以钢结构为主或包含较多的钢结构时，应编制钢结构设计总说明。当工程较简单时，亦可将总说明的内容分散写在相关部分的图纸中。

结构设计总说明应包括以下内容：

（1）工程概况：

1）工程地点、工程周边环境（如轨道交通）、工程分区，主要功能；

2）各单体（或分区）建筑的长、宽、高，地上与地下层数，各层层高，结构类型、结构规则性判别，主要结构跨度，特殊结构及造型，工业厂房的吊车吨位等；

3）当采用装配式结构时，应说明结构类型及采用的预制构件类型等。

（2）设计依据：

1）主体结构设计使用年限。

2）自然条件：基本风压，地面粗糙度，基本雪压，气温（必要时提供），抗震设防烈度等。

3）工程地质勘察报告。

4）场地地震安全性评价报告（必要时提供）。

5）风洞试验报告（必要时提供）。

6）相关节点和构件试验报告（必要时提供）。

7）振动台试验报告（必要时提供）。

8）建设单位提出的与结构有关的符合有关标准、法规的书面要求。

9）初步设计的审查、批复文件。

10）对于超限高层建筑，应有建筑结构工程超限设计可行性论证报告的批复文件。

11）采用桩基时应按相关规范进行承载力检测并提供检测报告。

12）本专业设计所执行的主要法规和所采用的主要标准（包括标准的名称、编号、年号和版本号）。

（3）图纸说明：

1）图纸中标高、尺寸的单位；

2）设计±0.000标高所对应的绝对标高值；

3）当图纸按工程分区编号时，应有图纸编号说明；

4）常用构件代码及构件编号说明；

5）各类钢筋代码说明，型钢代码及其截面尺寸标记说明；

6）混凝土结构采用平面整体表示方法时，应注明所采用的标准图名称及编号或提供标准图。

（4）建筑分类等级：

应说明下列建筑分类等级及所依据的规范或批文：

1）建筑结构安全等级；

2）地基基础设计等级；

3）建筑抗震设防类别；

4）主体结构类型及抗震等级；

5）地下水位标高和地下室防水等级；

6）人防地下室的设计类别、防常规武器抗力级别和防核武器抗力级别；

7）建筑防火分类等级和耐火等级；

8）混凝土构件的环境类别；

9）湿陷性黄土场地建筑物分类；

10）对超限建筑，注明结构抗震性能目标、结构及各类构件的抗震性能水准。

（5）主要荷载（作用）取值及设计参数：

1）楼（屋）面面层荷载、吊挂（含吊顶）荷载；

2）墙体荷载、特殊设备荷载；

3）栏杆荷载；

4）楼（屋）面活荷载；

5）风荷载（包括地面粗糙度、体形系数、风振系数等）；

6）雪荷载（包括积雪分布系数等）；

7）地震作用（包括设计基本地震加速度、设计地震分组、场地类别、场地特征周期、结构阻尼比、水平地震影响系数最大值等）；

8）温度作用及地下室水浮力的有关设计参数。

（6）设计计算程序：

1）结构整体计算及其他计算所采用的程序名称、版本号、编制单位；

2）结构分析所采用的计算模型，多、高层建筑整体计算的嵌固部位和底部加强区范围等。

（7）主要结构材料：

1）结构材料性能指标。

2）混凝土强度等级（按标高及部位说明所用混凝土强度等级），防水混凝土的抗渗等级，轻骨料混凝土的密度等级；注明混凝土耐久性的基本要求；采用预搅拌混凝土的要求。

3）砌体的种类及其强度等级、干容重，砌筑砂浆的种类及等级，砌体结构施工质量控制等级；采用预搅拌砂浆的要求。

4）钢筋种类及使用部位、钢绞线或高强钢丝种类及其对应产品标准，其他特殊要求（如强屈比等）。

5）成品拉索、预应力结构的锚具、成品支座（如各类橡胶支座、钢支座、隔震支座等）、阻尼器等特殊产品的技术参数。

6）钢结构所用的材料见钢结构工程的内容。

7）装配式结构连接材料的种类及要求（包括连接套筒、浆锚金属波纹管、冷挤压接头性能等级要求、预制夹心外墙内的拉结件、套筒灌浆料、水泥基灌浆料性能指标，螺栓材料及规格、接缝材料及其他连接方式所使用的材料）。

（8）基础及地下室工程：

1）工程地质及水文地质概况，各主要土层的压缩模量及承载力特征值等；对不良地基的处理措施及技术要求，抗液化措施及要求，地基土的冰冻深度、场地土的特殊地质条件等。

2）注明基础形式和基础持力层；采用桩基时应简述桩型、桩径、桩长、桩端持力层及桩进入持力层的深度要求，设计所采用的单桩承载力特征值（必要时尚应包括竖向抗拔承载力和水平承载力）、地基承载力的检验要求（如静载试验、桩基的试桩及检测要求）等。

3）地下室抗浮（防水）设计水位及抗浮措施，施工期间的降水要求及终止降水的条件等。

4）基坑、承台坑回填要求。

5）基础大体积混凝土的施工要求。

6）当有人防地下室时，应图示人防部分与非人防部分的分界范围。

7）各类地基基础检测要求。

（9）钢筋混凝土工程：

1）各类混凝土构件的环境类别及其最外层钢筋的保护层厚度；

2）钢筋锚固长度、搭接长度、连接方式及要求，各类构件的钢筋锚固要求；

3）预应力构件采用后张法时的孔道做法及布置要求、灌浆要求等，预应力构件张拉端、固定端构造要求及做法，锚具防护要求等；

4）预应力结构的张拉控制应力，张拉顺序，张拉条件（如张拉时的混凝土强度等），必要的张拉测试要求等；

5）梁、板的起拱要求及拆模条件；

6）后浇带或后浇块的施工要求（包括补浇时间要求）；

7）特殊构件施工缝的位置及处理要求；

8）预留孔洞的统一要求（如补强加固要求），各类预埋件的统一要求；

9）防雷接地要求。

（10）钢结构工程：

1）概述采用钢结构的部位及结构形式、主要跨度等。

2）钢结构材料：钢材牌号和质量等级，以及所对应的产品标准；必要时提出物理力学性能和化学成分要求及其他要求，如Z向性能、碳当量、耐候性能、交货状态等。

3）焊接方法及材料：各种钢材的焊接方法及对所采用焊材的要求。

4）螺栓材料：注明螺栓种类、性能等级，高强螺栓的接触面处理方法、摩擦面抗滑移系数，以及各类螺栓所对应的产品标准。

5）焊钉种类及对应的产品标准。

6）应注明钢构件的成形方式（热轧、焊接、冷弯、冷压、热弯、铸造等），圆钢管种类（无缝管、直缝焊管等）。

7）压型钢板的截面形式及产品标准。

8）焊缝质量等级及焊缝质量检查要求。

9）钢构件制作要求。

10）钢结构安装要求，对跨度较大的钢构件必要时提出起拱要求。

11）涂装要求：注明除锈方法及除锈等级以及对应的标准；注明防腐底漆的种类、干漆膜最小厚度和产品要求；当存在中间漆和面漆时，也应分别注明其种类、干漆膜最小厚度和要求；注明各类钢构件所要求的耐火极限、防火涂料类型及产品要求；注明防腐年限及定期维护要求。

12）钢结构主体与围护结构的连接要求。

13）必要时，应提出结构检测要求和特殊节点的试验要求。

（11）砌体工程：

1）砌体墙的材料种类、厚度、成墙后的墙重限制；

2）砌体填充墙与框架梁、柱、剪力墙的连接要求或注明所引用的标准图；

3）砌体墙上门窗洞口过梁要求或注明所引用的标准图；

4）需要设置的构造柱、圈梁（拉梁）要求及附图或注明所引用的标准图。

（12）检测（观测）要求：

1）沉降观测要求；

2）大跨结构及特殊结构的检测、施工和使用阶段的健康监测要求；

3）高层、超高层结构应根据情况补充日照变形观测等特殊变形要求观测要求；

4）基桩的检测。

（13）施工需特别注意的问题。

（14）有基坑时应对基坑设计提出技术要求。

（15）当项目按绿色建筑要求建设时，应有绿色建筑设计说明：

1）按照《建筑抗震设计规范》（GB 50011—2010）的建筑体形规则性划分规定说明建

筑体形的规则性；

2）说明设计使用的可再利用和可再循环建筑材料的应用范围及用量比例。如：预搅拌混凝土的适用范围、预搅拌砂浆的使用情况、钢筋选用原则以及设计使用高强度材料的名称及范围、设计使用高耐久性建筑结构材料的名称和范围；说明设计所采用的工程化建筑预制构件名称及其应用范围。

（16）当项目按装配式结构要求建设时，应有装配式结构设计专项说明：

1）设计依据及配套图集：

A. 装配式结构采用的主要法规和主要标准（包括标准的名称、编号、年号和版本号）；

B. 配套的相关图集（包括图集的名称、编号、年号和版本号）；

C. 采用的材料及性能要求；

D. 预制构件详图及加工图。

2）预制构件的生产和检验要求。

3）预制构件的运输和堆放要求。

4）预制构件现场安装要求。

5）装配式结构验收要求。

4. 基础平面图

（1）绘出定位轴线、基础构件（包括承台、基础梁等）的位置、尺寸、底标高、构件编号，基础底标高不同时，应绘出放坡示意图；表示施工后浇带的位置及宽度。

（2）标明砌体结构墙与墙垛、柱的位置与尺寸、编号；混凝土结构可另绘结构墙、柱平面定位图，并注明截面变化关系尺寸。

（3）标明地沟、地坑和已定设备基础的平面位置、尺寸、标高，预留孔与预埋件的位置、尺寸、标高。

（4）需进行沉降观测时注明观测点位置（宜附测点构造详图）。

（5）基础设计说明应包括基础持力层及基础进入持力层的深度，地基的承载力特征值，持力层验槽要求，基底及基槽回填土的处理措施与要求，以及对施工的有关要求等。

（6）采用桩基时应绘出桩位平面位置、定位尺寸及桩编号；先做试桩时，应单独绘制试桩定位平面图。

（7）当采用人工复合地基时，应绘出复合地基的处理范围和深度，置换桩的平面布置及其材料和性能要求、构造详图；注明复合地基的承载力特征值及变形控制值等有关参数和检测要求。

当复合地基另由有设计资质的单位设计时，基础设计方应对经处理的地基提出承载力特征值和变形控制值的要求及相应的检测要求。

5. 基础详图

（1）砌体结构无筋扩展基础应绘出剖面、基础圈梁、防潮层位置，并标注总尺寸、分尺寸、标高及定位尺寸。

（2）扩展基础应绘出平面和剖面及配筋、基础垫层，标注总尺寸、分尺寸、标高及定位尺寸等。

（3）桩基应绘出桩详图、承台详图及桩与承台的连接构造详图。桩详图包括桩顶标高、桩长、桩身截面尺寸、配筋、预制桩的接头详图，并说明地质概况、桩持力层及桩端进入持力层的深度、成桩的施工要求、桩基的检测要求，注明单桩的承载力特征值（必要时尚应包括竖向抗拔承载力及水平承载力）。先做试桩时，应单独绘制试桩详图并提出试桩要求。承台详图包括平面、剖面、垫层、配筋，标注总尺寸、分尺寸、标高及定位尺寸。

（4）筏基、箱基可参照相应图集表示，但应绘出承重墙、柱的位置。当要求设后浇带时应表示其平面位置并绘制构造详图。对箱基和地下室基础，应绘出钢筋混凝土墙的平面、剖面及其配筋，当预留孔洞、预埋件较多或复杂时，可另绘墙的模板图。

（5）基础梁可按相应图集表示。

对形状简单、规则的无筋扩展基础、扩展基础、基础梁和承台板，也可用列表方法表示。

6. 结构平面图

（1）一般建筑的结构平面图，均应有各层结构平面图及屋面结构平面图，具体内容为：

1）绘出定位轴线及梁、柱、承重墙、抗震构造柱位置及必要的定位尺寸，并注明其编号和楼面结构标高。

2）装配式建筑墙柱结构布置图中用不同的填充符号标明预制构件和现浇构件，采用预制构件时注明预制构件的编号，给出预制构件编号与型号对应关系以及详图索引号。预制板的跨度方向、板号、数量及板底标高，标出预留洞大小及位置；预制梁、洞口过梁的位置和型号、梁底标高。

3）现浇板应注明板厚、板面标高、配筋（亦可另绘放大的配筋图，必要时应将现浇楼面模板图和配筋图分别绘制），标高或板厚变化处绘局部剖面，有预留孔、埋件、已定设备基础时应示出规格与位置，洞边加强措施，当预留孔、埋件、设备基础复杂时亦可另绘详图；必要时尚应在平面图中表示施工后浇带的位置及宽度；电梯间机房尚应表示吊钩平面位置与详图。

4）砌体结构有圈梁时应注明位置、编号、标高，可用小比例绘制单线平面示意图。

5）楼梯间可绘斜线，注明编号与所在详图号。

6）屋面结构平面布置图内容与楼层平面类同，当结构找坡时应标注屋面板的坡度、坡向、坡向起终点处的板面标高，当屋面上有留洞或其他设施时应绘出其位置、尺寸与详图，女儿墙或女儿墙构造柱的位置、编号及详图；

7）当选用标准图中节点或另绘节点构造详图时，应在平面图中注明详图索引号；

8）人防地下室平面中应标明人防区和非人防区，注明人防墙名称（如临空墙）与编号。

（2）单层空旷房屋应绘制构件布置图及屋面结构布置图，应有以下内容：

1）构件布置应表示定位轴线，墙、柱、天桥、过梁、门楹、雨棚、柱间支撑、连系梁等的布置、编号、构件标高及详图索引号，并加注有关说明等；必要时应绘制剖面、立面结构布置图。

2）屋面结构布置图应表示定位轴线、屋面结构构件的位置及编号，支撑系统布置及编号，预留孔洞的位置、尺寸，节点详图索引号，有关的说明等。

7. 钢筋混凝土构件详图

（1）现浇构件（现浇梁、板、柱及墙等详图）应绘出：

1）纵剖面、长度、定位尺寸、标高及配筋，梁和板的支座（可利用标准图中的纵剖面图）；现浇预应力混凝土构件尚应绘出预应力筋定位图并提出锚固及张拉要求。

2）横剖面、定位尺寸、断面尺寸、配筋（可利用标准图中的横剖面图）。

3）必要时绘制墙体立面图。

4）若钢筋较复杂不易表示清楚时，宜将钢筋分离绘出。

5）对构件受力有影响的预留洞、预埋件，应注明其位置、尺寸、标高、洞边配筋及预埋件编号等。

6）曲梁或平面折线梁宜绘制放大平面图，必要时可绘展开详图。

7）一般的现浇结构的梁、柱、墙可采用"平面整体表示法"绘制，标注文字较密时，纵、横向梁宜分两幅平面绘制。

8）除总说明已叙述外需特别说明的附加内容，尤其是与所选用标准图不同的要求（如钢筋锚固要求、构造要求等）。

9）对建筑非结构构件及建筑附属机电设备与结构主体的连接，应绘制连接或锚固详图。

非结构构件自身的抗震设计，由相关专业人员分别负责进行。

（2）预制构件应绘出：

1）构件模板图，应表示模板尺寸、预留洞及预埋件位置、尺寸，预埋件编号、必要的标高等；后张预应力构件尚需表示预留孔道的定位尺寸、张拉端、锚固端等。

2）构件配筋图：纵剖面表示钢筋形式、箍筋直径与间距，配筋复杂时宜将非预应力筋分离绘出；横剖面注明断面尺寸、钢筋规格、位置、数量等。

3）需作补充说明的内容。

对形状简单、规则的现浇或预制构件，在满足上述规定前提下，可用列表法绘制。

8. 混凝土结构节点构造详图

（1）对于现浇钢筋混凝土结构应绘制节点构造详图（可引用标准设计、通用图集中的详图）。

（2）预制装配式结构的节点，梁、柱与墙体锚拉等详图应绘出平面和剖面，注明相互定位关系、构件代号、连接材料、附加钢筋（或埋件）的规格、型号、性能、数量，并注明连接方法以及对施工安装、后浇混凝土的有关要求等。

（3）需作补充说明的内容。

9. 其他图纸

（1）楼梯图：应绘出每层楼梯结构平面布置及剖面图，注明尺寸、构件代号、标高；梯梁、梯板详图（可用列表法绘制）。

（2）预埋件：应绘出其平面、侧面或剖面，注明尺寸、钢材和锚筋的规格、型号、性能、焊接要求。

（3）特种结构和构筑物：如水池、水箱、烟囱、烟道、管架、地沟、挡土墙、筒仓、大型或特殊要求的设备基础、工作平台等，均宜单独绘图；应绘出平面、特征部位剖面及配筋，注明定位关系、尺寸、标高、材料品种和规格、型号、性能。

10. 钢结构设计施工图

钢结构设计施工图的内容和深度应能满足进行钢结构制作详图设计的要求。钢结构制作详图一般应由具有钢结构专项设计资质的加工制作单位完成，也可由具有该项资质的其他单位完成，其设计深度由制作单位确定。钢结构设计施工图不包括钢结构制作详图的内容。

钢结构设计施工图应包括以下内容：

（1）钢结构设计总说明：以钢结构为主或钢结构（包括钢骨结构）较多的工程，应单独编制钢结构（包括钢骨结构）设计总说明，应包括结构设计总说明中有关钢结构的内容。

（2）基础平面图及详图：应表达钢柱的平面位置及其与下部混凝土构件的连接构造详图。

（3）结构平面（包括各层楼面、屋面）布置图：应注明定位关系、标高、构件（可用粗单线绘制）的位置、构件编号及截面形式和尺寸、节点详图索引号等；必要时应绘制檩条、墙梁布置图和关键剖面图；空间网架应绘制上、下弦杆及腹杆平面图和关键剖面图，平面图中应有杆件编号及截面形式和尺寸、节点编号及形式和尺寸。

（4）构件与节点详图。

1）简单的钢梁、柱可用统一详图和列表法表示，注明构件钢材牌号、必要的尺寸、规格，绘制各种类型连接节点详图（可引用标准图）。

2）格构式构件应绘出平面图、剖面图、立面图或立面展开图（对弧形构件），注明定位尺寸、总尺寸、分尺寸，注明单构件型号、规格，绘制节点详图和与其他构件的连接详图。

3）节点详图应包括：连接板厚度及必要的尺寸、焊缝要求，螺栓的型号及其布置，焊钉布置等。

11. 计算书

（1）采用手算的结构计算书，应给出构件平面布置简图和计算简图、荷载取值的计算或说明；结构计算书内容宜完整、清楚，计算步骤要条理分明，引用数据有可靠依据，采用计算图表及不常用的计算公式，应注明其来源出处，构件编号、计算结果应与图纸一致。

（2）当采用计算机程序计算时，应在计算书中注明所采用的计算程序名称、代号、版本及编制单位，计算程序必须经过有效审定（或鉴定），电算结果应经分析认可；总体输入信息、计算模型、几何简图、荷载简图和输出结果应整理成册。

（3）采用结构标准图或重复利用图时，宜根据图集的说明，结合工程进行必要的核算工作，且应作为结构计算书的内容。

（4）所有计算书应校审，并由设计、校对、审核人（必要时包括审定人）在计算书的封面上签字，作为技术文件归档。

（5）当项目按绿色建筑设计时，应计算设计采用的高强度材料和高耐久性建筑结构材料用量比例。

（五）建筑电气

1. 图纸内容

在施工图设计阶段，建筑电气专业设计文件图纸部分应包括图纸目录、设计说明、设计图、主要设备表，电气计算部分出计算书。

2. 图纸目录

应分别以系统图、平面图等按图纸序号排列，先列新绘制图纸，后列选用的重复利用图和标准图。

3. 设计说明

（1）工程概况：初步（或方案）设计审批定案的主要指标。

（2）设计依据。

（3）设计范围。

（4）设计内容（应包括建筑电气各系统的主要指标）。

（5）各系统的施工要求和注意事项（包括线路选型、敷设方式及设备安装等）。

（6）设备主要技术要求（亦可附在相应图纸上）。

（7）防雷、接地及安全措施（亦可附在相应图纸上）。

（8）电气节能及环保措施。

（9）绿色建筑电气设计：

1）绿色建筑设计目标；

2）建筑电气设计采用的绿色建筑技术措施；

3）建筑电气设计所达到的绿色建筑技术指标。

（10）与相关专业的技术接口要求。

（11）智能化设计：

1）智能化系统设计概况；

2）智能化各系统的供电、防雷及接地等要求；

3）智能化各系统与其他专业设计的分工界面、接口条件。

（12）其他专项设计、深化设计

1）其他专项设计、深化设计概况；

2）建筑电气与其他专项、深化设计的分工界面及接口要求。

4. 图例符号（应包括设备选型、规格及安装等信息）

5. 电气总平面图（仅有单体设计时，可无此项内容）

（1）标注建筑物、构筑物名称或编号、层数，注明各处标高、道路、地形等高线和用户的安装容量。

（2）标注变电站和配电站位置、编号，变压器台数、容量，发电机台数、容量，室外配电箱的编号、型号，室外照明灯具的规格、型号、容量。

（3）架空线路应标注：线路规格及走向，回路编号，杆位编号，档数、档距、杆高、拉线、重复接地、避雷器等（附标准图集选择表）。

（4）电缆线路应标注：线路走向、回路编号、敷设方式、人（手）孔型号、位置。

（5）比例、指北针。

（6）图中未表达清楚的内容可随图作补充说明。

6. 变电站和配电站设计图

（1）高、低压配电系统图（一次线路图）

图中应标明变压器、发电机的型号、规格，母线的型号、规格，标明开关、断路器、互感器、继电器、电工仪表（包括计量仪表）等的型号、规格、整定值（此部分也可标注在图中表格中）。图下方表格标注：开关柜编号、开关柜型号、回路编号、设备容量、计算电流、导体型号及规格、敷设方法、用户名称、二次原理图方案号（当选用分隔式开关柜时，可增加小室高度或模数等相应栏目）。

（2）平面图和剖面图

按比例绘制变压器、发电机、开关柜、控制柜、直流及信号柜、补偿柜、支架、地沟、接地装置等平面布置、安装尺寸等，以及变电站和配电站的典型剖面，当选用标准图时，应标注标准图编号、页次；标注进出线回路编号、敷设安装方法，图纸应有设备明细表、主要轴线、尺寸、标高、比例。

（3）继电保护及信号原理图

继电保护及信号二次原理方案号，宜选用标准图、通用图。当需要对所选用标准图或通用图进行修改时，仅需绘制修改部分并说明修改要求。

控制柜、直流电源及信号柜、操作电源均应选用标准产品，图中标示相关产品型号、规格和要求。

（4）配电干线系统图

以建筑物、构筑物为单位，自电源点开始至终端配电箱止，按设备所处相应楼层绘制，应包括变电站和配电站变压器编号、容量、发电机编号、容量、各处终端配电箱编号、容量，自电源点引出回路编号。

（5）相应图纸说明

图中表达不清楚的内容，可随图作相应说明。

7. 配电、照明设计图

（1）配电箱（或控制箱）系统图，应标注配电箱编号、型号，进线回路编号；标注各元器件型号、规格、整定值；配出回路编号、导线型号规格、负荷名称等（对于单相负荷应标明相别），对有控制要求的回路应提供控制原理图或控制要求；当数量较少时，上述配电箱（或控制箱）系统内容在平面图上标注完整的，可不单独出配电箱（或控制箱）系统图。

（2）配电平面图应包括建筑门窗、墙体、轴线、主要尺寸、房间名称、工艺设备编号及容量；布置配电箱、控制箱，并注明编号；绘制线路始、终位置（包括控制线路），标注回路编号、敷设方式（需强调时）；凡需专项设计场所，其配电和控制设计图随专项设计，但配电平面图上应相应标注预留的配电箱，并标注预留容量；图纸应有比例。

（3）照明平面图应包括建筑门窗、墙体、轴线、主要尺寸、标注房间名称、绘制配电箱、灯具、开关、插座、线路等平面布置，标明配电箱编号，干线、分支线回路编号；凡需二次装修部位，其照明平面图及配电箱系统图由二次装修设计，但配电或照明平面图上应相应标注预留的照明配电箱，并标注预留容量；图纸应有比例。

（4）图中表达不清楚的，可随图作相应说明。

8. 建筑设备控制原理图

（1）建筑电气设备控制原理图，有标准图集的可直接标注图集方案号或者页次。

1）控制原理图应注明设备明细表；

2）选用标准图集时若有不同处应作说明。

（2）建筑设备监控系统及系统集成设计图。

1）监控系统方框图绘至DDC站止。

2）随图说明相关建筑设备监控（测）要求、点数，DDC站位置。

9. 防雷、接地及安全设计图

（1）绘制建筑物顶层平面，应有主要轴线号、尺寸、标高、标注接闪杆、接闪器、引下线位置。注明材料型号规格、所涉及的标准图编号、页次，图纸应标注比例。

（2）绘制接地平面图（可与防雷顶层平面重合），绘制接地线、接地极、测试点、断接卡等的平面位置、标明材料型号、规格、相对尺寸等及涉及的标准图编号、页次，图纸应标注比例。

（3）当利用建筑物（或构筑物）钢筋混凝土内的钢筋作为防雷接闪器、引下线、接地装置时，应标注连接方式，接地电阻测试点，预埋件位置及敷设方式，注明所涉及的标准图编号、页次。

（4）随图说明可包括：防雷类别和采取的防雷措施（包括防侧击雷、防雷击电磁脉冲、防高电位引入）；接地装置形式、接地极材料要求、敷设要求、接地电阻值要求；当利用桩基、基础内钢筋作接地极时，应采取的措施。

（5）除防雷接地外的其他电气系统的工作或安全接地的要求，如果采用共用接地装置，应在接地平面图中叙述清楚，交代不清楚的应绘制相应图纸。

10. 电气消防

（1）电气火灾监控系统

1）应绘制系统图，以及各监测点名称、位置等；

2）一次部分绘制并标注在配电箱系统图上；

3）在平面图上应标注或说明监控线路型号、规格及敷设要求。

（2）消防设备电源监控系统

1）应绘制系统图，以及各监测点名称、位置等；

2）电气火灾探测器绘制并标注在配电箱系统图上；

3）在平面图上应标注或说明监控线路型号、规格及敷设要求。

（3）防火门监控系统

1）防火门监控系统图、施工说明；

2）各层平面图，应包括设备及器件布点、连线，线路型号、规格及敷设要求。

（4）火灾自动报警系统

1）火灾自动报警及消防联动控制系统图、施工说明、报警及联动控制要求；

2）各层平面图，应包括设备及器件布点、连线，线路型号、规格及敷设要求。

（5）消防应急广播

1）消防应急广播系统图、施工说明；

2）各层平面图，应包括设备及器件布点、连线，线路型号、规格及敷设要求。

11. 智能化各系统设计

（1）智能化各系统及其子系统的系统框图；

（2）智能化各系统及其子系统的干线桥架走向平面图；

（3）智能化各系统及其子系统竖井布置分布图。

12. 主要电气设备表

注明主要电气设备的名称、型号、规格、单位、数量。

13. 计算书

施工图设计阶段的计算书，计算内容同初设要求。

14. 采用装配式建筑技术设计时，应明确装配式建筑设计电气专项内容

（1）明确装配式建筑电气设备的设计原则及依据；

（2）对预埋在建筑预制墙及现浇墙内的电气预埋箱、盒、孔洞、沟槽及管线等要有做法标注及详细定位；

（3）预埋管、线、盒及预留孔洞、沟槽及电气构件间的连接做法；

（4）墙内预留电气设备时的隔声及防火措施，设备管线穿过预制构件部位采取相应的防水、防火、隔声、保温等措施；

（5）采用预制结构柱内钢筋作为防雷引下线时，应绘制预制结构柱内防雷引下线间连接大样，标注所采用防雷引下线钢筋、连接件规格以及详细做法。

（六）给水排水

1. 内容

在施工图设计阶段，建筑给水排水专业设计文件应包括图纸目录、施工图设计说明、设计图纸、设备及主要材料表、计算书。

2. 图纸目录

绘制设计图纸目录、选用的标准图目录及重复利用图纸目录。

3. 设计总说明

（1）设计总说明。设计总说明可分为设计说明、施工说明两部分。

1）设计依据：

A. 已批准的初步设计（或方案设计）文件（注明文号）。

B. 设单位提供有关资料和设计任务书。

C. 本专业设计所采用的主要规范、标准（包括标准的名称、编号、年号和版本号）。

D. 工程可利用的市政条件或设计依据的市政条件：说明接入的市政给水管根数、接入位置、管径、压力，或生活、生产、室内外消防给水来源情况；说明污、废水排至市政排水管或排放需要达到的水质要求、污废水预处理措施，需要进行污水处理或中水回用时需要达到的水质标准及采取的技术措施。

E. 建筑和有关专业提供的条件图和有关资料。

2）工程概况：内容参照初步设计。

3）设计范围：内容参照初步设计。

4）给水排水系统简介：

A．主要的技术指标（如最高日用水量、平均时用水量、最大时用水量，各给水系统的设计流量、设计压力，最高日生活污水排水量，雨水暴雨强度公式及排水设计重现期、设计雨水流量，设计小时耗热量、热水用水量、循环冷却水量及补水量，各消防系统的设计参数、消防用水量及消防总用水量等）；

B．设计采用的系统简介、系统运行控制方法等。

5）说明主要设备、管材、器材、阀门等的选型。

6）说明管道敷设、设备、管道基础，管道支吊架及支座，管道、设备的防腐蚀、防冻和防结露、保温，管道、设备的试压和冲洗等。

7）专篇中如建筑节能、节水、环保、人防、卫生防疫等给水排水所涉及的内容。

8）绿色建筑设计：

当项目按绿色建筑要求建设时，应有绿色建筑设计说明。

A．设计依据；

B．绿色建筑设计的项目特点与定位；

C．给水排水专业相关的绿色建筑技术选项内容及技术措施；

D．需在其他子项或专项设计、二次深化设计中完成的内容（如中水处理、雨水收集回用等），以及相应设计参数、技术要求。

9）需专项设计及二次深化设计的系统应提出设计要求。

10）凡不能用图示表达的施工要求，均应以设计说明表述。

11）有特殊需要说明的可分列在有关图纸上。

（2）图例。

4. 建筑小区（室外）给水排水总平面图

（1）绘制各建筑物的外形、名称、位置、标高、道路及其主要控制点坐标、标高、坡向，指北针（或风玫瑰图）、比例。

（2）绘制给水排水管网及构筑物的位置（坐标或定位尺寸），备注构筑物的主要尺寸。

（3）对较复杂工程，可将给水、排水（雨水、污废水）总平面图分开绘制，以便于施工（简单工程可绘在一张图上）。

（4）标明给水管管径、阀门井、水表井、消火栓（井）、消防水泵接合器（井）等。

（5）排水管标注主要检查井编号、水流坡向、管径，标注管道接口处市政管网（检查井）的位置、标高、管径等。

5. 室外排水管道高程表或纵断面图

（1）排水管道绘制高程表，将排水管道的主要检查井编号、井距、管径、坡度、设计地面标高、管内底标高、管道埋深等写在表内。

简单的工程，可将上述内容（管道埋深除外）直接标注在平面图上，不列表。

（2）对地形复杂的排水管道以及管道交叉较多的给水排水管道，宜绘制管道纵断面图。图中应表示出主要检查井编号、井距、管径、坡度、设计地面标高、管道标高（给水管道注管中心，排水管道注管内底）、管道埋深、管材、接口形式、管道基础、管道平面示意，并标出交叉管的管径、位置、标高；纵断面图比例宜为竖向1∶50或1∶100，横向1∶500（或与总平面图的比例一致）。

6. 自备水源取水工程

自备水源取水工程，应按照《市政公用工程设计文件编制深度规定》要求，另行专项设计。

7. 雨水控制与利用及各净化建筑物、构筑物平面、剖面及详图

分别绘制各建筑物、构筑物的平面、剖面及详图，图中表示出工艺设备布置、各细部尺寸、标高、构造、管径及管道穿池壁预埋管管径或加套管的尺寸、位置、结构形式和引用详图。

8. 水泵房平面图及剖面图

（1）平面图。应绘出水泵基础外框及编号、管道位置，列出设备及主要材料表，标出管径、阀件、起吊设备、计量设备等位置、尺寸。如需设真空泵或其他引水设备时，要绘出有关的管道系统和平面位置及排水设备。

（2）剖面图。绘出水泵基础剖面尺寸、标高，水泵轴线、管道、阀门安装标高，防水套管位置及标高。简单的泵房，用系统轴测图能交代清楚时，可不绘剖面图。

（3）管径较大时宜绘制双线图。

9. 水塔（箱）、水池配管及详图

分别绘出水塔（箱）、水池的形状、工艺尺寸、进水、出水、泄水、溢水、透气、水位计、水位信号传输器等平面图、剖面图或系统轴测图及详图，标注管径、标高、最高水位、最低水位、消防储备水位等及储水容积。

10. 循环水构筑物的平面、剖面及系统图

有循环水系统时，应绘出循环冷却水系统的构筑物（包括用水设备、冷却塔等）、循环水泵房及各种循环管道的平面、剖面及系统图或展开系统原理图（当绘制系统轴测图时，可不绘制剖面图），并标注相关设计参数。

11. 污水处理

如有集中的污水处理，应按照《市政公用工程设计文件编制深度规定》要求，另行专项设计。

12. 建筑室内给水排水图纸

（1）平面图

1）应绘出与给水排水、消防给水管道布置有关各层的平面，内容包括主要轴线编

号、房间名称、用水点位置，注明各种管道系统编号（或图例）；

2）应绘出给水排水、消防给水管道平面布置、立管位置及编号，管道穿剪力墙处定位尺寸、标高、预留孔洞尺寸及其他必要的定位尺寸，管道穿越建筑物地下室外墙或有防水要求的构（建）筑物的防水套管形式、套管管径、定位尺寸、标高等；

3）当采用展开系统原理图时，应标注管道管径、标高，在给水排水管道安装高度变化处用符号表示清楚，并分别标出标高（排水横管应标注管道坡度、起点或终点标高），管道密集处应在该平面中画横断面图将管道布置定位表示清楚；

4）底层（首层）等平面应注明引入管、排出管、水泵接合器管道等管径、标高及与建筑物的定位尺寸，还应绘出指北针。引入管应标注管道设计流量和水压值；

5）标出各楼层建筑平面标高（如卫生设备间平面标高有不同时，应另加注或用文字说明）和层数，建筑灭火器放置地点（也可在总说明中交代清楚）；

6）若管道种类较多，可分别绘制给水排水平面图和消防给水平面图；

7）需要专项设计（含二次深化设计）时，应在平面图上注明位置，预留孔洞，设备与管道接口位置及技术参数。

（2）系统图

系统图可按系统原理图或系统轴测图绘制。

1）系统原理图。

对于给水排水系统和消防给水系统等，采用原理图或展开系统原理图将设计内容表达清楚时，绘制（展开）系统原理图。

图中标明立管和横管的管径、立管编号、楼层标高、层数、室内外地面标高、仪表及阀门、各系统进出水管编号、各楼层卫生设备和工艺用水设备的连接，排水管还应标注立管检查口，通风帽等距地（板）高度及排水横管上的竖向转弯和清扫口等。

2）系统轴测图。

对于给水排水系统和消防给水系统，也可按比例分别绘出各种管道系统轴测图。图中标明管道走向、管径、仪表及阀门、伸缩节、固定支架、控制点标高和管道坡度（设计说明中已交代者，图中可不标注管道坡度），各系统进出水管和立管编号，各楼层卫生设备和工艺用水设备的连接点位置。

复杂的连接点应局部放大绘制；在系统轴测图上，应注明建筑楼层标高、层数、室内外地面标高；引入管道应标注管道设计流量和水压值；

3）当自动喷水灭火系统在平面图中已将管道管径、标高、喷头间距和位置标注清楚时，可简化绘制从水流指示器至末端试水装置（试水阀）等阀件之间的管道和喷头；

4）简单管段在平面上注明管径、坡度、走向、进出水管位置及标高，引入管设计流量和水压值，可不绘制系统图。

（3）局部放大图

对于给水排水设备用房及管道较多处，如水泵房、水池、水箱间、热交换器站、卫生间、水处理间、游泳池、水景、冷却塔布置、冷却循环水泵房、热泵热水、太阳能热水、雨水利用设备间、报警阀组、管井、气体消防储瓶间等，当平面图不能交代清楚时，应绘出局部放大平面图；可绘出其平面图、剖面图（或轴测图、卫生间管道也可绘制展开图），或注明引用的详图、标准图号。

管径较大且系统复杂的设备用房宜绘制双线图。

13. 设备及主要材料表

给出使用的设备、主要材料、器材的名称、性能参数、计数单位、数量、备注等。

14. 计算书

根据初步设计审批意见进行施工图阶段设计计算。

15. 当采用装配式建筑技术设计时，应明确装配式建筑设计给水排水专项内容

（1）明确装配式建筑给水排水设计的原则及依据。

（2）对预埋在建筑预制墙及现浇墙内的预留孔洞、沟槽及管线等要有做法标注及详细定位。

（3）预埋管、线、孔洞、沟槽间的连接做法。

（4）墙内预留给水排水设备时的隔声及防水措施；管线穿过预制构件部位采取相应的防水、防火、隔声、保温等措施。

（5）与相关专业的技术接口要求。

（七）供暖通风与空气调节

1. 内容

在施工图设计阶段，供暖通风与空气调节专业设计文件应包括图纸目录、设计与施工说明、设备表、设计图纸、计算书。

2. 图纸目录

先列新绘图纸，后列选用的标准图或重复利用图。

3. 设计说明和施工说明

（1）设计说明。

1）设计依据：

A. 摘述设计任务书和其他依据性资料中与供暖通风与空气调节专业有关的主要内容；

B. 与本专业有关的批准文件和建设单位提出的符合有关法规、标准的要求；

C. 本专业设计所执行的主要法规和所采用的主要标准等（包括标准的名称、编号、年号和版本号）；

D. 其他专业提供的设计资料等。

2）施工说明：

简述工程建设地点、建筑面积、规模、建筑防火类别、使用功能、层数、建筑高度等。

3）设计内容和范围：

根据设计任务书和有关设计资料，说明本专业设计的内容、范围以及与有关专业的设计分工。当本专业的设计内容分别由两个或两个以上的单位承担设计时，应明确交接配合的设计分工范围。

4）室内外设计参数。

5）供暖：

A. 供暖热负荷、折合耗热量指标。

B. 热源设置情况，热媒参数、热源系统工作压力及供暖系统总阻力。

C. 供暖系统水处理方式、补水定压方式、定压值（气压罐定压时注明工作压力值）等。

气压罐定压时，工作压力值指补水泵启泵压力、补水泵停泵压力、电磁阀开启压力和安全阀开启压力；

D. 设置供暖的房间及供暖系统形式、管道敷设方式。

E. 供暖热计量及室温控制，供暖系统平衡、调节手段。

F. 供暖设备、散热器类型等。

6）空调：

A. 空调冷、热负荷，折合耗冷、耗热量指标；

B. 空调冷、热源设置情况，热媒、冷媒及冷却水参数，系统工作压力等；

C. 空调系统水处理方式、补水定压方式、定压值（气压罐定压时注明工作压力值）等；

D. 各空调区域的空调方式，空调风系统简述等；

E. 空调水系统设备配置形式和水系统制式，水系统平衡、调节手段等；

F. 洁净空调净化级别及空调送风方式。

7）通风：

A. 设置通风的区域及通风系统形式；

B. 通风量或换气次数；

C. 通风系统设备选择和风量平衡。

8）监测与控制要求，有自动监控时，确定各系统自动监控原则（就地或集中监控），说明系统的使用操作要点等。

9）防排烟：

A. 简述设置防排烟的区域及其方式；

B. 防排烟系统风量确定；

C. 防排烟系统及其设施配置；

D. 控制方式简述；

E. 暖通空调系统的防火措施。

10）空调通风系统的防火、防爆措施。

11）节能设计。节能设计采用的各项措施、技术指标，包括有关节能设计标准中涉及的强制性条文的要求。

12）绿色建筑设计。当项目按绿色建筑要求建设时，说明绿色建筑设计目标，采用的主要绿色建筑技术和措施。

13）废气排放处理措施。

14）设备降噪、减振要求，管道和风道减振做法要求等。

15）需专项设计及二次深化设计的内容应提出设计要求。

（2）施工说明。施工说明应包括以下内容：

1）设计中使用的管道、风道、保温材料等材料选型及做法；

2）设备表和图例没有列出或没有标明性能参数的仪表、管道附件等的选型；

3）系统工作压力和试压要求；

4）图中尺寸、标高的标注方法；

5）施工安装要求及注意事项，大型设备安装要求及预留进、出运输通道。

6）采用的标准图集，施工及验收依据。

（3）图例。

（4）当本专业的设计内容分别由两个或两个以上的单位承担设计时，应明确交接配合的设计分工范围。

4. 设备表

施工图阶段性能参数栏应注明详细的技术数据。

5. 平面图

（1）绘出建筑轮廓、主要轴线号、轴线尺寸、室内外地面标高、房间名称，底层平面图上绘出指北针。

（2）供暖平面绘出散热器位置，注明片数或长度，供暖干管及立管位置、编号，管道的阀门、放气、泄水、固定支架、伸缩器、入口装置，管沟及检查孔位置，注明管道管径及标高。

（3）通风、空调、防排烟风道平面用双线绘出风道，复杂的平面应标出气流方向。标注风道尺寸（圆形风道标注管径，矩形风道标注宽×高）、主要风道定位尺寸、标高及风口尺寸，各种设备及风口安装的定位尺寸和编号，消声器、调节阀、防火阀等各种部件位置，标注风口设计风量（当区域内各风口设计风量相同时也可按区域标注设计风量）。

（4）风道平面应表示出防火分区，排烟风道平面还应表示出防烟分区。

（5）空调管道平面单线绘出空调冷热水、冷媒、冷凝水等管道，绘出立管位置和编号，绘出管道的阀门、放气、泄水、固定支架、伸缩器等，注明管道管径、标高及主要定位尺寸。

（6）多联式空调系统应绘制冷媒管和冷凝水管。

（7）需另做二次装修的房间或区域，可按常规进行设计，宜按房间或区域标出设计风量。风道可绘制单线图，不标注详细定位尺寸，并注明按配合装修设计图施工。

（8）与通风空调系统设计相关的工艺或局部的建筑使用功能未确定时，设计可预留通风空调系统设置的必要条件，如土建机房、井道及配电等。在工艺或局部的建筑使用功能确定后再进行相应的系统设计。

6. 通风、空调、制冷机房平面图和剖面图

（1）机房图应根据需要增大比例，绘出通风、空调、制冷设备（如冷水机组、新风机组、空调器、冷热水泵、冷却水泵、通风机、消声器、水箱等）的轮廓位置及编号，注明设备外形尺寸和基础距离墙或轴线的尺寸。

（2）绘出连接设备的风道、管道及走向，注明尺寸和定位尺寸、管径、标高，并绘制管道附件（各种仪表、阀门、柔性短管、过滤器等）。

（3）当平面图不能表达复杂管道、风道相对关系及竖向位置时，应绘制剖面图。

（4）剖面图应绘出对应于机房平面图的设备、设备基础、管道和附件，注明设备和附件编号以及详图索引编号，标注竖向尺寸和标高，当平面图设备、风道、管道等尺寸和定位尺寸标注不清时，应在剖面图标注。

7. 系统图、立管或竖风道图

（1）分户热计量的户内供暖系统或小型供暖系统，当平面图不能表示清楚时应绘制系统透视图，比例宜与平面图一致，按45°或30°轴侧投影绘制；多层、高层建筑的集中供暖系统，应绘制供暖立管图并编号。上述图纸应注明管径、坡度、标高、散热器型号和数量。

（2）冷热源系统、空调水系统及复杂的或平面表达不清的风系统应绘制系统流程图。系统流程图应绘出设备、阀门、计量和现场观测仪表、配件，标注介质流向、管径及设备编号。流程图可不按比例绘制，但管路分支及与设备的连接顺序应与平面图相符。

（3）空调冷热水分支水路采用竖向输送时，应绘制立管图并编号，注明管径、标高及所接设备编号。

（4）供暖、空调冷热水立管图应标注伸缩器、固定支架的位置。

（5）空调、通风、制冷系统有自动监控要求时，宜绘制控制原理图，图中以图例绘出设备、传感器及执行器位置；说明控制要求和必要的控制参数。

（6）对于层数较多、分段加压、分段排烟或中途竖井转换的防排烟系统，或平面表达

不清竖向关系的风系统，应绘制系统示意或竖风道图。

8. 通风、空调剖面图和详图

（1）风道或管道与设备连接交叉复杂的部位，应绘剖面图或局部剖面。

（2）绘出风道、管道、风口、设备等与建筑梁、板、柱及地面的尺寸关系。

（3）注明风道、管道、风口等的尺寸和标高，气流方向及详图索引编号。

（4）供暖、通风、空调、制冷系统的各种设备及零部件施工安装，应注明采用的标准图和通用图的图名及图号。凡无现成图纸可选，且需要交代设计意图的，均需绘制详图。简单的详图，可就图引出，绘制局部详图。

9. 室外管网设计深度要求

见室外管线网的内容。

10. 计算书

（1）采用计算程序计算时，计算书应注明软件名称、版本及鉴定情况，打印出相应的简图、输入数据和计算结果。

（2）以下计算内容应形成计算书：

1）供暖房间耗热量计算及建筑物供暖总耗热量计算，热源设备选择计算；

2）空调房间冷热负荷计算（冷负荷按逐项逐时计算），并应有各项输入值及计算汇总表；建筑物供暖供冷总负荷计算，冷热源设备选择计算；

3）供暖系统的管径及水力计算，循环水泵选择计算；

4）空调冷热水系统最不利环路管径及水力计算，循环水泵选择计算。

（3）以下内容应进行计算：

1）供暖系统设备、附件等选择计算，如散热器、膨胀水箱或定压补水装置、伸缩器、疏水器等；

2）空调系统设备、附件等选择计算，如空气处理机组、新风机组、风机盘管、多联式空调系统设备、变风量末端装置、空气热回收装置、消声器、膨胀水箱或定压补水装置、冷却塔等；

3）空调、通风、防排烟系统风量、系统阻力计算，通风、防排烟系统设备选型计算；

4）空调系统必要的气流组织设计与计算。

（4）必须有满足工程所在省、市有关部门要求的节能设计、绿色建筑设计等的计算内容。

11. 当采用装配式建筑技术设计时，应明确装配式建筑设计暖通空调专项内容

（1）明确装配式建筑暖通空调设计的原则及依据。

（2）对预埋在建筑预制墙及现浇墙内的预留风管、孔洞、沟槽等要有做法标注及详细定位。

（3）预埋风管、线、孔洞、沟槽间的连接做法。

（4）墙内预留暖通空调设备时的隔声及防水措施；管线穿过预制构件部位采取相应的防水、防火、隔声、保温等措施。

（5）与相关专业的技术接口要求。

（八）热能动力

1. 内容

在施工图设计阶段，热能动力专业设计文件应包括图纸目录、设计说明和施工说明、设备及主要材料表、设计图纸、计算书。

2. 图纸目录

先列新绘制的设计图纸，后列选用的标准图、通用图或重复利用图。

3. 设计说明、施工说明与运行控制说明

（1）设计说明

1）列出设计依据，当施工图设计与初步设计（或方案设计）有较大变化时应说明原因及调整内容。

2）概述系统设计，列出技术指标。技术指标包括各类供热负荷及各种气体用量、设计容量、运行介质参数、热水循环系统的耗电输热比，燃料消耗量、灰渣量、水电用量等。说明系统运行的特殊要求及维护管理需要特别注意的事项。

3）设计所采用的图例符号。

4）节能设计，在节能设计条款中阐述设计采用的节能措施，包括有关节能标准、规范中强制性条文和以"必须"、"应"等规范用语规定的非强制性条文提出的要求。

5）绿色建筑设计所要求的各项措施（当项目设计按绿色建筑设计时）。

6）环保、消防及安全措施。应明确排烟、除尘、除渣、排污、减噪等方面的各项环保措施。应明确有关锅炉房、可燃气体站房及可燃气、液体的安全措施，如防火、防爆、泄压、消防等措施。当设计条款中涉及法规、技术标准提出的强制性条文的内容时，以"必须""应"等规范用语表示其内容。

（2）施工说明

1）本工程采用的施工及验收依据。

2）设备安装：设备安装应与土建施工配合及设备基础应与到货设备核对尺寸的要求；设备安装时，应避免设备或材料集中在楼板上，以防楼板超载；利用梁柱起吊设备时，必须复核梁柱强度的要求。

3）安装较大型设备时，需要预留安装通道的要求。

4）管道安装：工艺管道、风、烟管道的管材及附件的选用，管道的连接方式，管道的安装坡度及坡向，管道弯头的选用，管道的支吊架要求，管道的滑动支吊架间距表，管道的补偿器和建筑物入口装置等，管道施工应与土建配合预留埋件、预留孔洞、预留套管

等要求。

5）系统的工作压力和试压要求。

6）防腐、保温、保护、涂色：设备、管道的防腐措施、保温材料种类，设备、管道的保护及涂色要求。

7）图中尺寸、标高的标注方法。

8）图例。

（3）运行控制说明

需要时，对设备的运行控制要求进行说明。

4. 锅炉房图

（1）热力系统图

表示出热水循环系统、蒸汽及凝结水系统、水处理系统、给水系统、定压补水方式、排污系统等内容；标明图例符号（也可以在设计说明中加）、管径、介质流向及设备编号（应与设备表中编号一致）；标明就地安装测量仪表位置等。

（2）设备平面布置图

绘制锅炉房、辅助间的平面图，注明建筑轴线编号、尺寸、标高和房间名称；并绘出设备布置图，注明设备定位尺寸及设备编号（应与设备表中编号一致）。对较大型锅炉房根据情况绘制表示锅炉房、煤、渣、灰场（池）、室外油罐等的区域布置图。

（3）管道布置图

绘制工艺管道及风、烟等管道平面图，注明阀门、补偿器、固定支架的安装位置及就地安装一次测量仪表位置，注明各种管道尺寸。当管道系统不太复杂时，管道布置图可与设备平面布置图绘在一起。

（4）剖面图

绘制工艺管道、风、烟等管道布置及设备剖面图，注明阀门、补偿器、固定支架的安装位置及就地安装一次测量仪表位置，注明各种管道管径尺寸及安装标高、坡度及坡向，注明设备定位尺寸及设备编号（应与设备表中编号一致）。

（5）其他图纸

根据工程具体情况绘制机械化运输平面及剖面布置图、设备安装详图、水箱及油箱开孔图、非标准设备制作图等。

5. 其他动力站房图

（1）管道系统图（或透视图）

对热交换站、气体站房、柴油发电机房等应绘制系统图，图纸内容和深度参照锅炉房部分；对燃气调压站和瓶组站绘制系统图，并注明标高。

（2）设备及管道平面图、剖面图

绘制设备及管道平面图，当管道系统较复杂时，还应绘制设备及管道布置剖面图，图纸内容和深度参照锅炉房部分。

6. 室内管道图

（1）管道系统图（或透视图）

应绘制管道系统图（或透视图），包括各种附件、就地测量仪表，注明管径、坡度及管道标高（透视图中）。

（2）平面图

绘制建筑物平面图，标出轴线编号、尺寸、标高和房间名称；绘制有关用气（汽）设备外形轮廓尺寸及编号，绘制动力管道、入口装置及各种附件，注明管道管径，若有补偿器、固定支架，应绘制其安装位置及定位尺寸。

（3）安装详图（或局部放大图）

当管道安装采用标准图或通用图时可以不绘管道安装详图，但应在图纸目录中列出标准图、通用图图册名称及索引的图名、图号，其他情况应绘制安装详图。

7. 室外管网图

（1）平面图

绘制建筑红线范围内的总图平面，包括建筑物、构筑物、道路、坎坡、水系等，并标注名称、定位尺寸或坐标；标注指北针；标注设计建筑物室内 ± 0.00绝对标高和室外地面主要区域的绝对标高；标注各单体建筑物的热（冷）负荷、阻力及入口调压装置的相关参数。

绘制管道布置图，图中包括补偿器、固定支架、阀门、检查井、排水井等；标注管道、设备、设施的定位尺寸或坐标，标注管段编号（或节点编号）、管道规格、管线长度及管道介质代号，标注补偿器类型、补偿器的补偿量（方形补偿器时其尺寸）、固定支架编号等。

（2）纵断面图（比例：纵向为1∶500或1∶1000，竖向为1∶50）

地形较复杂的地区应绘制管道纵断面展开图。

当地沟敷设时，所要标出内容为：管段编号（或节点编号）、设计地面标高、沟顶标高、沟底标高、管道标高、地沟断面尺寸、管段平面长度、坡度及坡向。

当架空敷设时，所要标出内容为：管段编号（或节点编号）、设计地面标高、柱顶标高、管道标高、管段平面长度、坡度及坡向。

当直埋敷设时，所要标出内容为：管段编号（或节点编号）、设计地面标高、管道标高、填砂沟底标高、管段平面长度、坡度及坡向。

管道纵断面图中还应表示出关断阀、放气阀、泄水阀、疏水装置和就地安装测量仪表等。

简单项目及地势平坦处，可不绘制管道纵断面图而在管道平面图主要控制点直接标注或列表说明上述各种数据。

（3）横断面图

当地沟敷设时，管道横断面图应表示出管道直径、保温层厚度、地沟断面尺寸、管中心间距、管子与沟壁、沟底距离、支座尺寸及覆土深度等。

当架空敷设时，管道横断面图应表示出管道直径、保温层厚度、管中心间距、支座尺寸等。

当直埋敷设时，管道横断面图应表示出管道直径、保温层厚度、填砂沟槽尺寸、管中心间距、填砂层厚度及埋深等。

采用标准图、通用图时可不绘管道横断面图，但应注明标准图、通用图名称及索引的图名、图号。

（4）节点详图

必要时应绘制检查井、分支节点、管道及附件的节点详图。

8. 设备及主要材料表

应列出设备及主要材料的名称、性能参数、单位和数量、备用情况等，对锅炉设备应注明锅炉效率。

9. 计算书

（1）锅炉房的计算包括以下内容：

1）热负荷计算；

2）主要设备选型计算；

3）管道的管径及水力计算；

4）管道固定支架的推力计算；

5）汽、水、电、燃料的消耗量计算；

6）炉渣量的计算；

7）煤、渣、油等的场地计算。

注：小型锅炉房可简化计算。

（2）其他动力站房计算包括以下内容：

1）各种介质的负荷计算；

2）设备选型计算；

3）管道的管径及水力计算。

（3）室内管道计算包括以下内容：

1）绘计算草图并作管径及水力计算；

2）附件选型计算；

3）高温介质时管道固定支架的推力计算。

注：当系统较简单时，可在计算草图上注明计算数据不另作计算书。

（4）室外管网计算包括以下内容：

1）绘制计算草图，并作管径及水力计算；

2）根据水力计算绘制水压图；

3）调压装置的选型计算；

4）架空敷设及地沟敷设管道的不平衡支架的受力计算；

5）应包括工程所在省、市有关部门要求的节能设计、绿色建筑设计、安全、环保等计算内容。

6）直埋敷设时管道对固定墩的推力计算；

7）管道的热膨胀计算和补偿器的选择计算；

8）直埋供热管道若作预处理时，预拉伸、预热等计算。

管网简单时可简化计算。

（九）预算

1. 内容

施工图预算文件包括封面、签署页（扉页）、目录、编制说明、建设项目总预算表、单项工程综合预算表、单位工程预算书。

2. 封面、签署页（扉页）、目录

3. 预算编制说明

（1）工程概括：

简述建设项目的建设地点、设计规模、建设性质（新建、扩建或改建）和项目主要特征等。

（2）编制依据：

1）设计图纸及批准的工程概算；

2）国家和地方政府有关建设和造价管理的法律、法规和规程；

3）当地和主管部门现行的预算定额（或综合预算定额）、单位估价表和有关费用规定的文件等；

4）当地现行的建设工程价格信息；

5）建设单位提供的有关预算的其他资料；

6）有关文件、合同、协议等；

7）建设场地的自然条件和施工条件。

（3）预算编制范围。

（4）其他特殊问题的说明。

（5）技术经济指标。

4. 建设项目总预算表

建设项目总预算表由各单项工程综合预算组成。

5. 单项工程综合预算表

单项工程综合预算表由各单位工程预算汇总组成。

6. 单位工程预算书

单位工程预算书的内容及编制要求参照初步设计要求。

四、施工图审查

（一）定义

施工图审查是指国务院建设行政主管部门和省、自治区、直辖市人民政府建设行政主管部门委托依法认定的设计审查机构，根据国家法律、法规，对施工图涉及公共利益、公众安全和工程建设强制性标准的内容进行的审查。

国家对施工图审查机构有较高的要求，规定了审图机构的类别和人员的要求等。施工图审查机构按承接业务范围分为两类：一类机构承接房屋建筑、市政基础设施工程施工图审查业务范围不受限制；二类机构可以承接中型及以下房屋建筑、市政基础设施工程的施工图审查。

对审图机构人员要求：一类审查机构。应当有良好的职业道德；有15年以上所需专业勘察、设计工作经历；主持过不少于5项大型房屋建筑工程、市政基础设施工程相应专业的设计或者甲级工程勘察项目相应专业的勘察；已实行执业注册制度的专业，审查人员应当具有一级注册建筑师、一级注册结构工程师或者勘察设计注册工程师资格，并在本审查机构注册；未实行执业注册制度的专业，审查人员应当具有高级工程师职称；近5年内未因违反工程建设法律法规和强制性标准受到行政处罚。二类审查机构。应当有良好的职业道德；有10年以上所需专业勘察、设计工作经历；主持过不少于5项中型以上房屋建筑工程、市政基础设施工程相应专业的设计或者乙级以上工程勘察项目相应专业的勘察；已实行执业注册制度的专业，审查人员应当具有一级注册建筑师、一级注册结构工程师或者勘察设计注册工程师资格，并在本审查机构注册；未实行执业注册制度的专业，审查人员应当具有高级工程师职称；近5年内未因违反工程建设法律法规和强制性标准受到行政处罚。

一份合格的施工图文件深度必须满足国家住建部颁发的《建筑工程设计文件编制深度规定》的深度要求，针对《建筑工程设计文件编制深度规定》的施工图审查要点，在其配套的《建设工程施工图审查要点》（中国城市出版社）一书中有详细介绍。

施工图审查是政府主管部门对工程勘察设计质量监督管理的重要环节，施工图审查机构出具的施工图审查意见，是施工图设计文件的重要补充和完善，是施工图设计文件不可缺少的一部分，是基本建设必不可少的程序，工程建设有关各方必须认真贯彻执行。

目前各地对施工图审查机构的管理有所不同，有的地方审图机构隶属于政府部门，有的地方则市场化运作。施工图审查，是统一和规范建设地建筑设计标准、质量和市场的重要措施，它不同于一般企业，政府部门应当对其数量的控制、市场行为等作出严格的控制和管理，不能完全市场化。

（二）法律依据

施工图审查的主要依据有：

1.《建设工程质量管理条例》（国务院令第279号）

第十一条规定：建设单位应当将施工图设计文件报县级以上人民政府建设行政主管部门或者其他有关部门审查。

2.《房屋建筑和市政基础设施工程施工图设计文件审查管理办法》（住建部令第13号）

第三条规定：国家实施施工图设计文件（含勘察文件，以下简称施工图）审查制度。施工图未经审查合格的，不得使用。

3.《建筑工程施工图设计文件审查有关问题的指导意见》（建设技〔2000〕21号）

强调：建设工程施工图设计文件审查作为建设工程必须进行的基本建设程序，有关各方都应当遵循。进一步明确了施工图审查有关各方的责任，审查机构的设置及其审查范围。

（三）施工图审查的范围

房屋建筑工程、市政基础设施工程施工图设计文件均属审查范围。省、自治区、直辖市人民政府建设行政主管部门，可结合本地的实际，确定具体的审查范围。

建设单位应当将施工图送审查机构审查。建设单位可以自主选择审查机构，但审查机构不得与所审查项目的建设单位、勘察设计单位有隶属关系或者其他利害关系。

（四）建设单位应当向审查机构提供下列资料

（1）作为勘察、设计依据的政府有关部门的批准文件及附件；

（2）全套施工图。

（五）施工图审查的主要内容

（1）建筑物的稳定性、安全性审查，包括地基基础和主体结构体系是否安全、可靠；

（2）是否符合消防、节能、环保、抗震、卫生、人防等有关强制性标准、规范；

（3）施工图是否达到规定的深度要求；

（4）是否损害公众利益；

（5）勘察设计企业和注册执业人员以及相关人员是否按规定在施工图上加盖相应的图章和签字；

（6）法律、法规、规章规定必须审查的其他内容。

（六）施工图审查有关各方的职责

（1）国务院建设主管部门负责规定审查机构的条件、施工图审查工作的管理办法，并对全国的施工图审查工作实施指导、监管。省、自治区、直辖市人民政府建设主管部门负责认定本行政区域内的审查机构，对施工图审查工作实施监督管理，并接受国务院建设主管部门的指导和监督。市、县人民政府建设主管部门负责对本行政区域内的施工图审查工作实施日常监督管理，并接受省、自治区、直辖市人民政府建设主管部门的指导和监督；

（2）勘察、设计单位必须按照工程建设强制性标准进行勘察、设计，并对勘察、设计质量负责。审查机构按照有关规定对勘察成果、施工图设计文件进行审查，但并不改变勘察、设计单位的质量责任；

（3）建设工程经施工图设计文件审查后因勘察设计原因发生工程质量问题，审查机构承担审查失职的责任。

（七）施工图审查管理

1．施工图审查的时限

施工图审查原则上不超过下列时限：

（1）一级以上建筑工程、大型市政工程为15个工作日，二级及以下建筑工程、中型及以下市政工程为10个工作日；

（2）工程勘察文件，甲级项目为7个工作日，乙级及以下项目为5个工作日。

2．审查合格的处理

审查合格的，审查机构应当向建设单位出具审查合格书，并将经审查机构盖章的全套施工图交还建设单位。审查合格书应当有各专业的审查人员签字，经法定代表人签发，并加盖审查机构公章。审查机构应当在5个工作日内将审查情况报工程所在地县级以上地方人民政府建设主管部门备案。

3．施工图审查不合格的处理

审查不合格的，审查机构应当将施工图退建设单位并书面说明不合格原因。同时，应当将审查中发现的建设单位、勘察设计企业和注册执业人员违反法律、法规和工程建设强制性标准的问题，报工程所在地县级以上地方人民政府建设主管部门。

施工图退还建设单位后，建设单位应当要求原勘察设计企业进行修改，并将修改后的施工图报原审查机构审查。任何单位或者个人不得擅自修改审查合格的施工图。

在实际施工图审查中，还要服从当地建管部门的管理要求，如增加建设单位营业执照；勘察、设计合同或委托协议书（复印件各一份）；勘察、设计单位相关资质证明（复印件各一份）；装修工程涉及使用功能更改、外观改变的，应附规划部门审批文件，涉及结构体系和荷载改变的，应由原设计单位或经原设计单位书面同意由具有与建设项目相应资质的设计单位进行结构安全复核；公共（居住）建筑围护结构节能设计报审表、绿色建筑设计表、绿色建筑自评表、节能评估意见书；审查机构确认与审查工作相关的其他资料（如复杂环境中周边建筑物、市政设施等资料）等。

（八）《浙江省建筑工程施工图设计文件审查技术指南》介绍

为规范建筑工程施工图设计文件审查工作，提高审查效率，确保审查质量，浙江省住建厅编制了《浙江省建筑工程施工图设计文件审查技术指南》，规定建设单位应当根据法律、法规和项目所在地建设主管部门的规定，将施工图设计文件委托审查机构进行审查。主要内容如下。

1. 主要内容

（1）总则；

（2）基本规定；

（3）政策性审查；

（4）岩土工程勘察文件审查；

（5）主体工程施工图设计文件审查；

（6）专项工程施工图设计文件审查；

（7）既有建筑加固、加层、改造工程施工图设计文件审查；

（8）设计变更审查。

2. 基本规定

（1）一般规定

1）审查机构对下列工程施工图设计文件进行审查时，审查流程、审查内容、审查成果格式等应执行本指南的相关规定。

A. 岩土工程勘察；

B. 新建项目主体工程；

C. 幕墙等外立面装饰专项工程；

D. 室内装饰专项工程；

E. 智能化专项工程；

F. 附属钢结构专项工程（不含主体钢结构）；

G. 既有建筑涉及结构体系、荷载或受力方式改变的加固、加层、改造工程；

H. 建设单位委托的其他工程。

2）新建项目主体工程及既有建筑涉及结构体系、荷载或受力方式改变的加固、加层、改造工程，如属于超限高层建筑的，应经抗震设防专项审查后方可送具有超限高层建筑审查资格的审查机构进行审查。

3）新建项目主体工程中的大型机场、车站、会展、体育场馆等大跨度空间结构及复杂和超限高层建筑，各专业审查人员宜具有同类项目的设计经验和经历。

4）同一项目的各类后续附属专项工程施工图设计文件，宜由该项目主体工程的审查机构进行审查。

5）施工过程中的变更设计施工图设计文件，应由原审查机构审查；原审查机构宜安排各专业原审查人员进行审查。

6）审查机构不得与所审查项目的建设单位、勘察设计企业有隶属关系或者其他利害关系。

（2）审查内容

1）审查机构应对施工图设计文件的下列内容进行审查。

A. 是否符合工程建设强制性标准；

B. 地基基础和主体结构的安全性；

C. 是否符合绿色建筑强制性标准（含民用建筑节能强制性标准），审查合格书中应注明绿色建筑等级；

D. 勘察设计企业和注册执业人员以及相关人员是否按规定在施工图上加盖相应的图章和签字；

E. 法律、法规、规章规定必须审查的其他内容。

2）施工图设计文件审查应包括政策性审查和技术安全性审查。

3）对超限高层建筑，应重点检查初步设计阶段抗震设防专项审查报告中的专家意见及建议是否在施工图设计中已得到落实，同时应检查结构体系、结构布置、采取的抗震措施等与超限申报材料是否一致。

（3）审查依据

1）审查机构宜按照送审项目施工图出图时有效的工程建设强制性标准进行施工图设计文件审查。当执行新标准确有困难时，也可按工程项目勘察设计合同签订时有效的工程建设强制性标准进行施工图设计文件审查，但不得早于该项目土地出让合同签订的日期。国家另有规定的，从其规定。

2）设计单位完成施工图设计后，建设单位应及时将施工图设计文件送审查机构进行审查。当施工图出图日期与建设单位送审日期前后相差超过6个月时，审查机构宜按照送审时有效的工程建设强制性标准进行施工图设计文件审查。

3）对已开工的项目，在施工过程中遇国家、行业和地方标准、规范、规程进行修订，除法律、法规、规章等另有规定外，其施工图局部变更设计可按原审查时采用的工程建设强制性标准进行审查。

4）对既有建筑加固、改造、加层工程，其加固、改造及新建部分的施工图设计文件审查依据应按本指南的要求。

5）国家及地方的各类标准设计图集不宜作为施工图设计文件审查的依据。

（4）审查流程及工作时限

1）审查机构应按以下流程及要求开展施工图设计文件审查：

A. 接受委托，与建设单位签订审查合同；

B. 核对建设单位提交的送审资料是否符合审查要求；

C. 根据项目规模和特点，确定项目负责人和各专业审查人员；

D. 分专业审查，各专业审查人员提出书面审查意见；

E. 审查意见汇总，出具审查合格书或审查意见告知书。

2）审查合同应注明工程概况、审查对象、审查内容、审查时限、审查费用及支付方式、双方权利和义务等内容。

3）建设单位在委托审查机构进行施工图设计文件审查时，应提交施工图审查送审表，并对送审表中填写内容的真实性负责。建设单位提交的图纸、计算书、立项文件及批复等用于施工图审查的送审资料应真实、完整、有效。

4）审查机构应及时对送审资料的完整性和符合性进行核对。送审资料不完整或其他不符合审查要求的，应告知建设单位及时补提资料。

5）审查机构接收或归还送审资料、提交审查意见告知书和审查合格书等相关审查成果时，应与建设单位办理签收手续。

6）审查机构对施工图进行审查后，对审查合格的施工图，应当向建设单位出具审查合格书；对未通过审查的施工图，应当将施工图退建设单位并出具审查意见告知书，说明未通过的原因。同时，应当将审查意见告知书及审查中发现的建设单位、勘察设计企业和注册执业人员违反法律、法规和工程建设强制性标准的问题，报工程所在地县级以上地方人民政府住房城乡建设主管部门。

7）对未通过审查的项目，建设单位应通知原勘察设计单位在规定时限内对审查意见进行回复和修改，并将回复意见及修改后的施工图送原审查机构复审。原审查机构应安排各专业原审查人员对勘察设计单位的回复意见和修改内容进行复审。经复审合格的，出具审查合格书。

8）施工图审查时间自审查机构收到完整的、符合审查要求的送审或者复审资料起计至审查机构出具审查合格书或审查意见告知书，不包括勘察设计单位的修改、回复时间。施工图审查一般不超过下列时限：

A. 一级及以上建筑工程为10个工作日；二级及以下建筑工程为7个工作日；

B. 工程勘察文件，甲级项目为5个工作日，乙级及以下项目为3个工作日；

C. 外立面装饰（幕墙）、室内装饰、智能化、附属钢结构等专项设计工程为7个工作日；

D. 既有建筑涉及结构体系或受力改变的加固、加层、改造工程为10个工作日。

9）审查机构应建立送审资料信息保密制度，按有关规定妥善存放施工图审查档案资料。

（5）审查成果及图纸盖章

1）审查机构提交建设单位的审查成果应包括审查合格书和审查过程中的审查意见告知书、对设计单位回复及修改内容的复审意见、相关审查报表等内容。审查合格书、审查意见告知书、审查意见回复和确认、相关审查报表的内容及格式宜全省统一，并符合本指南的相关要求。

2）审查意见告知书应由各专业审查人员签名并加盖审查机构公章；审查意见回复应由设计单位各专业负责人签名并加盖设计单位公章；审查合格书应当有各专业审查人员签名，经法定代表人签发，并加盖审查机构公章。

3）审查机构应当在出具审查合格书后5个工作日内，将审查合格书及审查过程中5的审查意见告知书上报工程所在地县级以上地方人民政府住房和城乡建设主管部门备案。

4）施工图设计图纸盖章应符合下列规定：

A．审查机构应在经审查合格的全套施工图（含各专业图纸目录）上加盖审查专用章。对审查中发现存在问题的图纸，设计单位应根据审查意见进行修改替换或出具修改联系单（修改联系单应进行统一编号并编入各专业图纸目录中），审查机构应在经复审合格的修改图或修改联系单上加盖审查专用章。

B．审查机构在出具审查合格书的同时，建设单位可另行提交若干套施工图（一般不超过 8 套），送审查机构加盖审查专用章。建设单位和勘察设计单位应承诺提交盖章的施工图与第1款审查合格的施工图完全一致，并对送交盖章图纸的真实性负责。

C．建设单位宜留存一套加盖审查专用章的施工图，用于后期竣工资料使用。

5）审查意见告知书、审查合格书、审查报表等审查成果应归档保存。

3．政策性审查

（1）政策性审查不单独出具审查合格书，审查意见和结论反映在审查意见告知书中。

（2）政策性审查的送审资料应包括：

A．项目立项文件；

B．规划部门出具的建设项目规划条件或规划部门盖章的总图；

C．初步设计批复或会审纪要（不进行初步设计审批的项目提供方案设计批复）；

D．勘察和设计资质证书复印件；

E．勘察和设计合同复印件；

F．由当地建设主管部门要求提供的其他资料。

（3）政策性审查内容应包括下列内容：

1）勘察设计单位和注册执业人员是否按照规定在勘察设计文件上加盖相应的图章并签字，注册人员是否存在越级设计情况，设计修改联系单是否加盖设计单位出图章和相关专业注册人员章。

2）勘察设计单位资质与工程性质、规模是否相符，是否存在超越资质等级和业务范围的情况。

3）省外勘察设计单位是否已办理入浙备案（信息以浙江省"四库一平台"信息系统为准）。

"四库一平台"：即住房和城乡建设部全国建筑市场监管与诚信发布平台，"四库"指的是企业数据库基本信息库、注册人员数据库基本信息库、工程项目数据库基本信息库、诚信信息数据库基本信息库，"一平台"就是一体化工作平台。

4）项目的勘察设计人员是否在本项目的勘察设计单位执业（信息以浙江省"四库一平台"信息系统为准）。

5）勘察报告、设计图纸的图签是否完整、规范。所有签字人员宜印刷正体姓名并应手体签字，施工图校对和审核人员应为本专业人员，且不得是同一人，图签栏内应有出图日期，各专业主要图纸应有相关专业设计人员会签。

6）是否存在使用属于禁止使用的建筑材料的情况，使用属于限制使用的建筑材料时是否符合相应的限制条件。

7）施工图选用的材料、设备、构配件是否存在指定生产厂家和供应商的情况。

4. 岩土工程勘察文件审查

（1）一般规定

1）新建、扩建、加层和结构改造工程，应将岩土工程勘察文件送审查机构审查，未经审查合格的岩土工程勘察文件，不得作为施工图设计依据。

2）岩土工程勘察文件的审查工作，应由具有国家注册土木工程师（岩土）执业资格的审查人员完成。

3）送审的岩土工程勘察文件，应符合送审时现行、有效的工程建设强制性标准。当扩建、加层和改造工程中，需利用既有的勘察资料时，应由原勘察单位或具有相应资质的勘察单位依照现行、有效的国家、地方规范对既有勘察文件进行复核评价，出具评价结论。必要时应修订、调整既有勘察文件，保证送审的岩土勘察文件的时效性。

4）由于工程的规模、性质、内容或位置发生变化的建设项目，勘察文件应相应调整，必要时应补充野外勘探作业，重新编写岩土工程分析评价和成果报告，并保证岩土勘察文件的完整性。

（2）送审资料

1）送审的岩土工程勘察文件，应填写浙江省房屋建筑工程勘察文件审查送审表。

2）提交的岩土工程勘察文件，应包括下列内容：

A．岩土工程勘察任务委托书或合同；

B．岩土工程勘察纲要；

C．动、静勘探孔、波速孔、取土孔等室外勘探记录和原位测试数据；

D．室外勘察作业的第三方见证资料；

E. 岩土试样及水分析试样室内物理、力学和化学的试验记录和成果；

F. 完整的岩土工程勘察分析评价和成果报告。

3）送审资料应符合下列要求：

A. 所有的送审资料均应提供原件；

B. 送审的资料应保证资料的完整性；

C. 送审的野外记录、试验数据、成果报表和勘察报告均应有相应个人的签名和单位盖章。

（3）审查内容

1）审查人员应对岩土工程勘察文件的时效性、完整性、技术可靠性及勘察分析结论的合理性进行技术审查。技术审查的重点应包括下列内容：

A. 岩土层的分布、地下水条件（含抗浮水位）、岩土的工程特性指标是否查明；

B. 对特殊性岩土、不良地质作用、地基承载力和变形特性、水和土的腐蚀性等重要的岩土工程问题是否正确评价。

2）勘探孔的数量、间距和类型应满足地基均匀性评价的要求。

3）勘探孔的深度应满足地基基础强度和变形计算的需要。主体建筑采用桩基础，且有多种桩长方案可供选择时，控制性勘探孔应根据最长桩方案确定。

4）原位测试勘探孔的数量，应根据地层结构、地基土的均匀性和工程特点确定，且应满足勘探孔总数量中的比例要求。

5）原状土取土试样或原位测试的数量应满足岩土工程评价的要求，且不应少于规范的最小数量要求。

6）勘察文件中的下列抗震设防内容是否明确或判定合理：

A. 工程所在地的抗震设防烈度，设计基本地震加速度和设计地震分组；

B. 场地类别，根据实际情况对建筑有利、一般、不利和危险地段的划分；

C. 对饱和的粉、砂性土地基的液化判别、场地液化等级的确定；

D. 对需要采用时程分析法补充计算的建筑提供土的有关动力参数。

7）场地内存在岩溶、滑坡、泥石流、湿陷性土、盐渍岩土、污染土、软土、新近厚填土等不良地质作用的区段时，应针对不同的不良地质作专门勘察，并提供整治的方案、建议。

8）岩土工程勘察文件应包括下列内容：

A. 建筑物特征和建筑场地概况的描述和相关数据；

B. 岩土工程勘察等级；

C. 勘探孔位平面布置图、工程地质剖面图；

D. 原位测试、室内试验的记录和成果图表；

E. 岩土物理力学的试验指标和统计表；

F. 水文地质记录，水、土腐蚀性测试结果；

G. 各项岩土性质指标、岩土强度参数、变形参数及地基承载力的设计建议值；

H. 当地下水位高于地下室基础底板时，抗浮水位设计建议值；

I. 经定性、定量分析后，提供一种或多种地基基础或地基处理的方案、建议；

J. 有基坑开挖时，应提供基坑支护的选型建议及有关计算参数；

K. 岩土工程勘察文件的扉页上应有注册执业人员及勘察单位的盖章。

（4）审查成果

1）对审查合格的岩土工程勘察文件，审查机构应出具岩土工程勘察文件审查合格书，同时应在岩土工程勘察报告扉页上加盖审查专用章。审查合格书可单独出具，也可与主体工程的审查合格书一起出。

2）对审查不合格的岩土工程勘察文件，审查机构应出具岩土工程勘察文件审查意见告知书，并附审查意见汇总表。

第四章

施工准备

　　建设实施时期施工准备阶段的工作，就是在工程即将开工之前，建设单位应当负责做好的工作。一个有经验的建设单位工程项目管理人员，应当在工程即将开工前，了解与工程建设相关的全部信息，因此，在项目即将开工前，建设单位项目负责人的工作十分烦琐。

　　施工准备阶段的工作内容主要有水通、电通（网络）、路通和平整场地（即"三通一平"）、合同签订、编制报审文件与办理建筑施工许可手续、图纸会审与设计交底、工程开工等。

　　在实际工作中，施工前的很多准备工作在土地征用完成后即可进行，因此，建设工程项目施工前的准备工作，应尽可能提前进场，如施工用水、用电的办理需要一定过程，如果推迟进行将直接影响总工期。

第一节 "三通一平"与合同签订

一、"三通一平"

所谓"三通一平"，就是指建设单位在工程开工前，负责做好施工用水、用电（网络）和道路（即"三通"）通至施工现场以及场地平整（即"一平"）工作，这是建设单位在施工准备阶段的责任，完成"三通"后，水表、电表安装在满足施工要求的指定位置，现场具备施工的基本条件。

对于规模较大和较为复杂特殊的工程，建设单位应在组织确定和实施"三通一平"时，根据拟建项目的规模和布置，初步安排施工现场区域布局、科学划定施工标段、合理安排临时水电源的位置，为顺利施工打下基础。

按照建设工程施工对拟建建设工程场地的要求，建设场地应当是平整的，但拟建建设工程项目的场地可能因为自然地貌和拆迁等原因，不能满足建设工程的施工要求，这就需要建设单位通过场地平整等措施，满足建筑施工的要求。按照我国建设工程定额有关场地平整的标准，建设方应将施工场地平整到设计室外地坪±300mm范围内，但这是假设和理想标高，因此，必须对拟建场地进行测量，作为日后工程量结算的依据。

对于场地平整，有时建设单位为了简化招标手续，往往让投标单位自行踏勘现场，根据地质勘察报告，确定工作量和报价，但必须在投标文件中予以说明。

有时，由于施工场地较为紧张，无法满足施工要求，建设单位应想方设法帮助提供场地，也有相邻建筑物需要采取保护、检测等措施，这些都是建设单位的责任，同时建设单位应承担以上工作产生的全部费用。

二、临时用水、用电计算

建设单位在项目设计工程中，特别是方案设计后，已确定了建设工程的具体规模和方位，建设单位应当尽早确定现场施工的临时用水、用电量，后续工作才能顺利进行。当建设单位无法确定施工现场临时用水、用电量时，应委托专业技术人员或供水、供电部门帮助确定。现场临时用水、用电的计算如下。

（一）现场临时供水量计算

1．工程用水量计算

工地施工工程用水量可按下式计算：

$$q_1 = K_1 \cdot \frac{\sum Q_1 \cdot N_1}{T_1 \cdot t} \cdot \frac{K_2}{8 \times 3600} \tag{4-1}$$

式中　q_1——施工工程用水量（L/s）；

　　　K_1——未预计的施工用水系数，取 $1.05 \sim 1.15$；

　　　Q_1——年（季）度工程量（以实物计量单位表示）；

　　　N_1——施工用水定额，见表4-1；

　　　T_1——年（季）度有效作业日（d）；

　　　t——每天工作班数（班）；

　　　K_2——用水不均衡系数，见表4-2。

施工用水量（N_1）定额　　　　　　　　　　　　　　　　表4-1

用水名称	单位	耗水量（L）	用水名称	单位	耗水量（L）
浇筑混凝土全部用水	m³	1700 ~ 2400	抹灰工程全部用水	m²	30
搅拌普通混凝土	m³	250	砌耐火砖砌体（包括砂浆搅拌）	m³	100 ~ 150
搅拌轻质混凝土	m³	300 ~ 350	浇砖	千块	200 ~ 250
混凝土自然养护	m³	200 ~ 400	浇硅酸盐砌块	m³	300 ~ 350
混凝土蒸汽养护	m³	500 ~ 700	抹灰（不包括调制砂浆）	m²	4 ~ 6
模板浇水湿润	m²	10 ~ 15	楼地面抹砂浆	m²	190
搅拌机清洗	台班	600	搅拌砂浆	m³	300
人工冲洗石子	m³	1000	石灰消化	t	3000
机械冲洗石子	m³	600	原土地坪、路基	m²	0.2 ~ 0.3
洗砂	m³	1000	上水管道工程	m	98
砌筑工程全部用水	m³	150 ~ 250	下水管道工程	m	1130
砌石工程全部用水	m³	50 ~ 80	工业管道工程	m	35

施工用水不均衡系数　　　　　　　　　　　　　　　　表4-2

系数	用水名称	系数
K_2	现场施工用水 附属生产企业用水	1.50 1.25
K_3	施工机械、运输机械 动力设备	2.00 1.05 ~ 1.10
K_4	施工现场生活用水	1.30 ~ 1.50
K_5	生活区生活用水	2.00 ~ 2.50

2. 机械用水量计算

施工机械用水量可按下式计算:

$$q_2 = K_1 \sum Q_2 N_2 \cdot \frac{k_3}{8 \times 3600}$$ （4-2）

式中　q_2——施工机械用水量（L/s）；

　　　K_1——未预计的施工用水系数，取$1.05 \sim 1.15$；

　　　Q_2——同一种机械台数（台）；

　　　N_2——施工机械台班用水定额，参考表4-3中的数据换算求得；

　　　K_3——施工机械用水不均衡系数，见表4-2。

施工机械用水量（N_2）定额　　　　　　　　　　　表4-3

机械名称	单位	耗水量（L）	机械名称	单位	耗水量（L）
内燃挖土机	m³·台班	200～300	拖拉机	台·昼夜	200～300
内燃起重机	t·台班	15～18	汽车	台·昼夜	400～700
蒸汽起重机	t·台班	300～400	锅炉	t·h	1050
蒸汽打桩机	t·台班	1000～1200	点焊机50型	台·h	150～200
内燃压路机	t·台班	12～15	点焊机75型	台·h	250～300
蒸汽压路机	t·台班	100～150	对焊机、冷拔机	台·h	300
蒸汽机车	台·昼夜	1000～20000	凿岩机	台·min	8～12
内燃机动力装置	kW·台班	160～400	木工场	台·台班	20～25
空压机	m³/min·台班	40～80	锻工场	炉·台班	40～50

3. 工地生活用水量计算

施工工地生活用水量可按下式计算:

$$q_3 = \frac{P_1 \cdot N_3 \cdot K_4}{t \times 8 \times 3600}$$ （4-3）

式中　q_3——施工工地生活水用量（L/s）；

　　　P_1——施工工地高峰昼夜人数（人）；

　　　N_3——施工工地生活用水定额，见表4-4；

　　　K_4——施工工地生活水不均衡系数，见表4-2；

　　　t——每天工作班数（班）。

生活用水量（N_3、N_4）定额　　　　　　　　　　　表4-4

用水名称	单位	耗水量（L）	用水名称	单位	耗水量（L）
盥洗、饮用水	人	25～40	学校	学生	10～30
食堂	人	10～15	幼儿园、托儿所	幼儿	75～100
淋浴带大池	人	50～60	医院	病床	100～150
洗衣房	人·斤	40～60	施工现场生活用水	人	20～60
理发室	人·次	10～25	生活区全部生活用水	人	80～120

4. 生活区生活用水量计算

生活区生活用水量可按下式计算：

$$q_4 = \frac{P_2 \cdot N_4 \cdot K_4}{24 \times 3600} \tag{4-4}$$

式中　q_4——生活区生活用水（L/s）；

P_2——生活区居住人数；

N_4——生活区昼夜全部生活用水定额，见表4-4；

K_5——生活区生活用水不均衡系数，见表4-2。

5. 消防用水量计算

消防用水量q_5，可根据消防范围及发生次数按表4-5取用。

消防用水量Q_5定额　　　　　表4-5

用水名称	火灾同时发生次数	用水量（L/s）
居住区消防用水： 5000人以内 10000人以内 25000人以内	一次 二次 二次	10 10～15 15～20
施工现场消防用水： 施工现场在25h m²内 每增加25h m²	二次	10～15 5

6. 施工工地总用水量计算

施工工地总用水量Q可按以下组合公式计算：

（1）当（$q_1+q_2+q_3+q_4$）≤q_5时，则：

$$Q = q_5 + \frac{1}{2}(q_1 + q_2 + q_3 + q_4) \tag{4-5}$$

（2）当（$q_1+q_2+q_3+q_4$）>q_5时，则：

$$Q=q_1+q_2+q_3+q_4 \tag{4-6}$$

（3）当工地面积小于5h m²，而且（$q_1+q_2+q_3+q_4$）<q_5时，则：

$$Q=q_5 \tag{4-7}$$

最后计算出的总用水量，还应增加10%，以补偿不可避免的水管漏水损失。

7. 选择水源

建筑现场供水水源，可利用附近居民区或企业职工居住的现有供水管道。当在现场附近没有现成的供水管道，或现有管道无法利用时，可另选择天然水源，但其生活用水、生产用水的水质应符合表4-6～表4-8的规定要求。

生活饮用水常规水质标准 表4-6

	项目	标准		项目	标准
感官性状指标	色 浑浊度 臭和味 肉眼可见物	色度不超过15度不超过1Ntu，水源与净水条件限制时为3NTu 无异臭、异味无	毒理学指标	氟化物 氰化钾 砷 硒 汞 镉 铬（六价） 铅 银 硝酸盐（以N计） 三氯甲烷 四氯化碳 溴酸盐（使用臭氧时） 甲醛（使用臭氧时） 亚氯酸盐（使用二氯化碳时） 氯酸盐（使用复合二氧化氯消毒时）	1.0mg/L 0.05mg/L 0.01mg/L 0.01mg/L 0.001mg/L 0.005mg/L 0.05mg/L 0.05mg/L 0.05mg/L 20mg/L 0.06mg/L 0.002mg/L 0.01mg/L 0.9mg/L 0.7mg/L 0.7mg/L
一般化学指标	pH 总硬度（以$CaCO_3$计） 铝 铁 锰 铜 锌 挥发酚类（以苯酚计） 阴离子合成洗涤剂 硫酸盐 氯化物 溶解性总固体 耗氧量（CODMn法，以O_2计）	6.5~8.5 450mg/L 0.2mg/L 0.3mg/L 0.1mg/L 1.0mg/L 1.0mg/L 0.002mg/L 0.3mg/L 250mg/L 250mg/L 1000mg/L 3mg/L；水源限制，原水耗氧量>6mg/L时为5mg/L	细菌学指标	菌落总数 总大肠菌群 耐热大肠菌群 大肠埃希氏菌	100CFu/mL
			放射性指标	总α放射性 总β放射性	0.1Bq/L 1.0Bq/L

拌制混凝土的用水标准 表4-7

项次	项目	标准
1	硫酸盐含量（按SO_4计）	不超过1台
2	pH值	大于4

注：1. 不允许使用污水、含油脂或糖类等杂质的水。
2. 在钢筋混凝土和预应力混凝土结构中，不得用海水拌制混凝土。
3. 一般能饮用的自来水或清洁的天然水，均能满足上述标准。

空气压缩机冷却水的一般要求 表4-8

项次	项目	标准	项次	项目	标准
1	pH值	6.5~9.5	4	含油量	<5mg/L
2	浑浊度	<100mg/L	5	有机物含量	<25mg/L
3	暂时硬度	<12度（德国度）			

注：当进水温度较低时，硬度可适当提高。

【例4-1】试计算全现浇大模板多层住宅群工程的工地总用水量。为简化计算，以日用水量最大时的混凝土浇筑工程计算，按计划每班浇灌高峰混凝土量为100m³计，已知工地施工工人共350人，居住人数380人，施工场地面积共10万m²。

解：

（1）计算工程用水量

查表4-1，取N_1=2000L/m^2，K_1=1.10；查表4-2，取K_2=1.5，T_1=1，t=1。

施工工程用水量由式（4-1）得：

$$q_1 = K_1 \cdot \frac{\sum Q_1 \cdot N_1}{T_1 \cdot t} \cdot \frac{K_2}{8 \times 3600} = \frac{1.1 \times 100 \times 2000 \times 1.5}{8 \times 3600} = 11.46\text{L/s}$$

（2）计算机械用水量

无拌制和浇筑混凝土以外的施工机械，不考虑q_2用水量。

（3）计算工地生活用水量

查表4-4，取N_4=40L/人，查表4-2，取K_4=1.4，t=1

工地生活用水量由式（4-3）得：

$$q_3 = \frac{p_1 \cdot N_3 \cdot K_4}{t \times 8 \times 3600} = \frac{350 \times 40 \times 1.4}{1 \times 8 \times 3600} = 0.68\text{L/s}$$

（4）计算生活区生活用水量

查表4-4，取N_4=100L/人，查表4-2，取K_5=2.25。生活区生活用水量由式（4-4）得：

$$q_4 = \frac{P_2 \cdot N_4 \cdot K_5}{24 \times 3600} = \frac{380 \times 100 \times 2.25}{24 \times 3600} = 0.99\text{L/s}$$

（5）计算消防用水量

本工程施工现场地为10m^2，合10hm^2，小于25hm^2，故取q_5=10L/s。

（6）计算总用水量

因$q_1+q_2+q_3+q_4$=11.46+0+0.68+0.99=13.13L/s>q_5（=10L/s），则总用水量由式（4-6）得：

$$Q=q_1+q_3+q_4=13.13\text{L/s}$$

故知，工地总用水量为13.13L/s。

（二）现场临时用电量及变压器容量计算

1. 现场临时用电量计算

建筑现场临时供电，包括施工动力用电和照明用电两部分，其用电量可按下式计算：

$$P_{计}= （1.05 \sim 1.1）（K_1\frac{\sum p_1}{\cos\varphi} + K_2\sum P_2 + K_3\sum P_3 + K_4\sum P_4） \tag{4-8}$$

一般建筑现场多采用一班制，少数采用两班制，因此综合考虑动力用电约占总用电量的90%，室内外照明用电约占10%，则式（4-8）可简化为：

$$\begin{aligned} P_{计} &= 1.1 （K_1\frac{\sum p_1}{\cos\varphi} + K_2\sum P_2 + 0.1P_{计}） \\ &= 1.24 （K_1\frac{\sum p_1}{\cos\varphi} + K_2\sum P_2） \end{aligned} \tag{4-9}$$

式中　$P_{计}$——计算用电量（kW）；

1.05～1.1——用电不均衡系数；

$\sum P_1$——全部施工动力用电设备额定用电量之和，查表4-9取用；

$\sum P_2$——电焊机额定容量（kVA），查表4-9取用；

$\sum P_3$——室内照明设备额定用电量之和，查表4-10取用；

$\sum P_4$——室外照明设备额定用电量之和，查表4-11取用；

K_1——全部施工动力用电设备同时使用系数，查表4-12取用；

K_2——电焊机同时使用系数，查表4-12取用；

K_3——室内照明设备同时使用系数，查表4-12取用；

K_4——室外照明设备同时使用系数，查表4-12取用；

$\cos\varphi$——用电设备功率因素，施工最高为0.75～0.78，一般为0.65～0.75。

施工机械用电定额参考资料　　　　表4-9

项次	机械名称		功率（kW）
1	蛙式打夯机	HW—32 HW—60	1.5 3
2	振动打夯机	HZD250	4
3	振动打拔桩机	DZ45、DZ45Y DZ30Y DZ55Y DZ90A、DZ90B	45 30 55 90
4	螺旋钻孔机	ZKL400 ZKL600 ZKL800	40 55 90
5	螺旋式钻扩孔机	BQZ400	22
6	冲击式钻机	YKC20C、YKC22M YKC30M	20 40
7	塔式起重机	红旗II—16 QT40 TQ60/80 TQ90（自升式） QT100（自升式） 法国H5—56B5P（2.25t·m） 法国H5—56B（235t·m） 法国GTA91—83（450t·m） 德国88HC	19.5 48 55.5 58 63 150 137 160 42
8	混凝土搅拌楼（站）	HL80	41
9	混凝土输送泵	HB—15	32.2
10	混凝土喷射机	HPH6（回转式） 喷射机HPG4（罐式）	7.5 3

续表

项次	机械名称		功率（kW）
11	插入式振动器	Z×25.2×35 Z×50.2×50C Z×70	0.8 1.1 1.5
12	平板式振动器	ZB5 ZB11	0.5 1.1
13	附着式振动器	ZW4 ZW5、ZW10 ZW7	0.8 1.1 1.5
14	混凝土振动台	ZT—1.5×2 ZT—1.5×6 ZT—2.4×6.2	7.5 30 55
15	真空吸水机	HZ×—40、HZ×—60A 改型泵Ⅰ号、Ⅱ号	4 5.5
16	预应力拉伸机	ZB1/630 ZB2×2/500、ZB4/49 ZB10/49	1.1 3 11
17	钢筋切断机	QJ40 QJ40—1	7 5.5
18	钢筋调直机	GT4/14 GT16/14 GT16/8 GT3/9	4 11 5.5 7.5
19	卷扬机	JJK0.5、JJM0.5 JJK1A、JJK1 JJ21、JJM3 JJM5 JJM10 JJ1K3 JJK5、JJ1K5	3 7 7.5 11 22 28 40
20	自落式混凝土搅拌机	JD150 JD200 JD250 JD350 JD500	5.5 7.5 11 15 18.5
21	强制式混凝土搅拌机	JW250 JW500	11 30
22	钢筋弯曲机	GW40、WJ40 GW32	3 2.2
23	交流电焊机	B×3—120—1 B×3—300—2	9* 23.4*
24	交流电焊机	B×3—500—2 B×2—100—（BC1000）	38.6* 76*
25	直流电焊机	A×1—165（AB—165） A×4—300—1（AG—300） A×—320—（AT—320） A×5—500、A×3—500	6 10 14 26

续表

项次	机械名称		功率（kW）
26	水磨石机	单盘SF-D 双盘SF-S	2.2 4
27	泥浆泵	红星30 红星75	30 60
28	建筑施工外用电梯	SCD100/100A	11
29	木工电刨	M1B2-80/1 MB103、MB1043 MB106	0.7 3 7.5
30	木工圆锯	MJ104、MJ114 MJ106	3 5.5
31	灰浆搅拌机	UJ325 UJ100	3 2.2
32	单斗挖掘机	W₁-50（100） W-4	55（100） 250
33	推土机	T₁-100	100
34	深层搅拌桩机	STB-1	60

*为各持续率时功率其额定持续率（kVA）。

室内照明用电参考定额 　　　　　　　表4-10

项目	定额容量（W/m²）	项目	定额容量（W/m²）
混凝土及灰浆搅拌站	5	锅炉房	3
钢筋室外加工	10	仓库及棚仓库	2
钢筋室内加工	8	办公楼、实验室	6
木材加工锯木及细木作	5~7	浴室盥洗室、厕所	3
木材加工模板	8	理发室	10
混凝土预制构件厂	6	宿舍	3
金属结构及机电修配	12	食堂或俱乐部	5
空气压缩机及泵房	7	诊疗所	6
卫生技术管道加工厂	8	托儿所	9
设备安装加工厂	8	招待所	5
发电站及变电所	10	学校	6
汽车库或机车库	5	其他文化福利	3

室外照明用电参考定额 　　　　　　　表4-11

项目	定额容量（W/m²）	项目	定额容量（W/m²）
人工挖土工程	0.8	卸车场	1.0
机械挖土工程	1.0	设备堆放、砂石、木材、 钢筋、半成品堆放	0.8
混凝土浇灌工程	1.0		
砖石工程	1.2	车辆行人主要干道	2000W/km
打桩工程	0.6	车辆行人非主要干道	1000W/km
安装及铆焊工程	2.0	夜间运料（夜间不运料）	0.8（0.5）
警卫照明1000w/km	1000		

用电名称	数量	需要系数	
		K	数量
电动机	3～10台 11～30台 30台以上	K_1	0.7 0.6 0.5 0.5
加工厂动力设备			
电焊机	3～10台 10台以上	K_2	0.6 0.5
室内照明		K_3	0.8
室外照明		K_4	1.0

同时需用系数　　　　　　　　　　　　表4-12

2. 变压器容量计算

现场附近有10kV或6kV高压电源时，一般多采用在工地设小型临时变电所，装设变压器将二次电源降至380V/220V，有效供电半径一般在500m以内。大型工地可在几处设变压器（变电所）。需要变压器的容量，可按下列计算：

$$P_变 = 1.05\, P_计 \qquad\qquad （4-10）$$

式中　　$P_变$——变压器容量（kVA）；

　　　1.05——功率损失系数

其他符号意义同前。

在求得$P_变$值之后，可查表4-13选用变压器的型号和额定容量。

常用电力变压器性能表　　　　　　　　表4-13

型号	额定容量（kVA）	额定电额（kV）		损耗（W）		总重（kg）
		高压	低压	空载	短路	
SL$_7$—30/10	30	6；6.3；10	0.4	150	800	317
SL$_7$—50/10	50	6；6.3；10	0.4	190	1150	480
SL$_7$—63/10	63	6；6.3；10	0.4	220	1400	525
SL$_7$—80/10	80	6；6.3；10	0.4	270	1650	590
SL$_7$—100/10	100	6；6.3；10	0.4	320	2000	685
SL$_7$—125/10	125	6；6.3；10	0.4	370	2450	790
SL$_7$—160/10	160	6；6.3；10	0.4	460	2850	945
SL$_7$—200/10	200	6；6.3；10	0.4	540	3400	1070
SL$_7$—250/10	250	6；6.3；10	0.4	640	4000	1235

型号	额定容量（kVA）	额定电额（kV）		损耗（W）		总重（kg）
		高压	低压	空载	短路	
SL₇—315/10	315	6；6.3；10	0.4	760	4800	1470
SL₇—400/10	400	6；6.3；10	0.4	920	5800	1790
SL₇—500/10	500	6；6.3；10	0.4	1080	6900	2050
SL₇—630/10	630	6；6.3；10	0.4	1300	8100	2760
SL₇—50/35	50	35	0.4	265	1250	830
SL₇—100/35	100	35	0.4	370	2250	1090
SL₇—125/35	125	35	0.4	420	2650	1300
SL₇—160/35	160	35	0.4	470	3150	1465
SL₇—200/35	200	35	0.4	550	3700	1695
SL₇—280/35	280	35	0.4	640	4400	1890
SL₇—315/35	315	35	0.4	760	5300	2185
SL₇—400/35	400	35	0.4	920	6400	2510
SZL₇—500/35	500	35	0.4	1080	7700	2810
SZL₇630/35	630	35	0.4	1300	9200	3225
SZL₇—200/10	200	10	0.4	540	3400	1260
SZL₇—250/10	250	10	0.4	640	4000	1450
SZL₇—315/10	315	10	0.4	760	4800	1695
SZL₇—400/10	400	10	0.4	920	5800	1975
SZL₇—500/10	500	10	0.4	1080	6900	2200
SZL₇—630/10	630	10	0.4	1400	8500	3140
S₆—10/10	10	11	0.433	60	270	245
S₆—30/10	30	11	0.4	125	600	140
S₆—50/10	50	11	0.433	175	870	540
S₆—80/10	80	6～10	0.4	250	1240	685
S₆—100/10	100	6～10	0.4	300	1470	740
S₆—125/10	125	6～10	0.4	360	1720	855
S₆—160/10	160	6～10	0.4	430	2100	600
S₆—200/10	200	6～11	0.4	500	2500	1240

续表

型号	额定容量（kVA）	额定电额（kV）		损耗（W）		总重（kg）
		高压	低压	空载	短路	
S_6—250/10	250	6～10	0.4	600	2900	1330
S_6—315/10	315	6～10	0.4	720	3450	1495
S_6—400/10	400	6～10	0.4	870	4200	1750
S_6—500/10	500	6～10.5	0.4	1030	4950	2330
S_6—630/10	630	6～10	0.4	1250	5800	3080

【例4-2】某高层建筑施工工地，在结构施工阶段主要施工机械设备为QT100自升式塔式起重机1台，电动机总功率为63kW；SCD100/100A建筑施工外用电梯1台，电动机功率为11Kw；混凝土输送泵（HB·15）1台，电动机功率为32.2kW；Z×50型插入式振动器4台，电动机功率为1.1×4kW；钢筋调直机（GT319）、钢筋切断机（QJ40）、钢筋弯曲机（GW40）各1台，电动机功率分别为7.5kW、5.5Kw和3Kw；钢筋对焊机（UN1—100）1台，额定容量为100kVA；电焊机（BX3—300）3台，额定持续功率为23.4×3 kVA；高压水泵1台，电动功率为55 kW。试估算该工地用电总用量并选择配电变压器。

解：施工现场所用全部电动机总功率P_1

$$\sum P_1 = 63+11+32.2+1.1 \times 4+7.5+5.5+3+55=181.6kW$$

电焊机和对焊机的额定用量P_2

$$\sum P_2 = 23.4 \times 3+100=170.2 \text{ kVA}$$

查表4-12，取K_1=0.6，K_2=0.6

考虑室内外照明用电后，按式（4-9）得：

$$P计 = 1.24\left(K_1\frac{\sum P_1}{\cos\varphi} + K_2\sum P_2\right)$$
$$= 1.24\left(0.6 \times \frac{181.6}{0.75} + 0.6 \times 170.2\right)$$
$$= 1.24 \times 247.4 = 306.8 \text{kva}$$

故知，该工地总用电量容量为306.8kVA。

变压器容量$P_变$=1.05 $P_计$=1.05×306.8=322 kVA

当地高压供电10kV施工动力用电需三相380V电源，照明需单相220V电源，按上述要求查表4-13，选择SL₇—400/10型三相降压变压器，其主要技术数据为：额定容量400 kVA，高压额定线电压10kV，低压额定线电压0.4kV，作Y接使用。

（三）施工临时用水、用电的办理

施工临时用水、用电的供水管径、变压器容量，一般根据理论计算和供水、供电部门的经验、建设地的供水、供电等情况相结合综合考虑确定。在项目开工前，对于绝大部分建设工程而言，施工单位尚未确定，因此，作为建设单位应当了解工程的施工的用水、用电情况，提供与施工相匹配的水源、电源。

施工临时用水、用电源接入口数量，须根据项目规模大小和特点等布置合理的数量，因此，确定施工临时用水、用电源接入口时，必须考虑未来施工标段的布置等情况，这对实际施工管理具有较大的作用和意义。

1. 施工临时用水、用电的办理的程序

（1）在建设地供水、供电部门服务窗口领取临时用水、用电申请表，并按要求填写申报内容；

（2）接受用水、用电申报表后，供水、供电部门现场踏勘；

（3）供水、供电部门与用水、用电单位商量，确定临时供水、供电源的位置、供水管径、变压器容量等，并作出设计方案；

（4）签订施工合同，办理预付款等手续后约定施工的开始、结束时间；

（5）临时用水、用电的施工；

（6）供水、供电部门向用水、用电单位验收、移交。

由于接通施工临时用水、用电时，施工单位尚未落实，所以施工期间施工用水、用电的费用一般由建设单位支付，最终在工程结算中扣除。

2. 施工临时用水、用电的撤除或转移

根据项目施工用水、用电情况与项目建成后实际的用水、用电差异确定，当项目规模与施工临时用水、用电量相差不大，可以将临时用水、用电转为正式用水、用电，但须办理临时与正式的用水、用电手续。当项目规模较大，临时施工用水、用电不能满足项目建成后实际的用水、用电量时，则按照项目设计时的用水、用电方案，并办理正式用水、用电手续。

施工临时用水、用电的接入口应与正式用水、用电尽量综合考虑，避免正式用水重新开口，正式用电接入口重复投入，特别是在新建住宅小区。

三、合同签订

这里主要是指施工单位合同的签订。招投标代理机构、勘察、设计、监理等单位的合同，应当在前期招标完成后进行。

中标单位公示结束后，按照招投标文件和规定的合同签订期限，必须先签订合同。

《招标投标法》第四十六条规定：

招标人和中标人应当自中标通知书发出之日起30d内，按照招标文件和中标人的投标文件订立书面合同，招标人和中标人不得再行订立背离合同实质性内容的其他协议。

对于招投标文件未明确的内容应当在合同中予以明确，合同签订完毕标志着双方合作关系正式确立，双方合同经备案后，受到法律保护。

凡备案的勘察、设计、监理、施工合同，均为国家住建部、工商行政管理局制定的标准规范性合同示范文本。

有关合同的管理制和合同管理的内容详见本书第一章和第五章的相关内容。

第二节　编制报审文件与办理施工许可

一、编制审批报批文件

工程开工前，监理单位和施工单位都必须提供相关技术文件，报建设主管部门备案。监理单位提供的文件主要有监理规划等；施工单位提供的文件主要有施工组织设计等。

监理单位提供的监理规划和施工单位提供的施工组织设计是各自单位提供的最重要技术文件。

下面介绍监理单位的监理规划和施工单位的施工组织设计。

（一）监理规划

监理规划是在总监理工程师的主持下编制、经监理单位技术负责人批准，用来指导项目监理机构全面开展监理工作的指导性文件。

1. 监理规划的编制依据

（1）建设工程的相关法律、法规及项目审批文件；

（2）与建设工程项目有关的标准、设计文件、技术资料；

（3）监理大纲、委托监理合同文件以及与建设工程项目相关的合同文件。

2. 监理规划的编制和审

监理规划一般在投标时监理大纲的基础上编制，按照《建设工程监理规范》（GB/T 50319—2013）的规定：监理规划可在签订建设工程监理合同及收到工程设计文件后由总监理工程师组织编制，并应在召开第一次工地会议前报送建设单位。

监理规划编审应遵循下列程序：

1）总监理工程师组织专业监理工程师编制。

2）总监理工程师签字后由工程监理单位技术负责人审批。

3. 监理规划应包括下列主要内容

（1）工程概况；

（2）监理工作的范围、内容、目标；

（3）监理工作依据；

（4）监理组织形式、人员配备及进退场计划、监理人员岗位职责；

（5）监理工作制度；

（6）工程质量控制；

（7）工程造价控制；

（8）工程进度控制；

（9）安全生产管理的监理工作；

（10）合同与信息管理；

（11）组织协调；

（12）监理工作设施。

在实施建设工程监理过程中，实际情况或条件发生变化而需要调整监理规划时，应由总监理工程师组织专业监理工程师修改，并应经工程监理单位技术负责人批准后报建设单位。

（二）施工组织设计

为规范建筑工程施工组织设计的编制与管理，提高建筑工程施工水平，住建部编制了《建筑施工组织设计规范》（GB/T 50502—2009）。

1. 主要技术内容

（1）总则；

（2）术语；

（3）基本规定；

（4）施工组织总设计；

（5）单位工程施工组织设计；

（6）施工方案；

（7）主要施工管理计划。

2. 编制依据

（1）与工程建设有关的法律、法规和文件；

（2）国家现行有关标准和技术经济指标；

（3）工程所在地区行政主管部门的批准文件，建设单位对施工的要求；

（4）工程施工合同或招标投标文件；

（5）工程设计文件；

（6）工程施工范围内的现场条件，工程地质及水文地质、气象等自然条件；

（7）与工程有关的资源供应情况；

（8）施工企业的生产能力、机具设备状况、技术水平等。

3. 编制和审批

（1）施工组织设计应由项目负责人主持编制，可根据需要分阶段编制和审批；

（2）施工组织总设计应由总承包单位技术负责人审批；单位工程施工组织设计应由施工单位技术负责人或技术负责人授权的技术人员审批，施工方案应由项目技术负责人审批；重点、难点分部（分项）工程和专项工程施工方案应由施工单位技术部门组织相关专家评审，施工单位技术负责人批准；

（3）由专业承包单位施工的分部（分项）工程或专项工程的施工方案，应由专业承包单位技术负责人或技术负责人授权的技术人员审批；有总承包单位时，应由总承包单位项目技术负责人核准备案；

（4）规模较大的分部（分项）工程和专项工程的施工方案应按单位工程施工组织设计进行编制和审批。

4. 施工组织设计的内容

（1）工程概况

1）工程概况应包括工程主要情况、各专业设计简介和工程施工条件等。

2）工程主要情况应包括下列内容：

A. 工程名称、性质和地理位置；

B. 工程的建设、勘察、设计、监理和总承包等相关单位的情况；

C. 工程承包范围和分包工程范围；

D. 施工合同、招标文件或总承包单位对工程施工的重点要求；

E. 其他应说明的情况。

3）各专业设计简介应包括下列内容：

A. 建筑设计简介应依据建设单位提供的建筑设计文件进行描述，包括建筑规模、建筑功能、建筑特点、建筑耐火、防水及节能要求等，并应简单描述工程的主要装修做法；

B. 结构设计简介应依据建设单位提供的结构设计文件进行描述，包括结构形式、地基基础形式、结构安全等级、抗震设防类别、主要结构构件类型及要求等；

C. 机电及设备安装专业设计简介应依据建设单位提供的各相关专业设计文件进行描述，包括给水、排水及采暖系统、通风与空调系统、电气系统、智能化系统、电梯等各个专业系统的做法要求。

D. 工程施工条件应参照《建筑施工组织设计规范》（GB/T 50502-2009）第4.1.3条所列主要内容进行说明。

（2）施工部署

1）工程施工目标应根据施工合同、招标文件以及本单位对工程管理目标的要求确定，包括进度、质量、安全、环境和成本等目标。各项目标应满足施工组织总设计中确定的总体目标。

2）施工部署中的进度安排和空间组织应符合下列规定：

A. 工程主要施工内容及其进度安排应明确说明，施工顺序应符合工序逻辑关系；

B. 施工流水段应结合工程具体情况分阶段进行划分；单位工程施工阶段的划分一般包括地基基础、主体结构、装修装饰和机电设备安装三个阶段。

3）对于工程施工的重点和难点应进行分析，包括组织管理和施工技术两个方面。

4）工程管理的组织机构形式应按照《建筑施工组织设计规范》（GB/T 50502—2009）第4.2.3条的规定执行，并确定项目经理部的工作岗位设置及其职责划分。

5）对于工程施工中开发和使用的新技术、新工艺应作出部署，对新材料和新设备的使用应提出技术及管理要求。

6）对主要分包工程施工单位的选择要求及管理方式应进行简要说明。

（3）施工进度计划

1）单位工程施工进度计划应按照施工部署的安排进行编制。

2）施工进度计划可采用网络图或横道图表示，并附必要说明；对于工程规模较大或较复杂的工程，宜采用网络图表示。

（4）施工准备与资源配置计划

1）施工准备应包括技术准备、现场准备和资金准备等。

A. 技术准备应包括施工所需技术资料的准备、施工方案编制计划、试验检验及设备调试工作计划、样板制作计划等。

a. 主要分部（分项）工程和专项工程在施工前应单独编制施工方案，施工方案可根据工程进展情况，分阶段编制完成；对需要编制的主要施工方案应制定编制计划；

b. 试验检验及设备调试工作计划应根据现行规范、标准中的有关要求及工程规模、进度等实际情况制订；

c. 样板制作计划应根据施工合同或招标文件的要求并结合工程特点制定。

B. 现场准备应根据现场施工条件和实际需要，准备现场生产、生活等临时设施。

C. 资金准备应根据施工进度计划编制资金使用计划。

2）资源配置计划应包括劳动力计划和物资配置计划等。

A. 劳动力配置计划应包括下列内容：

a. 确定各施工阶段用工量；

b. 根据施工进度计划确定各施工阶段劳动力配置计划。

B. 物资配置计划应包括下列内容：

a. 主要工程材料和设备的配置计划应根据施工进度计划确定，包括各施工阶段所需主要工程材料、设备的种类和数量；

b．工程施工主要周转材料和施工机具的配置计划应根据施工部署和施工进度计划确定，包括各施工阶段所需主要周转材料、施工机具的种类和数量。

（5）主要施工方案

1）单位工程应按照《建筑工程施工质量验收统一标准》（GB 50300—2013）中分部、分项工程的划分原则，对主要分部、分项工程制定施工方案。

2）对脚手架工程、起重吊装工程、临时用水用电工程、高大支模架、深基坑围护、季节性施工等专项工程所采用的施工方案应进行必要的验算和说明。

（6）施工现场平面布置。

1）施工现场平面布置图应参照《建筑施工组织设计规范》（GB/T 50502—2009）第4.6.1条和第4.6.2条的规定并结合施工组织总设计，按不同施工阶段分别绘制。

2）施工现场平面布置图应包括下列内容；

A．工程施工场地状况；

B．拟建建（构）筑物的位置、轮廓尺寸、层数等；

C．工程施工现场的加工设施、存储设施、办公和生活用房等的位置和面积；

D．布置在工程施工现场的垂直运输设施、供电设施、供水供热设施、排水排污设施和临时施工道路等；

E．施工现场必备的安全、消防、保卫和环境保护等设施；

F．相邻的地上、地下既有建（构）筑物及相关环境。

监理规划和施工组织设计内容十分丰富，限于篇幅，仅对文件的编制依据、审批流程、内容作简要介绍，实例不予选登。

二、办理工程质量、安全监督登记

建设工程开工前，是办理建设手续最烦琐的时期，内容多并涵盖所有参建单位。办理有关开工手续主要有房屋质量监督登记、工程安全监督登记等，这些都是建设单位的工作。

（一）工程质量监督登记

根据《建筑法》《建设工程质量管理条例》和住建部《建筑工程五方责任主体项目负责人质量终身责任追究暂行办法》等法律法规的规定，各参建单位应提供以下材料。

某区住建局办理工程质量登记提供材料的清单：

（1）房屋建筑工程质量监督登记表。

（2）建设单位营业执照副本复印件盖公章、企业开发资质副本复印件盖公章（房产开发项目）。

（3）工程地质勘察报告，民用建筑含氡浓度检测报告。

（4）施工图设计文件，即施工图纸，需全套盖好审图章。

（5）施工图设计文件审查报告，含建筑节能、节水专项审查意见及统一受理表。

（6）工程施工合同，合同价在50万以上的施工合同需进行网上备案。

（7）工程监理合同，工程总投资额300万以上的监理合同需进行网上备案。

（8）参建单位情况登记表：

1）勘察单位项目管理机构情况登记表；

2）设计单位项目管理机构情况登记表；

3）监理单位项目管理机构情况登记表；

4）施工单位项目管理机构情况登记表。

（9）立项批文。

（10）建设工程规划许可证，含建设工程规划红线图。

（11）施工单位中标通知书或招标备案通知书。

（12）监理单位中标通知书，专指政府投资项目，工程监理费在20万以上的应公开招标。

（13）监理规划。

（14）施工组织设计。

（15）七方责任承诺书：

1）建设单位建设工程项目负责人质量终身责任承诺书；

2）勘察单位建设工程项目负责人质量终身责任承诺书；

3）设计单位建设工程项目负责人质量终身责任承诺书；

4）审图单位建设工程项目负责人质量终身责任承诺书；

5）监理单位建设工程项目负责人质量终身责任承诺书；

6）施工单位建设工程项目负责人质量终身责任承诺书；

7）检测单位建设工程项目负责人质量终身责任承诺书。

（16）质量监督机构要求提供的其他材料。

以上表式在相关单位网站或政府办证中心均可下载（下同）。

（二）工程安全监督登记

根据《建筑法》《建设工程质量管理条例》等法律法规的规定。参建各方在办理工程安全监督登记时应提供建设工程项目安全监督备案表和危险性较大的分部分项工程清单。

某区住建局办理建设工程项目安全监督备案提供材料：

（1）《建设工程项目安全监督备案表》。

（2）危险性较大的分部分项工程清单。

申报建设工程安全监督备案的工程，必须按照《建筑工程安全生产管理条例》所列达到一定规模的危险性较大的分部分项工程清单。

三、办理建筑工程施工许可

建设工程施工活动是一种专业性、技术性、顺序性等极强的特殊活动，对建设工程是否具备施工条件以及从事施工活动的单位和专业技术人员进行严格的管理，是一项极其重要的事前控制工作，对于规范建设市场行为和秩序，保证建设工程质量和施工安全生产，提高投资效益，保障各方利益公民生命财产安全和国家财产安全，都具有十分重要的意义。

建设工程施工许可是一项制度，《建筑法》规定，建设工程开工前，建设单位应当按照国家规定向工程所在地县级以上人民政府建设行政主管部门申请领取施工许可证，但是，国务院建设行政主管部门确定的限额以下的小型工程除外。

（一）施工许可证的适用范围

1. 需要办理施工许可证的建设工程

《建筑法》和2016年6月住建部经修改后发布的《建筑工程施工许可管理办法》规定，在中华人民共和国境内从事各类房屋建筑及其附属设施的建造、装修和与其配套的线路、管线、设备的安装，以及城镇市政基础设施工程的施工，建设单位在开工前应当依照本办法的规定，向工程所在地县级以上人民政府建设行政主管部门申请领取施工许可证。

2. 不需要办理施工许可证的建设工程

（1）限额以下的小型工程

按照《建筑法》的规定，国务院建设行政主管部门确定的限额以下的小型工程，可以不申请办理施工许可证。据此，《建筑工程施工许可管理办法》规定，工程投资在30万元以下或者建筑面积在300m²以下的建筑工程，可以不申请办理施工许可证。各省、自治区市、直辖市人民政府住房城乡建设主管部门可以根据当地实际情况，对限额进行调整，并报国务院住房城乡建设主管部门备案。

（2）抢险救灾等工程

《建筑法》规定，抢险救灾及其他临时性房屋建筑和农民自建低层住宅的建筑活动，不适应本法。

3. 不重复办理施工许可证的建设工程

为避免同一建设工程的开工由不同行政主管部门重复审批的现象，《建筑法》规定，按照国务院规定的权限和程序批准开工报告的建设工程，不再领取施工许可证。这有两层含义：一是实现开工报告批准制度的建设工程，必须符合国务院规定，其他任何部门的规定无效；二是开工报告与施工许可证不要重复办理。

需要说明的是，国务院规定的开工报告制度，不同于《建设工程监理规范》中的开工报告。

4. 另行规定的建设工程

《建筑法》规定，军用房屋建筑工程建筑活动的具体管理办法，由国务院、中央军事委员会依据本法办理。

（二）有关建筑许可证的时间规定

（1）建设行政主管部门应当自收到申请之日起15d内，对符合条件的申请颁发施工许可证。

（2）建设单位应当自领取施工许可证之日起三个月内开工，因故不能按期开工的，应当向发证机关申请延期；延期以两次为限，每次不超过三个月。既不开工又不申请延期或者超过延期时限的，施工许可证自行废止。

（3）在建的建筑工程因故中止施工的，建设单位应当自中止施工之日起一个月内，向发证机关报告，并按照规定做好建筑工程的维护管理工作。

建筑工程恢复施工时，应当向发证机关报告；中止施工满一年的工程恢复施工前，建设单位应当报发证机关核验施工许可证。

（4）按照国务院有关规定批准开工报告的建筑工程，因故不能按期开工或者中止施工的，应当及时向批准机关报告情况。因故不能按期开工超过六个月的，应当重新办理开工报告的批准手续。

（三）办理建筑许可证的条件和内容

1.《建筑法》规定的条件

根据《建筑法》的规定，申领施工许可证，应当具备下列条件：

（1）已经办理该建筑工程用地批准手续；

（2）在城市规划区的建筑工程，已经取得规划许可证；

（3）需要拆迁的，其拆迁进度符合施工要求；

（4）已经确定建筑施工企业；

（5）有满足施工需要的施工图纸及技术资料；

（6）有保证质量和安全的具体措施；

（7）建设资金已落实；

（8）法律、行政法规规定的其他条件。

2. 实际办理的条件（根据《建筑法》）

建筑施工许可证在实际操作中，主管部门会根据《建筑法》的规定并结合当地实际，列出申领建筑许可证提供材料的清单。

以下为某区住建局办理建筑施工许可证提供材料的清单：

（1）施工许可证申请表；

（2）项目立项批文；

（3）建设工程规划许可证及工程红线图；

（4）建设工程安全监督备案表；

（5）监理单位中标通知书、施工单位中标通知书；

（6）质监通知书；

（7）施工合同、监理合同；

（8）廉洁协议；

（9）施工图审查报告，住宅工程须含住宅工程质量通病防治设计专项审查表；

（10）劳动开工管理备案登记表；

（11）欠薪保证金存款证明；

（12）银行资金证明；

（13）建筑工程消防审核意见书（或消防告知单）；

（14）外地施工企业计划生育证明；

（15）外来施工企业进城备案表；

（16）施工单位企业资质证书（副本）、营业执照（副本）、安全生产许可证、三类人员安全上岗证、项目经理（建造师）资格证书及工作手册复印件盖企业公章；

（17）施工单位工会组建情况登记表；

（18）施工许可项目情况报备单；

（19）农民工工资专用账户承诺书；

（20）有关法律、行政法规规定的其他资料。

3. 建筑工程施工许可证

符合以上条件后，建设行政主管部门颁发建筑工程施工许可证，建设单位领取建筑工程施工许可证后，表明工程符合规定程序，可以准备开工。

四、规划放线

规划放线是规划部门根据已经审批同意的建设工程规划红线和相应的坐标到实地进行放样的一种行政行为，也是建筑工程施工前的一个重要过程。为保证工作质量，规划放线一般有当地规划部门指定的测绘机构实施放样。

（一）放线依据

（1）《测绘法》（第一章第四条）；

（2）《城乡规划法》（第五章第五十三条）。

（二）放线办理材料

建设单位在申请放线前，应当完成建设工程施工场地的清理、平整，包括按规划要求应当拆除的原有建（构）筑物，场地有测量标志的，应当办理测量标志迁移手续。所有建设手续已办理齐全。

办理材料：

（1）建设单位申请报告和建设工程规划放线申请书；

（2）建设用地规划许可证及附件、附图；

（3）建设工程规划许可证及附件、附图；

（4）规划主管部门审定的建筑施工图、总平面布置图（含电子版）；

（5）经设计单位、建设单位签字盖章的与经审定总平面布置图一致的标明坐标体系总平面定位坐标图（含电子版）。

（三）放线程序

（1）建设单位申请；

（2）城乡规划主管部门发放建设工程规划放线通知单；

（3）由建设单位方或规划科委托具有相应资质的测量单位进行放线定位；

（4）测绘单位出具放线报告；

（5）在建设工程规划许可证（副本）及放线相关表格上签署意见。

规划放线时一般现场有规划放线的机构、建设单位、监理单位、施工单位同时在场并确认，当建筑物比较复杂时，也可以邀请设计单位参加放线。

第三节　图纸会审与设计交底

一、依据

图纸会审与设计交底不仅是工程建设中的惯例，更是法律规定相关建设各方的义务。《建筑法》《建设工程质量管理条例》《建设工程勘察设计管理条例》《建设工程监理规范》等相关配套、规章均对此有明文规定和具体要求。特别是《建设工程勘察设计管理条例》第二十八条："施工单位、监理单位发现建设工程勘察、设计文件不符合工程建设强制性标准、合同约定的质量要求，应当报告建设单位，建设单位有权要求建设工程勘察、设计单位对建设工程勘察设计文件进行补充、修改"和第三十条："建设工程勘察、设计单位应当在建设工程施工前，向施工单位和监理单位说明建设工程勘察、设计意图，解释建设工程的勘察、设计文件。建设工程勘察、设计单位应及时解决施工中出现的勘察、设计问题。"这些都是图纸会审和设计交底的直接依据。

二、图纸会审

（一）概述

图纸会审是指经国家批准的施工图审图机构审查合格的施工图文件，在工程各参建单位（建设单位、监理单位、施工单位、各种设备厂家）收到由建设单位移交的设计单位施工图设计文件后，并在建设工程开工前对施工图进行全面细致的熟悉，审查出施工图中存在的问题及不合理情况并提交设计单位进行处理的一项重要活动。

通过图纸会审可以使各参建单位特别是施工单位熟悉设计图纸、领会设计意图、掌握工程特点及难点，找出需要解决的技术难题并拟订解决方案，从而将因设计缺陷而存在的问题消灭在施工之前。

图纸会审会议由建设单位主持，各方形成统一意见后，形成问题清单，会议纪要由施工单位整理，与会各方会签。

（二）目的和内容

1. 目的

一是使施工单位和各参建单位熟悉设计图纸，了解工程特点和设计意图，找出需要解决的技术难题，并制定解决方案；二是为了解决图纸中存在的问题，减少图纸的差错，将图纸中的质量隐患消灭在萌芽之中。

2. 内容

（1）是否无证设计或越级设计，图纸是否经设计单位正式签署。

（2）地质勘探资料是否齐全。

（3）设计图纸与说明是否齐全，有无分期供图的时间表。

（4）设计抗震设防烈度是否符合当地要求。

（5）几个设计单位共同设计的图纸相互间有无矛盾；专业图纸之间、平立剖面图之间有无矛盾；标注有无遗漏。

（6）总平面与施工图的几何尺寸、平面位置、标高等是否一致。

（7）防火、消防是否满足要求。

（8）建筑结构与各专业图纸本身是否有差错及矛盾；结构图与建筑的平面尺寸及标高是否一致；建筑图与结构图的表示方法是否清楚；是否符合制图标准；预埋件是否表示清楚；有无钢筋明细表；钢筋的构造要求在图中是否表示清楚。

（9）施工图中所列各种标准图册，施工单位是否具备。

（10）材料来源有无保证，能否代换；图中所要求的条件能否满足；新材料、新技术的应用有无问题。

（11）地基处理方法是否合理，建筑与结构构造是否存在不能施工、不便于施工的技术问题，或容易导致质量、安全、工期、工程费用增加等方面的问题。

（12）工艺管道、电气线路、设备装置、运输道路与建筑物之间或相互间有无矛盾，布置是否合理。

（13）施工安全、环境卫生有无保证。

（三）主要配套资料

施工图会审人员，必须具备较高的专业知识和实践经验，同时要了解现场情况和工程的其他有关信息。配备必要的技术资料，特别要熟悉规范中的强制性条款内容。

施工图会审的配套资料除了施工图纸、地质报告、相关图集、节能评估报告、施工图审查报告和政策法规条文外，作为一个工程管理人员，不管何种专业，应至少熟悉以下常用规范：

（1）《民用建筑设计通则》（GB 50352—2005）；

（2）《建筑设计防火规范》（GB 50016—2014）；

（3）《屋面工程技术规范》（GB 50345—2012）；

（4）《公共建筑节能设计标准》（GB 50189—2015）；

（5）《建筑给水排水设计规范》（2009年版）（GB 50015—2003）；

（6）《民用建筑电气设计规范》（JGJ 16—2008）；

（7）《民用建筑供暖通风与空气调节设计规范》（GB 50736—2012）；

（8）《建设工程施工质量验收规范》汇编；

（9）《房屋构造》（中国建筑工业出版社，下同）；

（10）《建筑材料》；

（11）《钢筋混凝土结构构造》；

（12）《建筑工程设计文件编制深度规定》（2016版）；

（13）其他与项目建设相关的标准，如《住宅设计规范》（GB 50096—2011）、《办公建筑设计规范》（JGJ 67—2016）、《中小学校设计规范》（GB 50099—2011）等。

（四）程序和方法

1. 程序

施工图会审的程序，因人而异，因专业不同而有所不同，一般先看建筑图，后看专业图。

建筑专业是建筑工程设计的灵魂，其他专业应当服从其要求，也就是结构、给水排水、电气、供暖、通风等专业都是它的配套专业。即对土建专业而言，专业图就是建筑施工图和结构施工图；对安装而言，专业图就是给水排水、电气、暖通、空调、智能化等施工图。大家要知道，重要问题都出在建筑专业，如结构、设备、交通、门窗布置的合理性等。因此，建筑设计图是每个专业必须了解的最基础、也是最重要专业图纸（各专业侧重点有所不同），应当首先对建筑图进行审查。

在各种专业施工图审查中，应先看总平面图，了解建筑物布局的基本信息，再看专业设计说明（建筑节能、消防专篇）和平面（自底层至以上各层）、立面、剖面，最后看详图和进行专业校核、比较。

2. 方法

（1）施工图会审应掌握先粗后细的原则，这样的审图方法有利于提高审图的时效和审查质量。

（2）审查时，可先用铅笔在图上打记号，后整理成文。

（3）同一单位各专业人员审查后应先进行内部会审，形成本单位的审图内容。

（4）施工图会审，由建设单位（或委托监理单位）主持，主要会审议程如下：

1）建设单位介绍项目概况和技术等要求。

2）确定会审顺序。

一般会审会议议程先由各单位、各专业技术人员集中，然后确定各专业负责人，再分专业进行会审，最后确定各专业汇总时间并形成书面图纸会审"问题清单"。

3）图纸会审的具体事项。

图纸会审的具体事项，除解决和确定图纸中的矛盾外，还应确定施工图不明确或招标过程中不明确的需要明确的事项，如在设计文件中不明确的内容（如桩的施打方式）应当确定；在招标文件中指定的品牌（如开关品牌）应当确定；无定额的施工内容或材料计价方式或价格应当确定等。

4）其他需要确定的事项。

三、设计交底

（一）概述

设计交底是指在施工图完成并经审查合格后，设计单位在设计文件交付施工时，按法律规定的义务就施工图设计文件向监理单位和施工单位作出详细的说明，帮助监理单位和施工单位正确贯彻设计意图，加深对设计文件特点、难点、疑点的理解，掌握关键工程部位的质量要求，以确保工程质量。同时，解释和讨论确定图纸会审中形成的问题清单内容。

设计交底会议由建设单位组织并主持，各方形成统一意见后，形成图纸会审与设计交底纪要，会议纪要由设计单位整理，与会各方会签。

（二）内容和顺序

1．内容

施工图设计文件总体介绍，设计的意图说明，特殊的工艺要求，建筑、结构、工艺、设备等各专业在施工中的难点、疑点和容易发生的问题说明，对施工单位、监理单位、建设单位等对设计图纸的解释等。

2．顺序

施工图在施工前的会审，也是把握施工图质量的最后一道关，因此，全体参建单位要领会设计意图，了解建设过程的难点、复杂点和关键点，了解当地施工条件、技术水平、做法等是否与设计相匹配。在会审过程中，如果发现设计文件技术、工艺、质量、安全等难以保证和实现或有进一步优化的空间时，应当及时向建设、设计单位提出。当然，参建单位为了达到自身利益等不合理要求的目的，则必须坚持设计原则。

施工图会审主要是把握关键节点和部位的审查、质量通病的产生、防治安全专项方案的审查，针对民用建筑的这些施工图会审技术问题，本书在第六章中有较为详细的阐述。

四、注意事项

在实际工作中，施工图深度达不到设计深度甚至设计错误而成为"合格施工图"的情况经常出现，建设、监理、施工单位往往认为现场可以自行解决而放任对其要求，这种"习惯思维"其实是一个不负责任的做法，对设计单位和自身都存在一定的问题隐患。做好了，设计很满意，做错了，设计问你为什么这样做？你就自讨没趣了。当然，也有居心不良者，把施工图的瑕疵作为敛财的手段，造成建设单位的损失。因此，建设、监理、施工单位必须牢牢记住按图施工是自己的天职！合格的施工图文件应当明确到一只钉子的材料、规格、间距、固定方法等，倘若发现施工图设计深度达不到要求或者设计错误的时候，必须要求明确后再施工。

综上所述，图纸会审与设计交底是为了达到同一个目的的两个不同过程，也是项目开工前必须进行的重要程序。问题清单的有些内容可以是建议性的，可以在设计交底会上作进一步探讨，但图纸会审与设计交底纪要的内容必须在施工图交底会上确定，它是施工图设计文件等的补充和完善，它与施工图具有同等的作用。

第四节　开工报告和开工令

一、办理开工报告和签发开工令

按照《建设工程监理规范》（GB/T 50319—2013）的规定：总监理工程师应组织专业监理工程师审查施工单位报送的工程开工报审表及相关资料。同时，具备下列条件时，应由总监理工程师签署审核意见，并应报建设单位批准后，总监理工程师签发开工令：

（1）设计交底和图纸会审已完成；

（2）施工组织设计已由总监理工程师签认；

（3）施工单位现场质量、安全生产管理体系已建立，管理及施工人员已到位，施工机械具备使用条件，主要工程材料已落实。

二、开工后须注意和办理的事项

（一）确保建设资金到位

确保建设资金到位，是建设单位一切工作的基础，任何由于建设单位资金不到位的问题，都是引起日后纠纷和索赔的根源。因此，建设单位在项目决策时必须谨慎，在合同签订时必须负责。

（二）签订主要设备、材料采购合同

及时签订主要设备、材料采购合同，主要目的是确保工程中所采用的主要设备、材料符合设计和合同要求，主要设备、材料的供货合同签订后，就确定了其具体型号、供货日期、质量标准和价格等是否满足设计和合同要求，避免过程变更影响建设工期和造价。如果发现问题，可以尽早采取补救措施。

我们这里所说的设备和材料主要是指对工程影响较大的电梯、空调、医院的医疗器械设备和新型节能、装修新材料等。在正常情况下，主要设备、材料是不允许随意变更的。

（三）专项设计及其招投标

我们提倡工程一次设计和一次招投标，尽可能减少过程管理环节和工程变更，但在实际工作中，由于各种因素，很难做到这一点，甚至是不可能的。为此，我们必须把握这些环节的设计及其招投标环节，确保其过程不影响工程建设的关键线路。

涉及后续设计及其招投标的内容，主要有二次装修设计、专用机房设计、专用医疗用房设计、专用金库设计、厨房设计等。

（四）政策法规调整的影响

建设项目实施是一个漫长的过程，我们在项目建设实施过程中，经常会发生在实施过程中政策法规的调整，譬如消防法规调整、节能政策调整、预售政策调整等等，而每一项政策法规的调整都会对后续工程建设有影响，因此，项目管理人员必须关注新政策法规调整的动向，掌握新政策法规对项目建设的影响并及时采取应对措施，包括新政策措施对其他的影响，这对项目顺利建设和验收十分重要。

我们在实际建设工程项目管理过程中，由于以上原因，导致建设工期延误甚至纠纷的案例屡见不鲜，作为建设单位，必须注意以上内容因素对项目建设的影响。

（五）商品房预售许可证

根据《中华人民共和国城市房地产管理法》《城市商品房预售管理办法》等规定，商品房预售符合条件后，领取商品房预售许可证，开发经营企业可以进行商品房预售。

1. **商品房预售应当符合下列条件**

（1）已交付全部土地使用权出让金，取得土地使用权证书；

（2）持有建设工程规划许可证；

（3）按提供预售的商品房计算，投入开发建设的资金达到工程建设总投资的25%以上，并已经确定施工进度和竣工交付日期。

2. **商品房预售许可证应当提交下列证件（复印件）及资料**

（1）开发经营企业的营业执照；

（2）建设项目的投资立项、规划、用地和施工等批准文件或证件。

（3）工程施工进度计划。

（4）投入开发建设的资金已达工程建设总投资的25%以上的证明材料。

（5）商品房预售方案。预售方案应当说明商品房的位置、装修标准、交付使用日期、预售总面积、交付使用后的物业管理等内容，并应当附商品房预售总平面图。

（6）需向境外预售商品房的，应当同时提交允许向境外销售的批准文件。

第五章

施工管理

　　建设实施时期施工实施阶段的项目管理，是建设工程在实体施工过程中，有关工程质量、进度、造价、安全的控制和合同、信息的管理以及组织协调工作，也称为"四控制、两管理、一协调"。在建筑师、监理工程师、建造师、造价工程师、咨询工程师等执业考试教材中，有详细的介绍，在其他类似书籍中也有十分全面的阐述，包括各种政策法规也是最多、最全面的，应该说这部分知识也是广大建设工程管理者最熟悉的内容，因此，本章只介绍其主要内容，有关建设实施时期施工实施阶段的详细内容我们在这里不做过多介绍，如需深层次了解，请直接查阅有关书籍。

　　建设工程实施过程，是一个复杂而烦琐的过程，它具有影响因素多、制约因素多、不确定因素多和程序性强以及一旦出现质量、安全事故后果严重等特点，因此，建设工程实施时期的施工实施阶段，也是时间最长、责任最重、风险最大的过程，应当引起高度重视，确保建设工程管理始终处于受控状态，但工程出现质量缺陷及事故、安全事故在所难免，本章介绍了质量缺陷及事故、安全事故的处理及实例。

　　建设工程实施时期施工实施阶段的项目管理，是真正从"蓝图"变为"现实"的过程，施工现场应当由监理单位来全面实施监督和管理。

第一节 质量控制

一、质量管理制度和责任体系

建设工程质量是实现建设工程功能与效果的基本要素。要进行有效的工程质量控制，必须熟悉工程质量形成过程及其影响因素，了解工程质量管理的制度，掌握建设工程参与主体单位的工程质量责任。

（一）工程质量和工程质量控制

1. 建设工程质量

质量是指一组固有特性满足要求的程度。"固有特性"包括了明示的和隐含的特性，明示的特性一般以书面阐明或明确向顾客指出，隐含的特性是指惯例或一般做法。"满足要求"是指满足顾客和相关方的要求，包括法律法规及标准规范的要求。

建设工程质量简称工程质量，是指建设工程满足相关标准规定和合同约定要求的程度，包括其在安全、使用功能及其在耐久性能、节能与环境保护等方面所有明示和隐含的固有特性。

建设工程作为一种特殊的产品，除具有一般产品共有的质量特性外，还具有特定的内涵。建设工程质量的特性主要表现在以下七个方面：

（1）适用性

即功能，是指工程满足使用目的的各种性能。包括：理化性能，如尺寸、规格、保温、隔热、隔声等物理性能，耐酸、耐碱、耐腐蚀、防火、防风化、防尘等化学性能；结构性能，指地基基础牢固程度，结构的足够强度、刚度和稳定性；使用性能，如民用住宅工程要能使居住者安居需要，工业厂房要能满足生产活动需要，道路、桥梁、铁路、航道要能满足通达便捷需要等；建设工程的组成部件、配件、水、暖、电、卫器具、设备也要能满足其使用功能；外观性能，是指建筑的风格、造型、布置、室内装饰效果、色彩等美观大方、协调等。

（2）耐久性

即寿命，是指工程在规定的条件下，满足规定功能要求使用的年限，也就是工程竣工后的合理使用寿命期。如《建筑结构可靠度设计统一标准》（GB 50068—2001），把民用建筑的设计使用年限按照建筑等级、重要性分为四类。由于建筑物本身结构类型不同、质量要求不同、施工方法、使用性能不同的个性特点，实际的使用寿命与理论要求不可能完全一致，对工程组成的部件（如屋面防水、外墙防水、卫生洁具、电梯等）也有不同的耐用年限。

（3）安全性

是指工程建成后在使用过程中保证结构安全、保证人身和环境免受危害的程度。建设工程产品的结构安全度、抗震、耐火及防火能力，人民防空的抗辐射、抗核污染、抗冲击波等能力是否能达到特定的要求，都是安全性的重要标志。工程交付使用之后，必须保证人身财产、工程整体都有能免遭工程结构破坏及外来危害的伤害。工程组成部件，如阳台栏杆、楼梯扶手、电器产品、漏电保护、电梯及各类设备等，也要保证使用者的安全。

（4）可靠性

是指工程在规定的时间和规定的条件下完成规定功能的能力。工程不仅要求在交工验收时要达到规定的指标，而且在一定的使用时期内要保持应有的正常功能。如工程上的防洪与抗震能力、防水隔热和恒温恒湿性能、工业生产用的管道防"跑、冒、滴、漏"等，都属可靠性的质量范畴。

（5）经济性

是指工程从规划、勘察、设计、施工到整个产品使用寿命周期内的成本和消耗的费用。工程经济性具体表现为设计成本、施工成本、使用成本三者之和。包括从征地、拆迁、勘察、设计、采购（材料、设备）、施工、配套设施等建设全过程的总投资和工程使用阶段的能耗、维护、保养乃至改建更新的使用维护费用。通过分析比较，判断工程是否符合经济性要求。

（6）节能性

是指工程在设计、建造、使用和维修过程中，满足节能减排、降低能耗的标准和有关要求的程度。

（7）与环境的协调性

是指工程与其周围生态环境的协调，与所在地区经济环境的协调，与周围已建工程和当地人文环境的协调等，以适应可持续发展的要求。

上述七个方面的质量特性彼此之间是相互依存的，总体而言适用、耐久、安全、可靠、经济、节能与环境协调性，都是必须达到的基本要求，并且缺一不可。但是对于不同门类、不同专业的工程，如工业建筑、民用建筑、公共建筑、住宅建筑等，可根据其所处的特定地域环境条件、经济技术条件的差异，有不同的侧重面。

2. 工程质量形成过程与影响因素

（1）工程建设阶段对质量形成的作用与影响

工程建设的不同阶段，对工程项目质量的形成起着不同的作用和影响。

1）项目可行性研究。

项目可行性研究是在项目建议书和项目策划的基础上，运用经济学原理对投资项目的有关技术、经济、社会、环境及所有方面进行调查研究，对各种可能的拟建方案和建成投产后的经济效益、社会效益和环境效益等进行技术经济分析、预测和论证，确定项目建设的可行性，并在可行的情况下，通过多方案比较从中选择出最佳建设方案，作为项目决策和设计的依据。在此过程中，需要确定工程项目的质量要求，并与投资目标相协调。因此，项目的可行性研究直接影响项目的决策质量和设计质量。

2）项目决策。

项目决策阶段是通过项目可行性研究和项目评估，对项目的建设方案作出决策，使项目的建设充分反映建设单位的意愿，并与地区环境相适应，做到投资、质量、进度三者协调统一。所以，项目决策阶段对工程质量的影响主要是确定工程项目应达到的质量目标和水平。

3）工程勘察、设计。

工程的地质勘察是为建设场地的选择和工程的设计与施工提供地质资料依据。而工程设计是根据建设项目总体需求（包括已确定的质量目标和水平）和地质勘察报告，对工程的外形和内在的实体进行筹划、研究、构思、设计和描绘，形成设计说明书和图纸等相关文件，使得质量目标和水平具体化，为施工提供直接依据。

工程设计质量是决定工程质量的关键环节。工程采用什么样的平面布置和空间形式、选用什么样的结构类型、使用什么样的材料、构配件及设备等，都直接关系到工程主体结构的安全可靠，关系到建设投资的综合功能是否充分体现规划意图。在一定程度上，设计的完美性也反映了一个国家的科技水平和文化水平。设计的严密性、合理性也决定了工程建设的成败，是建设工程的安全、适用、经济与环境保护等措施得以实现的保证。

4）工程施工。

工程施工是指按照设计图纸和相关文件的要求，在建设场地上将设计意图付诸实现的测量、作业、检验，形成工程实体建成最终产品的活动。任何优秀的设计成果，只有通过施工才能变为现实。因此，工程施工活动决定了设计意图能否体现，直接关系到工程的安全可靠、使用功能的保证，以及外表观感能否体现建筑设计的艺术水平。在一定程度上，工程施工是形成实体质量的决定性环节。

5）工程竣工验收。

工程竣工验收就是对工程施工质量通过检查评定、试车运转，考核施工质量是否达到设计要求；是否符合决策阶段确定的质量目标和水平，并通过验收确保工程项目质量。所以工程竣工验收对质量的影响是保证最终产品的质量。

（2）影响工程质量的因素

影响工程质量的因素很多，但归纳起来主要有五个方面，即人（Man）、材料（Material）、机械（Machine）、方法（Method）和环境（Environment），简称4M1E。

1）人员素质。

人是生产经营活动的主体，也是工程项目建设的决策者、管理者、操作者，工程建设的规划、决策、勘察、设计、施工与竣工验收等全过程，都是通过人的工作来完成。人员的素质，即人的文化水平、技术水平、决策能力、管理能力、组织能力、作业能力、控制能力、身体素质及职业道德等，都将直接和间接地对规划、决策、勘察、设计和施工的质量产生影响，而规划是否合理、决策是否正确、设计是否符合所需要的使用功能、施工能否满足合同、规范、技术标准的需要等，都将对工程质量产生不同程度的影响。人员素质是影响工程质量的一个重要因素。因此，建筑行业实行资质管理和各类专业从业人员持证上岗制度是保证人员素质的重要管理措施。

2）工程材料。

工程材料是指构成工程实体的各类建筑材料、构配件、半成品等，它是工程建设的物质条件，是工程质量的基础。工程材料选用是否合理，产品是否合格，材质是否经过检验，保管使用是否得当等，都将直接影响建设工程的结构刚度和强度，影响工程外表及观感，影响工程的使用功能，影响工程的使用安全。

3）机械设备。

机械设备可分两类：一类是指组成工程实体及配套的工艺设备和各类机具，如电梯、泵机、通风设备等，它们构成了建筑设备安装工程或工业设备安装工程，形成完整的使用功能。另一类是指施工过程中使用的各类机具设备，包括大型垂直与横向运输设备，各类操作工具，各种施工安全设施，各类测量仪器和计量器具等，简称施工机具设备，它们是施工生产的手段。施工机具设备对工程质量也有重要的影响。工程所用机具设备，其产品质量优劣直接影响工程使用功能质量。施工机具设备的类型是否符合工程施工特点，性能是否先进稳定，操作是否方便安全等，都将会影响工程项目的质量。

4）方法。

方法是指工艺方法、操作方法和施工方案。在工程施工中，施工方案是否合理，施工工艺是否先进，施工操作是否正确，都将对工程质量产生重大的影响。采用新技术、新工艺、新方法，不断提高工艺技术水平，是保证工程质量稳定提高的重要因素。

5）环境条件。

环境条件是指对工程质量特性起重要作用的环境因素，包括工程技术环境，如工程地质、水文、气象等；工程作业环境，如施工环境作业面大小、防护措施、通风照明和通信条件等；工程管理环境，主要指工程实施的合同环境与管理关系的确定，组织体制及管理制度等；周边环境，如工程邻近的地下管线、建（构）筑物等。环境条件往往对工程质量产生特定的影响。加强环境管理，改进作业条件，把握好技术环境，辅以必要的措施，是控制环境对质量影响的重要保证。

（3）工程质量的特点

建设工程质量的特点是由建设工程本身和建设生产的特点决定的。建设工程（产品）及其生产的特点：一是产品的固定性，生产的流动性；二是产品多样性，生产的单件性；

三是产品形体庞大，高投入，生产周期长，具有风险性；四是产品的社会性，生产的外部约束性。正是由于上述建设工程的特点而形成了工程质量本身的以下特点。

1）影响因素多。

建设工程质量受到多种因素的影响，如决策、设计、材料、机具设备、施工方法、施工工艺、技术措施、人员素质、工期、工程造价等，这些因素直接或间接地影响工程项目质量。

2）质量波动大。

由于建筑生产的单件性、流动性，不像一般工业产品的生产那样，有固定的生产流水线、有规范化的生产工艺和完善的检测技术、有成套的生产设备和稳定的生产环境，所以工程质量容易产生波动且波动较大。同时由于影响工程质量的偶然性因素和系统性因素比较多，其中任一因素发生变动，都会使工程质量产生波动。如材料规格品种使用错误、施工方法不当、操作未按规程进行、机械设备过度磨损或出现故障、设计计算失误等，都会发生质量波动，产生系统因素的质量变异，造成工程质量事故。为此，要严防出现系统性因素的质量变异，要把质量波动控制在偶然性因素范围内。

3）质量隐蔽性。

建设工程在施工过程中，分项工程交接多、中间产品多、隐蔽工程多，因此质量存在隐蔽性。若在施工中不及时进行质量检查，事后只能从表面上检查，就很难发现内在的质量问题，这样就容易产生判断错误，即将不合格品误认为合格品。

4）终检的局限性。

工程项目建成后不可能像一般工业产品那样依靠终检来判断产品质量，或将产品拆卸、解体来检查其内在质量，或对不合格零部件进行更换。而工程项目的终检(竣工验收)无法进行工程内在质量的检验，发现隐蔽的质量缺陷。因此，工程项目的终检存在一定的局限性。这就要求工程质量控制应以预防为主，防患于未然。

5）评价方法的特殊性。

工程质量的检查评定及验收是按检验批、分项工程、分部工程、单位工程进行的。检验批的质量是分项工程乃至整个工程质量检验的基础，检验批合格质量主要取决于主控项目和一般项目检验的结果。隐蔽工程在隐蔽前要检查合格后验收，涉及结构安全的试块、试件以及有关材料，应按规定进行见证取样检测，涉及结构安全和使用功能的重要分部工程要进行抽样检测。工程质量是在施工单位按合格质量标准自行检查评定的基础上，由项目监理机构组织有关单位、人员进行检验确认验收。这种评价方法体现了"验评分离、强化验收、完善手段、过程控制"的指导思想。

3. 工程质量控制主体和原则

（1）工程质量控制主体

工程质量控制贯穿于工程项目实施的全过程，其侧重点是按照既定目标、准则、程序，使产品和过程的实施保持受控状态，预防不合格的发生，持续稳定地生产合格品。

工程质量控制按其实施主体不同，分为自控主体和监控主体。前者是指直接从事质量职能的活动者，后者是指对他人质量能力和效果的监控者，主要包括以下五个方面：

1）政府的工程质量控制。政府属于监控主体，它主要是以法律法规为依据，通过抓工程报建、施工图设计文件审查、施工许可、材料和设备准用、工程质量监督、工程竣工验收备案等主要环节实施监控。

2）建设单位的工程质量控制。建设单位属于监控主体，工程质量控制按工程质量形成过程，建设单位的质量控制包括建设全过程各阶段：

A．决策阶段的质量控制，主要是通过项目的可行性研究，选择最佳建设方案，使项目的质量要求符合建设单位的意图，并与投资目标相协调，与所在地区环境相协调。

B．工程勘察设计阶段的质量控制，主要是要选择好勘察设计单位，要保证工程设计符合决策阶段确定的质量要求，保证设计符合有关技术规范和标准的规定，要保证设计文件、图纸符合现场和施工的实际条件，其深度能满足施工的需要。

C．工程施工阶段的质量控制，一是择优选择能保证工程质量的施工单位，二是择优选择服务质量好的监理单位，委托其严格监督施工单位按设计图纸进行施工，并形成符合合同文件规定质量要求的最终建设产品。

3）工程监理单位的质量控制。工程监理单位属于监控主体，主要是受建设单位的委托，根据法律法规、工程建设标准、勘察设计文件及合同，制定和实施相应的监理措施，采用旁站、巡视、平行检验和检查验收等方式，代表建设单位在施工阶段对工程质量进行监督和控制，以满足建设单位对工程质量的要求。

4）勘察设计单位的质量控制。勘察设计单位属于自控主体，它是以法律、法规及合同为依据，对勘察设计的整个过程进行控制，包括工作质量和成果文件质量的控制，确保提交的勘察设计文件所包含的功能和使用价值，满足建设单位工程建造的要求。

5）施工单位的质量控制。施工单位属于自控主体，它是以工程合同、设计图纸和技术规范为依据，对施工准备阶段、施工阶段、竣工验收交付阶段等施工全过程的工作质量和工程质量进行的控制，以达到施工合同文件规定的质量要求。

（2）工程质量控制原则

在工程质量控制中，应遵循以下几条原则：

1）坚持质量第一的原则。

建设工程质量不仅关系工程的适用性和建设项目投资效果，而且关系到人民群众生命财产的安全。所以，项目监理机构在进行投资、进度、质量三大目标控制时，在处理三者关系时，应坚持"百年大计，质量第一"，在工程建设中自始至终把"质量第一"作为对工程质量控制的基本原则。

2）坚持以人为核心的原则。

人是工程建设的决策者、组织者、管理者和操作者。工程建设中各单位、各部门、各岗位人员的工作质量水平和完善程度，都直接和间接地影响工程质量。所以在工程质量控制中，要以人为核心，重点控制人的素质和人的行为，充分发挥人的积极性和创造性，以人的工作质量保证工程质量。

3）坚持预防为主的原则。

工程质量控制应该是积极主动，应事先对影响质量的各种因素加以控制，而不能是消极被动的，等出现质量问题再进行处理，已造成不必要的损失。所以，要重点做好质量的事先控制和事中控制，以预防为主，加强过程和中间产品的质量检查和控制。

4）坚持质量标准的原则。

以合同为依据，质量标准是评价产品质量的尺度，工程质量是否符合合同规定的质量标准要求，应通过质量检验并与质量标准对照。符合质量标准要求的才是合格，不符合质量标准要求的就是不合格，必须返工处理。

5）坚持科学、公平、守法的职业道德规范。

在工程质量控制中，必须坚持科学、公平、守法的职业道德规范，要尊重科学、尊重事实，以数据资料为依据，客观、公平地进行质量问题的处理。要坚持原则，遵纪守法，秉公履职。

（二）工程质量管理制度

1. 工程质量管理制度体系

（1）工程质量管理体制

1）建设工程管理的行为主体。

根据我国投资建设项目管理体制，建设工程管理的行为主体可分为三类。

第一类是政府部门，包括中央政府和地方政府的发改部门、城乡和住房建设部门、国土资源部门、环境保护部门、安全生产管理部门等相关部门。政府部门对建设工程的管理属行政管理范畴，主要是从行政上对建设工程进行管理，其目标是保证建设工程符合国家的经济和社会发展的要求，维护国家经济安全、监督建设工程活动不危害社会公众利益。其中，政府对工程质量的监督管理就是为保障公众安全与社会利益不受到危害。

第二类是建设单位。在建设工程管理中，建设单位自始至终是建设工程管理的主导者和责任人，其主要责任是对建设工程的全过程、全方位实施有效管理，保证建设工程总体目标的实现，并承担项目的风险以及经济、法律责任。

第三类是工程建设参与方，包括工程勘察设计单位、工程施工承包单位、材料设备供应单位，以及工程咨询、工程监理、招标代理、造价咨询单位等工程服务机构。他们的主要任务是按照合同约定，对其承担的建设工程相关任务进行管理，并承担相应的经济和法律责任。

2）工程质量管理体系。

工程质量管理体系是指为实现工程项目质量管理目标，围绕着工程项目质量管理而建立的管理体系。工程质量管理体系包含三个层次：一是承建方的自控，二是建设方(含监理等咨询服务方)的监控，三是政府和社会的监督。其中，承建方包括勘察单位、设计单位、施工单位、材料供应单位等；咨询服务方包括监理单位、咨询单位、项目管理公司、审图机构、检测机构等。

因此，我国工程建设实行"政府监督、社会监理与检测、企业自控"的质量管理与保证体系，但社会监理的实施，并不能取代建设单位和承建方按法律法规规定的应有质量责任。

（2）政府监督管理职能

1）建立和完善工作质量管理法规。

包括行政性法规和工程技术规范标准，前者如《建筑法》《招标投标法》《建设工程质量管理条例》等，后者如工程设计规范、建筑工程施工质量验收统一标准、工程施工质量验收规范等。

2）建立和落实工程质量责任制。

包括工程质量行政领导的责任、项目法定代表人的责任、参建单位法定代表人的责任和工程质量终身负责制等。

3）建设活动主体资格的管理。

国家对从事建设活动的单位实行严格的从业许可证制度，对从事建设活动的专业技术人员实行严格的执业资格制度。建设行政主管部门及有关专业部门按各自分工，负责各类资质标准的审查、从业单位的资质等级的最后认定、专业技术人员资格等级的核查和注册，并对资质等级和从业范围等实施动态管理。

4）工程承发包管理。

包括规定工程招投标承发包的范围、类型、条件，对招投标承发包活动的依法监督和工程合同管理。

5）工程建设程序管理。

包括工程报建、施工图设计文件审查、工程施工许可、工程材料和设备准用、工程质量监督、施工验收备案等管理。

2. 工程质量管理主要制度

近年来，我国建设行政主管部门先后颁发了多项建设工程质量管理规定。工程质量管理的主要制度有：

（1）工程质量监督

国务院建设行政主管部门对全国的建设工程质量实施统一监督管理。国务院铁路、交通、水利等有关部门按国务院规定的职责分工，负责对全国的有关专业建设工程质量的监督管理。县级以上地方人民政府建设行政主管部门对本行政区域内的建工程质量实施监督管理。县级以上地方人民政府交通、水利等有关部门在各自职责范围内，负责本行政区域内的专业建设工程质量的监督管理。

国务院发展和改革委员会按照国务院规定的职责，组织稽查特派员，对国家出资的重大建设项目实施监督检查；国务院工业与信息产业部门按国务院规定的职责，对国家重大技术改造项目实施监督检查。国务院建设行政主管部门和国务院交通运输、水利等有关专业部门、县级以上地方人民政府建设行政主管部门和其他有关部门，对有关建设工程质量的法律、法规和强制性标准执行情况加强监督检查。

县级以上政府建设行政主管部门和其他有关部门履行检查职责时，有权要求被检查的单位提供有关工程质量的文件和资料，有权进入被检查单位的施工现场进行检查。在检查中发现工程质量存在问题时，有权责令改正。政府的工程质量监督管理具有权威性、强制性、综合性的特点。

建设工程质量监督管理，可以由建设行政主管部门或者其他有关部门委托的建设工程质量监督机构具体实施。工程质量监督管理的主体是各级政府建设行政主管部门和其他有关部门。但由于工程建设周期长，环节多，点多面广，工程质量监督工作是一项专业技术性强且很繁杂的工作，政府部门不可能亲自进行日常检查工作。因此，工程质量监督管理由建设行政主管部门或其他有关部门委托的工程质量监督机构具体实施。

工程质量监督机构是经省级以上建设行政主管部门或有关专业部门考核认定，具有独立法人资格的单位。它受县级以上地方人民政府建设行政主管部门或有关专业部门的委托，依法对工程质量进行强制性监督，并对委托部门负责。

工程质量监督机构的主要任务：

1）根据政府主管部门的委托，受理建设工程项目的质量监督。

2）制定质量监督工作方案。确定负责该项工程的质量监督工程师和助理质量监督师。根据有关法律、法规和工程建设强制性标准，针对工程特点，明确监督的具体内容、监督方式。在方案中对地基基础、主体结构和其他涉及结构安全的重要部位和关键过程，作出实施监督的详细计划安排，并将质量监督工作方案通知建设、勘察、设计、监理、施工单位。

3）检查施工现场工程建设各方主体的质量行为。检查施工现场工程建设各方主体及有关人员的资质或资格；检查勘察、设计、监理、施工单位的质量管理体系和质量责任制落实情况；检查有关质量文件、技术资料是否齐全并符合规定。

4）检查建设工程实体质量。按照质量监督工作方案，对建设工程地基基础、主体结构和其他涉及安全的关键部位进行现场实地抽查，对用于工程的主要建筑材料、构配件的质量进行抽查。对地基基础分部、主体结构分部和其他涉及安全的分部工程的质量验收进行监督。

5）监督工程质量验收。监督建设单位组织的工程竣工验收的组织形式、验收程序以及在验收过程中提供的有关资料和形成的质量评定文件是否符合有关规定，实体质量是否存在严重缺陷，工程质量验收是否符合国家标准。

6）向委托部门报送工程质量监督报告。报告的内容应包括对地基基础和主体结构质量检查的结论，工程施工验收的程序、内容和质量检验评定是否符合有关规定，以及历次抽查该工程的质量问题和处理情况等。

7）对预制建筑构件和商品混凝土的质量进行监督。

8）政府主管部门委托的工程质量监督管理的其他工作。

（2）施工图设计文件审查

详见本书第三章的相关内容。

（3）建设工程施工许可

详见本书第四章的相关内容。

（4）工程质量检测

工程质量检测工作是对工程质量进行监督管理的重要手段之一。工程质量检测机构是对建设工程、建筑构件、制品及现场所用的有关建筑材料、设备质量进行检测的法定单位。在建设行政主管部门领导和标准化管理部门指导下开展检测工作，其出具的检测报告具有法定效力。法定的国家级检测机构出具的检测报告，在国内为最终裁定，在国外具有代表国家的性质。

1）国家级检测机构的主要任务：

A. 受国务院建设行政主管部门和专业部门委托，对指定的国家重点工程进行检测复核，提出检测复核报告和建议。

B. 受国家建设行政主管部门和国家标准部门委托，对建筑构件、制品及有关材料、设备及产品进行抽样检验。

2）各省级、市（地区）区级、县级检测机构的主要任务：

A. 对本地区正在施工的建设工程所用的材料、混凝土、砂浆和建筑构件等进行随机抽样检测，向本地建设工程质量主管部门和质量监督部门提出抽样报告和建议。

B. 受同级建设行政主管部门委托，对本省、市、县的建筑构件、制品进行抽样检测。对违反技术标准、失去质量控制的产品，检测单位有权提供主管部门停止其生产的证明，不合格产品不准出厂，已出厂的产品不得使用。

C. 建设工程质量检测机构的业务内容分为专项检测和见证取样检测，由工程项目建设单位委托。检测结果利害关系人对检测结果发生争议，由双方共同认可的检测机构复验，复验结果由提出复验方报当地建设主管部门备案。

质量检测试样的取样应严格执行有关工程建设标准和国家有关规定，在建设单位或工程监理单位监督下现场取样。提供质量检测试样的单位和个人，应当对试样的真实性负责。

检测机构完成检测业务后，应当及时出具检测报告。检测报告经检测人员签字，检测机构法定代表人或其授权的签字人签署，并加盖检测机构公章或检测专用章后方可生效。

检测报告经建设单位或工程监理单位确认后，由施工单位归档。

检验机构应当将检测过程中发现的建设单位、监理单位和施工单位违反有关法律、法规和工程建设强制性标准的情况，以及涉及结构安全检测结果的不合格情况，及时报告工程所在地建设主管部门。

（5）工程竣工验收与备案

项目建成后必须按国家有关规定进行竣工验收，并由验收人员签字负责。

建设单位收到建设工程竣工报告后，应当组织设计、监理、施工等有关单位进行竣工验收。

建设工程经验收合格，方可交付使用。建设单位应当自工程竣工验收合格起15d内，向工程所在地的县级以上地方人民政府建设行政主管部门备案。

建设单位办理工程竣工验收备案详见本书第七章的相关内容。

（6）工程质量保修

建设工程质量保修制度是指建设工程在办理竣工验收手续后，在规定的保修期限内，因勘察、设计、施工、材料等原因造成的质量问题，要由施工单位负责维修、更换，由责任单位负责赔偿损失。质量问题是指工程不符合国家工程建设强制性标准、设计文件以及合同中对质量的要求。

建设工程承包单位在向建设单位提交工程竣工验收报告时，应向建设单位出具工程质量保修书，质量保修书中应明确建设工程保修范围、保修期限和保修责任等。

在正常使用条件下，建设工程的最低保修期限为：

1）基础设施工程、房屋建设工程的地基基础和主体结构工程，为设计文件规定的该工程的合理使用年限；

2）屋面防水工程、有防水要求的卫生间、房间和外墙面的防渗漏，为5年；

3）供热与供冷系统，为2个采暖期、供冷期；

4）电气管线、给水排水管道、设备安装和装修工程，为2年。

其他项目的保修期由发包方和承包方约定。保修期自竣工验收合格之日起计算。

建设工程在保修范围内和保修期限内发生质量问题的施工单位应当履行保修义务。保修义务的承担和经济责任的承担应按下列原则处理：

1）施工单位未按国家有关标准、规范和设计要求施工，造成的质量问题，由施工单位负责返修并承担经济责任。

2）由于设计方面的原因造成的质量问题，先由施工单位负责维修，其经济责任按有关规定通过建设单位向设计单位索赔。

3）因建筑材料、构配件和设备质量不合格引起的质量问题，先由施工单位负责维修，其经济责任属于施工单位采购的，由施工单位承担经济责任；属于建设单位采购的，由建设单位承担经济责任。

4）因建设单位（含监理单位）错误管理造成的质量问题，先由施工单位负责维修，其经济责任由建设单位承担，如属监理单位责任，则由建设单位向监理单位索赔。

5）因使用单位使用不当造成的损坏问题，先由施工单位负责维修，其经济责任由使用单位自行负责。

6）因地震、洪水、台风等不可抗拒原因造成的损坏问题，先由施工单位负责维修，建设参与各方根据国家具体政策分担经济责任。

（三）工程参建各方的质量责任

在工程项目建设中，参与工程建设的各方，应根据《建设工程质量管理条例》以及合同、协议及有关文件的规定承担相应的质量责任。

1. 建设单位的质量责任

（1）建设单位要根据工程特点和技术要求，按有关规定选择相应资质等级的勘察、设计单位和施工单位，在合同中必须有质量条款，明确质量责任，并真实、准确、齐全地提供与建设工程有关的原始资料。凡法律法规规定建设工程勘察、设计、监理、施工以及工程建设有关重要设备材料采购实行招标的，必须实行招标，依法确定程序和方法，择优选定中标者。不得将应由一个承包单位完成的建设工程项目肢解成若干部分发包给几个承包单位；不得迫使承包方以低于成本的价格竞标；不得任意压缩合理工期；不得明示或暗示设计单位或施工单位违反建设强制性标准，降低建设工程质量。建设单位对其自行选择的设计、施工单位发生的质量问题承担相应责任。

（2）建设单位应根据工程特点，配备相应的质量管理人员。对国家规定强制实行监理的工程项目，必须委托有相应资质等级的工程监理单位进行监理。建设单位应与工程监理单位签订监理合同，明确双方的责任和义务。

（3）建设单位在工程开工前，负责办理有关施工图设计文件审查、工程施工许可证和工程质量监督手续，组织设计和施工单位认真进行设计交底；在工程施工中，应按国家现行有关工程建设法规、技术标准及合同规定，对工程质量进行检查，涉及建设主体和承重结构变动的装修工程，建设单位应在施工前委托原设计单位或相应资质等级的设计单位提出设计方案，经原审查机构审批后方可施工。工程项目竣工后，应及时组织设计、施工、工程监理等有关单位进行施工验收，未经验收备案或验收备案不合格的，不得交付使用。

（4）建设单位按合同的约定负责采购供应的建筑材料、建筑构配件和设备，应符合设计文件和合同要求，对发生的质量问题，应承担相应的责任。

2. 勘察、设计单位的质量责任

（1）勘察、设计单位必须在其资质等级许可的范围内承揽相应的勘察设计任务，不许承揽超越其资质等级许可范围以外的任务，不得将承揽工程转包或违法分包，也不得以任何形式用其他单位的名义承揽业务或允许其他单位或个人以本单位的名义承揽业务。

（2）勘察、设计单位必须按照国家现行的有关规定、工程建设强制性标准和合同要求进行勘察、设计工作，并对所编制的勘察、设计文件的质量负责。

勘察单位提供的地质、测量、水文等勘察成果文件应当符合国家规定的勘察深度要求，必须真实、准确。勘察单位应参与施工验槽，及时解决工程设计和施工中与勘察工作有关的问题；参与建设工程质量事故的分析，对因勘察原因造成的质量事故，提出相应的技术处理方案。勘察单位的法定代表人、项目负责人、审核人、审定人等相应的人员，应在勘察文件上签字或盖章并对勘察质量负责。勘察单位的法定代表人对本企业的勘察质量全面负责，项目负责人对项目勘察文件负主要质量责任，项目审核人、审定人对其审核、审定项目的勘察文件负审核、审定的质量责任。

设计单位提供的设计文件应当符合国家规定的设计深度要求，注明工程合理使用年限。设计文件中选用的材料、构配件和设备，应当注明规格、型号、性能等技术指标，其质量必须符合国家规定的标准。除有特殊要求的建筑材料、专用设备、工艺生产线外，不得指定生产厂、供应商。设计单位应就审查合格的施工图文件向施工单位作出详细说明，解决施工中对设计提出的问题，负责设计变更。参与工程质量事故分析，并对因设计造成的质量事故，提出相应的技术处理方案。

3. 施工单位的质量责任

（1）施工单位必须在其资质等级许可的范围内承揽相应的施工任务，不许承揽超越其资质等级业务范围以外的任务，不得将承接的工程转包或违法分包，也不得以任何形式用其他施工单位的名义承揽工程或允许其他单位或个人以本单位的名义承揽工程。

（2）施工单位对所承担的工程项目的施工质量负责。应当建立健全质量管理体系，落实质量责任制，确定工程项目的项目经理、技术负责人和施工管理负责人。实行总承包的工程，总承包单位应对全部建设工程质量负责。建设工程勘察、设计、施工、设备采购的一项或多项实行总承包的，总承包单位应对其承包的建设工程或采购的设备的质量负责；实行总分包的工程，分包单位应按照分包合同约定对其分包工程的质量向总承包单位负责，总承包单位对分包工程的质量承担连带责任。

（3）施工单位必须按照工程设计图纸和施工技术规范标准组织施工。未经设计单位同意，不得擅自修改工程设计。在施工中，必须按照工程设计要求，施工技术规范标准和合同约定，对建筑材料、构配件、设备和商品混凝土进行检验；不得偷工减料，不使用不符合设计和强制性标准要求的产品，不使用未经检验和试验或检验和试验不合格的产品。

工程项目总承包是指从事工程总承包的企业受建设单位委托，按照合同约定对工程项目的勘察、设计、采购、施工、试运行（竣工验收）等实行全过程或若干阶段的承包。设计采购施工总承包是指工程总承包企业按照合同约定，承担工程项目的设计、采购、施工等工作。

工程项目总承包企业按照合同约定承包内容（设计、采购、施工）对工程项目的（设计、材料及设备采购、施工）质量向建设单位负责。工程总承包企业可依法将所承包工程中的部分工作发包给具有相应资质的分包企业，分包企业按照分包合同的约定对承包企业负责。

4. 工程监理单位的质量责任

（1）工程监理单位应按其资质等级许可的范围承担工程监理业务，不许超越本单位资质等级许可的范围或以其他工程监理单位的名义承担工程监理业务，不得转让工程监理业务，不许其他单位或个人以本单位的名义承担工程监理业务。

（2）工程监理单位应依照法律、法规以及有关技术标准、设计文件和建设工程承包合同，与建设单位签订监理合同，代表建设单位对工程质量实施监理，并对工程质量承担监理责任。监理责任主要有违法责任和违约责任两个方面。如果工程监理单位故意弄虚作假，降低工程质量标准，造成质量事故的，要承担法律责任。如果工程监理单位与承包单位串通，谋取非法利益，给建设单位造成损失的，应当与承包单位承担连带责任。如果监理单位在责任期内，不按照监理合同约定履行监理职责，给建设单位或其他单位造成损失的，属违约责任，应当按监理合同约定向建设单位赔偿。

5. 工程材料、构配件及设备生产或供应单位的质量责任

工程材料、构配件及设备生产或供应单位对其生产或供应的产品质量负责。生产厂或供应商必须具备相应的生产条件、技术装备和质量管理体系，所生产或供应的工程材料、构配件及设备的质量应符合国家和行业现行的技术规定的合格标准和设计要求，并与说明书和包装上的质量标准相符，且应有相应的产品检验合格证，设备应有详细的使用说明等。

二、质量缺陷及事故

施工现场的质量管控应当是监理单位的主要工作，首先，项目监理机构应采取有效措施预防工程质量缺陷及事故的出现。工程施工过程中一旦出现工程质量缺陷及事故，项目监理机构应按规定的程序予以处理。

（一）工程质量缺陷

1. 工程质量缺陷的含义

工程质量缺陷是指工程不符合国家或行业的有关技术标准、设计文件及合同中对质量的要求。工程质量缺陷可分为施工过程中的质量缺陷和永久质量缺陷，施工过程中的质量缺陷又可分为可整改质量缺陷和不可整改质量缺陷。

2. 工程质量缺陷的成因

（1）常见质量缺陷的成因

由于建设工程施工周期较长，所用材料品种繁杂，在施工过程中，受社会环境和自然

条件等方面因素的影响，产生的工程质量问题表现形式千差万别，类型多种多样。这使得引起工程质量缺陷的成因也错综复杂，往往一项质量缺陷是由于多种原因引起。虽然每次发生质量缺陷的类型各不相同，但通过对大量质量缺陷调查与分析发现，其发生的原因有不少相同或相似之处，归纳其最基本的因素主要有以下几方面：

1）违背基本建设程序。

基本建设程序是工程项目建设过程及其客观规律的反映，不按建设程序办事，例如，未搞清地质情况就仓促开工，边设计、边施工，无图施工，不经竣工验收就交付使用等。

2）违反法律法规。

例如，无证设计，无证施工，越级设计，越级施工，转包、挂靠，工程招投标中的不公平竞争，超常的低价中标，非法分包，擅自修改设计等。

3）地质勘察数据失真。

例如，未认真进行地质勘察或勘探时钻孔深度、间距、范围不符合规定要求，地质勘察报告不详细，不准确，不能全面反映实际的地基情况等，从而使得地下情况不清，或对基岩起伏、土层分布误判，或未查清地下软土层、墓穴、孔洞等，均会导致采用不恰当或错误的基础方案，造成地基不均匀沉降、失稳，使上部结构或墙体开裂、破坏，或引发建筑物倾斜、倒塌等。

4）设计差错。

例如，盲目套用图纸，采用不正确的结构方案，计算简图与实际受力情况不符，荷载取值过小，内力分析有误，沉降缝或变形缝设置不当，悬挑结构未进行抗倾覆验算，以及计算错误等。

5）施工与管理不到位。

不按图施工或未经设计单位同意擅自修改设计。例如，将铰接做成刚接，将简支梁做成连续梁，导致结构破坏；挡土墙不按图设滤水层、排水孔，导致压力增大，墙体破坏或倾覆；不按有关的施工规范和操作规程施工，浇筑混凝土时振捣不良，造成薄弱部位；砖砌体砌筑上下通缝，灰浆不饱满等均能导致砖墙破坏。施工组织管理紊乱，不熟悉图纸，盲目施工；施工方案考虑不周，施工顺序颠倒；图纸未经会审，仓促施工；技术交底不清，违章作业；疏于检查、验收等。

6）操作工人素质差。

近年来，施工操作人员的素质不断下降，过去师傅带徒弟的技术传承方式没有了，熟练工人的总体数量无法满足全国大量开工的基本建设要求，工人流动性大，缺乏培训，操作技能差，质量意识和安全意识差。

7）使用不合格的原材料、构配件及设备。

近年来，假冒伪劣的材料、构配件和设备大量出现，一旦把关不严，不合格的建筑材料及制品被用于工程，将导致质量隐患，造成质量缺陷和质量事故。例如，钢筋物理力学性能不良会导致钢筋混凝土结构破坏；骨料中碱活性物质会导致碱骨料反应使混凝土产生破坏；水泥安定性不合格会造成混凝土爆裂；水泥受潮、过期、结块，砂石含泥量及有害物含量超标，外加剂掺量等不符合要求时，影响混凝土强度、和易性、密实性、抗渗性，从而导致混凝土结构强度不足、裂缝、渗漏等质量缺陷。此外，预制构件截面尺寸不足，支承锚固长度不足，未可靠地建立预应力值，漏放或少放钢筋，板面开裂等均可能出现断裂、坍塌。变配电设备质量缺陷可能导致自燃或火灾。

8）自然环境因素。

空气温度、湿度、暴雨、大风、洪水、雷电、日晒和浪潮等。

9）盲目抢工。

盲目压缩工期，不尊重质量、进度、造价的内在规律。

10）使用不当。

对建筑物或设施使用不当。例如，装修中未经校核验算就任意对建筑物加层；任意拆除承重结构部件；任意在结构物上开槽、打洞、削弱承重结构截面等。

（2）质量缺陷成因分析方法

工程质量缺陷的发生，既可能因设计计算和施工图纸中存在错误，也可能因施工中出现不合格或质量缺陷，也可能因使用不当。要分析究竟是哪种原因所引起，必须对质量缺陷的特征表现，以及其在施工中和使用中所处的实际情况和条件进行具体分析。

1）基本步骤：

A. 进行细致的现场调查研究，观察记录全部实况，充分了解与掌握引发质量缺陷的现象和特征；

B. 收集调查与质量缺陷有关的全部设计和施工资料，分析摸清工程在施工或使用过程中所处的环境及面临的各种条件和情况；

C. 找出可能产生质量缺陷的所有因素。

D. 分析、比较和判断，找出最可能造成质量缺陷的原因；

E. 进行必要的计算分析或模拟试验予以论证确认；

2）分析要领

A. 确定质量缺陷的初始点，即所谓原点，它是一系列独立原因集合起来形成的爆发点。因其反映出质量缺陷的直接原因，而在分析过程中具有关键性作用；

B. 围绕原点对现场各种现象和特征进行分析，区别导致同类质量缺陷的不同原因，逐步揭示质量缺陷萌生、发展和最终形成的过程；

C. 综合考虑原因复杂性，确定诱发质量缺陷的起源点即真正原因。工程质量缺陷原因分析是对一堆模糊不清的事物和现象客观属性和联系的反映，它的准确性和管理人员的能力学识、经验和态度有极大关系，其结果不单是简单的信息描述，而是逻辑推理的产物，其推理可用于工程质量的事前控制。

3. 工程质量缺陷的处理

工程施工过程中，由于种种主观和客观原因，出现质量缺陷往往难以避免。对已发生的质量缺陷，项目监理机构应按下列程序进行处理，如图5-1所示。

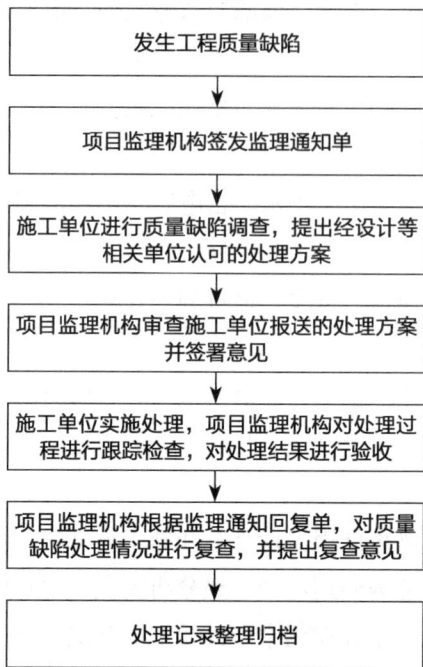

```
┌─────────────────────────────┐
│       发生工程质量缺陷        │
└─────────────────────────────┘
              ↓
┌─────────────────────────────┐
│   项目监理机构签发监理通知单  │
└─────────────────────────────┘
              ↓
┌─────────────────────────────┐
│ 施工单位进行质量缺陷调查，提出经设计等 │
│     相关单位认可的处理方案     │
└─────────────────────────────┘
              ↓
┌─────────────────────────────┐
│ 项目监理机构审查施工单位报送的处理方案 │
│         并签署意见           │
└─────────────────────────────┘
              ↓
┌─────────────────────────────┐
│ 施工单位实施处理，项目监理机构对处理过 │
│  程进行跟踪检查，对处理结果进行验收  │
└─────────────────────────────┘
              ↓
┌─────────────────────────────┐
│ 项目监理机构根据监理通知回复单，对质量 │
│ 缺陷处理情况进行复查，并提出复查意见 │
└─────────────────────────────┘
              ↓
┌─────────────────────────────┐
│        处理记录整理归档       │
└─────────────────────────────┘
```

图5-1　工程质量缺陷处理程序

（1）发生工程质量缺陷后，项目监理机构签发监理通知单，责成施工单位进行处理。

（2）施工单位进行质量缺陷调查，分析质量缺陷产生的原因，并提出经设计等相关单位认可的处理方案。

（3）项目监理机构审查施工单位报送的质量缺陷处理方案，并签署意见。

（4）施工单位按审查合格的处理方案实施处理，项目监理机构对处理过程进行跟踪检查，对处理结果进行验收。

（5）质量缺陷处理完毕后，项目监理机构应根据施工单位报送的监理通知回复单对质量缺陷处理情况进行复查，并提出复查意见。

（6）处理记录整理归档。

（二）工程质量事故

1. 工程质量事故等级划分

《关于做好房屋建筑和市政基础设施工程质量事故报告和调查处理工作的通知》（建质〔2010〕111号）中明确：工程质量事故是指由于建设、勘察、设计、监理、施工等单位违反工程质量有关法律法规和工程建设标准，使工程产生结构安全、重要使用功能等方面的质量缺陷，造成人身伤亡或者重大经济损失的事故。根据工程质量事故造成的人员伤亡或者直接经济损失，工程质量事故分为4个等级：

（1）特别重大事故

是指造成30人以上死亡，或者100人以上重伤，或者1亿元以上直接经济损失的事故。

（2）重大事故

是指造成10人以上30人以下死亡，或者50人以上100人以下重伤，或者5000万元以上1亿元以下直接经济损失的事故。

（3）较大事故

是指造成3人以上10人以下死亡，或者10人以上50人以下重伤，或者1000万元以上5000万元以下直接经济损失的事故。

（4）一般事故

是指造成3人以下死亡，或者10人以下重伤，或者100万元以上1000万元以下直接经济损失的事故。

该等级划分所称的"以上"包括本数，所称的"以下"不包括本数。

2. 工程质量事故处理

建设工程一旦发生质量事故，除相关行业特殊要求外，应按照《关于做好房屋建筑和市政基础设施工程质量事故报告和调查处理工作的通告》(建质〔2010〕111号)的要求，由各级政府建设行政主管部门按事故等级划分开展相关的工程质量事故调查，明确相应责任单位，提出相应的处理意见。项目监理机构除积极配合做好上述工程质量事故调查外，还应做好由于事故对工程产生的结构安全及重要使用功能等方面的质量缺陷处理工作，为此，项目监理机构应掌握工程质量是事故所造成缺陷的处理依据、程序和基本方法。

（1）工程质量事故处理的依据

进行工程质量事故处理的主要依据有四个方面：①相关的法律法规；②具有法律效力的工程承包合同、设计委托合同、材料或设备购销合同以及监理合同或分包合同等合同文件；③质量事故的实况资料；④有关的工程技术文件、资料、档案。

1）相关法律法规。

相关法律法规包括《建筑法》《建设工程质量管理条例》等。《建筑法》颁布实施，对加强建筑活动的监督管理，维护市场秩序，保证建设工程质量提供了法律保障。《建设工程质量管理条例》以及相关的配套法规的相继颁布，完善了工程质量及质量事故处理有关的法律法规体系。

2）有关合同及合同文件：

A. 所涉及的合同文件可以是工程承包合同、设计委托合同、设备与器材购销合同、监理合同等。

B．有关合同和合同文件在处理质量事故中的作用是：确定在施工过程中有关各方是否按照合同有关条款实施其活动，借以探寻产生事故的可能原因。例如，施工单位是否在规定时间内通知项目监理机构进行隐蔽工程验收，项目监理机构是否按规定时间实施了检查验收；施工单位在材料进场时，是否按规定或约定进行了检验等。此外，有关合同文件还是界定质量责任的重要依据。

3）质量事故的实况资料。

要搞清质量事故的原因和确定处理对策，首要的是要掌握质量事故的实际情况。有关质量事故实况的资料主要来自以下几个方面：

A．施工单位的质量事故调查报告。

质量事故发生后，施工单位有责任就所发生的质量事故进行周密的调查，研究，掌握情况，并在此基础上写出调查报告，提交项目监理机构和建设单位。在调查报告中首先就与质量事故有关的实际情况做详尽的说明，其内容应包括：

a．质量事故发生的时间、地点、工程部位及工程情况。

b．质量事故发生的简要经过，造成工程损失状况，伤亡人数和直接经济损失的初步估计。

c．质量事故发展变化的情况（其范围是否继续扩大，程度是否已经稳定，是否已采取应急措施等）。

d．事故原因的初步判断。

e．质量事故调查中收集的有关数据和资料。

f．涉及人员和主要责任者的情况。

B．项目监理机构所掌握的质量事故相关资料。

其内容大致与施工单位调查报告中有关内容相似，可用来与施工单位所提供的情况对照、核实。

4）有关的工程技术文件、资料和档案：

A．有关的设计文件。

如施工图纸和技术说明等。在处理质量事故中，其作用一方面是可以对照设计文件，核查施工质量是否完全符合设计的规定和要求；另一方面是可以根据所发生的质量事故情况，核查设计中是否存在问题或缺陷，成为导致质量事故的原因。

B．与施工有关的技术文件、档案和资料：

a．施工组织设计或施工方案、施工计划。

b．施工记录、施工日志等。根据它们可以查对发生质量事故的工程施工时的情况，如：施工时的气温、降雨、风力、海浪等有关的自然条件，施工人员的情况，施工工艺与操作过程的情况，使用的材料情况，施工场地、工作面、交通等情况，地质及水文地质情况等。借助这些资料可以追溯和探寻事故的可能原因。

c．有关建筑材料的质量证明资料。例如，材料的批次、出厂日期、出厂合格证或检验报告、施工单位抽检或试验报告等。

d．现场制备材料的质量证明资料。例如，混凝土拌合料的级配、水灰比、坍落度记录，混凝土试块强度试验报告，沥青拌合料配比、出机温度和摊铺温度记录等。

e．质量事故发生后，对事故状况的观测记录、试验记录或试验报告等。例如，对地基沉降的观测记录，对建筑物倾斜或变形的观测记录，对地基钻探取样记录与试验报告，对混凝土结构物钻取试样的记录与试验报告等。

上述各类技术资料对于分析质量事故的原因，判断其发展变化趋势，推断事故影响及严重程度，确定处理措施等都是不可缺少的。

（2）工程质量事故处理程序

工程质量事故发生后，项目监理机构可按以下程序进行处理，如图5-2所示。

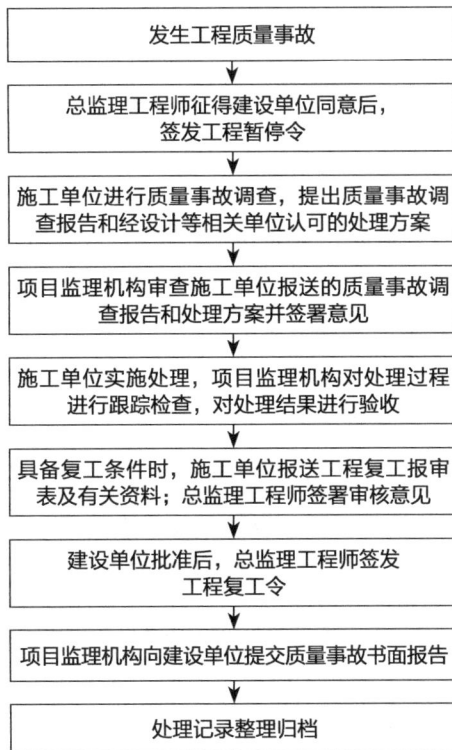

图5-2 工程质量事故处理程序

1）工程质量事故发生后，总监理工程师应签发工程暂停令，要求暂停质量事故部位和与其有关联部位的施工，要求施工单位采取必要的措施，防止事故扩大并保护好现场。同时，要求质量事故发生单位迅速按类别和等级向相应的主管部门上报。

2）项目监理机构要求施工单位进行质量事故调查、分析质量事故产生的原因，并提交质量事故调查报告。对于由质量事故调查组处理的，项目监理机构应积极配合，客观地提供相应证据。

3）根据施工单位的质量调查报告或质量事故调查组织提出的处理意见，项目监理机构要求相关单位完成技术处理方案。质量事故技术处理方案一般由施工单位提出，经原设计单位同意签认，并报建设单位批准。对于涉及结构安全和加固处理等的重大技术处理方案，一般由原设计单位提出。必要时，应要求相关单位组织专家论证，以确保处理方案可靠、可行、保证结构安全和使用功能。

4）技术处理方案经相关各方签认后，项目监理机构应要求施工单位制定详细的施工方案。对处理过程进行跟踪检查，对处理结果进行验收。必要时应组织有关单位对处理结果进行鉴定。

5）质量事故处理完毕后，具备工程复工条件时，施工单位提出复工申请，项目监理机构应审查施工单位报送的工程复工报审表及有关资料，符合要求后，总监理工程师签署审核意见，报建设单位批准后，签发工程复工令。

6）项目监理机构应及时向建设单位提交质量事故书面报告，并应将完整的质量事故处理记录整理归档。质量事故书面报告应包括如下内容：

A．工程及各参建单位名称；

B．质量事故发生的时间、地点、工程部位；

C．事故发生的简要经过、造成工程损伤状况、伤亡人数和直接经济损失的初步估计；

D．事故发生原因的初步判断；

E．事故发生后采取的措施及处理方案；

F．事故处理的过程及结果。

3. 工程质量事故处理的基本方法

工程质量事故处理的基本方法包括工程质量事故处理方案的确定及工程质量事故处理后的鉴定验收。其目的是消除质量缺陷，以达到建筑物的安全可靠和正常使用功能及寿命要求，并保证后续施工的正常进行。其一般处理原则是：正确确定事故性质，是表面性还是实质性，是结构性还是一般性，是迫切性还是可缓性；正确确定处理范围，除直接发生部位，还应检查处理事故相邻影响作用范围的结构部位或构件。其处理基本要求时：安全可靠，不留隐患；满足建筑物的功能和使用要求；技术可行，经济合理。

（1）工程质量事故处理方案的确定

工程质量事故处理方案的确定，要以分析事故调查报告中事故原因为基础，结合实地勘查成果，并尽量满足建设单位的要求。因同类和同一性质的事故常可以选择不同的处理方案，在确定处理方案时，应审核其是否遵循一般处理原则和要求，尤其应重视工程实际条件，如建筑物实际状态、材料实测性能、各种作用的实际情况等，以确保作出正常判断和选择。

尽管质量事故的技术处理方案多种多样，但根据质量事故的情况可归纳为三种类型的处理方案，监理人员应掌握从选择最适用处理方案的方法，方能对相应单位上报的事故处理方案作出正确审核结论。

1）工程质量事故处理方案类型：

A. 修补处理。这是最常用的一类处理方案。通常当工程的某个检验批、分项或分部的质量虽未达到规定的规范、标准或设计要求，存在一定缺陷，但通过修补或更换构配件、设备后还可达到要求的标准，又不影响使用功能和外观要求，在此情况下，可以进行修补处理。

属于修补处理这类具体方案很多，诸如封闭保护、复位纠偏、结构补强、表面处理等。某些事故造成的结构混凝土表面裂缝，可根据其受力情况，仅作表面封闭处理；某些混凝土结构表面的蜂窝、麻面，经调查分析，可进行剔凿、抹灰等表面处理，一般不会影响其使用和外观。

对较严重的质量缺陷，可能影响结构的安全性和使用功能，必须按一定的技术方案进行加固补强处理，这样往往会造成一些永久性缺陷，如改变结构外形尺寸，影响一些次要的使用功能等。

B. 返工处理。当工程质量未达到规定的标准和要求，存在的严重质量缺陷，对结构的使用和安全构成重大影响，且又无法通过修补处理的情况下，可对检验批、分项、分部甚至整个工程返工处理。例如，某防洪堤坝填筑压实后，其压实土的干密度未达到规定值，经核算将影响土体的稳定且不满足抗渗能力要求，可挖除不合格土，重新填筑，进行返工处理。对某些存在严重质量缺陷，且无法采用加固补强等修补处理或修补处理费用比原工程造价还高的工程，应进行整体拆除，全面返工。

C. 不做处理。某些工程质量缺陷虽然不符合规定的要求和标准构成质量事故，但视其严重情况，经过分析、论证、法定检测单位鉴定和设计等有关单位认可，对工程或结构使用及安全影响不大，也可不作专门处理。通常不用专门处理的情况有以下几种：

a. 不影响结构安全和正常使用。例如，有的建筑物出现放线定位偏差，且严重超过规范标准规定，若要纠正会造成重大经济损失，若经过分析、论证其偏差不影响生产工艺和正常使用，在外观上也无明显影响，可不做处理。又如，某些隐蔽部位结构混凝土表面裂缝，经检查分析，属于表面养护不够的干缩微裂，不影响使用及外观，也可不做处理。

b. 有些质量缺陷，经过后续工序可以弥补。例如，混凝土墙表面轻微麻面，可通过后续的抹灰、喷涂或刷白等工序弥补，亦可不作专门处理。

c. 经法定检测单位鉴定合格。例如，某检验批混凝土试块强度值不满足规范要求，强度不足，在法定检测单位对混凝土实体采用非破损检验方法，测定其实际强度已达规范允许和设计要求值时，可不做处理。对经检测未达要求值，但相差不多，经分析论证，只要使用前经再次检测达设计强度，也可不做处理。

d. 出现的质量缺陷，经检测鉴定达不到设计要求，但经原设计单位核算，仍能满足结构安全和使用功能。例如，某一结构构件截面尺寸不足，或材料强度不足，影响结构承载力，但经按实际检测所得截面尺寸和材料强度复核验算，仍能满足设计的承载力，可不进行专门处理。这是因为一般情况下，规范标准给出了满足安全和功能的最低限度要求，而设计往往在此基础上留有一定余量，这种处理方式实际上是挖掘了设计潜力或降低了设计的安全系数。

不论哪种情况，特别是不做处理的质量缺陷，均要备好必要的书面文件，对技术处理方案、不做处理结论和各方协商文件等有关档案资料认真组织签认。对责任方应承担的经济责任和合同中约定的罚则应正确判定。

2）选择最适用工程质量事故处理方案的辅助方法。

选择工程质量处理方案，是复杂而重要的工作，它直接关系到工程的质量、费用和工期。处理方案选择不合理，不仅劳民伤财，严重的会留有隐患，危及人身安全，特别是对需要返工或不做处理的方案，更应慎重对待。下面给出一些可采取的选择工程质量事故处理方案的辅助决策方法。

A．试验验证。即对某些有严重质量缺陷的项目，可采取合同规定的常规试验以外的试验方法进一步进行验证，以便确定缺陷的严重程度。如，公路工程的沥青面层厚度误差超过了规范允许的范围，可采用弯沉试验，检查路面的整体强度等。监理人员可根据对试验验证结果的分析、论证，再研究选择最佳的处理方案。

B．定期观测。有些工程在发现其质量缺陷时，其状态可能尚未达到稳定仍会继续发展，在这种情况下一般不宜过早作出决定，可以对其进行一段时间的观测，然后再根据情况作出决定。属于这类的质量缺陷如桥墩或其他工程的基础在施工期间发生沉降超过预计的或规定的标准；混凝土表面发生裂缝，并处于发展状态等。有些有缺陷的工程，短期内其影响可能不十分明显，需要较长时间的观测才能得出结论。对此，项目监理机构应与建设单位及施工单位协商，是否可以留待责任期解决或采取修改合同延长责任期的办法。

C．专家论证。对于某些工程质量缺陷，可能涉及的技术领域比较广泛，或问题很复杂，有时仅根据合同规定难以决策，这时可提请专家论证。而采用这种办法时，应事先做好充分准备，尽早为专家提供尽可能详尽的情况和资料，以便使专家能够进行较充分的、全面和细致地分析、研究，提出切实的意见与建议。实践证明，采取这种方法，对于监理人员正确选择重大工程质量缺陷的处理方案十分有益。

D．方案比较。这是比较常用的一种方法。同类型和同一性质的事故可先设计多种处理方案，然后结合当地的资源情况、施工条件等逐项给出权重，进行对比，从而选择具有较高处理效果又便于施工的处理方案。例如，结构构件承载力达不到设计要求，可采用改变结构构造来减少结构内力、结构卸荷或结构补强等不同处理方案，可将其每一方案按经济、工期、效果等指标列项并分配相应权重值，进行对比，辅助决策。

（2）工程质量事故处理的鉴定验收

质量事故的技术处理是否达到了预期目的，消除了工程质量不合格和工程质量缺陷，是否仍留有隐患。项目监理机构应通过组织检查和必要的鉴定，对此进行验收并予以最终确认。

1）检查验收。

工程质量事故处理完成后，项目监理机构在施工单位自检合格报验的基础上，应严格按施工验收标准及有关规范的规定进行检查，依据质量事故技术处理方案设计要求，通过实际量测，检查各种资料数据进行验收，并应办理验收手续，组织各有关单位会签。

2）必要的鉴定。

为确保工程质量事故的处理效果，凡涉及结构承载力等使用安全和其他重要性能的处理工作，常需做必要的试验和检验鉴定工作。如果质量事故处理施工过程中建筑材料及构配件保证资料严重缺乏，或对检查验收结果各参与单位有争议时，常见的检验工作有：混凝土钻芯取样，用于检查密实性和裂缝修补效果，或检测实际强度；结构荷载试验，确定其实际承载力；超声波检测焊接或结构内部质量；池、罐、箱柜工程的渗漏检验等。检测鉴定必须委托具有资质的法定检测单位进行。

3）验收结论。

对所有质量事故无论经过技术处理，通过检查鉴定验收还是不需专门处理的，均应有明确的书面结论。若对后续工程施工有特定要求，或对建筑物使用有一定限制条件，应在结论中提出。

验收结论通常有以下几种：

A．事故已排除，可以继续施工；

B．隐患已消除，结构安全有保证；

C．经修补处理后，完全能够满足使用要求；

D．基本上满足使用要求，但使用时应有附加限制条件，例如，限制荷载等；

E．对耐久性的结论；

F．对建筑物外观影响的结论；

G．对短期内难以作出结论的，可提出进一步观测检验意见；

对于处理后符合《建筑工程施工质量验收统一标准》（GB 50300—2013）规定的，监理人员应予以验收、确认，并应注明责任方主要承担的经济责任。对经加固补强或返工处理仍不能满足安全使用要求的分部工程、单位(子单位)工程，应拒绝验收。

（三）实例

某国际货运代理公司仓储用房工程通过"合格"竣工验收，因施工管理原因造成地面不均匀下沉、墙面和屋面渗水等质量问题，不能满足建设单位正常使用要求。

建设单位与施工单位交涉未果，邀请第三方某工程管理公司组织专家提供该工程的质量问题咨询报告。根据该工程的设计、施工文件、现场踏勘和测试结果，该工程管理公司提供了工程的质量问题的技术咨询报告，报告对质量问题的产生原因进行了分析，提出了质量问题的处理结论与建议。该工程技术咨询报告见【实例5-1】。

【实例5-1】

关于××国际货运代理有限公司仓储用房
质量问题的技术咨询报告

××国际货运代理有限公司：

受你公司委托，要求对你公司仓储用房出现的质量问题提出技术咨询，并提出出现质量问题的原因和维修方案，接受委托收后，我公司查阅了你公司所提供的该项目有关技术文件（地质报告、施工图和相关主要施工资料等），并派出专业技术人员对现场情况质量情况进行了踏勘、对比、检测和分析，现将有关情况报告如下：

一、工程概况

你公司仓储用房项目位于××区××镇，建筑面积10886.5m²，建筑层数：北侧仓库部分为1层、南侧仓库辅助用房（办公用房）为3层。建筑层高：北侧仓库部分为12.02m，南侧仓库辅助用房底层为9.5m，二层、三层为4.3m，室内外高差：北侧仓库部分为1.170m，南侧仓库辅助用房为0.15m。结构形式：北侧仓库部分为钢结构砖砌体围护，南侧仓库辅助用房为钢筋混凝土现浇框架结构。

项目于20××年3月25日开工，20××年3月11日竣工并投入使用。项目勘察单位为××岩土工程勘察有限公司，设计单位为××城建设计院有限公司，代建、监理单位为浙江××工程管理有限公司，施工单位为浙江××建设有限公司。

二、查勘情况

按照你公司有关该项目质量问题的反映，我们查阅了本项目的相关建设文件、技术资料和进行现场踏勘，发现北侧仓库（平台）室内地面下沉和沉降不均匀明显、整体墙面裂缝普遍、南侧仓库辅助用房屋面、外墙渗漏严重，具体情况如下：

（一）北侧仓库（平台）地面

1. 北侧仓库（平台）地面的设计做法为（自上而下）：

（1）环氧面层涂料两道（2mm厚）；

（2）5mm厚环氧砂浆；

（3）环氧打底料两道（1.5mm厚）；

（4）C30混凝土180mm厚，强度达标后对表面做打磨或喷砂处理；

（5）100mm厚压实碎石；

（6）清塘渣或碎石1290mm厚，分三层压路机压实，压实度大于等于0.96；

（7）清浮土200mm厚（找桩）；

（8）其余未明确的施工要求详05J909第LD50页（地47A）。

经查，地面以下地基处理符合设计及验评要求。

2. 北侧仓库（平台）地面的标高、混凝土厚度、强度。

根据你公司反映的情况，我们对北侧仓库（平台）1～16轴线与D～G轴线范围地面的平整度和面层混凝土厚度、强度进行标高测量和强度检测，结果如下：

（1）北侧仓库（平台）地面的标高的绝差（最高与最低之差），现抽取部分数据如下：

1）2轴线，共测22个点，绝差为220－140＝80mm；

2）4轴线，共测26个点，绝差为245－145＝100mm；

3）6轴线，共测31个点，绝差为270－130＝140mm；

4）8轴线，共测31个点，绝差为270－135＝135mm；

5）10轴线，共测31个点，绝差为260－145＝115mm；

6）12轴线，共测31个点，绝差为245－140＝105mm；

7）14轴线，共测31个点，绝差为220－150＝70mm。

测量结果显示，北侧仓库（平台）地面的高差、平整度偏差超过《建筑地面工程施工质量验收规范》的要求较大（规范允许平整度偏差10mm，允许标高偏差±10mm）。

（2）北侧仓库（平台）地面的实际厚度和强度：

根据浙江南和工程检测有限公司的检测报告，地面混凝土的厚度和强度共检测6组（18个芯样）。面层混凝土的最大厚度为215mm，最小厚度为123mm，平均厚度为169.89mm。平均混凝土的强度为48.77MPa。

测量结果显示，北侧仓库（平台）地面的平均厚度达到《建筑地面工程施工质量验收规范》的要求（允许偏差设计厚度的1/10），但所测点的厚度属于严重不均匀。所测混凝土强度个体、平均均达到或超过设计强度要求。

以上数据显示，北侧仓库（平台）地面除混凝土强度达到要求外，其他所测高差、平整度和混凝土面层厚度均不符合设计和验评标准的要求。

（二）墙面裂缝

设计墙体采用240mm厚混凝土多孔砖，外墙面抹灰采用（自外向内）：

1. 涂料面层2～3遍、每遍均打磨；

2. 封底涂料2遍（第一遍为稀释涂料）；

3. 12mm厚1：1：4水泥石灰砂浆分层抹平；

4. 8mm厚1：1：6水泥石灰砂浆光面；

5. 界面砂浆（其余未明确的详见05J909浙TL10页，外涂6）

现场检查墙面裂缝普遍，也有空鼓现象。伸缩缝做法不按照设计要求施工。

（三）南侧仓库辅助用房屋面渗漏

1. 平屋面设计做法为（自上而下）：

（1）40mm厚C30细石混凝土刚性保护层内配$\Phi6@150\times150$；

（2）纤维布隔离层；

（3）20mm厚1∶2.5水泥砂浆找平层；

（4）4mm厚SBS改性沥青防水卷材；

（5）20mm厚1∶3水泥砂浆找平层；

（6）泡沫玻璃混凝土保温兼找坡2%（最薄处60mm厚）；

（7）刷纯水泥浆一道。

2. 檐沟设计做法为（自上而下）：

（1）浅色反光涂料；

（2）4mm厚SBS改性沥青防水卷材；

（3）C30细石混凝土找坡1%兼找平（最薄处30mm厚）；

实际做法：屋面和檐沟变形缝等节点不按设计要求施工（也没有完成施工）。屋面分仓缝上没有脊瓦，檐沟没有做防水层。

（四）南侧仓库辅助用房外墙渗漏

三层窗台与仓库檐沟连接处（C轴、D轴）变形缝节点，不按设计要求（建施-04，4号节点）施工，造成变形缝节点沉降引起剪切破坏。

三、结论建议

根据查勘结果，我们认为该工程设计合理、建设程序符合要求，主体结构安全。造成以上问题的直接原因是以上部位的施工不按照设计要求进行施工，建议按照以下要求进行维修处理。

（一）北侧仓库（平台）地面下沉和沉降不均匀

地面平整度、标高、混凝土厚度均不符合要求，其中地面平整度、标高与规范相差较大，地面混凝土厚度的偏差虽然平均达到要求，但最大偏差达100mm左右，反映了混凝土的厚度很不均匀。导致地面使用后沉降的主要原因是塘渣垫层密实度不符合要求。

建议在现有地面上钻孔，采用高压水泥浆灌实，以增加塘渣垫层的密实度。钻孔间距纵横各3m，压力达到15kN/m^2，待地面使用一段时间，观测沉降基本稳定后，面层再浇筑一层最薄60mm厚C30混凝土内配$\Phi6@200\times200$钢筋网面层找平。

（二）墙面裂缝

对墙面进行全面检查，裂缝处用结构胶嵌缝，空鼓严重处，凿除粉刷层重新粉刷，墙面涂料重涂。

C轴、D轴屋面、墙面、地面伸缩缝不符合设计要求的，拆除按设计要求重做。

（三）南侧仓库辅助用房屋面渗漏

屋面和檐沟变形缝等节点按设计要求进行修补施工，檐沟按设计要求重做，达到设计要求。

由于屋面渗漏留下的内墙涂料印迹，应当在整个房间重涂涂料。

（四）南侧仓库辅助用房外墙渗漏

三层窗台与仓库檐沟连接处（C轴、D轴）节点不符合设计要求，应拆除重新按建施-04，4号节点施工。

由于屋面渗漏留下的内墙涂料印迹，应当在整个房间重涂涂料。

我们认为这是一起由于施工管理不善造成的质量事故，造成原因责任明确，施工单位应当履行保修责任，在设计出具维修方案后，编制施工组织设计，并经你公司委托的监理单位批准后，抓紧进行维修施工。

维修施工前必须进行技术交底。

浙江××工程管理有限公司

20××年3月3日

第二节 投资控制

一、建设工程项目投资的概念和特点

（一）建设工程项目投资的概念

建设工程项目投资是指进行某项工程建设花费的全部费用。生产性建设工程项目总投资包括建设投资和铺底流动资金两部分；非生产性建设工程项目总投资则只包括建设投资。

建设投资，由设备及工器具购置费、建筑安装工程费、工程建设其他费用、预备费（包括基本预备费和涨价预备费）和建设期利息组成。

设备及工器具购置费，是指按照建设工程设计文件要求，建设单位（或其委托单位）购置或自制达到固定资产标准的设备和新、扩建项目配置的首套工器具及生产家具所需的费用。设备及工器具购置费由设备原价、工器具原价和运杂费（包括设备成套公司服务费）组成。在生产性建设工程中，设备及工器具投资主要表现为其他部门创造的价值向建设工程中的转移，但这部分投资是建设工程项目投资中的积极部分，它占项目投资比重的提高，意味着生产技术的进步和资本有机构成的提高。

建筑安装工程费，是指建设单位用于建筑和安装工程方面的投资，它由建筑工程费和安装工程费两部分组成。建筑工程费是指建设工程涉及范围内的建筑物、构筑物、场地平整、道路、室外管道铺设、大型土石方工程费用等。安装工程费是指主要生产、辅助生产、公用工程等单项工程中需要安装的机械设备、电器设备、专用设备、仪器仪表等设备的安装及配件工程费，以及工艺、供热、供水等各种管道、配件、闸门和供电外线安装工程费用等。

工程建设其他费用，是指未纳入以上两项的费用。根据设计文件要求和国家有关规定应由项目投资支付的、为保证工程建设顺利完成和交付使用后能够正常发挥效用而发生的一些费用。工程建设其他费用可分为三类：第一类是土地使用费，包括土地征用及迁移补偿费和土地使用权出让金；第二类是与项目建设有关的费用，包括建设单位管理费、勘察设计费、研究试验费、建设工程监理费等；第三类是与未来企业生产经营有关的费用，包括联合试运转费、生产准备费、办公和生活家具购置费等。

建设投资可分为静态投资部分和动态投资部分。静态投资部分由建筑安装工程费、设备及工器具购置费、工程建设其他费和基本预备费构成。动态投资部分，是指在建设期内，因建设期利息和国家新批准的税费、汇率、利率变动以及建设期价格变动引起的建设投资增加额，包括涨价预备费和建设期利息。

工程造价，一般是指一项工程预计开支或实际开支的全部固定资产投资费用，在这个意义上工程造价与建设投资的概念是一致的。因此，我们在讨论建设投资时，经常使用工程造价这个概念。需要指出的是，在实际应用中工程造价还有另一种含义，那就是指工程价格，即为建成一项工程，预计或实际在土地市场、设备市场、技术劳务市场以及承包市场等交易活动中所形成的建筑安装工程的价格和建设工程的总价格。

（二）建设工程项目投资的特点

建设工程项目投资的特点是由建设工程项目的特点决定的。

1. 建设工程项目投资数额巨大

建设工程项目投资数额巨大，动辄上千万，数十亿。建设工程项目投资数额巨大的特点使它关系到国家、行业或地区的重大经济利益，对国计民生也会产生重大的影响。从这一点也说明了建设工程投资管理的重要意义。

2. 建设工程项目投资差异明显

每个建设工程项目都有其特定的用途、功能、规模，每项工程的结构、空间分割、设备配置和内外装饰都有不同的要求，工程内容和实物形态都有其差异性。同样的工程处于不同的地区或不同的时段在人工、材料、机械消耗上也有差异。所以，建设工程项目投资的差异十分明显。

3. 建设工程项目投资需单独计算

每个建设工程项目都有专门的用途，所以其结构、面积、造型和装饰也不尽相同。即使是用途相同的建设工程项目，技术水平、建筑等级和建筑标准也有所差别。建设工程项目还必须在结构、造型等方面适应项目所在地的气候、地质、水文等自然条件，这就使建设工程项目的实物形态千差万别。再加上不同地区构成投资费用的各种要素的差异，最终导致建设工程项目投资的千差万别。因此，建设工程项目只能通过特殊的程序（编制估算、概算、预算、合同价、结算价及最后确定竣工决算等），就每个项目单独计算其投资。

4. 建设工程项目投资确定依据复杂

建设工程项目投资的确定依据繁多，关系复杂。在不同的建设阶段有不同的确定依据，且互为基础和指导，互相影响，如图5-3所示。如预算定额是概算定额（指标）编制的基础，概算定额（指标）又是估算指标编制的基础；反过来，估算指标又控制概算定额（指标）的水平，概算定额（指标）又控制预算定额的水平。这些都说明了建设工程项目投资的确定依据复杂的特点。

5. 建设工程项目投资确定层次繁多

凡是按照一个总体设计进行建设的各个单项工程汇集的总体即为一个建设工程项目。在建设工程项目中凡是具有独立的设计文件、竣工后可以独立发挥生产能力或工程效益的工程为单项工程，也可将它理解为具有独立存在意义的完整的工程项目。各单项工程又可分解为各个能独立施工的单位工程。考虑到组成单位工程的各部分是由不同工人用不同工具和材料完成的，又可以把单位工程进一步分解为分部工程。然后还可按照不同的施工方

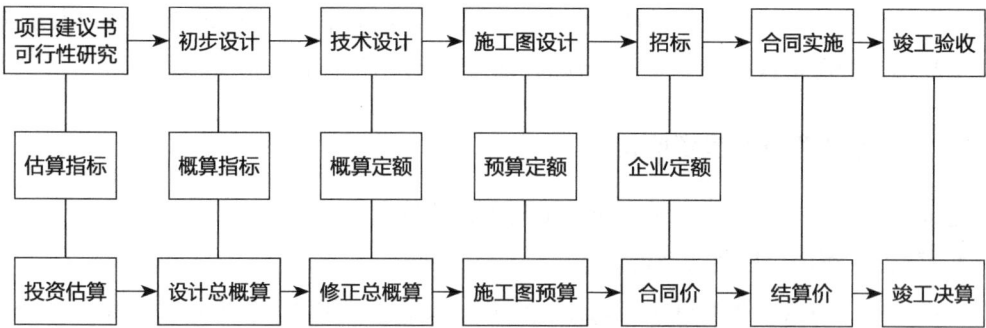

图5-3　建设工程投资确定示意图

法、构造及规格，把分部工程更细致地分解为分项工程。此外，需分别计算分部分项工程投资、单位工程投资、单项工程投资、最后才能汇总形成建设工程项目投资。可见建设工程项目投资的确定层次繁多。

6. 建设工程项目投资需动态跟踪调整

每个建设工程项目从立项到竣工都有一个较长的建设期，在此期间都会出现一些不可预料的变化因素，对建设工程项目投资产生影响。如工程设计变更，设备、材料、人工价格变化，国家利率、汇率调整，因不可抗力出现或因承包方、发包方原因造成的索赔事件出现等，必须要引起建设工程项目投资的变动。所以，建设工程项目投资在整个建设期内都属于不确定的，需随时进行动态跟踪、调整，直至竣工决算后才能真正确定建设工程项目投资。

二、建设工程投资控制原理

所谓建设工程投资控制，就是在投资决策阶段、设计阶段、发包阶段、施工阶段以及竣工阶段，把建设工程投资控制在批准的投资限额以内，随时纠正发生的偏差，以保证项目投资管理目标的实现，以求在建设工程中能合理使用人力、物力、财力，取得较好的投资效益和社会效益。

（一）投资控制的动态原理

投资控制是项目控制的主要内容之一，投资控制原理如图5-4所示。这种控制是动态的，并贯穿于项目建设的始终。

这个流程应每两周或一个月循环进行，图5-4表达的含义如下：

（1）项目投入，即把人力、物力、财力投入到项目实施中。

（2）在工程进展过程中，必定存在各种各样的干扰，如恶劣天气、设计出图不及时等。

（3）收集实际数据，即对项目进展情况进行评估。

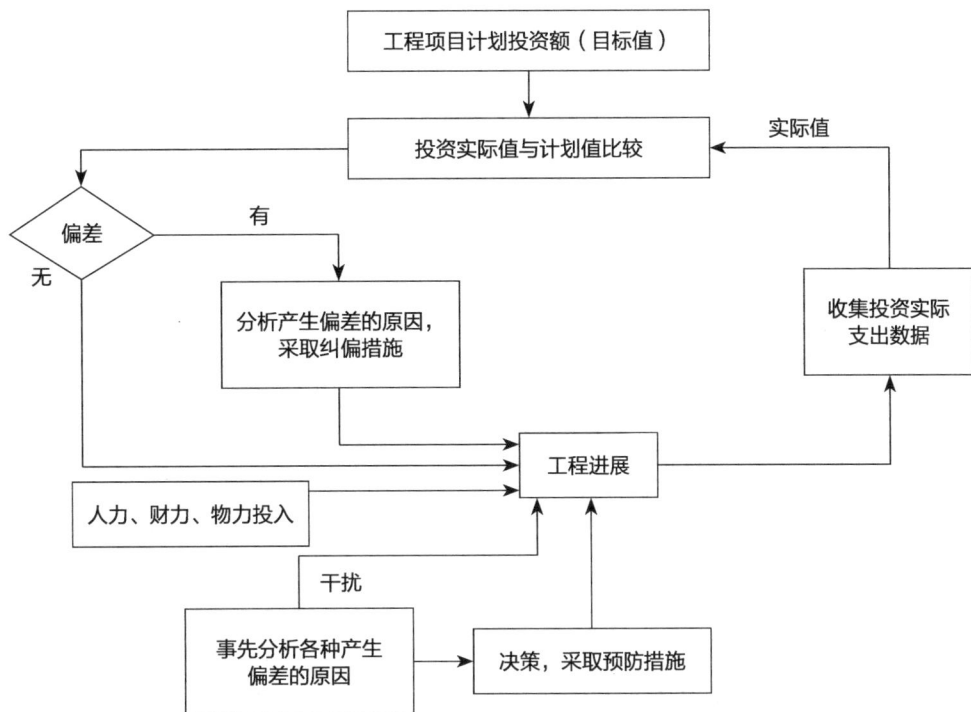

图5-4　投资控制原理图

（4）把投资目标的计划值与实际值进行比较。

（5）检查实际值与计划值有无偏差，如果没有偏差，则项目继续进展，继续投入人力、物力和财力等。

（6）如果有偏差，则需要分析产生偏差的原因，采取控制措施。

在这一动态控制过程中，应着重做好以下几项工作：

（1）对计划目标值的论证和分析。实践证明，由于各种主观和客观因素的制约，项目规划中的计划目标值有可能是难以实现或不尽合理的，需要在项目实施的过程中，或合理调整，或细化和精确化。只有项目目标是正确合理的，项目控制方能有效。

（2）及时对项目进展作出评估，即收集实际数据。没有实际数据的收集，就无法清楚项目的实际进展情况，更不可能判断是否存在偏差。因此，数据的及时、完整和正确是确定偏差的基础。

（3）进行项目计划值与实际值的比较，以判断是否存在偏差。这种比较同样也要求在项目规划阶段就应对数据体系进行统一的设计，以保证比较工作的效率和有效性。

（4）采取控制措施以确保投资控制目标的实现。

（二）投资控制的目标

控制是为确保目标的实现而服务的，一个系统若没有目标，就不需要、也无法进行控制。目标的设置应是很严肃的，应有科学的依据。

工程项目建设过程是一个周期长、投入大的生产过程，建设者在一定时间内占有的经验知识是有限的，不但常常受到科学条件和技术条件的限制，而且也受到客观过程的发展及其表现程度的限制，因而不可能在工程建设伊始，就设置一个科学的、一成不变的投资控制目标，而只能设置一个大致的投资控制目标，这就是投资估算。随着工程建设实践、认识、再实践、再认识，投资控制目标一步步清晰、准确，这就是设计概算、施工图预算、承包合同价等。也就是说，投资控制目标的设置应是随着工程项目建设实践的不断深入而分阶段设置，具体来讲，投资估算应是建设工程设计方案选择和进行初步设计的投资控制目标；设计概算应是进行技术设计和施工图设计的投资控制目标；施工图预算或建安工程承包合同价则应是施工阶段投资控制的目标。有机联系的各个阶段目标相互制约，相互补充，前者控制后者，后者补充前者，共同组成建设工程投资控制的目标系统。

目标要既有先进性又有实现的可能性，目标水平要能激发执行者的进取心和充分发挥他们的工作能力，挖掘他们的潜力。若目标水平太低，如对建设工程投资高估冒算，则对建造者缺乏激励性，建造者亦没有发挥潜力的余地，目标形同虚设；若水平太高，如在建设工程立项时投资就留有缺口，建造者一再努力也无法达到，则可能产生灰心情绪，使工程投资控制成为一纸空文。

（三）投资控制的重点

投资控制贯穿于项目建设的全过程，这一点是毫无疑义的，但是必须重点突出。图5-5是国外描述的不同建设阶段影响建设工程投资程度的坐标图，该图与我国情况大致是吻合的。从该图可看出，影响项目投资最大的阶段，是约占工程项目建设周期1/4的技术设计结束前的工作阶段。在初步设计阶段，影响项目投资的可能性为75%～95%；在技术设计阶段，影响项目投资的可能性为35%～75%；在施工图设计阶段，影响项目投资的可能性则为5%～35%。很显然，项目投资控制的重点在于施工以前的投资决策和设计阶段，而在项目作出投资决策后，控制项目投资的关键就在于设计。据西方一些国家分析，设计费一般只相当于建设工程全寿命费用的1%以下，但正是这少于1%的费用却基本决定了几乎全部随后的费用。由此可见，设计对整个建设工程的效益是何等重要。这里所说的建设工程全寿命费用包括建设投资工程交付使用后的经常性开支费用（含经营费用、日常维护修理费用、使用期内大修理和局部更新费用）以及该项目使用期满后的报废拆除费用等。

（四）投资控制的措施

为了有效地控制建设工程投资，应从组织、技术、经济、合同与信息管理等多方面采取措施。从组织上采取措施，包括明确项目组织结构，明确投资控制者及其任务，以使投

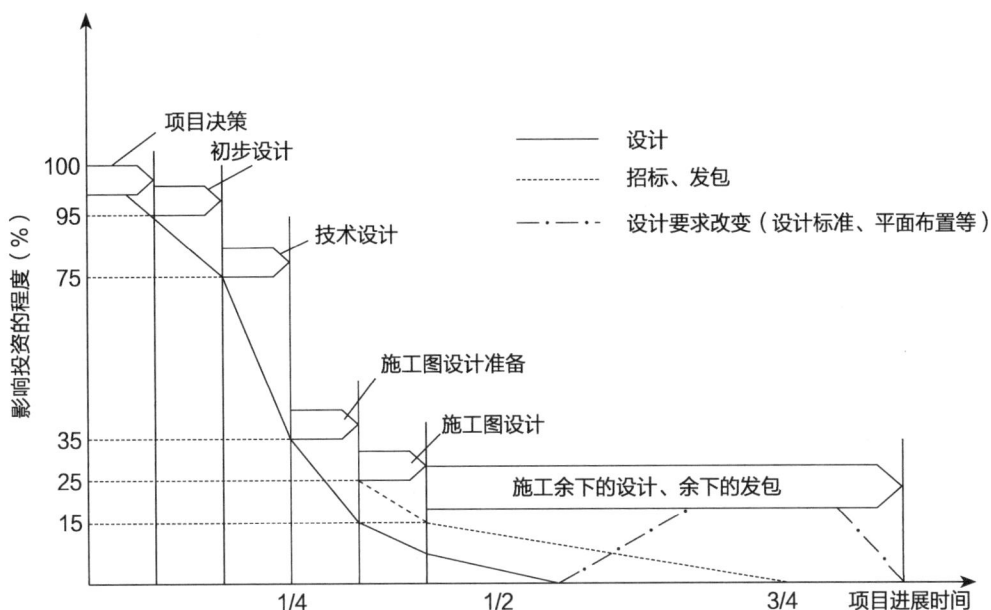

图5-5 不同建设阶段影响建设项目投资程度的坐标图

资控制有专人负责，明确管理职能分工；从技术上采取措施，包括重视设计多方案选择，严格审查监督初步设计、技术设计、施工图设计、施工组织设计，深入技术领域研究节约投资的可能性；从经济上采取措施，包括动态地比较投资的实际值和计划值，严格审核各项费用支出，采取节约投资的奖励措施等。

应该看到，技术与经济相结合是控制投资最有效的手段。长期以来，在我国工程建设领域，技术与经济相分离。许多国外专家指出，中国工程技术人员的技术水平、工作能力、知识面，与外国同行相比，几乎不分上下，但他们缺乏经济观念。国外的技术人员时刻考虑如何降低工程投资，但中国的技术人员则把它看成与己无关的财会人员的职责。而财会、概预算人员的主要责任是根据财务制度办事，他们往往不熟悉工程知识，也较少了解工程进展中的各种关系和问题，往往单纯地从财务制度角度审核费用开支，难以有效地控制工程投资。为此，当前迫切需要解决的是以提高项目投资效益为目的，在工程建设过程中把技术与经济有机结合，要通过技术比较、经济分析和效果评价，正确处理技术先进与经济合理两者之间的对立统一关系，力求在技术先进条件下的经济合理，在经济合理基础上的技术先进，把控制工程项目投资观念渗透到各阶段中。

由于建设工程的投资主要发生在施工阶段，在这一阶段需要投入大量的人力、物力、财力等，是工程项目建设费用消耗最多的时期，浪费投资的可能性比较大。因此，监理单位应督促承包单位精心地组织施工，挖掘各方面潜力，节约资源消耗，仍可以收到节约投资的明显效果。参建各方对施工阶段的投资控制应给予足够的重视，仅仅靠控制工程款的支付是不够的，应从组织、经济、技术、合同等多方面采取措施，控制投资。

项目监理机构在施工阶段投资控制的具体措施如下：

1. 组织措施

（1）在项目监理机构中落实从投资控制角度进行施工跟踪的人员、任务分工和职能分工。

（2）编制本阶段投资控制工作计划和详细的工作流程图。

2. 经济措施

（1）编制资金使用计划，确定、分解投资控制目标。对工程项目造价目标进行风险分析，并制定防范性对策。

（2）进行工程计量。

（3）复核工程付款账单，签发付款证书。

（4）在施工过程中进行投资跟踪控制，定期进行投资实际支出值与计划目标值的比较；发现偏差，分析产生偏差的原因，采取纠偏措施。

（5）协商确定工程变更的价款。审核竣工结算。

（6）对工程施工过程中的投资支出做好分析与预测，经常或定期向建设单位提交项目的投资控制及其存在问题的报告。

3. 技术措施

（1）对设计变更进行技术经济比较，严格控制设计变更。

（2）继续寻找通过设计挖潜节约投资的可能性。

（3）审核承包人编制的施工组织设计，对主要施工方案进行技术经济分析。

4. 合同措施

（1）做好工程施工记录，保存各种文件图纸，特别是注有实际施工变更情况的图纸，注意积累素材，为正确处理可能发生的索赔提供依据。

（2）参与合同修改、补充工作，着重考虑它对投资控制的影响。

三、建设工程投资控制的主要任务

（一）国外项目咨询机构在建设工程投资控制中的主要任务

近几十年来，各工业发达国家，在工程建设中实行咨询制度已成为通行的惯例，并形成了许多不同的形式和流派，其中影响最大的有两类主体，即项目管理咨询公司（PM）和工料测量师事务所（QS）。

1. 项目管理咨询公司

项目管理咨询公司是在欧洲大陆和美国广泛实行的建设工程咨询机构，其国际性组织是国际咨询工程师联合会（FIDIC）。该组织1980年所制定的IGRA—1980PM文件，是用于咨询工程师与建设单位之间订立委托咨询的国际通用合同文本，该文本明确指出，咨询工程师的根本任务是：进行项目管理，在建设单位所要求的进度、质量和投资的限制之内完成项目。其可向建设单位提供的咨询服务范围包括以下八个方面：①项目的经济可行性分析；②项目的财务管理；③与项目有关的技术转让；④项目的资源管理；⑤环境对项目影响的评估；⑥项目建设的工程技术咨询；⑦物资采购与工程发包；⑧施工管理。其中涉及项目投资控制的具体任务是：①项目的投资效益分析(多方案)；②初步设计时的投资估算；③项目实施时的预算控制；④工程合同的签订和实施监控；⑤物资采购；⑥工程量的核实；⑦工时与投资的预测；⑧工时与投资的核实；⑨有关控制措施的制定；⑩发行企业债券；⑪保险审议；⑫其他财务管理等。

2. 工料测量师事务所

在英联邦国家，负责项目投资控制的通常是工料测量师事务所。公司开办人称为合伙人，他们是公司的所有者，在法律上代表公司，在经济上自负盈亏，并亲自进行管理。合伙人本身必须是经过英国皇家测量师协会授予称号的工料测量师，如果一个人只拥有资金，而不是工料测量师，则不能当工料测量师事务所合伙人。英联邦国家的基本建设程序一般分为两大阶段，即合同签订前、后两阶段。工料测量师在工程建设中的主要任务和作用是：

（1）在立约前阶段的任务

1）在工程建设开始阶段，建设单位提出建设任务和要求，如建设规模、技术条件和可筹集到的资金等。这时工料测量师要和建筑师、工程师共同研究提出"初步投资建议"，对拟建项目作出初步的经济评价，并和建设单位讨论在工程建设过程中工料测量师事务所的服务内容、收费标准，同时着手一般准备工作和今后行动计划。

2）在可行性研究阶段，工料测量师根据建筑师和工程师提供的建设工程的规模、场址、技术协作条件，对各种拟建方案制定初步估算，有的还要为建设单位估算竣工后的经营费用和维护保养费，从而向建设单位提交估价和建议，以便建设单位决定项目执行方案，确保该方案在功能上、技术上和财务上的可行性。

3）在立案建议(有的称为总体建议)阶段，工料测量师按照不同的设计方案编制估算书，除反映总投资额外，还要提供分部工程的投资额，以便建设单位能确定拟建项目的布局、设计和施工方案。工料测量师还应为拟建项目获得当局批准而向建设单位提供必要的报告。

4）在初步设计阶段，根据建筑师、工程师草拟的图纸，制定建设投资分项初步概算。根据概算及建设程序，制定资金支出初步估算表，以保证投资得到最有效的运用，并可作为确定项目投资限额使用。

5）在详细设计阶段，根据近似的工料数量及当时的价格，制定更详细的分项概算，并将它们与项目投资限额相比较。

6）对不同的设计及材料进行成本研究，并向建筑师、工程师或设计人员提出成本建议，协助他们在投资限额范围内设计。

7）就工程的招标程序、合同安排、合同内容方面提供建议。

8）制定招标文件、工料清单、合同条款、工料说明书及投标书，供建设单位招标或供建设单位与选定的承包人议价。

9）研究并分析收回的投标，包括进行详尽的技术及数据审核，并向建设单位提交对各项投标的分析报告。

10）为总承包单位及指定供货单位或分包单位制定正式合同文件。

（2）在立约后阶段的任务

1）工程开工后，对工程进度进行估计，并向建设单位提出中期付款的建议。

2）工程进行期间，定期制定最终成本估计报告书，反映施工中存在的问题及投资的支付情况。

3）制定工程变更清单，并与承包人达成费用上增减的协议。

4）就考虑中的工程变更的大约费用，向建筑师提供建议。

5）审核及评估承包人提出的索赔，并进行协商。

6）与工程项目顾问团的其他成员（建筑师、工程师等）紧密合作，在施工阶段严格控制成本。

7）审核工程竣工结算。该结算是工程最终成本的详细说明。

8）回顾分析项目管理和执行情况。

工料测量师事务所行受雇于建设单位，根据工程规模的大小、难易程度，按总投资0.5%~3%收费，同时对项目投资控制负有重大责任。如果项目建设成本最后在缺乏充足正当理由情况下超支较多，建设单位付不起，则将要求工料测量师事务所对建设成本超支额及应付银行贷款利息进行赔偿。所以测量师事务所在接受项目投资控制委托，特别是接受工期较长、难度较大的项目投资控制委托时，都要买专业保险，以防估价失误时因对建设单位进行赔偿而破产。由于工料测量师在工程建设中的主要任务就是对项目投资进行全面系统的控制，因而他们被誉为"工程建设的经济专家"和"工程建设中管理财务的经理"。

（二）我国项目监理机构在建设工程投资控制中的主要工作

投资控制是我国建设工程监理的一项主要任务，贯穿于监理工作的各个环节。根据《建设工程监理规范》（GB/T 50319—2013）的规定，工程监理单位要依据法律法规、工程建设标准、勘察设计文件及合同，在施工阶段对建设工程进行造价控制。同时，工程监理单位还应根据建设工程监理合同的约定，在工程勘察、设计、保修等阶段为建设单位提供相关服务工作。以下分别是施工阶段和在相关服务阶段监理机构在投资控制中的主要工作。

1. 施工阶段投资控制的主要工作

（1）进行工程计量和付款签证

1）专业监理工程师对施工单位在工程款支付报审表中提交的工程量和支付金额进行复核，确定实际完成的工程量，提出到期应支付给施工单位的金额，并提出相应的支持性材料。

2）总监理工程师对专业监理工程师的审查意见进行审核，签认后报建设单位审批。

3）总监理工程师根据建设单位的审批意见，向施工单位签发工程款支付证书。

（2）对完成工程量进行偏差分析

项目监理机构应建立月完成工程量统计表，对实际完成量与计划完成量进行比较分析，发现偏差的，应提出调整建议，并应在监理月报中向建设单位报告。

（3）审核竣工结算款

1）专业监理工程师审查施工单位提交的竣工结算款支付申请，提出审查意见。

2）总监理工程师对专业监理工程师的审查意见进行审核，签认后报建设单位审批，同时抄送施工单位，并就工程竣工结算事宜与建设单位、施工单位协商；达成一致意见的，根据建设单位审批意见向施工单位签发竣工结算款支付证书；不能达成一致意见的，应按施工合同约定处理。

（4）处理施工单位提出的工程变更费用

1）总监理工程师组织专业监理工程师对工程变更费用及工期影响作出评估。

2）总监理工程师组织建设单位、施工单位等共同协商确定工程变更费用及工期变化，会签工程变更单。

3）项目监理机构可在工程变更实施前与建设单位、施工单位等协商确定工程变更的计价原则、计价方法或价款。

4）建设单位与施工单位未能就工程变更费用达成协议时，项目监理机构可提出一个暂定价格并经建设单位同意，作为临时支付工程款的依据。工程变更款项最终结算时，应以建设单位与施工单位达成的协议为依据。

（5）处理费用索赔

1）项目监理机构应及时收集、整理有关工程费用的原始资料，为处理费用索赔提供证据。

2）审查费用索赔报审表。需要施工单位进一步提交详细资料时，应在施工合同约定的期限内发出通知。

3）与建设单位和施工单位协商一致后，在施工合同约定的期限内签发费用索赔报审表，并报建设单位。

4）当施工单位的费用索赔要求与工程延期要求相关联时，项目监理机构可提出费用索赔和工程延期的综合处理意见，并应与建设单位和施工单位协商。

5）因施工单位原因造成建设单位损失，建设单位提出索赔时，项目监理机构应与建设单位和施工单位协商处理。

2. 相关服务阶段投资控制的主要工作

（1）工程勘察设计阶段

1）协助建设单位编制工程勘察设计任务书和选择工程勘察设计单位，并应协助签订工程勘察设计合同。

2）审核勘察单位提交的勘察费用支付申请表，以及签发勘察费用支付证书。

3）审核设计单位提交的设计费用支付申请表，以及签认设计费用支付证书。

4）审查设计单位提交的设计成果，并应提出评估报告。

5）审查设计单位提出的新材料、新工艺、新技术、新设备在相关部门的备案情况。必要时应协助建设单位组织专家评审。

6）审查设计单位提出的设计概算、施工图预算，提出审查意见。

7）分析可能发生索赔的原因，制定防范对策。

8）协助建设单位组织专家对设计成果进行评审。

9）根据勘察设计合同，协调处理勘察设计延期、费用索赔等事宜。

（2）工程保修阶段

1）对建设单位或使用单位提出的工程质量缺陷，工程监理单位应安排监理人员进行检查和记录，并应要求施工单位予以修复，同时应监督实施，合格后应予以签认。

2）工程监理单位应对工程质量缺陷原因进行调查，并应与建设单位、施工单位协商确定责任归属。对非施工单位原因造成的工程质量缺陷，应核实施工单位申报的修复工程费用，并应签认工程款支付证书。

第三节　进度控制

控制建设工程进度，不仅能够确保工程建设项目按预定的时间交付使用，及时发挥投资效益，而且有益于维持国家良好的经济秩序。因此，监理工程师应采用科学的控制方法和手段来控制工程项目的建设进度。

一、建设工程进度控制概念

（一）进度控制的概念

建设工程进度控制是指对建设工程项目建设各阶段的工作内容、工作程序、持续时间和衔接关系根据进度总目标及资源化配置的原则编制计划并付诸实施，然后在进度计划的实施过程中经常检查实际进度是否按计划要求进行，对出现的偏差情况进行分析，采取补救措施或调整、修改原计划后再付诸实施，如此循环，直到建设工程竣工验收交付使用。建设工程进度控制的最终目的是确保建设项目按预定的时间动用或提前交付使用，建设工程进度控制的总目标是建设工期。

进度控制是监理工程师的主要任务之一。由于在工程建设过程中存在着许多影响进度的因素，这些因素往往来自不同的部门和不同的时期，它们对建设工程进度产生着复杂的影响。因此，进度控制人员必须事先对影响建设工程进度的各种因素进行调查分析，预测它们对建设工程进度的影响程度，确定合理的进度控制目标，编制可行的进度计划，使工程建设工作始终按计划进行。

但是，不管进度计划的周密程度如何，其毕竟是人们的主观设想，在其实施过程中，必然会因为新情况的产生、各种干扰因素和风险因素的作用而发生变化，使人们难以执行原定的进度计划。为此，进度控制人员必须掌握动态控制原理，在计划执行过程中不断检查建设工程实际进展情况，并将实际情况与计划安排进行对比，从中得出偏离计划的信息。然后在分析偏差及其产生原因的基础上，通过采取组织、技术、经济等措施，维持原计划，使之能正常实施。如果采取措施后不能维持原计划，则需要对原计划进行调整或修正，再按新的进度计划实施。这样在进度计划的执行过程中进行不断地检查和调整，以保证建设工程进度得到有效控制。

（二）影响进度的因素分析

由于建设工程具有规模庞大、工程结构与工艺复杂、建设周期长及相关单位多等特点，决定了建设工程进度将受到许多因素的影响。要想有效地控制建设工程进度，就必须对影响进度地有利因素和不利因素进行全面、细致地分析和预测。这样，一方面可以促进对有利因素地充分利用和不利因素地妥善预防；另一方面也便于事先制定预防措施，事中采取有效措施，事后进行妥善补救，以缩小实际进度与计划进度的偏差，实现对建设工程进度的主动控制和动态控制。

影响建设工程进度地不利因素很多，如人为因素，技术因素，设备、材料及构配件因素，机具因素，资金因素，水文、地质与气象因素，以及其他自然与社会环境等方面的因素。其中，人为因素是最大的干扰因素。从产生的根源看，有的来源于建设单位及其上级主管部门；有的来源于勘察设计、施工及材料、设备供应单位；有的来源于政府、建设主管部门、有关协作单位和社会；有的来源于各种自然条件；也有的来源于建设监理单位本身。在工程建设过程中，常见影响因素如下：

1. 建设单位因素

如建设单位使用要求改变而进行设计变更；应提供的施工场地条件不能及时提供或所提供的场地不能满足工程正常需要；不能及时向施工承包单位或材料供应商付款等。

2. 勘察设计因素

如勘察资料不准确，特别是地质资料错误或遗漏；设计内容不完善，规范应用不恰当，设计有缺陷或错误；设计对施工的可能性未考虑或考虑不周；施工图纸供应不及时、不配套，或出现重大差错等。

3. 施工技术因素

如施工工艺错误，不合理的施工方案，施工安全措施不当，不可靠技术的应用等。

4. 自然环境因素

如复杂的工程地质条件，不明的水文气象条件，地下埋藏文物的保护、处理，洪水、地震、台风等不可抗力等。

5. 社会环境因素

如外单位临近工程施工干扰，节假日交通、市容整顿的限制，临时停水、停电、断路，以及常见的法律及制度变化，经济制裁，战争、骚乱、罢工、企业倒闭等。

6. 组织管理因素

如向有关部门提出各种申请审批手续的延误；合同签订时遗漏条款、表达失当；计划安排不周密，组织协调不力，导致停工待料、相关作业脱节；领导不力，指挥失当，使参加工程建设的各个单位、各个专业、各个施工过程之间交接、配合上发生矛盾等。

7. 材料、设备因素

如材料、构配件、机具、设备供应环节的差错，品种、规格、质量、数量、时间不能满足工程的需要；特殊材料及新材料的不合理使用；施工设备不配套，选型失当，安装失误，有故障等。

8. 资金因素

如有关方拖欠资金，资金不到位，资金短缺；汇率浮动和通货膨胀等。

（三）进度控制的措施和主要任务

1. 进度控制的措施

为了实施进度控制，监理工程师必须根据建设工程的具体情况，认真制定进度控制措施，以确保建设工程进度控制目标的实现。进度控制的措施应包括组织措施、技术措施、经济措施及合同措施。

（1）组织措施

进度控制的组织措施主要包括：

1）建立进度控制目标体系，明确建设工程现场监理组织机构中进度控制人员及其职责分工；

2）建立工程进度报告制度及进度信息沟通网络；

3）建立进度计划审核制度和进度计划实施中的检查分析制度；

4）建立进度协调会议制度，包括协调会议举行的时间、地点、协调会议的参加人员等；

5）建立图纸审查、工程变更和设计变更管理制度。

（2）技术措施

进度控制的技术措施主要包括：

1）审查承包商提交的进度计划，使承包商能在合理的状态下施工；

2）编制进度控制工作细则，指导监理人员实施进度控制；

3）采用网络计划技术及其他科学适用的计划方法，并结合电子计算机的应用，对建设工程进度实施动态控制。

（3）经济措施

进度控制的经济措施主要包括：

1）及时办理工程预付款及工程进度款支付手续；

2）对应急赶工给予优厚的赶工费用；

3）对工期提前给予奖励；

4）对工程延误收取误期损失赔偿金。

（4）合同措施

进度控制的合同措施主要包括：

1）推行CM承发包模式，对建设工程实行分段设计、分段发包和分段施工；

2）加强合同管理，协调合同工期与进度计划之间的关系，保证合同中进度目标的实现；

3）严格控制合同变更，对各方提出的工程变更和设计变更，监理工程师应严格审查后再补入合同文件之中；

4）加强风险管理，在合同中应充分考虑风险因素及其对进度影响，以及相应的处理方法；

5）加强索赔管理，公正地处理索赔。

2. 建设工程实施阶段进度控制的主要任务

（1）设计准备阶段进度控制的任务

1）收集有关工期的信息，进行工期目标和进度控制决策；

2）编制工程项目总进度计划；

3）编制设计准备阶段详细工作计划，并控制其执行；

4）进行环境及施工现场条件的调查和分析。

（2）设计阶段进度控制的任务

1）编制设计阶段工作计划，并控制其执行；

2）编制详细的出图计划，并控制其执行。

（3）施工阶段进度控制的任务

1）编制施工总进度计划，并控制其执行；

2）编制单位工程施工进度计划，并控制其执行；

3）编制工程年、季、月实施计划，并控制其执行。

为了有效地控制建设工程进度，监理工程师要在设计准备阶段向建设单位提供有关工期的信息，协助建设单位确定工期总目标，并进行环境及施工现场条件的调查和分析。在设计阶段和施工阶段，监理工程师不仅要审查设计单位和施工单位提交的进度计划，更要编制监理进度计划，以确保进度控制目标的实现。

（四）建设项目总进度目标的论证

1. 总进度目标论证的工作内容

建设项目总进度目标指的是整个项目的进度目标，它是在项目决策阶段项目定义时确定的，项目管理的主要任务是在项目的实施阶段对项目进行控制。建设项目总进度目标的控制是建设单位方项目管理的任务（若采用建设项目总承包的模式，协助建设单位进行项目总进度目标的控制也是总承包方项目管理的任务）。在进行建设项目总进度目标控制前，首先应分析和论证目标实现的可能性。若项目总进度目标不可能实现，则项目管理方应提出调整项目总进度目标的建议，提请项目决策者审议。

在项目实施阶段，项目总进度包括：

（1）设计前准备阶段的工作进度；

（2）设计工作进度；

（3）招标工作进度；

（4）施工前准备工作进度；

（5）工程施工和设备安装进度；

（6）项目动用前的准备工作进度等。

建设项目总进度目标论证应分析和论证上述各项工作的进度，及上述各项工作进展的相互关系。

在建设项目总进度目标论证时，往往还不掌握比较详细的设计资料，也缺乏比较全面的有关工程发包的组织、施工组织和施工技术方面的资料，以及其他有关项目实施条件的资料。因此，总进度目标论证并不是单纯的总进度规划的编制工作，它涉及许多项目实施的条件分析和项目实施策划方面的问题。

大型建设项目总进度目标论证的核心工作是通过编制总进度纲要论证总进度目标实现的可能性。总进度纲要的主要内容包括：

（1）项目实施的总体部署；

（2）总进度规划；

（3）各子系统进度规划；

（4）确定里程碑事件的计划进度目标；

（5）总进度目标实现的条件和应采取的措施等。

2. 总进度目标论证的工作步骤

建设项目总进度目标论证的工作步骤如下：

（1）调查研究和收集资料；

（2）项目结构分析；

（3）进度计划系统的结构分析；

（4）项目的工作编码；

（5）编制各层进度计划；

（6）协调各层进度计划的关系，编制总进度计划；

（7）若所编制的总进度计划不符合项目的进度目标，则设法调整；

（8）若经过多次调整，进度目标无法实现，则报告项目决策者。

调查研究和收集资料包括如下工作：

（1）了解和收集项目决策阶段有关项目进度目标确定的情况和资料；

（2）收集与进度有关的该项目组织、管理、经济和技术资料；

（3）收集类似项目的进度资料；

（4）了解和调查该项目的总体部署；

（5）了解和调查该项目实施的主客观条件等。

大型建设工程项目的结构分析是根据编制总进度纲要的需要，将整个项目进行逐层分解，并确立相应的工作目录，如：

（1）一级工作任务目录，将整个项目划分成若干个子系统；

（2）二级工作任务目录，将每一个子系统分解为若干个子项目；

（3）三级工作任务目录，将每一个子项目分解为若干个工作项。

大型建设项目的计划系统一般由多层计划构成，如：

（1）第一层进度计划，将整个项目划分成若干个进度计划子系统；

（2）第二层进度计划，将每一个进度计划子系统分解为若干个子项目进度计划；

（3）第三层进度计划，将每一个子项目进度计划分解为若干个工作项；

（4）整个项目划分成多少计划层，应根据项目的规模和特点而定。

二、建设工程进度控制计划体系

为了确保建设工程进度控制目标的实现，参与工程项目建设的各有关单位都要编制进度计划，并且控制这些进度计划的实施。建设工程进度控制计划体系主要包括建设单位的计划系统、监理单位的计划系统、设计单位的计划系统和施工单位的计划系统。

（一）建设单位的计划系统

建设单位编制（也可委托监理单位编制）的进度计划包括工程项目前期工作计划、工程项目建设总进度计划和工程项目年度计划。

1. 工程项目前期工作计划

工程项目前期工作计划是指对工程项目可行性研究、项目评估及初步设计的工作进度安排，它可使工程项目前期决策阶段各项工作的时间得到控制。工程项目前期工作计划需要在预测的基础上编制，其表式见表5-1。其中"建设性质"是指新建、改建或扩建；"建设规模"是指生产能力、使用规模或建筑面积等。

工程项目前期工作进度计划 表5-1

项目名称	建设性质	建设规模	可行性研究		项目评估		初步设计	
			进度要求	负责单位和负责人	进度要求	负责单位和负责人	进度要求	负责单位和负责人

2. 工程项目建设总进度计划

工程项目建设总进度计划是指初步设计被批准后，在编报工程项目年度计划之前，根据初步设计，对工程项目从开始建设（设计、施工准备）至竣工投产（动用）全过程的统一部署。其主要目的是安排各单位工程的建设进度，合理分配年度投资，组织各方面的协作，保证初步设计所确定的各项建设任务的完成。工程项目建设总进度计划对于保证工程项目建设的连续性，增强工程建设的预见性，确保工程项目按期动用，都具有十分重要的作用。

工程项目建设总进度计划是编报工程建设年度计划的依据，其主要内容包括文字和表格两部分。

（1）文字部分

说明工程项目的概况和特点，安排建设总进度的原则和依据，建设投资来源和资金年度安排情况，技术设计、施工图设计、设备交付和施工力量进场时间的安排，道路、供电、供水等方面的协作配合及进度的衔接，计划中存在的主要问题及采取的措施，需要上级及有关部门解决的重大问题等。

（2）表格部门

1）工程项目一览表。

工程项目一览表将初步设计中确定的建设内容，按照单位工程归类并编号，明确其建设内容和投资额，以便各部门按统一的口径确定工程项目投资额，并以此为依据对其进行管理。工程项目一览表见表5-2。

工程项目一览表　　　　　　　　　　表5-2

单位工程名称	工程编号	工程内容	概算额（千元）						备注
			合计	建筑工程费	安装工程费	设备工程费	工器具购置费	工程建设其他费用	

2）工程项目总进度计划。

工程项目总进度计划是根据初步设计中确定的建设工期和工艺流程，具体安排单位工程的开工日期和竣工日期。其表式见表5-3。

工程项目总进度计划　　　　　　　　　　表5-3

工程编号	单位工程名称	工程量		××年				××年				…
		单位	数量	一季	二季	三季	四季	一季	二季	三季	四季	…

3）投资计划年度分配表。

投资计划年度分配表是根据工程项目总进度计划安排各个年度投资，以便预测各个年度的投资规模，为筹集建设资金或与银行签订借款合同及制定分年用款计划提供依据。其表式见表5-4。

投资计划年度分配表　　　　　　　　　　表5-4

工作编号	单位工程名称	投资额	投资分配（万元）					
			××年	××年	××年	××年	××年	……
……								
……								
	合计 其中： 建安工程投资 设备投资 工器具投资 其他投资							

4）工程项目进度平衡表。

工程项目进度平衡表用来明确各种设计文件交付日期、主要设备交货日期、施工单位进场日期、水电及道路接通日期等，以保证工程建设中各个环节相互衔接，确保工程项目按期投产或交付使用。其表式见表5-5。

工程项目进度平衡表　　　　　　　　　　　　　　　　表5-5

工程编号	单位工程名称	开工日期	竣工日期	要求设计进度				要求设备进度			要求施工进度			协作配合进度				
				交付日期			设计单位	数量	交货日期	供货单位	进场日期	竣工日期	施工单位	道路通行日期	供电		供水	
				技术设计	施工图	设计清单									数量	日期	数量	日期

在此基础上，可以分别编制综合进度控制计划、设计进度控制计划、采购进度控制计划、施工进度控制计划和验收投产进度计划等。

3. 工程项目年度计划

工程项目年度计划是依据工程项目建设总进度计划和批准的设计文件进行编制的。该计划既要满足工程项目建设总进度计划的要求，又要与当年可能获得的资金、设备、材料、施工力量相适应。应根据分批配套投产或交付使用的要求，合理安排本年度建设的工程项目。工程项目年度计划主要包括文字和表格两部分内容。

（1）文字部分

说明编制年度计划的依据和原则，建设进度、本年计划投资额及计划建造的建筑面积，施工图、设备、材料、施工力量等建设条件的落实情况，动力资源情况，对外部协作配合项目建设进度的安排或要求，需要上级主管部门协助解决的问题，计划中存在的其他问题，以及为完成计划而采取的各项措施等。

（2）表格部分

1）年度计划项目表。

年度计划项目表将确定年度施工项目的投资额和年末形象进度，并阐明建设条件（图纸、设备、材料、施工力量）的落实情况。其表式见表5-6。

年度计划项目表　　　　　　　　　　　　　　　　　　　表5-6

投资：万元；面积：m²

工程编号	单位工程名称	开工日期	竣工日期	投资额	投资来源	年初完成			本年计划							年末形象进度	建设条件落实情况			
						投资额	建安投资	设备投资	投资			建筑面积					施工图	设备	材料	施工力量
									合计	建安	设备	新开工	续建	竣工						

2）年度竣工投产交付使用计划表。

年度竣工投产交付使用计划表将阐明各单位工程的建筑面积、投资额、新增固定资产、新增生产能力等建筑总规模及本年计划完成情况，并阐明其竣工日期。其表式见表5-7。

年度竣工投产交付使用计划表　　　　　　　　　　　　　表5-7

投资：万元；面积：m²

工程编号	单位工程名称	总规模				本年计划完成				
		建筑面积	投资	新增固定资产	新增生产能力	竣工日期	建筑面积	投资	新增固定资产	新增生产能力

3）年度建设资金平衡表。

年度建设资金平衡表的格式见表5-8。

年度建设资金平衡表　　　　　　　　　　　　　　　　　表5-8

单位：万元

工程编号	单位工程名称	本年计划投资	动用内部资金	储备资金	本年计划需要资金	资金来源				
						预算拨款	自筹资金	建设贷款	国外贷款	……

4）年度设备平衡表。

年度设备平衡表的格式见表5-9。

年度设备平衡表　　　　　　　表5-9

工程编号	单位工程名称	设备名称和规格	要求到货		自制		订货	
			数量	时间	数量	完成时间	数量	到货时间

（二）监理单位的计划系统

监理单位除对被监理单位的进度计划进行监控外，自己也应编制有关进度计划，以便更有效地控制建设工程实施进度。

1. 监理总进度计划

在对建设工程实施全过程监理的情况下，监理总进度计划是依据工程项目可行性研究报告、工程项目前期工作计划和工程项目建设总进度计划编制的，其目的是对建设工程进度控制总目标进行规划，明确建设工程前期准备、设计、施工、动用前准备及项目动用等各个阶段的进度安排。其表式见表5-10。

监理总进度计划　　　　　　　表5-10

建设阶段	各阶段进度																
	××年				××年				××年				××年				………
	1	2	3	4	1	2	3	4	1	2	3	4	1	2	3	4	
前期准备																	
设计																	
施工																	
动用前准备																	
项目动用																	

2. 监理总进度分解计划

（1）按工程进度阶段分解

1）设计准备阶段进度计划；

2）设计阶段进度计划；

3）施工阶段进度计划；

4）动用前准备阶段进度计划。

（2）按时间分解

1）年度进度计划；

2）季度进度计划；

3）月度进度计划。

（三）设计单位的计划系统

设计单位的计划系统包括：设计总进度计划、阶段性设计进度计划和设计作业进度计划。

1. 设计总进度计划

设计总进度计划主要用来安排自设计准备开始至施工图设计完成的总设计时间内所包含的各阶段工作的开始时间和完成时间，从而确保设计进度控制总目标的实现。该计划的表式见表5-11。

设计总进度计划　　　　　　　　　　　　　　表5-11

阶段名称	进度（月）																	
	1	2	3	4	5	6	7	8	9	10	11	12	13	14	15	16	17	18
设计准备																		
方案设计																		
初步设计																		
技术设计																		
施工图设计																		

2. 阶段性设计进度计划

阶段性设计进度计划包括：设计准备工作进度计划、初步设计（技术设计）工作进度计划和施工图设计工作进度计划。这些计划是用来控制各阶段的设计进度，从而实现阶段性设计进度目标。在编制阶段性设计进度计划时，必须考虑设计总进度计划对各个设计阶段的时间要求。

（1）设计准备工作进度计划

设计准备工作进度计划中一般要考虑规划设计条件的确定、设计基础资料的提供及委托设计等工作的时间安排，计划表式见表5-12。表中的项目还可根据需要进一步细化。

设计准备工作进度计划　　　　　　　　表5-12

工作内容	进度（周）														
	2	4	6	8	10	12	14	16	18	20	22	24	26	28	30
确定规划设计条件															
提供设计基础资料															
委托设计															

（2）初步设计（技术设计）工作进度计划

初步设计（技术设计）工作进度计划要考虑方案设计、初步设计、技术设计、设计的分析评审、概算的编制、修正概算的编制以及设计文件审批等工作的时间安排，一般按单位工程编制，其表式见表5-13。

××单位工程初步设计（技术设计）工作进度计划　　　　　　表5-13

工作内容	进度（周）																	
	1	2	3	4	5	6	7	8	9	10	11	12	13	14	15	16	17	18
方案设计																		
初步设计																		
编制概算																		
技术设计																		
编制修正概算																		
分析评审																		
审批设计																		

（3）施工图设计工作进度计划

施工图设计工作进度计划主要考虑各单位工程的设计进度及其搭接关系，其表式见表5-14。

××工程施工图设计工作进度计划　　　　表5-14

工程名称	建筑规模	设计工日定额(工日)	设计人数	进度（d）									
				1	2	3	4	5	6	7	8	9	10
××工程													
××工程													
××工程													
××工程													
××工程													

3. 设计作业进度计划

为了控制各专业的设计进度，并作为设计人员承包设计任务的依据，应根据施工图设计工作进度计划、单位工程设计工日定额及所投入的设计人员数，编制设计作业进度计划。其表式见表5-15。

××工程设计作业进度计划　　　　表5-15

工作内容	工日定额	设计人数	进度（d）													
			2	4	6	8	10	12	14	16	18	20	22	24	26	28
工艺设计																
建设设计																
结构设计																
给水排水设计																
通风设计																
电气设计																
审查设计																

（四）施工单位的计划系统

施工单位的进度计划包括：施工准备工作计划、施工总进度计划、单位工程施工进度计划及分部分项工程进度计划。

1. 施工准备工作计划

施工准备工作的主要任务是为建设工程的施工创造必要的技术和物资条件，统筹安排施工力量和施工现场。施工准备的工作内容通常包括：技术准备、物资准备、劳动组织准备、施工现场准备和施工场外准备。为落实各项施工准备工作，加强检查和监督，应根据各项施工准备工作的内容、时间和人员，编制施工准备工作计划。其表式见表5-16。

施工准备工作计划   表5-16

序号	施工准备项目	简要内容	负责单位	负责人	开始时间	完成时间	备注

2. 施工总进度计划

施工总进度计划是根据施工部署中施工方案和工程项目的开展程序，对全工地所有单位工程作出时间上的安排。其目的在于确定各单位工程及全工地性工程的施工期限及开竣工日期，进而确定施工现场劳动力、材料、成品、半成品、施工机械的需要数量和调配情况，以及现场临时设施的数量、水电供应量和能源、交通需求量。因此，科学、合理地编制施工总进度计划，是保证整个建设工程按期交付使用，充分发挥投资效益，降低建设工程成本的重要条件。

3. 单位工程施工进度计划

单位工程施工进度计划是在既定施工方案的基础上，根据规定的工期和各种资源供应条件，遵循各施工过程的合理施工顺序，对单位工程中的各施工过程作出时间和空间上的安排，并以此为依据，确定施工作业所必需的劳动力、施工机具和材料供应计划。因此，合理安排单位工程施工进度，是保证在规定工期内完成符合质量要求的工程任务的重要前提。同时，为编制各种资源需要量计划和施工准备工作计划提供依据。

4. 分部分项工程进度计划

分部分项工程进度计划是针对工程量较大或施工技术比较复杂的分部分项工程，在依据工程具体情况所制定的施工方案基础上，对其各施工过程所作出的时间安排。如：大型基础土方工程、复杂的基础加固工程、大体积混凝土工程、大型桩基工程、大面积预制构件吊装工程等，均应编制详细的进度计划，以保证单位工程施工进度计划的顺利实施。

此外，为了有效地控制建设工程施工进度，施工单位还应编制年度施工计划、季度施工计划和月（旬）作业计划，将施工进度计划逐层细化，形成一个旬保月、月保季、季保年的计划体系。

三、建设工程进度计划的表示方法和编制程序

（一）建设工程进度计划的表示方法

建设工程进度计划的表示方法有多种，常用的有横道图和网络图两种表示方法。

1. 横道图

横道图也称甘特图，是美国人甘特（Gantt）在20世纪初提出的一种进度计划表示方法。由于其形象、直观，且易于编制和理解，因而长期以来广泛应用于建设工程进度控制之中。

用横道图表示的建设工程进度计划，一般包括两个基本部分，即左侧的工作名称及工作的持续时间等基本数据部分和右侧的横道线部分。图5-6所示即为用横道图表示的某桥梁工程施工进度计划。该计划明确地表示出各项工作的划分、工作的开始时间和完成时间、工作的持续时间、工作之间的相互搭接关系，以及整个工程项目的开工时间、完工时间和总工期。

序号	工作名称	持续时间(d)	进度（d）										
			5	10	15	20	25	30	35	40	45	50	55
1	施工准备	5	▬										
2	预制梁	20		▬	▬	▬	▬						
3	运输梁	2						▬					
4	东侧桥台基础	10		▬	▬								
5	东侧桥台	8				▬	▬						
6	东侧台后填土	5					▬						
7	西侧桥台基础	25		▬	▬	▬	▬	▬					
8	西侧桥台	8							▬				
9	西侧台后填土	5								▬			
10	架梁	7									▬		
11	与路基连接	5											▬

图5-6 某桥梁工程施工进度横道计划

利用横道图表示工程进度计划，存在下列缺点：

1）不能明确地反映出各项工作之间错综复杂的相互关系，因而在计划执行过程中，当某些工作的进度由于某种原因提前或拖延时，不便于分析其对其他工作及总工期的影响程度，不利于建设工程进度的动态控制。

2）不能明确地反映出影响工期的关键工作和关键线路，也就无法反映出整个工程项目的关键所在，因而不便于进度控制人员抓住主要矛盾。

3）不能反映出工作所具有的机动时间，看不到计划的潜力所在，无法进行最合理的组织和指挥。

4）不能反映工程费用与工期之间的关系，因而不便于缩短工期和降低工程成本。

由于横道计划存在上述不足，给建设工程进度控制工作带来很大不便。即使进度控制人员在编制计划时已充分考虑了各方面的问题，在横道图上也不能全面地反映出来，特别是当工程项目规模大、工艺关系复杂时，横道图就很难充分暴露矛盾。而且在横道计划的执行过程中，对其进行调整也是十分烦琐和费时。由此可见，利用横道计划控制建设工程进度有较大的局限性。

2. 网络计划技术

建设工程进度计划用网络图来表示，可以使建设工程进度得到有效控制。国内外实践证明，网络计划技术是用于控制建设工程进度的最有效工具。无论是建设工程设计阶段的进度控制，还是施工阶段的进度控制，均可使用网络计划技术。作为建设工程监理工程师，必须掌握和应用网络计划技术。

（1）网络计划的种类

网络计划技术自20世纪50年代末诞生以来，已得到迅速发展和广泛应用，其种类也越来越多。但总的说来，网络计划可分为确定型和非确定型两类。如果网络计划中各项工作及其持续时间和各工作之间的相互关系都是确定的，就是确定型网络计划，否则属于非确定型网络计划。如计划评审技术（PERT）、图示评审技术（GERT）、风险评审技术（VERT）、决策关键线路法（DCPM）等均属于非确定型网络计划。在一般情况下，建设工程进度控制主要应用确定型网络计划。对于确定型网络计划来说，除了普通的双代号网络计划和单代号网络以外，还根据工程实际的需要，派生出下列几种网络计划：

1）时标网络计划。

时标网络计划是以时间坐标为尺度表示工作进度安排的网络计划，其主要特点是计划时间直观明了。

2）搭接网络计划。

搭接网络计划是可以表示计划中各项工作之间搭接关系的网络计划，其主要特点是计划图形简单。常用的搭接网络计划是单代号搭接网络计划。

3）有时限的网络计划。

有时限的网络计划是指能够体现由于外界因素的影响而对工作计划时间安排有限制的网络计划。

4）多级网络计划。

多级网络计划是一个由若干个处于不同层次且相互间有关联的网络计划组成的系统，

它主要适用于大中型工程建设项目，用来解决工程进度中的综合平衡问题。

除上述网络计划外，还有用于表示工作之间流水作业关系的流水网络计划和具有多个工期目标的多目标网络计划等。

（2）网络计划的特点

利用网络计划控制建设工程进度，可以弥补横道计划的许多不足。图5-7和图5-8分别为双代号网络图和单代号网络图表示的某桥梁工程施工进度计划。与横道计划相比，网络计划具有以下主要特点：

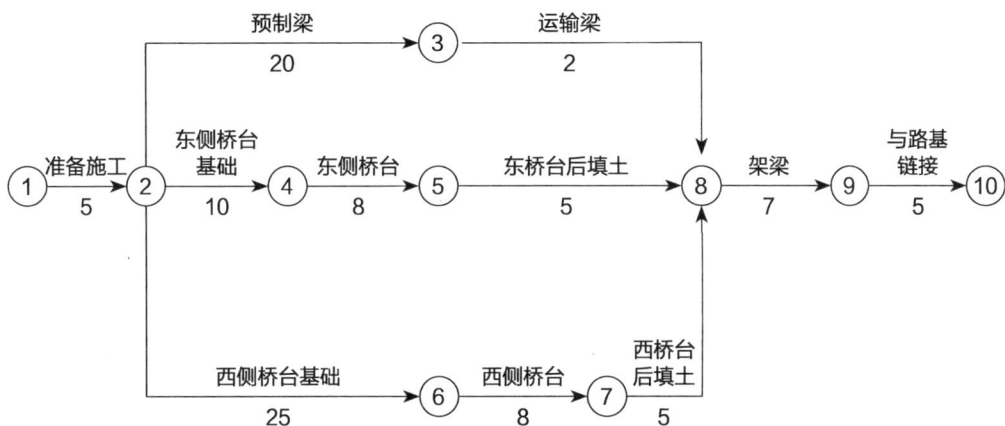

图5-7　某桥梁工程施工进度双代号网络计划

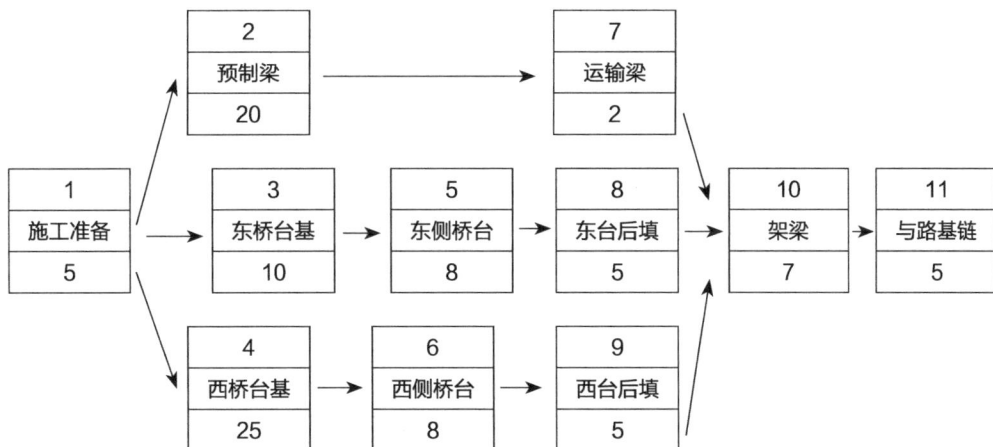

图5-8　某桥梁工程施工进度单代号网络计划

1）网络计划能够明确表达各项工作之间的逻辑关系。

所谓逻辑关系，是指各项工作之间的先后顺序关系。网络计划能够明确地表达各项工作之间的逻辑关系，对于分析各项工作之间的相互影响及处理它们之间的协作关系具有非常重要的意义，同时也是网络计划相对于横道图计划最明显的特征之一。

2）通过网络计划时间参数的计算，可以找出关键线路和关键工作。

在关键线路法（CPM）中，关键线路是指在网络计划中从起点节点开始，沿箭线方向通过一系列箭线与节点，最后到达终点节点为止所形成的通路上所有工作持续时间总和最大的线路。关键线路上各项工作持续时间总和即为网络计划的工期，关键线路上的工作就是关键工作，关键工作的进度将直接影响到网络计划的工期。通过时间参数的计算，能够明确网络计划中的关键线路和关键工作，也就明确了工程进度控制中的工作重点，这对提高建设工程进度控制的效果具有非常重要的意义。

3）通过网络计划时间参数的计算，可以明确各项工作的机动时间。

所谓工作的机动时间，是指在执行进度计划时除完成任务所必需的时间外尚剩余的、可供利用的富余时间，亦称"时差"。在一般情况下，除关键工作外，其他各项工作（非关键工作）均有富余时间。这种富余时间可视为一种"潜力"，既可以用来支援关键工作，也可以用来优化网络计划，降低单位时间资源需求量。

4）网络计划可以利用电子计算机进行计算、优化和调整。

对进度计划进行优化调整是工程进度控制工作中的一项重要内容。如果仅靠手工进行计算、优化和调整是非常困难的，必须借助于电子计算机。而且由于影响建设工程进度的因素有很多，只有利用电子计算机进行进度计划的优化和调整，才能适应实际变化的要求。网络计划就是这样一种模型，它能使进度控制人员利用电子计算机对工程进度计划进行计算、优化和调整。正是由于网络计划的这一特点，使其成为最有效的进度控制方法，从而受到普遍重视。

当然，网络计划也有其不足之处，比如不像横道计划那么直观明了等，但这可以通过绘制时标网络计划得到弥补。

（二）建设工程进度计划的编制程序

当应用网络计划技术编制建设工程进度计划时，其编制程序一般包括4个阶段10个步骤，见表5-17。

建设工程进度计划编制程序　　　　表5-17

编制阶段	编制步骤	编制阶段	编制步骤
I计划准备阶段	1. 调查研究	III计算时间参数及确定关键线路阶段	6. 计算工作持续时间
	2. 确定进度计划目标		7. 计算网络计划时间参数
II绘制网络图阶段	3. 进行项目分解		8. 确定关键线路和关键工作
	4. 分析逻辑关系	IV网络计划优化阶段	9. 优化网络计划
	5. 绘制网络图		10. 编制优化后网络计划

1．计划准备阶段

（1）调查研究

调查研究的目的是为了掌握足够充分、准备的资料，从而为确定合理的进度目标、编制科学的进度计划提供可靠依据。

调查研究的内容包括：

1）工程任务情况、实施条件、设计资料；

2）有关标准、定额、规程、制度；

3）资源需求与供应情况；

4）资金需求与供应情况；

5）有关统计资料、经验总结及历史资料等。

调查研究的方法有：

1）实际观察、测算、询问；

2）会议调查；

3）资料检索；

4）分析预测等。

（2）确定进度计划目标

网络计划的目标由工程项目的目标所决定，一般可分为以下三类：

1）时间目标。

时间目标也即工期目标，是指建设工程合同中规定的工期或有关主管部门要求的工期。工期目标的确定应以建筑设计周期定额和建筑安装工程工期定额为依据，同时充分考虑类似工程实际进展情况、气候条件以及工程难易程度和建设条件的落实情况等因素。建设工程设计和施工进度安排必须以建筑设计周期定额和建筑安装工程工期定额为最高时限。

2）时间—资源目标。

所谓资源，是指在工程建设过程中所需要投入的劳动力、原材料及施工机具等。在一般情况下，时间—资源目标分为两类：

A．资源有限，工期最短。即在一种或几种资源供应能力有限的情况下，寻求工期最短的计划安排。

B．工期固定，资源均衡。即在工期固定的前提下，寻求资源需用量尽可能均衡的计划安排。

3）时间—成本目标。

时间—成本目标是指以限定的工期寻求最低成本或寻求最低成本时的工期安排。

2．绘制网络图阶段

（1）进行项目分解

将工程项目由粗到细进行分解，是编制网络计划的前提。如何进行工程项目的分解，工作划分的粗细程度如何，将直接影响到网络图的结构。对于控制性网络计划，其工作划分应粗一些，而对于实施性网络计划，工作划分应细一些。工作划分的粗细程度，应根据实际需要来确定。

（2）分析逻辑关系

分析各项工作之间的逻辑关系时，既要考虑施工程序或工艺技术过程，又要考虑组织安排或资源调配需要。对施工进度计划而言，分析其工作之间的逻辑关系时，应考虑：

1）施工工艺的要求；

2）施工方法和施工机械的要求；

3）施工组织的要求；

4）施工质量的要求；

5）当地的气候条件；

6）安全技术的要求。分析逻辑关系的主要依据是施工方案、有关资源供应情况和施工经验等。

（3）绘制网络图

根据已确定的逻辑关系，即可按绘图规则绘制网络图。既可以绘制单代号网络图，也可以绘制双代号网络图。还可根据需要，绘制双代号时标网络计划。

3. 计算时间参数及确定关键线路阶段

（1）计算工作持续时间

工作持续时间是指完成该工作所花费的时间。其计算方法有多种，既可以凭以往的经验进行估算，也可以通过试验推算。当有定额可用时，还可利用时间定额或产量定额并考虑工作面及合理的劳动组织进行计算。

1）时间定额。

时间定额是指某种专业的工人班组或个人，在合理的劳动组织与合理使用材料的条件下，完成符合质量要求的单位产品所必需的工作时间，包括准备与结束时间、基本生产时间、辅助生产时间、不可避免的中断时间及工人必需的休息时间。时间定额通常以工日为单位，每一工日按8 h计算。

2）产量定额。

产量定额是指在合理的劳动组织与合理使用材料的条件下，某种专业、某种技术等级的工人班组或个人在单位工日中所应完成的质量合格的产品数量。产量定额与时间定额成反比，二者互为倒数。

对于搭接网络计划，还需要按最优施工顺序及施工需要，确定出各项工作之间的搭接时间。如果有些工作有时限要求，则应确定其时限。

（2）计算网络计划时间参数

网络计划是指在网络图上加注各项工作的时间参数而成的工作进度计划。网络计划时间参数一般包括：工作最早开始时间、工作最早完成时间、工作最迟开始时间、工作最迟完成时间、工作总时差、工作自由时差、节点最早时间、节点最迟时间、相邻两项工作之间的时间间隔、计算工期等。应根据网络计划的类型及其使用要求选算上述时间参数。网络计划时间参数的计算方法有：图上计算法、表上计算法、公式法等。

（3）确定关键线路和关键工作

在计算网络计划时间参数的基础上，便可根据有关时间参数确定网络计划中的关键线路和关键工作。

4. 网络计划优化阶段

（1）优化网络计划

当初始网络计划的工期满足所要求的工期及资源需求量能得到满足而无须进行网络优化时，初始网络计划即可作为正式的网络计划。否则，需要对初始网络计划进行优化。根据所追求的目标不同，网络计划的优化包括工期优化、费用优化和资源优化三种。应根据工程的实际需要选择不同的优化方法。

（2）编制优化后网络计划

根据网络计划的优化结果，便可绘制优化后的网络计划，同时编制网络计划说明书。网络计划说明书的内容应包括：编制原则和依据，主要计划指标一览表，执行计划的关键问题，需要解决的主要问题及其主要措施，以及其他需要说明的问题。

第四节　合同管理

一、建设工程合同管理的任务

（一）建设工程合同管理的目标

建设工程合同是承包人实施工程建设活动，发包人支付价款或酬金的协议。建设工程合同的顺利履行是建设工程质量、投资和工期的基本保障，不但对建设工程合同当事人有重要的意义和社会公共利益、公众的生命健康都有重要的意义。

1. 发展和完善建筑市场

作为社会主义市场经济的重要组成部分，建筑市场需要不断发展和完善。市场经济与计划经济的最主要区别在于：市场经济主要是依靠合同来规范当事人的交易行为，而计划经济主要是依靠行政手段来规范财产流转关系，因此，发展和完善建筑市场，必须有规范的建设工程合同管理制度。

在市场经济条件下，由于主要是依靠合同来规范当事人的交易行为，合同的内容将成为实施建设工程行为的主要依据。依法加强建设工程合同管理，可以保障建筑市场的资金、材料、技术、信息、劳动力的管理，保障建筑市场有序运行。

2. 推进建筑领域的改革

我国建设领域推行项目法人责任制、招标投标制、工程监理制和合同管理制。在这些制度中，核心是合同管理制度。因为项目法人责任制是要建立能够独立承担民事责任的主体制度，而市场经济中的民事责任主要是基于合同义务的合同责任。招标投标制实际上是要确立一种公平、公正、公开的合同订立制度，是合同形成过程的程序要求。工程监理制也是依靠合同来规范建设单位、承包人、监理人相互之间关系的法律制度，因此，建设领域的各项制度实际上是以合同制度为中心相互推进的，建设工程合同管理的健全完善无疑有助于建筑领域其他各项制度的推进。

3. 提高工程建设的管理水平

工程建设管理水平的提高体现在工程质量、进度和投资的三大控制目标上，这三大控制目标的水平主要体现在合同中。在合同中规定三大控制目标后，要求合同当事人在工程管理中细化这些内容，在工程建设过程中严格执行这些规定。同时，如果能够严格按照合同的要求进行管理，那么工程的质量就能够有效地得到保障，进度和投资的控制目标也就能够实现。因此，建设工程合同管理能够有效地提高工程建设的管理水平。

4. 避免和克服建筑领域的经济违法和犯罪

建设领域是我国经济犯罪的高发领域。出现这样的情况主要是由于工程建设中的公开、公正、公平做得不够好，加强建设工程合同管理能够有效地做到公开、公正、公平，特别是健全和完善建设工程合同的招标投标制度，将建筑市场的交易行为置于阳光之下，约束权力滥用行为，有效地避免和克服建设领域的违法犯罪行为。加强建设工程合同履行的管理也有助于政府行政管理部门对合同的监督，避免和克服建设领域的经济违法和犯罪。

（二）建设工程合同的种类

建筑市场中的各方主体，包括建设单位、勘察设计单位、施工单位、咨询单位、监理单位、材料设备供应单位等。这些主体都要依靠合同确立相互之间的关系。在这些合同中，有些属于建设工程合同，有些则是属于与建设工程相关的合同。建设工程合同可以从不同的角度进行分类。

1. 按承发包的不同范围和数量分类

从承发包的不同范围和数量进行划分，可以将建设工程合同分为建设工程设计施工总承包合同、工程施工承包合同、施工分包合同。发包人将工程建设的勘察、设计、施工等任务发包给一个承包人的合同，即为建设工程设计施工总承包合同；发包人将全部或部分施工任务发包给一个承包人的合同，即为施工承包合同；承包人经发包人认可，将承包的工程中部分施工任务交与其他人完成而订立的合同，即为施工分包合同。

2. 按完成承包的内容分类

按完成承包的内容进行划分，建设工程合同可以分为建设工程勘察合同、建设工程设计合同和建设工程施工合同三类。

（三）建设工程合同的特征

1. 合同主体的严格性

建设工程合同主体一般是法人。发包人一般是经过批准进行工程项目建设的法人，必须有国家批准建设项目，落实的投资计划，并且应当具备相应的协调能力。承包人则必须具备法人资格，而且应当具备相应的从事勘察设计、施工、监理等资质。无营业执照或无承包资质的单位不能作为建设工程合同的主体，资质等级低的单位不能越级承包建设工程。

2. 合同标的的特殊性

建设工程合同的标的是各类建筑产品。建筑产品是不动产，其基础部分与大地相连，不能移动。这就决定了每个建设工程合同的标的都是特殊的，相互间具有不可替代性。这还决定了承包人工作的流动性。建筑物所在地就是勘察、设计、施工生产的场地，施工队伍、施工机械必须围绕建筑产品不断移动。另外，建筑产品的类别庞杂，其外观、结构、使用目的、使用人都各不相同，这就要求每一个建筑产品都需单独设计和施工（即使可重复利用标准设计或重复使用图纸，也应采取必要的修改设计才能施工），即建筑产品是单体性生产，这也决定了建设工程合同标的的特殊性。

3. 合同履行期限的长期性

建设工程由于结构复杂、体积大、建筑材料类型多、工作量大，使得合同履行期限都较长（与一般工业产品的生产相比）。建设工程合同的订立和履行一般都需要较长的准备期。在合同的履行过程中，还可能因为不可抗力、工程变更、材料供应不及时等原因而导致合同期限顺延。所有这些情况，决定了建设工程合同的履行期限具有长期性。

4. 计划和程序的严格性

由于工程建设对国家的经济发展、公民的工作和生活都有重大的影响，因此，国家对建设工程的计划和程序都有严格的管理制度。订立建设工程合同必须以国家批准的投资计划为前提，即使是国家投资以外的、以其他方式筹集的投资也要受到当年的贷款规模和批准限额的限制，纳入当年投资规模的平衡，并经过严格的审批程序。建设工程合同的订立和履行还必须符合国家关于工程建设程序的规定。

5. 合同形式的特殊要求

我国《合同法》对合同形式确立了以不要式为主的原则，即在一般情况下对合同形式采用书面形式还是口头形式没有限制。但是，考虑到建设工程的重要性和复杂性，在建设过程中经常会发生影响合同履行的纠纷，因此，《合同法》要求建设工程合同应当采用书面形式，即采用要式合同。

（四）招标投标与合同的关系

在工程建设领域，招标投标与合同管理是改革开放初期的两项重要改革。在市场经济建设中，两者是相辅相成的，两者缺一不可。

招标投标能够体现建筑市场交易中的公平、公开、公正。合同则是招标投标竞争内容的明确化。通过招标投标和订立合同，保障工程建设能够更好地完成。

二、建设工程合同管理的基本方法

（一）严格执行建设工程合同管理法律法规

应当说，随着我国《民法总则》《合同法》《招标投标法》《建筑法》的颁布和实施，建设工程合同管理法律已基本健全。但是，在实践中，这些法律的执行还存在着很大的问题，其中既有勘察、设计、施工单位转包、违法分包和不认真执行工程建设强制性标准，偷工减料，忽视工程质量的问题，也有监理单位监理不到位的问题，还有建设单位不认真履行合同，特别是拖欠工程款的问题。市场经济条件下，要求我们在建设工程合同管理时要严格依法进行。这样，我们的管理行为才能有效，才能提高我们的建设工程合同管理的水平，才能解决建设领域存在的诸多问题。

（二）普及相关法律知识，培训合同管理人才

在市场经济条件下，工程建设领域的从业人员应当增强合同观念和合同意识，这就要求我们普及相关法律知识，培训合同管理人才。不论是施工合同中的监理工程师，还是建设工程合同的当事人，以及涉及有关合同的各类人员，都应当熟悉合同的相关法律知识，增强合同观念和合同意识，努力做好建设工程合同管理工作。

（三）设立合同管理机构，配备合同管理人员

加强建设工程合同管理，应当设立合同管理机构，配备合同管理人员。一方面，建设工程合同管理工作，应当作为建设行政管理部门的管理内容之一；另一方面，建设工程合同当事人内部也要建立合同管理机构。特别是建设工程合同当事人内部，不但应当建立合同管理机构，还应当配备合同管理人员，建立合同台账、统计、检查和报告制度，提高建设工程合同管理的水平。

（四）建立合同管理目标制度

合同管理目标，是指合同管理活动应当达到的预期结果和最终目的。建设工程合同管理需要设立管理目标，并且管理目标可以分解为管理的各个阶段的目标。合同的管理目标

应当落到实处。为此，还应当建立建设工程合同管理的评估制度。这样，才能有效地督促合同管理人员提高合同管理的水平。

（五）推行合同示范文本制度

推行合同示范文本制度，一方面有助于当事人了解、掌握有关法律、法规，使具体实施项目的建设工程合同符合法律法规的要求，避免缺款少项，防止出现显失公平的条款，也有助于当事人熟悉合同的运行；另一方面，有利于行政管理机关对合同的监督，有助于仲裁机构或者人民法院及时裁判纠纷，维护当事人的利益。使用标准化的范本签订合同，对完善建设工程合同管理制度起到了极大的推动作用。

第五节　安全管理

一、施工安全管理

（一）施工安全管理的总体概念和体系的建立

安全在日常生活中是指不受威胁，没有危险和不出事故。在建筑施工现场，安全就是不使职工发生伤亡和职业病，不使设备和财产遭受损坏。

建筑施工现场的安全管理就是在施工过程中采取现代管理的科学知识，为防止危险、事故和缺失，实现安全目标而进行的计划、组织、指挥、协调和控制等活动。

"安全第一、预防为主、综合治理"是我国安全生产管理的方针，安全管理是企业管理中的一项重要内容。建筑施工安全贯穿于施工现场的生产和生活的所有时间、所有作业、所有人员，因此，施工现场的安全管理是全过程、全方位、全体人员的管理。参建单位应当建立和健全科学、全面、先进的安全生产保证体系，努力提高建筑施工现场安全管理水平。

建筑施工安全生产保证体系的建立是整个安全管理的前提和有效保障，是整个安全管理的科学梳理和汇总。

（二）安全管理各项制度建立和方法及目标分解

科学化、程序化、信息化安全管理是安全管理的有效方法，是减少事故发生、杜绝重大安全事故发生的前提和保障，

1. 安全生产制度

安全生产责任制度是安全生产管理制度的核心，企业和项目部必须建立健全各级、各职能部门及各类人员的安全生产责任制，装订成册。项目部管理人员安全生产责任制应上墙。

2. 安全目标管理

（1）施工现场必须实行安全生产目标管理，工程开工前应制定总的安全管理目标，包括伤亡事故指标，安全达标和文明施工目标以及采取的安全措施。

（2）项目部与施工管理人员和班组（分包），班组（分包）与职工必须签订安全目标责任书，以责任书形式把工地总的安全管理目标按照各自职责逐级分解，项目部制定安全目标责任考核规定，责任到人，每月考核，记录在册。

（3）项目部签订各级安全目标责任书内容应明确安全生产指标、双方责任、工作措施和考核及奖励内容。

3. 安全教育

（1）施工现场应建立安全教育培训制度和档案，明确教育岗位、教育人员、教育内容。

（2）施工现场应建立职工安全教育档案。新进场变更岗位、节后复工工人必须进行公司、项目部、班组的"三级"安全教育，经考核合格后才能进入操作岗位。

（3）专职安全员必须持证上岗，企业进行年度培训考核，不合格者不得上岗。

4. 安全技术交底

（1）建立健全技术交底制度。安全技术交底必须与下达施工任务同时进行。

（2）安全技术交底的具体内容包括：工程项目的作业特点和危险源，针对危险源的预防措施、应注意的案例事项、相应的案例操作规程和标准、发生事故后应及时采取避难和急救措施。安全技术交底必须具体、明确、要有针对性、指导性。

（3）各工种、各分部（分项）工程的案例技术交底：固定作业场所的工程可定期交底，非规定作业场所的工种可按每一分部（分项）工程进行交底。新进场班组必须先进行安全技术交底再上岗。

5. 安全检查

（1）企业和项目部必须建立季节性、专项安全检查制度，明确检查方式、时间、内容和整改、处罚和奖励措施等，特别要明确工程安全防范的重点部位和危险岗位的检查方式和方法。检查次数企业每月不少于一次，项目部每周不少于一次，项目部安全员每天巡查，班组每日不少于一次。

（2）安全检查内容包括：施工现场安全管理、文明施工、安全设施和设备。

（3）各种安全检查做到每次有记录，对查出的事故隐患应做到定人、定时、定措施进行整改，并要有复查情况记录。

（4）对重大事故隐患的整改必须如期完成，并上报公司和有关部门。

6. 班组安全活动

（1）施工现场应建立班组班前安全活动制度。

（2）班组应开展班前三上岗（上岗交底、上岗检查、上岗教育）和班后下岗检查活动，定期开展安全讲评活动。

（3）班组班前活动和检查、讲评活动等应有记录。

7. 安全文明施工标志

（1）施工现场应有安全标志布置平面图，并有绘制人签名，经项目负责人审批。安全标志分为禁止、警告、指令、提示四类标志。

（2）安全标志应按标志布置平面图挂设，特别是主要施工部位、作业点和危险区域主要通道口均应挂设相关的安全标志。

（3）各种安全标志应符合国家《安全标志及其使用导则》的规定，制作美观。

（4）安全标志应有项目部专职安全生产管理人员负责管理，作业条件变化或损坏时，应及时更换。各种安全标志设置后，未经项目负责人批准，不得擅自移动或拆除。

8. 安全宣传

（1）施工现场应合理地设置宣传条幅、宣传栏、读报栏、黑板报，营造安全生产氛围，宣传栏、黑板报等要求图文并茂，及时更换宣传内容。

（2）宣传栏建议用不锈钢材料和砖砌材料制作，尺寸自定。

9. 安全监控信息化

（1）工地应配置远程视频电子监控系统，监控镜头宜设置在大门出入口及塔吊上部，并在办公区设立视频监控室，即时录像，以实现全过程跟踪监控管理。

（2）有条件项目可将视频系统接入互联网，接入企业信息化系统，实行远程看项目部现场实时情况。

（3）项目部应连接企业信息化办公系统，通过办公系统，及时了解企业的各类文件、通知等信息，应用工程管理系统，通过月报的形式，及时填报各类功能模块的内容，以便于提高项目部管理水平和企业或主管部门掌控能力。

10. 特种作业人员持证上岗

（1）建筑施工特种作业人员是指在房屋建筑和市政工程施工活动中，从事可能对本人、他人及周围设备设施的安全造成重大危害作业的人员。

（2）建筑施工特种作业人员必须经建设主管部门考核合格，取得建筑施工特种作业操作资格证书，方可上岗从事相应作业。

（3）建筑施工特种作业人员包括建筑电工、架子工、起重信号司索工、起重机械司机、起重机械安装拆卸工、高处作业吊篮安装拆卸工等工种。

（4）从事建筑施工特种作业人员的基本条件：

1）年满18周岁且符合相关工种规定的年龄要求；

2）经医院体检合格且无妨碍从事相应特种作业的疾病和生理缺陷；

3）初中及以上学历；

4）符合相应特种作业需要的其他条件。

（5）建筑施工特种作业操作资格证书采用住房和城乡建设部规定的统一样式，在全国通用，有效期为两年。有效期满需要延期的，特种作业人员应当于期满前3个月向原考核发证机关申请办理延期复核手续。

（6）持有资格证书的人员，应当受聘于建筑施工单位，方可从事相应的特种作业。建筑施工单位对于首次取得资格证书的人员，应当在其正式上岗前安排不少于3个月的实习操作。

（7）建筑施工特种作业人员应当参加年度安全教育培训或者继续教育，每年不得少于24学时。

11. 安全管理资料

（1）安全管理资料执行《建筑施工安全检查标准》（JGJ 59—2011）和当地建设主管部门的要求。

（2）施工单位和项目部应当严格按照施工现场安全质量标准化管理资料的要求，建立相应的安全管理资料台账。

（3）必须使用统一印制的施工现场安全质量标准化管理资料范本、样表。

（4）施工现场安全质量标准化管理资料应当做到填写及时、情况真实、分类合理、内容完整、数据准确、装订规范。

（5）做好"三阶段"安全等级评定工作，即基础完成、主体结构、竣工验收三个阶段分别向当地主管部门报验安全等级。

（6）建立安全管理资料台账。

二、施工安全事故的预防与处理

（一）安全隐患的分析及安全事故的预防

1. 安全隐患

是指在建筑施工中未被事先识别或未采取必要的风险控制措施，可能导致安全事故的根源。

在安全事故的5个基本要素中，致害物和伤害方式只有在事故发生时才能表现出来。因此有不安全状态、不安全行为存在时，就构成了安全的隐患，其构成方式有3种情况，见表5-18。

安全隐患的构成方式 表5-18

类别	安全隐患的构成方式
第一种	不安全状态+起因物
第二种	不安全行为+起因物
第三种	不安全状态+不安全行为+起因物

2．安全隐患的分类

目前尚无标准对安全隐患的分类作出明确的规定和解释，但在一些相关文件中提到了"重大安全隐患"。因此可以把安全隐患大致分为以下三级：重大安全隐患、严重安全隐患和一般安全隐患。

重大安全隐患：可能导致特大死亡事故发生的隐患，包括在工程建设中可能导致发生较大的事故以上安全隐患。

严重安全隐患：可能导致死亡事故发生的安全隐患，包括在工程建设中可能导致发生一般事故以上的安全隐患。

一般安全隐患：可能导致发生重伤以下事故的安全隐患，包括未列入工程建设一般事故的各种安全事故的安全隐患。

3．安全隐患的检查

安全预防、安全隐患的检查与治理和安全事故的处理是安全生产工作的三部曲。其中安全预防工作应摆在第一位，安全隐患的检查治理摆在第二位，安全事故的处理则摆在第三位。因此安全隐患检查治理是安全生产工作的中间环境，是防止或杜绝安全事故发生的重要关口。

安全隐患的治理，应做到定人、定时间、定措施，并跟踪复查。

4．事故征兆

事故的征兆，是指在安全事故发生之前所显示出的可能要发生事故的迹象。如能及时地发现征兆并采取排险措施，则有可能组织事故的发生：即使不能阻止时，也可以及时撤出人员和采取保护措施，以减轻事故的伤害和损失。

（1）事故的征兆按其出现的顺序可分为早期征兆、中期征兆和晚期征兆：

早期征兆：在事故起因物开始启动后初现的迹象，如结构杆件的初始变形、土方的初始开裂、滑动等。

中期征兆：早期征兆的发展与扩大迹象，如变形迅速发展，裂缝显著扩张，局部土体开始移动、坍塌等。

晚期征兆：在事故发生前，原有状态面临突变的迹象，如即将发生裂断、折断脱离等险情，预示事故即至。

（2）事故征兆发生后的处理：

如果难以准确地判断征兆的类别时，则应按后一级的办法进行处理，即大致判断为"早期征兆"者，按"中期征兆"处理；大致判断为"中期征兆"者，按"晚期征兆"处理。以免判断失误，延误发生指令的时间，造成难以挽回的伤害和损失，处理方法见表5-19。

安全事故征兆发现后的处理方法　　　　　　　　　　　　表5-19

征兆类别	发现后的处理方法
早期征兆	1. 设专人并采用可靠检测手段对发现的征兆进行日夜监视，尽快确定其是否继续发展，发展的速度如何； 2. 认真研究征兆的发展概况，确定需要采取的处置措施，并立即组织实施
中期征兆	1. 确定排险措施和保护措施，并立即实施； 2. 在确定不能有效制止征兆继续发展时，应安排和撤离危险区的人员以及设备和物品
晚期征兆	1. 发出紧急警令、信号； 2. 停止一切排险工作，迅速撤离人员

对于有一定的孕育发展过程的事故，总会有一些征象表现出来，这些征象归纳起来有10种：

1）水平杆件、构件出现不断发展的弯曲变形；

2）水平杆件、构件出现45°斜裂纹并向扩大和贯通发展；

3）基础（地）出现不断发展的沉降、滑（位）移变形；

4）连接点和连接杆出现开裂、松脱、拔出等情况；

5）连墙和锚拉构造及其支承结构发现破坏迹象；

6）结构、机械和设备的状态急剧的显著改变；

7）出现晃动、倾斜、下沉以及其他改变稳定状态的变化；

8）出现异常的声响；

9）部分杆配件、零部件发生破坏；

10）坑槽边坡、地面出现不断发展的裂缝。

（3）安全事故发生前的常见征兆举例，见表5-20。

部分安全事故发生前的常见征兆　　　　　　　　　　　　表5-20

事故名称	事故发生前的常见征兆		
	早期征兆	中期征兆	晚期征兆
基坑（槽）塌方	坑槽下部轻度渗水、涌砂；出现裂层裂缝和小块剥离	渗水、涌砂情况加剧、剥层裂缝扩展、底部土层开始大块剥离，深度裂缝向上	坑槽底部土块大量剥离，上部土体失去下部土体支撑，塌方裂缝已明显地扩展到地面上
脚手架及运输车道架倾倒	一侧主杆基础开始出现较为明显的沉降，立杆上部明显向一侧倾斜，连墙杆有初期的拉、压或剪切变形	早期出现的变形迅速扩大，架子上部出现晃动，立杆根部明显脱离其支垫物或位移	上部急剧向外倾倒，并伴有异常的响声（多为杆件、连接件破坏时的伴发声）
脚手架局部垮架	脚手架局部的横杆、脚手板出现显著弯曲变形和损伤	早期出现的变形和损伤继续发展，连接点开始变形	脚手板、立杆出现折断或滑脱、构件结构出现严重变形，可能会有异常响声

续表

事故名称	事故发生前的常见征兆		
	早期征兆	中期征兆	晚期征兆
支撑架垮架和倒塌	直接承载的受弯和受压杆件开始出现拱曲变形	变形迅速扩大、立杆根部移位、节点出现破坏迹象	部分杆件开始掉落、折断、支撑结构严重变形和失稳
机械设备倾翻	一侧开始出现明显沉降，缆风、锚固设施出现松动迹象	机械设备明显倾斜，缆锚点出现拉出或破坏迹象	机械设备严重倾斜，伴有锚拉点破坏的早期声响
塔式起重机	基础沉降、开裂、主要构件有异响、主要构件出现微细裂缝、塑性变形、机构有失灵迹象		设备严重倾斜、连接螺栓松动，断裂，锚固松动，弯折，整体失稳或造成其他机械事故
施工升降机	基础沉降、有异响声、严重变形、脱焊、机构有失灵迹象		锚固松动、拉出或损坏、吊笼卡住，强烈抖动
高处作业吊篮	工作平台升降不平稳，工作钢丝绳局部损坏，机构工作异常		悬挂支架失稳，工作平台倾斜，角度超标，工作钢丝绳有异响声，工作机构不稳定
汽车吊	支腿地基下沉，吊臂晃动，起升钢丝绳磨损，机构有失灵迹象		地基严重下沉，吊臂失稳，传动机构有严重异响声，整机失稳

（二）安全事故的性质和处理程序

1. 生产安全事故的等级确定

根据《生产安全事故报告和调查处理条例》规定的事故等级，事故一般分以下等级：

（1）特别重大事故

是指造成30人以上死亡或者100人以上重伤（包括急性工业中毒，同下），或者1亿元以上的直接经济损失事故；

（2）重大事故

是指造成10人以上30人以下死亡，或者50人以上100人以下重伤，或者5000万元以上1亿元以下的直接经济损失事故；

（3）较大事故

是指造成3人以上10人以下死亡，或者10以上50人以下重伤，或者1000万元以上5000万元以下直接经济损失事故；

（4）一般事故

是指造成3人以下死亡或者10人以下重伤，或者1000万元以下直接经济损失事故。

上述所称的"以上"包括本数，所称的"以下"不包括本数。

2. 生产安全事故的处理基本程序

根据《生产安全事故报告和调查处理条例》的相关规定，事故发生后，须查明事故发生的经过、原因、人员伤亡情况及直接经济损失；认定事故的性质和事故责任；提出对事故责任者的处理建议；总结事故教训，提出防范和整改措施；总结汇总并提交事故调查报告。

企业发生重伤和重大伤亡事故，必须立即将事故概况（含伤亡人数，发生事故时间、地点、原因等），用最快的办法分别报告企业主管部门、行业安全管理部门和当地劳动部门公安部门、检察院及工会。发生重大伤亡事故，各有关部门接到报告后应立即转告各自的上级管理部门，其具体处理程序如下：

（1）迅速抢救伤员，保护事故现场

事故发生后，现场人员切不可惊慌失措，要按照既定的安全预案，马上启动预案，要有组织，统一指挥。首先抢救伤亡和排除险情，尽量制止事故蔓延扩大。同时注意，为了事故调查分析的需要，应保护好事故现场。如因抢救伤亡和排除险情而必须移动现场构件时，还应准确作出标记，最好拍出不同角度的照片，为事故调查提供可靠的原始事故现场。

（2）组织调查组

企业在接到事故报告后，经理、主管经理、业务部门领导和有关人员应立即赶赴现场组织抢救，并迅速组织调查组开展调查。发生人员轻伤、重伤事故，由企业负责人或指定的人员组织施工生产、技术、安全、劳资、工会等有关人员组成事故调查组，进行调查。死亡事故由企业主管部门会同现场所在地区的市（或区）的劳动部门、公安部门、人民检察院、工会组成事故调查组进行调查。重大死亡事故应按企业的隶属关系，由省、自治区、直辖市企业主管部门或国务院有关主管部门，公安、监察、检察部门、工会组成事故调查组进行调查。也可邀请有关专家和技术人员参加。调查组成员中与发生事故有直接利害关系的人员不得参加调查工作。

（3）现场勘察

调查组成立后，应立即对事故现场进行勘察。现场勘察是项技术性很强的工作，它涉及广泛的科学技术知识和实践经验。因此，勘察时必须及时、全面、细致、准确、客观地反映原始面貌，其勘察的主要内容有：

1）作出笔录。

发生事故的时间、地点、气象等；现场勘察人员的姓名、单位、职务；现场勘察起止时间、勘察过程；能量逸散所造成的破坏情况、状态、程度；设施设备损坏或异常情况及事故发生前后的位置；事故发生前的劳动组合，现场人员的具体位置和行动；重要物证的特征、位置及检验情况等。

2）实物拍照。

方位拍照：反映事故现场周围环境中的位置。

全面拍照：反映事故现场各部位之间的联系。

中心拍照：反映事故现场的中心情况。

细目拍照：揭示事故直接原因的痕迹物、致害物等。

人体拍照：反映伤亡者主要受伤和造成伤害的部位。

3）现场绘图。

根据事故的类别和规模以及调查工作的需要应绘制出下列示意图:建筑物平面图、剖面图，事故发生时人员位置及疏散（活动）图，破坏物立体图或展开图，涉及范围图，设备或工、器具构造图等。

（4）分析事故原因、确定事故性质

事故调查分析的目的，是为了通过认真调查研究，搞清事故原因，以便从中吸取教训，采取相应措施，防止类似事故重复发生，分析的步骤和要求是：

1）通过详细的调查、查明事故发生的经过。要弄清事故的各种产生因素，如人、物、生产和技术管理、生产和社会环境、机械设备的状态等方面的问题，经过认真、客观、全面、细致、准确地分析，确定事故的性质和责任。

2）事故分析时，首先整理和仔细阅读调查材料，按《企业职工伤亡事故分类》（GB 6411—1986）标准附录A，对受伤部位、受伤性质、起因物、致害物、伤害方法、不安全行为和不安全状态等七项内容进行分析。

3）在分析事故原因时，应根据调查所确认的事实，从直接原因入手，逐步深入到间接原因。通过对原因的分析、确定出事故的直接责任者和领导责任者，根据在事故发生中的作用，找出主要责任者。

4）确定事故的性质。工地发生伤亡事故的性质通常可分为责任事故，非责任事故和破坏性事故。事故的性质确定后，也就可以采取不同的处理方法和手段了。

5）根据事故发生的原因，找出防止发生类似事故的具体措施，并应定人、定时间、定标准，完成措施的全部内容。

6）写出事故调查报告。

事故调查组在完成上述几项工作后，应立即把事故发生的经过、原因、责任分析和处理意见及本次事故的教训、估算和实际发生的损失，对本事故单位提出的改进安全生产工作的意见和建议写成文字报告，经全调查组同志会签后报有关部门审批。如组内意见不统一，应进一步弄清事实，对照政策法规反复研究，统一认识。不可强求一致，但报告上应言明情况，以便上级在必要时进行重点复查。

（5）事故的审理和结案

事故的审理和处理结案，同企业的隶属关系及干部管理权限一致。一般情况下县办企业和县以下企业，由县审批；地、市办的企业由地、市审批;省、直辖市企业发生的重大事故，由直属主管部门提出处理意见，征得劳动部门意见，报主管委、办、厅批复。

（6）建设部对事故的审理和结案的要求有以下几点:

1）事故调查处理结论报出后，须经当地有关有审批权限的机关审批后方能结案。并要求伤亡事故处理工作在90d内结案、特殊情况也不得超过180d。

2）对事故责任者的处理，应根据事故情节轻重、各种损失大小、责任轻重加以区分，予以严肃处理。

3）清理资料进行专案存档。事故调查和处理资料是用鲜血和教训换来的，是对职工进行教育的宝贵资料，也是伤亡人员和受到处罚人员的历史资料，因此应完整保存。

（7）存档的主要内容

1）职工伤亡事故登记表；

2）职工重伤、死亡事故调查报告书、现场勘察资料记录、图纸、照片等；

3）技术鉴定和试验报告；

4）物证、人证调查材料；

5）医疗部门对伤亡者的诊断及影印件；

6）事故调查组的调查报告；

7）企业或主管部门对其事故所作的结案申请报告；

8）受理人员的检查材料；

9）有关部门对事故的结案批复等。

（三）实例

某公寓室外污水工程施工完毕并验收后即交付使用，但污水总管并未接通城市污水管网。在公寓污水总管接通城市污水管网时，由于未按规定程序施工，造成了3人死亡的严重后果，给相关单位和当事人及其家属造成了无法弥补的损失。事后，事故调查组提供了事故调查报告，见【实例5-2】。

【实例5-2】

××公寓室外总布工程
"4·17"污水井中毒窒息事故调查报告

20××年4月17日下午14时许，××建设有限公司在承建××公寓室外总布工程中，在新联路W8号污水井内，施工人员对小区污水管进行接通工程施工时，发生气体中毒事故，造成两人死亡，一人受伤，伤者后于20××年5月19日经医院抢救无效死亡。

事故发生后，市委市政府和区委领导高度重视，要求相关部门全力救治中毒人员，积极稳妥处理善后事宜，并开展事故调查工作。当天下午，区委领导立即召集建设局、综治办、公安局、安监局、××集团等相关部门和××街道主要负责人召开紧急会议，研究部署组织事故救援和善后处理工作。

根据区委领导的指示精神，依据《安全生产法》和《生产安全事故报告和调查处理条例》（国务院令第493号）等有关法律法规，4月17日，成立了由区安监局牵头，监察室、公安局、建设局、总工会等有关负责同志参加的××公寓室外总布工程"4·17"污水井中毒窒息事故调查组（以下简称事故调查组），开展事故调查工作。事故调查组邀请市人民检察院驻区检察室派员参加，并聘请了市政工程方面的专家参加事故调查工作。

事故调查组按照"四不放过"和"科学严谨、依法依规、实事求是、注重实效"的原则，通过现场勘验、调查取证、检测鉴定和专家论证，查明了事故发生的经过、原因、人员伤亡等情况，认定事故性质和责任，提出了对有关责任人和责任单位的处理建议，并针对事故原因及暴露出的突出问题，提出了事故防范措施建议。现将有关情况报告如下：

一、基本情况

（一）工程项目概况

××公寓室外总布工程，工程建设内容包括133～164号楼区域附属中的雨污水管道、道路、绿化、停车位、围墙等项目。建设单位为××集团有限责任公司，施工单位为××建设有限公司，监理单位为××工程管理有限公司。

（二）施工单位情况

××建设有限公司成立于20××年1月28日，业务范围为：市政公用工程施工一级、房屋建筑工程施工二级、城市道路照明工程三级、土石方施工三级、园林绿化工程三级、建筑装饰三级、水利工程施工、公路工程施工等，公司注册资金为1亿元人民币。

公司法定代表人×××，项目经理×××（二级建造师），副经理×××、技术负责人

×××、质量管理员×××、安全员×××（工程未完工前已辞职）、资料员×××、施工员×××、材料员×××。

（三）监理单位情况

监理单位为××工程管理有限公司，成立于20××年10月10日，法定代表人×××。该项目总监理工程师×××，现场监理员×××。

（四）工程承建情况

项目中标后，20××年8月29日，××建设有限公司与内部员工×××签订《工程项目责任考核协议》，将此工程交给了不具备项目经理资格条件的×××。20××年10月17日，×××又与×××（男，身份证号：3208×××××××××××××××010××公寓室外总布工程现场实际负责人）签订《工程项目责任考核协议》，将此工程包给了×××施工。×××按工程实际结算款的12.5%向×××上交管理费和税金；×××再按工程实际结算款的7.5%向××建设有限公司上交管理费和税金，从中赚取5%的工程结算款差价。

（五）污水井接通工程情况

新联路W8号污水井与××公寓污水管网接通工程属于××公寓室外总布工程施工范围，工程施工中，因当时新联路市政污水管网未启用，故未对××公寓四期污水管道与市政总管网进行接通。20××年10月30日，××公寓室外总布工程召开竣工验收会议时，工程负责人×××(××建设有限公司代表之一)在会上承诺，待将来新联路市政污水管网开通后，××公寓污水管道接入市政总管网的扫尾工作由他来负责完成。

二、事故发生经过及应急救援处置情况

（一）事故发生经过

20××年4月17日上午8时许，×××向××物业管理公司小区物业部借一把木梯，用于下到新联路W8号井内进行施工作业。下午，×××带×××（男，身份证号411×××××××××××××912）和×××（男，身份证号411×××××××××××××896）到现场施工。14时许，周边群众听到×××呼救，让周边群众拨打急救电话，并帮忙拿绳子施救，×××带绳子下井施救×××和×××，在施救过程中，自己也晕倒在井中。

事发后，公安、消防和120急救人员先后赶到事故现场开展救援，将事故中毒人员从井中拉出，送往市第一医院进行抢救。事故涉险人员×××、×××经医院抢救无效，于当天下午死亡，×××在市第一医院抢救，于20××年5月19日，经抢救无效死亡。

（二）应急救援及善后情况

当天14点50分左右，接到事故信息，区委领导立即召集建设局、综治办、公安局、安监局、××经投集团等相关部门和××街道主要负责人召开紧急会议，研究部署事故救援和善后处理工作，成立了5个工作小组，由区安监局牵头，建设局、监察室、公安局、总

工会、检查室等部门参加，迅速组成"4·17"事故调查组，开展事故调查取证工作；由××副主任牵头，××、建设局组成善后处理组，督促××建设有限公司积极开展事故善后处置工作；由综治办牵头，会同公安局等组成社会稳定综合协调组；由××街道负责联系市第一医院，协调医疗抢救的工作；由宣传（文明）局统一负责事故信息通报工作，5个工作组按照会议统一布置，迅速开展各项事故救援和善后处理工作。××建设有限公司以该事故与公司无关为由拒绝参与事故善后处理工作。

4月19日下午，区委领导再次召集召开专题会议，听取事故善后处置、事故调查、死者家属安置、伤员治疗和伤情发展等情况的工作汇报，要求综治办、建设局、××集团等部门单位全力做好死者家属安抚工作，全力抢救伤员。

三、事故原因和性质

（一）直接原因

×××安排施工人员在未采取防护措施的情况下，贸然在有限空间内违章施工，在凿通市政污水井与小区污水管网后，积聚在污水管内的高浓度硫化氢、甲烷等有毒有害气体流入井中，导致两名施工人员中毒死亡。×××盲目救援，导致事故伤亡进一步扩大。

原因分析：20××年4月19日，经取样检测，硫化氢浓度仍严重超出职业接触限值27倍，甲烷浓度超过空气有害物质允许浓度1.67倍。通过现场勘验、检测、调查询问、查阅资料，并经综合分析认定：事故污水井相对密闭，有害气体和物质在井内无法消散，易于积聚。由于施工的作业和救援均未采取防护措施，足以造成极短时间内对井内作业、救援人员的窒息或中枢神经系统抑制，导致严重急性损害。

（二）间接原因

1. ××建设有限公司，安全生产制度不健全，安全生产管理混乱，未按规定对员工开展安全生产教育，公司未按规定委派项目经理×××履行现场管理职责，而是擅自将工程交给不具备项目经理资格的公司员工×××作为项目实际负责人，也未委派安全员进行现场管理，造成安全生产管理责任无法落实，导致事故发生。

2. 项目实际负责人兼技术负责人×××，又将工程私自包给×××个人，未履行安全管理职责。

3. ××监理有限公司未认真履行工程安全监理职责，对该项目安全生产责任制的落实监管不到位。

（三）事故性质和类别

1. 事故性质：一般生产安全责任事故。

2. 事故类别：中毒和窒息事故。

四、有关单位和人员的责任认定及处理建议

（一）对×××的责任认定及处理建议

项目负责人×××作为该次事故的直接肇事者，对本起事故的发生负有直接责任，涉嫌构成犯罪，鉴于×××在本次事故中已死亡，其刑事责任不再予以追究。

（二）对×××的责任认定及处理建议

项目实际负责人兼技术负责人×××，对本次事故的发生负有直接责任，由××建设有限公司对×××进行处罚，涉嫌构成犯罪的，由司法机关依法追究刑事责任。

（三）对××建设有限公司及法定代表人×××的责任认定及处理建议

××建设有限公司对本起事故的发生负有主要责任，建议××区安监局，按照《安全生产法》《生产安全事故报告和调查处理条例》等法律法规，对××建设有限公司及其法定代表人×××，依法作出行政处罚；××建设有限公司法定代表人×××等人如果涉嫌犯罪的，由司法机关追究刑事责任。

（四）对其他单位和人员的责任认定及处理建议

1. 建议建设行政主管部门按照有关规定对××建设有限公司及相关责任人员作出处理。

2. ××监理有限公司对本次事故的发生负有次要责任，建议建设行政主管部门对××监理有限公司及相关责任人员作出处理。

五、事故防范措施建议

（一）××建设有限公司要深刻吸取本次事故教训

严格遵守《安全生产法》等法律法规，进一步落实企业安全生产主体责任，定期开展安全检查和事故隐患排查，消除各类事故隐患；要建立、健全地下管井疏通作业操作规程，为从事管井疏通作业人员配备职业危害防护设备及有效的个人防护用品，如配备快速气体检测仪、防毒口罩、安全绳等；要加强安全教育培训工作，提高从业人员的安全意识和操作技能，及时掌握污水池及地下管井等场所有毒有害气体的种类及浓度，采取必要的通风排毒措施，严禁在有毒有害气体浓度超标时无防护、冒险作业；要建立、健全本单位地下管井及有害气体场所作业应急救援预案，并组织演练。

（二）××监理有限公司要切实履行好法定职责

严格按照法律、法规和工程建设强制性标准实施监理，确保人员到位，坚决不留安全监管死角。

（三）全面加强建设工程有限空间作业安全生产管理

各有关单位要切实提高对有限空间作业危险性的认识，提升有限空间作业安全防范意识和防护能力，规范有限空间作业安全生产行为，预防和控制急性中毒事故再次发生。要认真总结和吸取本次事故的经验教训，深刻认识加强有限空间作业安全生产管理的重要

性、必要性和迫切性，组织各相关单位和从业人员认真学习安全生产法律法规、行业标准规范、有限空间作业危害因素和典型案例，全面开展建筑工程有限空间作业安全隐患排查和整治。

××区××公寓室外总布工程
"4·17"污水井中毒窒息事故调查组
20××年×月×日

三、安全专项方案的审查

安全专项方案属于施工过程中的重要的内容和关键部位，必须引起工程管理人员的高度重视，为加强对危险性较大的分部分项工程安全管理，明确安全专项施工方案编制内容，规范专家论证程序，确保安全专项施工方案实施，积极防范和遏制建筑施工生产安全事故的发生，依据《建设工程安全生产管理条例》及相关安全生产法律法规的规定，住建部印发了《危险性较大的分部分项工程安全管理办法》（建质〔2009〕87号）。危险性较大的分部分项工程安全专项施工方案（以下简称"专项方案"），是指施工单位在编制施工组织（总）设计的基础上，针对危险性较大的分部分项工程单独编制的安全技术措施文件。

建设单位在申请领取施工许可证或办理安全监督手续时，应当提供危险性较大的分部分项工程清单和安全管理措施。施工单位、监理单位应当建立危险性较大的分部分项工程安全管理制度。施工单位应当在危险性较大的分部分项工程施工前编制专项方案；对于超过一定规模的危险性较大的分部分项工程，施工单位应当组织专家对专项方案进行论证。建筑工程实行施工总承包的，专项方案应当由施工总承包单位组织编制。其中，起重机械安装拆卸工程、深基坑工程、附着式升降脚手架等专业工程实行分包的，其专项方案可由专业承包单位组织编制。

（一）危险性较大的分部分项工程范围

1. 基坑支护、降水工程

开挖深度超过3m（含3m）或虽未超过3m但地质条件和周边环境复杂的基坑（槽）支护、降水工程。

2. 土方开挖工程

开挖深度超过3m（含3m）的基坑（槽）的土方开挖工程。

3. 模板工程及支撑体系

（1）各类工具式模板工程：包括大模板、滑模、爬模、飞模等工程。

（2）混凝土模板支撑工程：搭设高度5m及以上；搭设跨度10m及以上；施工总荷载 $10kN/m^2$ 及以上；集中线荷载 $15kN/m^2$ 及以上；高度大于支撑水平投影宽度且相对独立无联系构件的混凝土模板支撑工程。

（3）承重支撑体系：用于钢结构安装等满堂支撑体系。

4. 起重吊装及安装拆卸工程

（1）采用非常规起重设备、方法，且单件起吊重量在10kN及以上的起重吊装工程。

（2）采用起重机械进行安装的工程。

（3）起重机械设备自身的安装、拆卸。

5．脚手架工程

（1）搭设高度24m及以上的落地式钢管脚手架工程。

（2）附着式整体和分片提升脚手架工程。

（3）悬挑式脚手架工程。

（4）吊篮脚手架工程。

（5）自制卸料平台、移动操作平台工程。

（6）新型及异型脚手架工程。

6．拆除、爆破工程

（1）建筑物、构筑物拆除工程。

（2）采用爆破拆除的工程。

7．其他

（1）建筑幕墙安装工程。

（2）钢结构、网架和索膜结构安装工程。

（3）人工挖扩孔桩工程。

（4）地下暗挖、顶管及水下作业工程。

（5）预应力工程。

（6）采用新技术、新工艺、新材料、新设备及尚无相关技术标准的危险性较大的分部分项工程。

（二）超过一定规模的危险性较大的分部分项工程范围

1．深基坑工程

（1）开挖深度超过5m（含5m）的基坑（槽）的土方开挖、支护、降水工程。

（2）开挖深度虽未超过5m，但地质条件、周围环境和地下管线复杂，或影响毗邻建筑（构筑）物安全的基坑（槽）的土方开挖、支护、降水工程。

2．模板工程及支撑体系

（1）工具式模板工程：包括滑模、爬模、飞模工程。

（2）混凝土模板支撑工程：搭设高度8m及以上；搭设跨度18m及以上，施工总荷载$15kN/m^2$及以上；集中线荷载20kN/m及以上。

（3）承重支撑体系：用于钢结构安装等满堂支撑体系，承受单点集中荷载700kg以上。

3．起重吊装及安装拆卸工程

（1）采用非常规起重设备、方法，且单件起吊重量在100kN及以上的起重吊装工程。

（2）起重量300kN及以上的起重设备安装工程；高度200m及以上内爬起重设备的拆除工程。

4．脚手架工程

（1）搭设高度50m及以上落地式钢管脚手架工程。

（2）提升高度150m及以上附着式整体和分片提升脚手架工程。

（3）架体高度20m及以上悬挑式脚手架工程。

5．拆除、爆破工程

（1）采用爆破拆除的工程。

（2）码头、桥梁、高架、烟囱、水塔或拆除中容易引起有毒有害气（液）体或粉尘扩散、易燃易爆事故发生的特殊建筑物、构筑物的拆除工程。

（3）可能影响行人、交通、电力设施、通信设施或其他建筑物、构筑物安全的拆除工程。

（4）文物保护建筑、优秀历史建筑或历史文化风貌区控制范围的拆除工程。

6．其他

（1）施工高度50m及以上的建筑幕墙安装工程。

（2）跨度大于36m及以上的钢结构安装工程；跨度大于60m及以上的网架和索膜结构安装工程。

（3）开挖深度超过16m的人工挖孔桩工程。

（4）地下暗挖工程、顶管工程、水下作业工程。

（5）采用新技术、新工艺、新材料、新设备及尚无相关技术标准的危险性较大的分部分项工程。

（三）专项方案内容

1．工程概况
危险性较大的分部分项工程概况、施工平面布置、施工要求和技术保证条件。

2．编制依据
相关法律、法规、规范性文件、标准、规范及图纸（国标图集）、施工组织设计等。

3．施工计划
包括施工进度计划、材料与设备计划。

4．施工工艺技术
技术参数、工艺流程、施工方法、检查验收等。

5．施工安全保证措施
组织保障、技术措施、应急预案、监测监控等。

6．劳动力计划
专职安全生产管理人员、特种作业人员等。

（四）专家论证会和专家

超过一定规模的危险性较大的分部分项工程专项方案应当由施工单位组织召开专家论证会。实行施工总承包的，由施工总承包单位组织召开专家论证会。

1．下列人员应当参加专家论证会

（1）专家组成员；

（2）建设单位项目负责人或技术负责人；

（3）监理单位项目总监理工程师及相关人员；

（4）施工单位分管安全的负责人、技术负责人、项目负责人、项目技术负责人、专项方案编制人员、项目专职安全生产管理人员；

（5）勘察、设计单位项目技术负责人及相关人员。

专家组成员应当由5名及以上符合相关专业要求的专家组成。本项目参建各方的人员不得以专家身份参加专家论证会。

2．专家论证的主要内容

（1）专项方案内容是否完整、可行；

（2）专项方案计算书和验算依据是否符合有关标准规范；

（3）安全施工的基本条件是否满足现场实际情况。

（五）专项方案实施注意事项

专项方案经论证后，专家组应当提交论证报告，对论证的内容提出明确的意见，并在论证报告上签字。该报告作为专项方案修改完善的指导意见。

施工单位应当根据论证报告修改完善专项方案，并经施工单位技术负责人、项目总监理工程师、建设单位项目负责人签字后，方可组织实施。

实行施工总承包的，应当由施工总承包单位、相关专业承包单位技术负责人签字。

专项方案经论证后需做重大修改的，施工单位应当按照论证报告修改，并重新组织专家进行论证。

施工单位应当严格按照专项方案组织施工，不得擅自修改、调整专项方案。

如因设计、结构、外部环境等因素发生变化确需修改的，修改后的专项方案应当重新审核。对于超过一定规模的危险性较大工程的专项方案，施工单位应当重新组织专家进行论证。

专项方案实施前，编制人员或项目技术负责人应当向现场管理人员和作业人员进行安全技术交底。

施工单位应当指定专人对专项方案实施情况进行现场监督和按规定进行监测。发现不按照专项方案施工的，应当要求其立即整改；发现有危及人身安全紧急情况的，应当立即组织作业人员撤离危险区域。

施工单位技术负责人应当定期巡查专项方案实施情况。

对于按规定需要验收的危险性较大的分部分项工程，施工单位、监理单位应当组织有关人员进行验收。验收合格的，经施工单位项目技术负责人及项目总监理工程师签字后，方可进入下一道工序。

监理单位应当将危险性较大的分部分项工程列入监理规划和监理实施细则，应当针对工程特点、周边环境和施工工艺等，制定安全监理工作流程、方法和措施。

监理单位应当对专项方案实施情况进行现场监理；对不按专项方案实施的，应当责令整改，施工单位拒不整改的，应当及时向建设单位报告；建设单位接到监理单位报告后，应当立即责令施工单位停工整改；施工单位仍不停工整改的，建设单位应当及时向住房城乡建设主管部门报告。

第六节　信息管理

建设工程信息管理是指对建设工程信息的收集、传递、加工、整理、分发、检索和存储等一系列工作的总称，从而达到信息管理和应用的目的。信息管理是建设工程监理的重要手段之一，及时掌握准确、完整的信息，可以使监理工程师耳聪目明，更加卓有成效地完成建设工程监理与相关服务工作。信息管理工作的好坏，将直接影响建设工程监理与相关服务工作的成败。

一、信息管理的基本环节

建设工程信息管理贯穿工程建设全过程，其基本环节包括信息的收集、传递、加工、整理、分发、检索和存储。

（一）建设工程信息的收集

在建设工程的不同进展阶段，会产生大量的信息。工程监理单位的介入阶段不同，决定了信息收集的内容不同。如果工程监理单位接受委托在建设工程决策阶段提供咨询服务，则需要收集与建设工程相关的市场、资源、自然环境、社会环境等方面的信息；如果是在建设工程设计阶段提供项目管理服务，则需要收集的信息有工程项目可行性研究报告及前期相关文件资料；同类工程相关资料；拟建工程设计质量保证体系及进度计划等。如果是在建设工程施工招标阶段提供相关服务，则需要收集的信息有工程立项审批文件；工程地质、水文地质勘察报告；工程设计及概算文件；施工图设计审批文件；工程所在地工程材料、构配件、设备、劳动力市场价格及变化规律；工程所在地工程建设标准及招投标相关规定等。

在建设工程施工阶段，项目监理机构应从下列方面收集信息：

（1）建设工程施工现场的地质、水文、测量、气象等数据；地上、地下管线，地下洞室，地上既有建筑物、构筑物及树木、道路，建筑红线，水、电、气管道的引入标志；地质勘察报告、地形测量图及标桩等环境信息。

（2）施工项目管理机构组成及进场人员资格；施工现场质量及安全生产保证体系；施工组织设计及（专项）施工方案、施工进度计划；分包单位资格等信息。

（3）进场设备的规格型号、保修记录；工程材料、构配件、设备的进场、保管、使用等信息。

（4）施工项目管理机构管理程序；施工单位内部工程质量、成本、进度控制及安全生产管理的措施及实施效果；工序交接制度；事故处理程序；应急预案等信息。

（5）施工中需要执行的国家、行业或地方工程建设标准；施工合同履行情况。

（6）施工过程中发生的工程数据，如地基验槽及处理记录；工序交接检查记录；隐蔽工程检查验收记录；分部分项工程检查验收记录等。

（7）工程材料、构配件、设备质量证明资料及现场测试报告。

（8）设备安装试运行及测试信息，如电气接地电阻、绝缘电阻测试，管道通水、通气、通风试验，电梯施工试验，消防报警、自动喷淋系统联动试验等信息。

（9）工程索赔相关信息，如索赔处理程序、索赔处理依据、索赔证据等。

（二）建设工程信息的加工、整理、分发、检索和存储

1. 信息的加工和整理

信息的加工和整理主要是指将所获得的信息通过鉴别、选择、核对、合并、排序、更新、计算、汇总等，生成不同形式的信息，目的是提供给各类管理人员使用。加工和整理信息，往往需要按照不同的需求分层进行。

工程监理人员对于信息的加工要从鉴别开始。一般而言，工程监理人员自己收集的信息的可靠度较高；而对于施工单位报送的信息，就需要进行鉴别、选择、核对，对于动态信息则需要及时更新。为了便于应用，还需要对收集来的信息按照工程项目组成（单位工程、分部工程、分项工程等）、工程项目目标（质量、造价、成本）等进行汇总和组织。

科学的信息加工和整理，需要基于业务流程图和数据流程图，结合建设工程监理与相关服务业务工作绘制业务流程图和数据流程图，不仅是建设工程信息加工和整理的重要基础，而且也是优化建设工程监理与相关服务业务处理过程、规范建设工程监理与相关服务行为的重要手段。

2. 信息的分发和检索

加工整理后的信息要及时提供给需要使用信息的部门和人员，信息的分发要根据需要来进行，信息的检索需要建立在一定的分级管理制度之上。信息分发和检索的基本原则是需要信息的部门和人员，有权在需要的第一时间，方便地得到所需要的信息。

设计信息分发制度时需要考虑：

（1）了解信息使用部门和人员的使用目的、使用周期、使用频率、获得时间及信息的安全要求；

（2）决定信息分发的内容、数量、范围、数据来源；

（3）决定分发信息的数据结构、类型、精度和格式；

（4）决定提供信息的介质。

设计信息检索时需要考虑：

（1）允许检索的范围，检索的密级划分，密码管理等；

（2）检索的信息能否及时、快速地提供，实现的手段；

（3）所检索信息的输出形式、能否根据关键词实现智能检索等。

3. 信息的存储

存储信息需要建立统一数据库。需要根据建设工程实际，规范地组织数据文件。

（1）按照工程进行组织，同一工程按照质量、造价、进度、合同等类别组织，各类信息再进一步根据具体情况进行细化；

（2）工程参建各方要协调统一数据存储方式，数据文件名要规范化，要建立统一的编码体系；

（3）尽可能以网络数据库形式存储数据，减少数据冗余，保证数据的唯一性，并实现数据共享。

二、信息管理系统

随着工程建设规模的不断扩大，信息量的增加是非常惊人的。依靠传统的手工处理方式已难以适应工程建设管理需求。建设工程信息管理系统已成为建设工程管理的基本手段。

（一）信息管理系统的主要作用

建设工程信息管理系统作为处理工程项目信息的人-机系统，其主要作用体现在以下几个方面：

（1）利用计算机数据存储技术，存储和管理与工程项目有关的信息，并随时进行查询和更新。

（2）利用计算机数据处理功能，快速、准确地处理工程项目管理所需要的信息，如工程造价的估算与控制；工程进度计划的编制和优化等。

（3）利用计算机分析运算功能，快速提供高质量的决策支持信息和备选方案。

（4）利用计算机网络技术，实现工程参建各方、各部门之间的信息共享和协同工作。

（5）利用计算机虚拟现实技术，直观展示工程项目大量数据和信息。

（二）信息管理系统的基本功能

建设工程信息管理系统的目标是实现信息的系统管理和提供必要的决策支持。建设工程信息管理系统可以为监理工程师提供标准化、结构化的数据；提供预测、决策所需要的信息及分析模型；提供建设工程目标动态控制的分析报告；提供解决建设工程监理问题的多个备选方案。

随着信息化技术的快速发展，信息管理平台得到越来越广泛的应用。基于建设工程信息管理平台，工程参建各方可以实现信息共享和协同工作，特别是近年来建筑信息建模BIM技术的应用，为建设工程信息管理提供了可视化等手段。

第七节　组织协调

工程项目建设是一项复杂的系统工程，在系统中活跃着建设单位、勘察单位、设计单位、监理单位、施工单位、政府行政主管部门以及与工程建设有关的其他单位。协调主要指的是施工阶段项目监理机构的组织协调工作。

在系统管理中，监理单位应当具备最佳的组织协调资源。主要原因是监理单位是建设单位委托并授权的，是施工现场代表建设单位唯一的管理者，并根据委托监理合同及有关的法律、法规授予的权利，对整个工程项目的实施过程进行监督并管理。监理人员都是经过考核的专业人员，它们有技术、会管理、懂经济、通法律，一般要比建设单位的管理人员有着更高的管理水平、管理能力和监理经验，能有驾驭工程项目建设过程的有效运行。监理单位对工程建设项目进行监督与管理，根据有关的法令、法规有自己特定的权利。

建设工程监理目标的实现，需要监理工程师扎实的专业知识和对建设工程监理程序的有效执行，此外，还需要监理工程师有较强的组织协调能力，通过组织协调，能够使影响建设工程监理目标实现的各方主体有机配合、协同一致，促进建设工程监理目标的实现。因此，组织协调与信息管理一样，是一种隐性的生产力和管理能力的软实力，是项目管理人员管理智慧的综合体现。

一、项目监理机构组织协调内容

从系统工程角度看，项目监理机构组织协调内容可分为系统内部（项目监理机构）协调和系统外部协调两大类，系统外部协调又分为系统近外层协调和系统远外层协调。近外层和远外层的主要区别是，建设单位与近外层关联单位之间有合同关系，与远外层关联单位之间没有合同关系。

（一）项目监理机构内部的协调

1. 人际关系的协调

项目监理机构是由工程监理人员组成的工作体系，工作效率在很大程度上取决于人际关系的协调程度，总监理工程师应首先协调好人际关系，调动和激励项目监理机构人员的工作责任心和主动性，主要表现在：

（1）在人员安排上要量才录用

要根据项目监理机构中每个人的专长进行安排，做到人尽其才。工程监理人员的搭配要注意能力互补和性格互补，人员配置要尽可能少而精，避免力不胜任和忙闲不均。

（2）在工作委任上要职责分明

对项目监理机构中的每一个岗位，都要明确岗位目标和责任，应通过职位分析，使管理职能不重不漏，做到事事有人管，人人有专责，同时明确岗位职权。

（3）在绩效评价上要实事求是

要发扬民主作风，实事求是地评价工程监理人员工作绩效，以免人员无功自傲或有功受屈，使每个人热爱自己的工作，并对工作充满信心和希望。

（4）在矛盾调解上要恰到好处

项目监理机构人员之间的矛盾总是存在的，一旦出现矛盾，就要进行调解，要多听取项目监理机构成员的意见和建议，及时沟通，使工程监理人员始终处于团结、和谐和热情高涨的工作氛围之中。

2. 组织关系的协调

项目监理机构是由若干部门（专业组）组成的工作体系，每个专业组都有自己的目标和任务。如果每个专业组都从建设工程整体利益出发，理解和履行自己的职责，则整个建设工程就会处于有序的良性状态，否则，整个系统便处于无序的紊乱状态，导致功能失调，效率下降。为此，应从以下几个方面协调项目监理机构内部组织关系：

（1）在目标分解的基础上设置组织机构，根据工程特点及建设工程监理合同约定的工作内容，设置相应的管理部门。

（2）明确规定每个部门的目标、职责和权限，最好以规章制度形式作出明确规定。

（3）事先约定各个部门在工作中的相互关系。工程建设中的许多工作是由多个部门共同完成的，其中有主办、牵头和协作、配合之分，事先约定，可避免误事、脱节等贻误工作现象的发生。

（4）建立信息沟通制度。如采用工作例会、业务碰头会，发送会议纪要、工作流程图、信息传递卡等来沟通信息，这样有利于从局部了解全局，服从并适应全局需要。

（5）及时消除工作中的矛盾或冲突。坚持民主作风，注意从心理学、行为科学角度激励各个成员的工作积极性；实行公开信息、政策，让大家了解建设工程实施情况、遇到的问题或危机；经常性地指导工作，与项目监理机构成员一起商讨遇到的问题，多倾听他们的意见、建议、鼓励大家同舟共济。

3. 需求关系的协调

建设工程监理实施中有人员需求、检测试验设备需求等，而资源是有限的，因此，内部需求平衡至关重要。协调平衡需求关系需要从以下环节考虑：

（1）对建设工程监理检测试验设备的平衡

建设工程监理开始实施时，要做好监理规划和监理实施细则的编写工作，合理配置建设工程监理资源，要注意期限的及时性、规格的明确性、数量的准确性、质量的规定性。

（2）对工程监理人员的平衡

要抓住调度环节，注意各专业监理工程师的配合。工程监理人员的安排必须考虑到工程进展情况，根据工程实际进展安排工程监理人员进退场计划，以保证建设工程监理目标的实现。

（二）项目监理机构与建设单位的协调

建设工程监理实践证明，项目监理机构与建设单位组织协调关系的好坏，在很大程度上决定了建设工程监理目标能否顺利实现。

受我国长期计划经济体制的惯性思维影响，使得很多建设单位合同意识差、工作随意性大，主要体现在：①沿袭计划经济时期的基建管理模式，搞"大业主、小监理"，建设单位的工程建设管理人员有时比工程监理人员多，或者由于建设单位的管理层次多，对建设工程监理工作干涉多，并插手工程监理人员的具体工作；②不能将合同中约定的权力交给工程监理单位，致使监理工程师有职无权，不能充分发挥作用；③科学管理意识差，随意压缩工期、压低造价，工程实施过程中变更多或不能按时履行职责，给建设工程监理工作带来困难。因此，与建设单位的协调是建设工程监理工作的重点和难点。监理工程师应从以下几方面加强与建设单位的协调：

（1）监理工程师首先要理解建设工程总目标和建设单位的意图。对于未能参加工程项目决策过程的监理工程师，必须了解项目构思的基础、起因、出发点，否则，可能会对建设工程监理目标及任务有不完整、不准确的理解，从而给监理工作造成困难。

（2）利用工作之便做好建设工程监理宣传工作，增进建设单位对建设工程监理的理解，特别是对建设工程管理各方职责及监理程序的理解；主动帮助建设单位处理工程建设中的事务性工作，以自身规范化、标准化、制度化的工作去影响和促进双方工作的协调一致。

（3）尊重建设单位，让建设单位一起投入工程建设全过程。尽管有预定目标，但建设工程实施必须执行建设单位指令，使建设单位满意。对建设单位提出的某些不适当要求，只要不属于原则问题，都可先执行，然后在适当时机、采取适当方式加以说明或解释；对于原则性问题，可采取书面报告等方式说明原委，尽量避免发生误解，以使建设工程顺利实施。

（三）项目监理机构与施工单位的协调

监理工程师对工程质量、造价、进度目标的控制，以及履行建设工程安全生产管理的法定职责，都是通过施工单位的工作来实现的，因此，做好与施工单位的协调工作是监理工程师组织协调工作的重要内容。

1. 注意事项

（1）坚持原则，实事求是，严格按规范、规程办事，讲究科学态度

监理工程师应强调各方面利益的一致性和建设工程总目标；应鼓励施工单位向其汇报建设工程实施状况、实施结果和遇到的困难和意见，以寻求对建设工程目标控制的有效解决方法。双方了解得越多越深刻，建设工程监理工作中的对抗和争执就越少。

（2）注重协调方法和奇巧

协调不仅是方法、技术问题，更多的是语言艺术、感情交流和用权适度问题。有时尽管协调意见是正确的，但由于方式或表达不妥，就会造成矛盾激化。高超的协调能力则往往能起到事半功倍的效果，令各方面都满意。

2. 工作内容

（1）与施工项目经理关系的协调

施工项目经理及工地工程师最希望监理工程师能够公平公正、通情达理，指令明确而不含糊，并且能及时答复所询问的问题。监理工程师既要懂得坚持原则，又善于理解施工项目经理的意见，工作方法灵活，能够随时提出或愿意接受变通办法解决问题。

（2）施工进度和质量问题的协调

由于工程施工进度和质量的影响因素错综复杂，因而施工进度和质量问题的协调工作也十分复杂。监理工程师应采用科学的进度和质量控制方法，设计合理的奖罚机制及组织现场协调会议等协调工程施工进度和质量问题。

（3）对施工单位违约行为的处理

在工程施工过程中，监理工程师对施工单位的某些违约行为进行处理是一件需要慎重而难免的事情。当发现施工单位采用不适当的方法进行施工，或采用不符合质量要求的材

料时，监理工程师除立即制止外，还需要采取相应的处理措施。遇到这种情况，监理工程师需要在其权限范围内采用恰当的方式及时作出协调处理。

（4）施工合同争议的协调

对于工程施工合同争议，监理工程师应首先采用协商解决方式，协调建设单位与施工单位的关系。协商不成时，才由合同当事人申请调解，甚至申请仲裁或诉讼。遇到非常棘手的合同争议时，不妨暂时搁置等待时机，另谋良策。

（5）对分包单位的管理

监理工程师虽然不直接与分包合同发生关系，但可对分包合同中的工程质量、进度进行直接跟踪监控，然后通过总承包单位进行调控、纠偏。分包单位在施工中发生的问题，由总承包单位负责协调处理。分包合同履行中发生的索赔问题，一般应由总承包单位负责，涉及总包合同中建设单位的义务和责任时，由总承包单位通过项目监理机构向建设单位提出索赔，由项目监理机构进行协调。

（四）项目监理机构与设计单位的协调

工程监理单位与设计单位都是受建设单位委托进行工作的，两者之间没有合同关系，因此，项目监理机构要与设计单位做好交流工作，需要建设单位的支持。

（1）真诚尊重设计单位的意见，在设计交底和图纸会审时，要理解和掌握设计意图、技术要求、施工难点等，将标准过高、设计遗漏、图纸差错等问题解决在施工之前。进行结构工程验收、专业工程验收、竣工验收以及发生质量事故时，要认真听取设计单位的处理意见等。

（2）施工中发现设计问题，应及时按工作程序通过建设单位向设计单位提出，以免造成更大的直接损失。监理单位掌握比原设计更先进的新技术、新工艺、新材料、新结构、新设备时，可主动通过建设单位与设计单位沟通。

（3）注意信息传递的及时性和程序性。监理工作联系单、工程变更单等要按规定和程序进行传递。

（五）项目监理机构与政府部门及其他单位的协调

建设工程实施过程中，政府部门、金融组织、社会团体、新闻媒介等也会起到一定的控制、监督、支持、帮助作用，如果这些关系协调不好，建设工程实施也可能严重受阻。

1. 与政府部门的协调

主要包括与工程质量、安全监督机构的交流和协调；建设工程合同备案；协助建设单位在征地、拆迁、移民等方面的工作，争取得到政府有关部门的支持；现场消防设施的配置得到消防部门检查认可；现场环境污染防治得到环保部门认可等。

2. 与社会团体、新闻媒介等的协调

建设单位和项目监理机构应把握机会，争取社会各界对建设工程的关心和支持，这是一种争取良好社会环境的远外层关系的协调，建设单位应起主导作用。如果建设单位确需将部分或全部远外层关系协调工作委托工程监理单位承担，则应在建设工程监理合同中明确委托的工作和相应的报酬。

二、项目监理机构组织协调方法

项目监理机构可采用以下方法进行组织协调：

（一）会议协调法

会议协调法是建设工程监理中最常用的一种协调方法，包括第一次工地会议、监理例会、专题会议等。

（二）交谈协调法

在建设工程监理实践中，并不是所有问题都需要开会来解决，有时可采用"交谈"的方法进行协调。交谈包括面对面的交谈和电话、QQ、微信等形式的交谈。

无论是内部协调还是外部协调，交谈协调法的使用频率是最高的，也是最方便有效的。由于交谈本身没有合同效力，但它具有方便、及时等特性，因此，工程参建各方之间及项目监理机构内部都愿意采用这一方法进行协调，此外，相对于书面寻求协作而言，人们更难于拒绝面对面的请求。因此，采用交谈方式请求协作和帮助比采用书面方法实现的可能性要大。

（三）书面协调法

当会议或者交谈不方便或不需要时，或者需要精确地表达自己的意见时，就会采用书面协调的方法。书面协调法的特点是具有合同效力，一般常用于以下几方面：

（1）不需双方直接交流的书面报告、报表、指令和通知等；

（2）需要以书面形式向各方提供详细信息和情况通报的报告、信函和备忘录等；

（3）事后对会议记录、交谈内容或口头指令的书面确认。

总之，组织协调是一种管理艺术和技巧，监理工程师尤其是总监理需要掌握领导科学、心理学、行为科学方面的知识和技能，如激励、交际、表扬和批评的艺术、开会艺术、谈话艺术、谈判技巧等，只有这样，监理工程师才能进行有效的组织协调。

第六章

节点控制与质量通病

建设工程实施过程中关键过程的把控,如施工组织设计的审查、施工方案审查、监理大纲的审查、危险性较大的分部分项工程(专项施工方案)审查等,它们对项目管理起到了十分重要的关键作用,也是建设工程管理程序必须遵循的规定和监管重点,这些内容我们在前面章节已有介绍。

本章所述建设实施时期节点控制与质量通病,是建设工程建设实施时期我们在实践中总结的经验,包括管理与技术,同样对建设工程质量事前、事中控制具有较重要的控制作用。本章所列重要过程控制、关键点的控制和质量通病的产生与防治,均具有较强的针对性和实用性。

第一节　重要过程控制

重要过程控制是指施工过程中应当引起重视的事项，它对建设工程管理过程控制具有较大的意义。主要内容包括第一次工地例会、工程建设简报、项目管理"应知应会"知识管理工具和动态管理与样板施工等，属于过程管理范畴。

一、第一次工地会议

《建设工程监理规范》（GB/T 50319—2013）要求，工程开工前应召开第一次工地会议，并且规定了会议的主持人、内容和程序等。开好第一次工地例会对整个建设工程项目的管理都十分重要，因此，与会者必须在会前了解工程所有信息的同时，做好召开会议的充分准备，以达到会议的目的。

第一次工地会议由建设单位主持召开，会议也是全体参建单位管理人员第一次见面，以后的监理例会由项目监理机构负责，并由总监理工程师或其授权的专业监理工程师主持。

由建设单位主持召开的第一次工地会议是建设单位、工程监理单位和施工单位对各自人员分工、开工准备、监理例会的要求等情况进行沟通和协调的会议。总监理工程师应介绍监理的工作目标、范围和内容、项目监理机构及人员职责分工、监理工作程序、方法和措施等。

第一次工地会议虽然由建设单位组织主持，但监理单位会前必须配合并与建设单位进行必要的交流、沟通和指导。

工程开工前，监理人员应参加由建设单位主持召开的第一次工地会议。会议纪要由项目监理机构负责整理，与会各方代表会签。

内容

（1）建设单位、施工单位和工程监理单位分别介绍各自驻现场的组织机构、人员及其分工；

（2）建设单位介绍工程开工准备情况；

（3）施工单位介绍施工准备情况；

（4）建设单位代表和总监理工程师对施工准备情况提出意见和要求；

（5）总监理工程师介绍监理规划的主要内容；

（6）研究确定各方在施工过程中参加监理例会的主要人员，召开监理例会的周期、地点及主要议题。建设单位和总监理工程师对施工准备情况提出意见和要求；

（7）其他有关事项。

这里，重点介绍以下管理内容：

（1）"应知应会"考试制度；

（2）动态管理制度；

（3）施工样板制度；

（4）工程建设简报制度。

此外，第一次工地例会除按照以上要求外，还应当对参会人员的会议纪律等提出要求，譬如按时参加会议；会议时不准吸烟；手机处于静音状态（接电话到会场外）；带好笔和笔记本等。对于影响较大的建设工程项目，第一次工地会议的与会单位可以适当增加，如邀请参建各方主要领导参加，以取得各方面的支持和帮助。

在项目实施时期，有时为解决现场问题，还会召开专题会议。专题会议是由总监理工程师或其授权的专业监理工程师主持或参加的，为解决监理过程中的工程专项问题而不定期召开的会议。

二、工程建设简报

建设单位（或委托监理单位）在建设工程项目实施时期，以工程建设简报的形式，反映项目实施过程中的情况，是一种很好的信息反馈形式，它可以相对独立地反映建设单位和项目建设的实际和要求。工程建设简报的特点是它不同于工地例会纪要和专题会议纪要，需要各方会签认可。同时，因工程建设简报是书面材料，各方办理签收手续，也相当于内部的"通报"或"告知"等作用，对各方都有制约作用，它既是过程的资料，也是一种过程的依据。此外，工程建设简报以书面形式来表达，不但工程技术人员能看懂，非专业人士也能对工程建设情况一目了然。

工程建设简报必须实事求是，在实际工作中，以监理单位名义编写工程建设简报比较合适。

工程建设简报以书面形式向各参建单位及时汇报工程进展概况、反映现场问题，也是监理单位的一项义务，是沟通协调各方的重要内容，也是保护自己的重要手段！

（一）工程建设简报的依据

工程建设简报的编写依据，从理论要求上来说主要来自两个方面：

1. 监理合同

监理委托合同中，监理人义务规定："在履行合同义务期间，应按合同约定定期向委托人报告监理工作。"

2. 监理企业管理的需要

工程建设简报的主要作用是让建设单位更好地了解监理工作。它既是建设单位了解我们的窗口，又是监理单位对管理信息"反馈"的具体体现。因此，及时、规范、认真地编写工程建设简报，有时甚至比做好其他监理技术资料更加重要。同时，写好工程建设简报也是展示监理单位管理水平、树立监理威信的重要途径。

工程建设简报的主要阅读对象是建设单位领导（抄报），并告知施工等单位（抄送），它是以监理单位的名义编写和发送的（不像会议纪要、图纸会审交底纪要等需要参建各方会签）。所以它可以从监理的角度把工程建设的有关信息（如工程质量、安全、进度等）通过书面形式上报建设单位，能够使建设单位在第一时间及时了解掌握现场信息，以便建设单位对项目管理作出指示和指导。

（二）工程建设简报的要求

（1）必须符合国家法律法规和合同的要求；

（2）必须实事求是、公正公平反映实际问题；

（3）成立专门的工程建设简报编写组；

（4）根据建设工程特点，定期或按阶段编写工程建设简报，一般每期不宜超过一个月；

（5）工程建设简报编写要规范、前后期要有连贯性，对上期反映的问题，在下期中应有反馈或结论，问题应闭合。

三、项目管理"应知应会"知识管理工具

（一）概述

项目管理"应知应会"知识管理工具，即对一个工程管理人员而言，无论你来自建设单位、监理单位、施工单位等，都应当具备相应的专业技术和管理知识，掌握和领会所管理建设工程项目的信息，譬如建设工程的工期、造价、质量和安全文明目标、各参建单位的基本情况、建设工程主要部位和系统的做法等。"应知应会"知识测试就是通过对全体建设工程管理人员进行集中培训、学习、交流，然后达到进一步了解信息、统一信息，从而提高管理质量之目的一个项目管理工具。

（二）作用

工程管理，了解工程信息是基础，而工程信息中，勘察设计文件、招投标文件、合同和监理规划、施工组织设计、专项施工方案等是工程信息中的核心内容，因此，了解工程信息是确保工程项目顺利实施的基础和关键，也是一个懂管理、善管理和负责任的建设工程管理者的必修课。

对项目管理人员进行"应知应会"知识测试，是对全体建设工程管理者的一次技术业务集中培训和检验，是一个统一思想、统一认识、发挥合力的过程，是工程管理主动控制的一个实实在在的好环节、好措施。

众所周知，制度重在落实。对项目管理人员进行"应知应会"知识测试，是一种强化建设工程管理人员了解信息的倒逼机制。通过考试，应试人员可以较好地了解建设工程信息。对考试成绩优异的，进行表扬，是一种激励机制；对于考试成绩差的，是一种提醒和警示，可以作为考评、岗位轮换甚至是奖金分配的依据。

作者在多个工程中使用，均达到了较好的实际效果，也到了各参建单位和全体建设工程管理者的支持、理解和欢迎。

项目管理"应知应会"知识管理工具，有一组系统内容。一般由发起人（咨询单位、监理单位、建设单位等）提出对项目管理人员进行"应知应会"知识测试的建议，如果得到建设单位的同意，该管理工具就可以实施，实施内容和步骤如下：

1. 通知发放

在确定实行项目管理"应知应会"知识管理工具后，发出关于举行管理人员"应知应会"知识测试的通知，内容包括考试的目的、内容、日期等。

2. 集中学习

为了达到考试效果，在发出通知后，组织者应召集相关专业人员对全体应试人员进行"应知应会"知识集中培训、辅导。集中学习的内容要有目的性，重点要突出。

3. "应知应会"知识测试

在对应试人员进行集中学习后，按通知要求进行"应知应会"知识考试，同时，可以利用考试的机会对全体应试者征求意见、建议。

4. 交流巩固

"应知应会"知识测试完成后，应立即进行试卷分析。试卷分析完成后可以进行交流，这样一方面可以巩固考试知识，另一方面可以加强各方的友好协作关系。

如果建设、监理、施工单位各自组织"应知应会"知识测试，采用本工具也能起到很好的效果。

四、动态管理与施工样板

（一）动态管理

施工现场管理，是一个动态的过程，管理人员在按照规划（经批准的施工组织设计、监理规划等）管理的同时，必须根据现场实际，及时了解现场动态和信息，适应现场管理的需要。施工现场管理，除按专业分工外，还需按主体和装修等阶段进行阶段管理人员动态分工（对于设备专业而言是预埋和安装等阶段），因此，建设工程管理十分复杂，对管理者要求较高，尤其是参建各方负责人，在执行管理规划的同时，必须保持信息及时和畅通，发出正确指令，使现场施工有条不紊，保证施工质量、安全施工和文明施工。

较大规模的建设项目（如住宅小区、学校等），在主体结构施工阶段，管理人员可采用独立的管理模式（按单位工程专人管理），即按区域分工，如甲工程师负责1~5号楼主体结构的管理，乙工程师负责6~10号楼主体结构的管理；在装修施工阶段，为确保观感工程的统一性，管理人员应采用交流的管理模式（按分项工程专人管理），即按项目内容分工，如甲工程师负责1~10号楼的屋面、楼梯分项工程（内容）的管理，乙工程师负责1~10号楼外墙、内墙分项工程（的）的管理。

（二）施工样板

所谓施工样板，就是在每一个大面积的相同工序施工前，先根据设计和事先编制和审定的施工方案，在小范围内或者选择某一个特定部位进行该工序的操作。这样，一方面能够及时发现问题，一方面让操作人员熟悉工序，做出工程样板后，经建设、设计、监理、施工单位共同确认验收，合格后进行大批量施工。

无论是主体施工阶段和安装、装修施工阶段，做好施工样板是一件十分重要的工作，也是必须做好的工作。为了更好地控制整个建设工程施工质量，样板是现场施工一种最直接和有效的管理手段和模式，它是施工现场的"榜样"和"旗帜"。样板先引路，可以减少管理环节，保证施工质量和施工管理更加顺利。

第二节　关键点的控制

所谓关键点是指其过程十分重要，一旦出现失误将无法返工或返工损失重大或将造成很严重的后果的，但规范或规定只有原则的把控要求，需要我们根据具体情况和经验去认真了解、分析、判断后确定的"点"，属于专业技术范畴。主要内容有底层室内地面标高（±0.000）的确定、基础高度的确定、建筑基础（地下室）与基坑支护的关系、基础沉降观测、自行车库分隔墙基础与住宅基础的处理等，均涉及结构方面的控制内容。

一、底层室内地面标高（±0.000）的确定

确定底层室内地面标高（±0.000）是一个非常重要的过程，设计单位应当在对现场情况完全了解的情况下，与建设单位一起确定其标高，对于绝大部分的建设工程而言，设计标高是施工的依据。在实际工程中，往往由于其他因素的影响，确定底层室内地面标高（±0.000）由设计和实际两个过程来确定，因为设计标高是理论依据，并不是绝对不能调

整的，实际则可以根据现场情况的不同，依据设计标高作适当调整，但调整值不应过大，一般在±100mm内。

底层室内地面标高（±0.000）的确定必须由设计单位和建设单位确定。实际工程中，监理单位、施工单位应当协助建设单位、设计单位提供现场数据，供建设单位、设计单位科学决策。

（一）设计确定的依据

（1）《民用建筑设计通则》（GB 50352—2005）。第4.1.3条基地地面高程应符合下列规定：

1）基地地面高程应按城市规划确定的控制标高设计；

如嘉兴市《城市规划管理技术规定》，建筑物室外地坪标高不低于：吴淞4.700m，黄海2.820m。

2）基地地面高程应与相邻基地标高协调，不妨碍各方的排水；

3）基地地面最低处高程宜高于相邻城市道路最底标高，否则应有排除地面水的措施。

（2）《房屋构造》教材。设计场地要高于洪水水位0.5m。

（3）《建筑地面设计规范》（GB 50037—2013）。第3.1.5规定：建筑物的底层地面标高，宜高出室外地面150mm。（与原《民用建筑设计通则》（JGJ 37—87）。第3.3.3条室内外地面：建筑物底层地面应高出室外地面至少0.15m一致。）

（4）建筑师根据建筑体量或设计需要等要求，确定的标高。

（二）实际确定的因素

前面所说的是设计确定底层室内地面标高（±0.000）的依据，实际确定底层室内地面标高（±0.000）应该更加复杂和重要，因为一旦确定，就很难改变，因此，确定底层室内地面标高（±0.000）应当特别仔细、慎重。

实际确定底层室内地面标高（±0.000）的依据。

（1）设计底层室内地面标高（±0.000）标高；

（2）在施工放样前必须了解周边建筑物、马路、管线的标高，并对其进行测量，提出相关数据；

（3）对场地土方进行测量，计算其土方的大致情况；

（4）根据以上情况由建设、设计、监理、施工等单位确定实际底层室内地面标高（±0.000），最终由建设单位确认。

实际底层室内地面标高（±0.000）与设计确定底层室内地面标高（±0.000）允许稍有出入，但不能相差较大。

从理论上讲设计底层室内地面标高（±0.000）与实际确定底层室内地面标高

（±0.000）应当一致，但大部分建设工程，由于建设单位在设计前期阶段，施工等单位尚未介入，对拟建建筑物周边情况测量工作没有进行，因此，实际上设计底层室内地面标高（±0.000）与实际确定底层室内地面标高（±0.000）的问题是存在的。对于重大建筑物或体量较大的项目，特别是远离城镇群的建设工程，建议建设单位应当提前做好上述工作，使设计底层室内地面标高（±0.000）与实际确定底层室内地面标高（±0.000）一致，从而减少设计变更等问题。

总之，在工程建设管理中，确定底层室内地面标高（±0.000）是一个十分重要的工作，建设工程管理者必须高度重视。因为它不仅涉及建筑物的安全和使用，也涉及工程投资增减，而且一旦决策出现问题，往往是难以弥补的。

二、基础高度的确定

基础高度，是指底层室内地面标高±0.000至设计基础（地下室）底面（垫层面，下同）的距离。由室外设计地面到基础底面的距离，是基础的埋置深度。基础的埋置深度加设计室内外高差即为基础高度。

对于天然地基，从经济角度看，基础高度或埋置深度愈小，工程造价愈低。但如果基础没有足够的土层包围，基础底面的土层受到压力后，会把基础四周的土挤出，基础将产生滑移而失去稳定。同样，基础埋置过浅或暴露在地面，易受外界环境的影响而损坏。所以，基础的埋置深度要有一个适当的深度，既保证建筑物的坚固安全，又节约基础的用料。一般在没有其他条件的影响下，基础的埋置深度不应小于0.5m。

（一）设计基础埋置深度的确定

设计确定建筑物基础埋置深度的条件很多，主要应考虑下列几个方面。

1. 与地基的关系

基础的埋置深度与地基构造有密切的关系。在确定埋深时应根据建筑物的大小、特点、体形、刚度以及地基土的特性、土层分布等情况区别处理。一般有以下几种典型情况。

（1）地基由均匀的、压缩性小的良好土层构成，地基承载力能满足建筑物的总荷载，如无其他情况时，基础可按最小埋置深度考虑。

（2）地基由两层土构成，上面软弱土层在2m以内，下层是压缩性较小的好土。这种情况一般应将建筑物基础埋置到下面较好的土层上。

（3）地基由两层土构成，上面软弱土层厚度在2～5m之间。如为轻型建筑，可采用加宽基础或较经济的人工地基处理方法，尽量使基础埋在表层的软弱土层内；如为高大建筑物则应将基础埋到下面的好土层上。

（4）如软弱土层大于5m，轻型或低层建筑物应尽量利用表层的软弱土层为地基。必要时应采用人工地基加固，如换土法、短桩法或加强上部结构等。如为高大建筑物则应根据表层厚度、施工条件等具体条件确定是否要将基础埋到下面的好土层上。

（5）地基仍由两层土构成，上层是压缩性较小的好土，而下面是软弱土。在这种情况下，如表层土有足够的厚度，基础应尽可能争取浅埋，但应验算下卧层（基础下面的土层为持力层，持力层以下的土层为下卧层）软弱土的压缩对建筑物的影响。

（6）地基由好土与弱土交替构成，持力层为好土。这时，在不影响下卧层情况下，应尽可能做浅基础。如建筑物高大，则应采用深基础，如打桩法等，将基础落在下面的好土层上。

2. 地下水位的影响

地下水对某些土层的承载能力有很大影响。如黏性土在地下水上升时，将因含水量增加而膨胀，使土的强度降低，当地下水位下降，基础将产生下沉。为了避免地下水位的变化直接影响地基承载力，同时为防止地下水对基础施工带来的麻烦和侵蚀性地下水对基础的腐蚀，一般基础应争取埋在最高水位上。

当地下水位较高，基础不能埋置在地下水位以上时，宜将基础底面埋置在最低地下水位以下，且不可少于0.2m的深度（嘉兴地区基本属于这种情况）。这种情况下，基础应采用耐水材料，如混凝土、钢筋混凝土等，施工时要考虑基坑的排水，当地下水含有腐蚀物时，基础应采取防腐措施。

3. 冻结深度与埋深的关系

地基土的温度在-1~0℃时，土内孔隙中的水大部分冻结。地基土冻结的极限厚度称为冻结厚度。各地区气候不同，低温持续的时间不同，冻结深度的区别也很大，如北京地区为0.8~1.0m，哈尔滨是2m，长三角地区为0.12~0.2m，有的地区则完全不冻结。

过去的习惯都是将基础埋到冻结深度以下，以防止地基土冻结以后对建筑物引起不良影响，这样，对于冻结深度较深的地区，就需要使用大量材料，开挖大量土方。实际上，土冻结以后是否对建筑产生不良影响，主要看土冻结后会不会产生冻胀现象。如果有冻胀现象，在确定基础深度时，就要考虑土的冻胀影响，否则就可以不考虑。

当建筑物基础处在具有冻胀现象的土层范围内，冬季土的冻胀会把房屋向上拱起（冻胀向上的力会超过地基容许承载力），到了春季气温回升，土层解冻，基础又下沉。由于冻土融化不均匀使房屋处于不稳定状态，就会产生严重变形，如墙身开裂，门窗倾斜而开启困难，甚至会使建筑物遭到破坏。

根据建筑经验和理论分析，土冻结后是否产生冻胀，主要与地基土颗粒粗细程度、土冻结前的含水量和地下水位的高低有关，所以按土的冻胀确定基础埋深时，就要进行全面的分析。

地基土根据冻胀程度分成不冻胀土、弱冻胀土、冻胀土、强冻胀土四类。对于不冻胀土不考虑冻结深度的影响；对于弱冻胀土、冻胀土基底下还可以容许残留一定厚度的冻土。此外，在确定埋深时，不论弱冻胀土、冻胀土还是强冻胀土，都需要考虑房屋是否采暖的因素，采暖房屋的埋深还可以再小一些。具体规定可查阅《建筑地基基础设计规范》。

在大部分地区，基础构造深度均超过冻结深度，故一般建筑物可不予考虑。

4. 其他因素对基础埋置深度的影响

基础的埋深除与地基构造、地下水位、冻结深度等因素有关外，还与拟建建筑物周围环境（如道路的标高、挖运土方量）、具体工程特点（如相邻基础的深度、拟建建筑物是否有地下室、设备基础、地下管沟）等有关。

如建筑的房屋附近有旧建筑物时，应考虑新建房屋对旧有建筑物基础的影响。新建房屋的基础埋深最好小于或等于旧有建筑的基础埋深，以免施工期间影响旧有建筑物的安全，如果新建房屋的基础必须做到旧建筑物基础底面之下时，两基础应保持一定距离。此距离大小与荷载大小和地基土的土质有关，一般情况下可取两基础底高差的1~2倍。

（二）实际基础埋置深度的确定

综上所述，确定基础埋置深度是一个技术要求很高和很复杂的过程，尽管基础的埋置深度是由设计单位确定的，但由于地质报告对土层描述的偏差、设计的判断能力、现场情况的了解深度等原因，均可能造成设计与实际基础埋置深度的误差。

我们很多工程管理人员，在现场确定基础埋置深度时，有一个错误的观点，认为基础埋置深度是"绝对"要按照设计要求施工的，否则就是"不按图施工"。然而，在实际工程实施中，大部分基础埋置深度是应该作适当调整的，且大部分基础设计与实际基础的埋置深度是有调整的，这也是实际（现场）确定基础埋置深度时，要求勘察、设计、监理、施工等单位共同"验槽"的主要原因，并不是基础埋置深度是"绝对按图施工"的。基础埋置深度作适当调整是非常正常的，当然基础埋置深度调整后，需要设计的确认。

嘉兴地区虽然天然地基条件不够理想（承载力较低），但地基构成相对比较规则。作为工程管理人员，我们要熟悉本地区地基的基本构成，了解基础持力层的确定方法，以便能够及时发现问题，与设计等单位进行联系调整。如一般的多层建筑，基础、承台（即桩顶-50）底应落在第一层硬土层上（习惯上称为2号土）。

对于有地下室的建筑物，除确定底层室内地面标高 ± 0.000外，基础的埋置深度正常情况下，没有第二选择。

三、建筑基础（地下室）与基坑支护的关系

（一）建筑基础（地下室）与基坑支护的概念

建筑基础（地下室）属于单位工程建筑结构专业设计的范畴，是单位工程结构专业设计的一部分。基坑支护是保证拟建建筑物基础（地下室）施工和周边建筑物不受影响而采

取的施工措施。因此，建筑基础（地下室）与基坑支护设计是两个完全独立的设计体系，两者概念不能混淆。

（二）基坑支护注意事项

（1）了解地基情况（包括建筑物周围有没有原有基坑支护的影响）；

（2）了解拟建建筑物周围建筑物、构筑物、道路、管线等情况；

（3）基坑支护设计和施工工艺、技术应符合当地习惯做法和施工水平的要求；

（4）委托有资质的设计单位设计并进行设计方案论证；

（5）施工单位提出基坑支护的专项施工方案；

（6）按照经审定或论证通过后的设计和施工方案施工。

（三）基坑支护设计不能修改基础设计

如前所述，建筑地基（地下室）与基坑支护设计是两个完全独立的设计体系，从设计体系上说两者不能相互交叉，除非两者为同一家设计单位。因此，基坑支护设计单位只能对建筑基础设计单位提出修改建议、意见，不能直接进行基础（地下室）的设计修改，施工单位千万不要把基坑支护设计单位的建议意见当作施工的依据。

如果建筑基础（地下室）设计单位对基础处理缺乏经验，同意基坑支护设计的决定，建筑基础（地下室）设计单位必须有书面确认意见，否则，一旦由此而发生的质量或安全问题，责任就很难分清。

（四）基坑支护使用后的管理

极大部分基坑支护在基础（地下室）施工完成后，就完成了它的"历史使命"，成为永久埋藏在地下的"昔日英雄"，在正常情况下，"昔日英雄"是不会发生隐患的。但近年来，随着城市地下空间的广泛利用，基坑支护会发生对后续建筑施工带来重大安全隐患，如在多个城市地铁盾构机械施工中，盾构机被基坑支护钢绞线卷入伤人、伤机事件屡有发生，因此，对基坑支护在基础（地下室）施工完成后的管理，应当引起有关部门的重视，至少要建立相应的基坑支护留存物竣工档案。

四、基础沉降的观测

房屋沉降的观测，是检查地基和建筑物是否均匀沉降的重要手段，很多施工单位对此并不重视，一旦出现地基基础沉降问题，就拿不出真实的第一手数据，从而给分析质量问题和事故造成困难。

笔者曾经遇到过这样的案例：某新建5层住宅项目，由于场地原因，需在原有5层住宅建筑旁拼建一单元同户型住宅。该地基基础下卧层为高压缩性淤泥质土，土层厚度达4m左右，因此，原有住宅设计单位设计建筑基础采用灌注桩基础，房屋建成验收后，该住宅使用正常。新的住宅设计单位为了满足建设单位与原有建筑拼接设计的要求，同时考虑减少对已有住宅建筑地基基础的影响，而对新建住宅采用筏板式整体天然地基基础，新旧住宅之间用沉降缝相连。

在施工单位施工至二层楼面时，施工员感觉新建住宅与原有住宅的沉降缝宽度有些变化，但并不引起施工单位的重视，三层、四层、五层仍然继续向上施工，当施工至屋面层时，发现新建住宅与原有住宅之间的沉降缝"没有"了，是不是原有建筑存在"倾斜"？经过施工单位技术人员检查，发现新建住宅由于地基沉降不均匀，向原有建筑方向倾斜，并且新建住宅其他方向也产生严重的沉降不均匀情况。后来，经过调查发现，施工单位仅在施工完基础后进行过一次水平测量，在一至五层主体施工时，根本没有进行建筑物的沉降观测，导致发现情况时，问题已十分严重。事后，经过专家讨论提出处理方案，地基处理的费用花去了大约新建住宅几乎同样的造价，虽然解决了新建住宅基础的稳定和沉降问题，但造成了严重的经济损失。

此案例的教训是，我们应当对沉降观测引起重视，不要存在侥幸心理，以便及时发现问题，尤其对复杂的地基基础，更应当引起高度重视。

地基基础的沉降观测点，一般设计单位在施工图中有具体明确位置，建设单位、监理单位和施工单位对有可能存在安全隐患的地基基础应当及时指出并有预控措施。

下面，介绍规范对建筑物沉降观测的要求。

（一）《建筑地基基础设计规范》（GB 50007—2011）的规定

按照《建筑地基基础设计规范》（GB 50007—2011）的规定，工业与民用建（构）筑物的沉降观测按照《工程测量规范》（GB 50026—2007）第10.5.8条：工业与民用建（构）筑物的沉降观测，应符合下列规定：

（1）沉降观测点，应布设在建（构）筑物的下列部位：

1）建（构）筑物的主要墙角及沿外墙每10～15m处或每隔2～3根柱基上。

2）沉降缝、伸缩缝、新旧建（构）筑物或高低建（构）筑物接壤处的两侧。

3）人工地基和天然地基接壤处、建（构）筑物不同结构分界处的两侧。

4）烟囱、水塔和大型储藏罐等高耸构筑物基础轴线的对称部位，且每一构筑物不得少于4个点。

5）基础底板的四角和中部。

6）当建（构）筑物出现裂缝时，布设在裂缝两侧。

（2）沉降观测标志应稳固埋设，高度以高于室内地坪（±0.0000.2～0.5m为宜。对于建筑立面后期有贴面装饰的建（构）筑物，宜预埋螺栓式活动标志。

（3）高层建筑施工期间的沉降观测周期，应每增加1～2层观测1次；建筑物封顶后，应每3个月观测一次，观测一年。如果最后两个观测周期的平均沉降速率小于0.02mm/日，可以认为整体趋于稳定，如果各点的沉降速率均小于 0.02mm/d，即可终止观测。否则，应继续每3个月观测一次，直至建筑物稳定为止。

工业厂房或多层民用建筑的沉降观测总次数，不应少于5次。竣工后的观测周期，可根据建（构）筑物的稳定情况确定。

（二）《建筑变形测量规范》（JGJ 8—2016）的规定

按照《建筑变形测量规范》（JGJ 8—2016）第7.1.5的规定，沉降观测的周期和观测时间应符合下列要求。

（1）建筑施工阶段的观测应符合下列规定：

1）宜在基础完工后或地下室砌完后开始观测；

2）观测次数与间隔时间应视地基与荷载增加情况确定。民用高层建筑宜每加高2～3层观测1次，工业建筑宜按回填基坑、安装柱子和屋架、砌筑墙体、设备安装等不同施工阶段分别进行观测。若建筑施工均匀增高，应至少在增加荷载的25%、50%、75%和100%时各测1次；

3）施工过程中若暂时停工，在停工时及重新开工时应各观测1次，停工期间可每隔2～3月观测1次。

（2）建筑运营阶段的观测次数，应视地基土类型和沉降速率大小确定。除有特殊要求外，可在第一年观测3～4次，第二年观测2～3次，第三年后每年观测1次，至沉降达到稳定状态或满足观测要求为止。

（3）观测过程中，若发现大规模沉降、严重不均匀沉降或严重裂缝等，或出现基础附近地面荷载突然增减、基础四周大量积水、长时间连续降雨等情况，应提高观测频率，并应实施安全预案。

（4）建筑沉降达到稳定状态可由沉降量与时间关系曲线判定。当最后100d 的最大沉降速率小于0.01～0.04mm/d时，可认为已达到稳定状态。对具体沉降观测项目，最大沉降速率的取值宜结合当地地基土的压缩性能来确定。

五、自行车库分隔墙基础与住宅基础的处理

为解决一层住宅的潮湿和降低建筑密度、容积率等问题，多层住宅设计中，在底层设置自行车库是非常常见的一种布置形式。一般多层住宅以砖墙承重现浇楼板结构为主，为尽可能减少自行车库层与上面住宅层结构的变化，设计常采用底层自行车库层用分隔墙把自行车库分成符合要求数量的若干户来满足使用要求，也就是一层的楼盖结构布置与上面

标准层结构布置是一样的，当分隔墙的基础处理不当时，一层楼面板就会沿分隔墙上面出现楼板裂缝问题。

我们知道，住宅部分基础与自行车库分隔墙的基础承载力大小是完全不同的，住宅部分承受多层住宅的总荷载，一般采用桩基础或天然地基，自行车库分隔墙则仅承受分隔墙自身的重量，一般采用构造基础即能满足承载力要求，因此，自行车库的分隔墙的基础不能与住宅部分的基础采用相同的基础形式。主要原因是两者的承载力相差较大，会产生基础沉降差导致一层楼板的裂缝。

正确的做法如图6-1所示。分隔墙基础用地梁，地梁两端搁置于承台上，当承台沉降时，地梁随承台一起沉降，就不可能产生沉降差，同时，为减少分隔墙与一层楼板的分离，应在与一层楼板结合处，隔离20mm厚空隙并用发泡剂填缝，自行车库分隔墙应在主体结构完成后再砌筑，这样就能保证一层楼板不会由于住宅基础与自行车库分隔墙基础沉降不均匀而产生一层楼板的裂缝。

错误的做法如图6-2所示。分隔墙基础用普通基础，当住宅基础沉降大、自行车库分隔墙基础沉降量小（不沉降），产生沉降差，就容易在自行车库分隔墙上出现一层楼板裂缝。

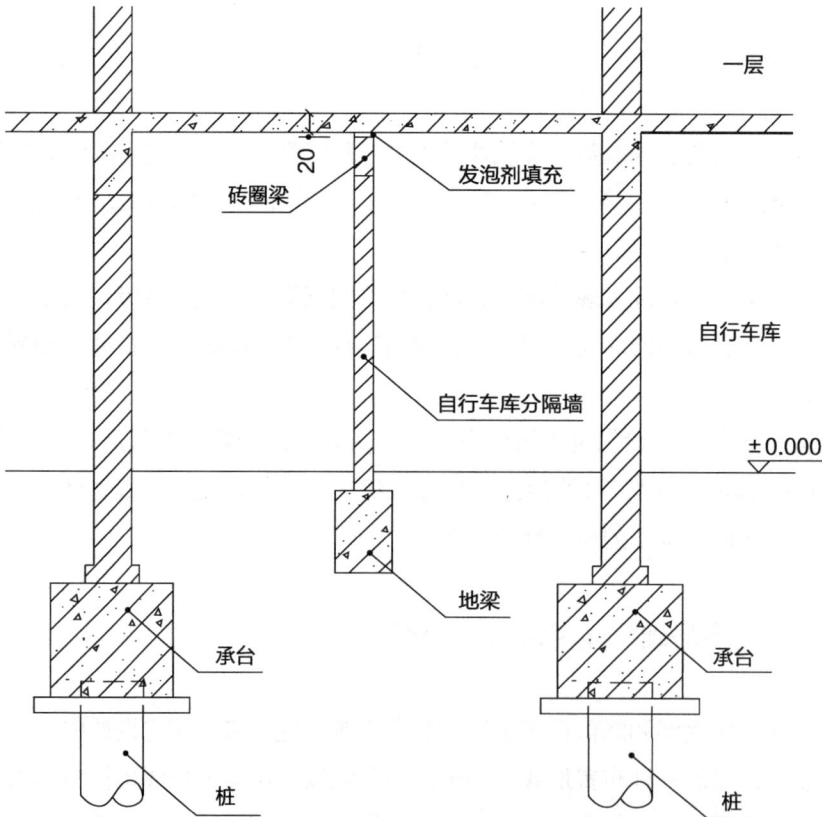

图6-1 自行车库基础的正确做法

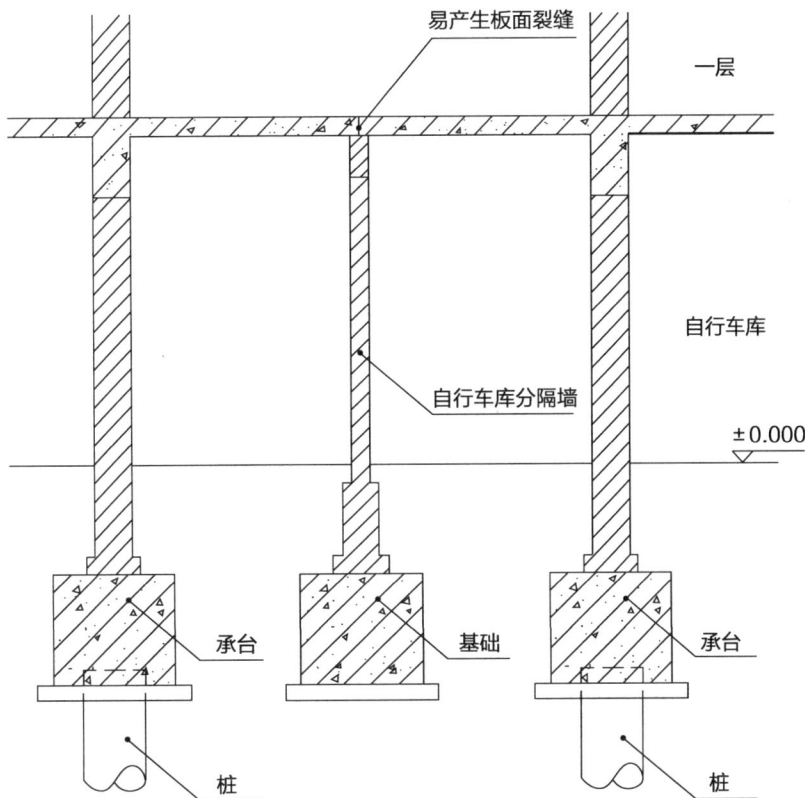

图6-2　自行车库基础的错误做法

第三节　质量通病的产生与防治

建筑工程关键节点和部位的把控，是避免建设工程质量问题的重中之重，根据一项调查资料显示，产生建设工程质量问题的原因很多、很复杂，但追根溯源比例是这样的：设计原因约占40%、施工原因约占40%，其他原因约占20%，而且设计原因引起的质量问题往往是致命的，很难纠正。当然，设计问题中也有其他原因造成的，如建设单位要求设计和审图单位赶工期审图不够严密；建设、监理、施工单位施工图会审交底不够细致等，但也有施工中帮助设计纠正的，如窗台、滴水、屋面等节点做法。施工单位造成的质量问题，除重大责任原因以外，一般往往可以返工修复，包括拆除重做，职责比较明确，费用由施工方承担，这是从五方建设主体来分析质量问题的原因。

除此之外，实际上建设工程出现质量问题的影响因素还有许多，主要有以下三个方面的内容：

1. 招标文件的风险

不讲科学，不了解市场情况，把全部责任推给投标单位，任意确定招标文件主要建设工程项目建设目标，可能造成非常严重的潜在风险。譬如：

（1）建设工期

建设工期由建设单位说了算，正常工期3年要求2年完成，工期任意压缩。

（2）质量目标

质量目标过高，一个地区一年只有8个"奖杯"指标，实际一个地区可能招标文件一年要求有30个，实现困难或根本无法实现。

（3）付款条件

追求最低价中标，付款条件极其苛刻，尤其是一些民营项目，建设单位没有预付款还要求施工单位付保证金，还有许多霸王条款。

以上主要目标，投标单位在投标时只能"服从"，否则，就满足不了招标文件的"要约"，也不可能中标，这就埋下了质量问题的"祸根"，也是造成建筑市场乱象的罪魁祸首。

2. 市场建筑材料、构配件质量风险

目前市场上建筑材料、构配件质量参差不齐，从整个社会来说，不良厂商违规成本较低，政府质检、市场流通部门对原材料质量的主动监控空间巨大，建设领域被动控制虽然力度较大，但由于问题不能从源头上得到根本解决，加之部分建筑企业质量意识不强，"非标"建筑材料、构配件市场流通情况没有得到有效遏制，同时，目前的材料检测实行市场化后也有很多不利因素。

3. 体制原因造成的不利因素

现有建设工程管理体制实行以来，即自从建设工程竣工验收由"五方主体"验收以来，建设行政主管部门把工程竣工验收的职权放给了"五方主体"，建筑企业的质量把控要求很多因素上取决于企业自身的要求。"五方主体"的技术管理和要求基本上"各自为政"、参差不齐，出现各地没有统一的验收把控标准。此外，这种体制下，建设行政主管部门下放权力，行业协会对行业的指导作用缺乏有效指导，导致管理"真空"。

建筑工程质量通病，直接责任者首当其冲的当然是施工单位和设计、监理单位，对于造成的后果，我们往往无言以对，只能屈从，因为从法律层面来解释，这样的结论是正确的。因此，从事建设工程的施工、设计和监理等单位，责任风险很大，有时甚至是糊里糊涂就承担了责任。

下面，主要介绍"二裂五渗漏"，即墙体裂缝、现浇钢筋混凝土楼板裂缝和楼地面渗漏、外墙渗漏、屋面渗漏、门窗渗漏、地下室渗漏与结露等质量通病的产生与防治。

在众多建设工程质量通病中，"二裂五渗漏"是质量通病的核心内容，大约占到质量问题的2/3左右。

对于不影响结构安全的裂缝来说，对使用其实是没有影响的，但影响观瞻和人们的心理，"二裂五渗漏"的核心问题是渗漏，渗漏不仅影响使用，时间长了还会影响结构安全，因此，渗漏对建筑工程的影响特别重要。我们常说"设计是关键、施工是前提、材料是基础、维护是保证"，可见，它是一个系统工程，一个好的防止渗漏设计方案，至少应

做到以下五个合理，即合理的建筑构造形式、合理的防水（排水）设计、合理的材料选用、合理的造价控制、合理的节点说明。

一、墙体裂缝

20世纪以前，我国墙体材料主要是传统的黏土砖，也是先祖们创造建筑以来，最为普通的材料，无论万里长城、古代宫殿等，"秦砖汉瓦"是中国建筑的符号，因此，无论设计、监理、施工都有着十分丰富的经验，所以墙体质量普遍较好，但随着黏土砖的淘汰，各种新型砌体大量出现，新型砌体造成墙体裂缝成为新的质量通病，也成为质量通病新的关注点，墙面裂缝，轻者影响观瞻，重者影响使用（渗漏）。

页岩砖是最接近传统黏土砖的产品，但它也是过渡产品，不久的将来也将禁止使用。从长远发展来说，目前我们在使用的砌体材料尚无十分理想的成熟产品，因此，我们在提出墙体裂缝防治措施的同时，也呼唤装配式建筑组合墙体的早日到来。

（一）原因

（1）墙体材料的品种、规格、强度等性能不符合设计要求，砌筑砂浆不符合相应规范标准的要求。

（2）蒸压灰砂砖、粉煤灰砖、混凝土多孔砖、加气混凝土砌块、混凝土小型空心砌块在施砌时产品的龄期小于28d。

（3）蒸压加气混凝土砌块和轻骨料混凝土小型空心砌块与其他块材混砌。

（4）砌体的日砌筑高度超过规范日允许砌高度。

（5）框架填充墙砌至梁底时，封砌间隔时间少于7d、未采用专用斜塞砖。

（6）框架柱填充墙拉结筋漏放或少放，拉结筋设置不满足砌体模数及规范间距的要求。

（7）在砌筑完成的墙体上开洞、开槽时，横竖乱开或用锤击等野蛮打凿，开槽且未清理干净等。

（8）不同材料交接处的抹灰未设置加强网或加强网的材质太差，加强网与各基体的搭接宽度不够。

（9）砌体砌筑完成后过没几天就开始抹灰。

（二）防治措施

1. 设计

（1）建筑物外围结构，应采用符合节能规范和标准要求的保温措施，且优先采用外墙外保温体系。

根据目前外墙砌体材料情况，外墙不做保温层采用结构自保温的外墙材料是最好的外墙保温措施，譬如陶粒加气混凝土，它具有较好的性能（导热系数0.12~0.18W/（m·K），干容重500~750kg/m³，强度3.5~5.0MPa），是一种很好的外保温材料。

（2）住宅工程地基均应进行地基变形计算，并在施工和使用期间进行沉降变形观测。

（3）住宅长度大于40m时，应设置伸缩缝，当采用设后浇带、收缩补偿带等可靠技术措施并加强超长方向楼板的通长钢筋时，可在规范允许范围内适当放宽。

（4）砌体结构的顶层和底层的外墙应设置通长现浇钢筋混凝土窗台梁，高度不宜小于150mm，纵筋不少于4根，直径不小于10mm，箍筋直径不小于6mm，间距不大于200mm；砌体结构其他各层和钢筋混凝土结构各层的外墙在窗台标高处，应设置通长现浇钢筋混凝土板带，高度不小于60mm，配筋不宜少于3根，直径不小于8mm，分布筋直径不小于6mm，间距不大于200mm。窗台梁和板带的混凝土强度等级不应低于C20，应沿墙全长贯通设置，与柱或混凝土墙连接，宽度宜与墙厚相同。

（5）顶层及女儿墙砌筑砂浆的强度等级不应低于M7.5，粉刷砂浆中宜掺入抗裂纤维。

（6）混凝土小型空心砌块、蒸压加气混凝土砌块等轻质填充墙，当墙长大于4m时，应增设间距不大于20倍墙厚且不大于4m的构造柱；当墙高超过4m时，应于墙体半高处设置高度为120mm与墙体等宽的钢筋混凝土腰梁；砌体无约束端及直角转弯处应设置构造柱。

（7）顶层框架填充墙不宜采用灰砂砖、粉煤灰砖、混凝土空心砌块、蒸压加气混凝土砌块等材料；当采用上述材料时，墙面粉刷应采取满铺直径0.6mm以上10m×10mm的热镀锌钢丝网等加强措施。

（8）屋面女儿墙宜优先采用钢筋混凝土，不应采用轻质墙体材料砌筑。当采用砌体材料时，应设置间距不大于3m的构造柱和厚度不小于120mm的钢筋混凝土压顶，构造柱钢筋上下两端应分别锚入压顶和屋面梁中，且构造柱应与压顶整浇。

（9）混凝土墙、柱边门、窗垛宽度小于240mm应采用混凝土浇筑，窗间墙宽度小于360mm时应采用钢筋混凝土浇筑。

2. 材料

（1）墙体材料的品种、规格、强度等级等性能应符合设计要求，应有产品合格证明和现场复验报告。严禁使用国家、省明令禁止、淘汰的产品。

（2）砌筑的蒸压灰砂砖、粉煤灰砖、加气混凝土砌块的出釜停放期宜为45d以上，不应小于28d，混凝土砖及砌块的龄期不应小于28d。进场砌块堆放应有可靠的防雨措施。

（3）预拌砂浆进场时，供应方应按现行《预拌砂浆》（GB/T 25181）的要求提供产品合格证。合格证上应明确供货单位、工程名称，预拌砂浆品种、等级、数量，产品出厂批号、配合比编号，原材料名称、品种、规格，复验报告编号等内容，并按规定进行见证取样和送检。

3. 施工

（1）框架填充墙砌至梁底150~200mm处暂停砌筑，间隔14d后方可补砌，补砌时宜采用专用斜塞砖；

（2）框架柱间填充墙拉结筋应满足砌体模数及规范间距的要求，拉结筋应采用预埋法留置；

（3）砌筑墙体应设置皮数杆；正常施工条件下，砌体每日砌筑高度宜控制在1.5m内；

（4）预埋线管应采用机械开槽，严禁在墙体上交叉埋设线管和开凿水平槽，开槽处应清理干净、浇水湿润后用1：3水泥砂浆嵌实修补，且在粉刷前加贴钢丝网片等抗裂措施；

（5）砌体砌筑完成后宜60d后再抹灰，并不得少于30d。

二、现浇钢筋混凝土楼板裂缝

现浇钢筋混凝土楼板裂缝问题，始于20世纪90年代末后的大量居住建筑（主要是住宅）预应力多孔楼板改为现浇钢筋混凝土楼板，此前现浇钢筋混凝土楼板主要用于特殊要求的厂房，民用建筑则主要用于浴室、卫生间和防水要求的房间。住宅工程刚开始使用现浇钢筋混凝土楼板时，由于缺乏经验，按照普通构造要求设计和施工，一时现浇钢筋混凝土楼板裂缝现象非常普遍，成了用户投诉的第一热点，因此，各地相继出台了防止现浇钢筋混凝土楼板的措施和办法，随着这些措施和办法的落实，经过近20年的摸索和实践，此后现浇钢筋混凝土楼板裂缝问题初步得到了遏制，但如果不加注意，现浇钢筋混凝土楼板裂缝问题仍然比较严重。

现浇钢筋混凝土楼板对变形十分敏感，无论温度和结构所引起的。从实践证明来说，现浇钢筋混凝土楼板裂缝情况，现浇钢筋混凝土框架结构优于砖墙承重现浇楼板结构，桩基础优于天然地基基础，保温设计优于非保温设计。

本节所述现浇钢筋混凝土楼板裂缝主要是非主要结构因素所致的裂缝。

（一）成因分析

1. 原因

通过对大量的案例进行分析和多年工程实践研究证明，新建住宅现浇钢筋混凝土楼板产生裂缝的主要原因是由于混凝土收缩产生的。当混凝土初凝硬化时，拉应力不断增大，混凝土的裂缝就会出现。尤其对于商品混凝土，为了提高其流动性，混凝土的坍落度、水灰比都较大，如果掺入外加剂不合理，混凝土的收缩量会更大，所以更容易产生现浇钢筋混凝土楼板的裂缝。

混凝土收缩变形的过程非常复杂，影响变形的因素也很多，比如水泥的标号、品种、含量、水灰比、骨料级配、混凝土浇捣状况、养护方法、钢筋的数量与分布、含钢量、外加剂的使用等等。所以，目前发现的大部分现浇楼板裂缝，可以排除由于外荷载引起的裂缝。

现浇钢筋混凝土楼板与墙、梁相比，刚度相对较差，只要温度变化、楼板结构稍有变形，就会产生应力集中产生裂缝。现浇钢筋混凝土楼板的裂缝一般出现在房间阴角，即板角处的切角裂缝，尤其在房屋的"大角"（建筑物的转角）处。现浇钢筋混凝土楼板受到梁或墙体（尤其是钢筋混凝土剪力墙）的约束，在变形敏感部位首先出现影响，当混凝土主拉应力大于极限拉应力时，楼板就产生与主拉应力垂直的裂缝，且大部分裂缝贯穿楼板。当楼板呈方形，纵横向约束条件又相近时，裂缝就与纵横墙成45°角；如果楼板的长宽比较大，则会产生沿长边的平行裂缝，裂缝位置在房间的中央，尤其是房间较长（客厅、餐厅与厨房连通）时，沿长向裂缝现象较为常见；也有不规则裂缝，分布于整个房间。

新建现浇楼板住宅产生裂缝原因很多，成因也比较复杂，主要包括设计和施工两个方面，即住宅的平面布置、结构形式、建筑构造、建筑材料、保温措施、施工工艺、建设工期等，一般情况下，设计原因多于施工原因。

（1）设计方面

1）建筑平面布置不合理。如房间过大或两个房间之间面积相差悬殊、局部横向刚度较差（大进深统房间）、平面过于凹凸等。

2）房屋较长。如变形缝、后浇带设置不合理，两个较大单元连接面较窄（出现突变）。

3）结构形式混乱，结构构造措施不当。

4）现浇楼板的自身构造不妥。如分离式配筋、钢筋较粗、间距较大、楼板较薄等。

5）预埋管线较多。如管线集中或位置不妥（设于钢筋层下）。

6）屋面没有保温措施等等。

（2）施工方面

1）钢筋位置固定不够牢固。施工人员踩踏钢筋，致使钢筋变形移位；

2）混凝土浇捣时下料过高。使粗细骨料分离，浇捣时过分振动；

3）养护不当或不及时。因混凝土早期强度较低，难以抵抗混凝土的收缩应力，使混凝土表面很快失水，水泥未经充分水化。极端气候条件下温差较大，防护措施不力；

4）野蛮施工。盲目抢工期，过早过重堆载；

5）模板刚度不足或支撑下沉变形（这种情况往往发生在二层浇捣楼板），以及过早地拆除模板等均会造成现浇混凝土楼板的开裂；

6）变形缝被建筑垃圾填满，没有清理干净，失去其作用；

7）后浇带提前拆模。

2. 特点

对于切角裂缝和平行裂缝而言，主要有以下特点：

（1）就楼层而言，绝大部分出现在同一位置和一条裂缝，出现两条以上或不规则裂缝的很少，因此，裂缝位置相对固定统一；

（2）裂缝有上下贯通的，也有不贯通的。裂缝的宽度不大，一般约在0.05～0.15mm之间；

（3）裂缝出现的时间。一般在新建住宅完工后几个月到一年内，季节变换时尤为明显，住宅工程至少竣工一年后，裂缝的开展才会逐步趋于稳定；

（4）绝大部分楼板发现裂缝时，没有承受过活荷载（在装修或装修前），且其他结构部位无变形迹象；

（5）边开间多于中间开间，顶层多于下层；

（6）多层住宅多于高层住宅；

（7）砖墙承重结构多于框架结构、框剪结构；

（8）裂缝具有不可恢复性；

对于不规则裂缝而言，主要有以下特点：

（1）裂缝出现的时间。一般在拆模后即发现；

（2）裂缝的出现的位置没有规律性；

（3）裂缝具有不可恢复性。

3. 处理办法

（1）处理方案

最经济和实用的修补方法就是表面封闭法，即阻止空气、二氧化碳和其他有害化学物质进入裂缝内。常用的修补办法是沿裂缝纵向剔出V形或U形凹槽，槽宽、深各约10mm，凹槽表面清理干净后，灌注环氧树脂或结构胶，表面用腻子刮平，修补后一般不会对地面、天棚造成美观上的影响。

处理方案中没有必要在板底加钢丝网片，而可以在板面加钢筋网片，如厨房、卫生间现浇板裂缝，建议面层另统加一层钢筋网混凝土防水层或喷涂防水剂一层。

从绝大多数新建住宅现浇楼板产生裂缝的情况分析，这些裂缝一般经修补处理后，可以正常使用，对房屋结构影响不大。

（2）处理办法

首先要全面了解现浇楼板产生裂缝的所有信息，由建设单位组织责任主体单位（主要是设计、监理、施工）进行质量问题的讨论分析，取得一致意见后，出具"楼板裂缝问题的处理报告"。报告要有产生裂缝的原因、处理方案和确保安全的结论。

楼板裂缝问题的处理要在确保结构安全的前提下，讲究处理方法，避免专家现场"马上下结论"，要了解客户心态，耐心进行交流沟通，实事求是地告知裂缝的原因，赢得客户的理解，切莫用简单的"赔偿"办法来解决问题。

4. 建议

工程一旦出现质量问题，首先要查看资料。如果设计没问题（但不一定合理），那么就是施工问题，现场发现施工问题很简单，如常见的楼板厚度、钢筋保护层、混凝土的强度未达到设计要求等（其实不是产生楼板裂缝的主要原因），而所有质量问题，监理单位都逃脱不了责任。因此建议：

（1）设计单位应严格审查方案（主要是建筑、结构）的合理性，从源头上把握科学合理的设计，这是确保裂缝产生的最关键因素（主动控制）。

（2）建设单位应对设计文件进行认真审查，避免由于设计周期短、方案考虑不周引起的缺陷。对大面积项目，建议建设单位邀请有关专家进行设计论证。

（3）监理、施工单位，必须认真吃透设计文件，如发现设计不合理、构造不妥的，应及时以书面形式提出（被动控制）。监理、施工单位应提出合理化建议，供建设单位参考。

（4）施工、监理必须制订针对性很强的专项施工方案和监理细则，严格程序，把握过程。

（二）预防措施

1. 设计

（1）住宅的建筑平面宜规则，避免平面形状突变。当平面有凹口或洞口时，凹口、洞口周边楼板的配筋宜适当加强；当楼板平面形状不规则时，宜设置梁使之形成较规则的平面。

（2）钢筋混凝土现浇板的厚度不应小于110mm，顶层楼板厚度不宜小于120mm，厨房、浴厕、阳台现浇板的厚度不应小于100mm。同时应满足单向板大于等于$L/30$，双向板大于等于$L/35$（L为板短向跨度）的要求；相邻板的厚度相差不得大于30mm。

（3）现浇板受力钢筋应采用延性、韧性较好的热轧带肋钢筋，宜采用细而密的配筋方式。屋面板、楼板阳角部位、厚度140mm及以上的混凝土现浇板，必须设置双层双向通长钢筋，直径不应小于8mm，间距不应大于200mm。建筑物两端开间的现浇板应设置双层双向钢筋，直径不宜小于8mm，钢筋间距不宜大于100mm，当采用HRB400钢筋时，间距不宜大于150mm。

楼板双层双向面钢筋的布置形式，如图6-3所示。

（4）在现浇板断面或板跨急剧变化处、开洞削弱处等易引起收缩应力集中处，现浇板钢筋间距不应大于100mm，直径不应小于8mm，洞口削弱处应每侧配置附加钢筋，并应在板的上表面配置纵横两个方面的温度收缩钢筋。

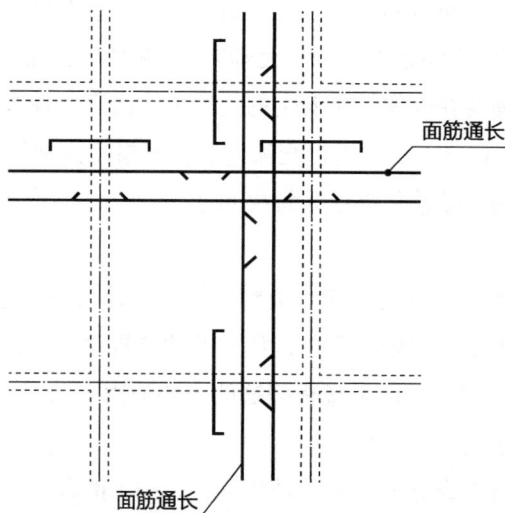

图6-3　双层双向面钢筋的布置形式

（5）在房屋各楼层阴、阳角处及较大板块的四角部位应设置沿两个方向正交、斜向平行或放射状布置不少于7根直径为8mm的附加钢筋，附加钢筋的长度应不小于1/3板短跨，且不小于1200mm，附加钢筋伸入支座的锚固长度应满足锚固要求。当该阳角处楼板配筋不小于双层双向直径8mm，间距100mm时，可以不设斜向筋。

（6）外挑阳台应采用梁板式结构。

（7）现浇板后浇带或补偿带处的板面筋应拉通，并宜加强垂直于后浇带或补偿带方向的板配筋。

（8）预埋管线除需埋设于现浇板内的照明灯具管线以外，其余管线原则上应埋设于圈梁或框架梁中。现浇板内管线必须布置在上下层钢筋网片之间，现浇板内管线应采用金属线管。对板面未设置双向钢筋的区域，则应沿管线方向在板的上表面增设直径6mm、间距200mm、宽600mm的钢筋网片，多根管线并排时，增设钢筋网片的宽度应超出管线每边300mm。给水排水管道严禁水平埋设在现浇板中。

2. 材料

（1）预拌混凝土产品质量应符合现行《预拌混凝土》（GB/T 14902）以及相关规范标准的要求。

（2）预拌混凝土生产企业提供的混凝土性能指标和相关生产技术资料应当齐全。

（3）预拌混凝土进场时必须提供原材料检测报告、理论配合比、施工配合比、坍落度、强度等级、使用部位和混凝土方量。

（4）预拌混凝土生产企业应提供使用外加剂各项性能的第三方检测报告，报告出具的时间不超过一年为有效期。

（5）现浇楼板混凝土细骨料应采用天然中粗砂，不应采用机械砂或人工砂、石粉，严禁采用海砂。尽量采用较小的坍落度，高层住宅不宜大于180mm，其他住宅不宜大于150mm。

3. 施工

（1）混凝土施工前应根据施工现场实际编制确保质量的专项方案，内容应包括在特殊情况下的混凝土施工应急预案和技术措施。

（2）混凝土运输、输送、浇筑过程中严禁加水；混凝土运输、输送、浇筑过程中散落的混凝土严禁用于混凝土结构构件的浇筑。

（3）混凝土进场时施工、监理应按规定检查入模坍落度，检查频率同混凝土试块取样频率。坍落度不符合要求时应退场，并及时通知供应方调整施工配合比。

（4）混凝土现浇结构模板支撑应编制专项方案，配备足够数量的模板，任何情况下操作层以下必须确保二层模板。后浇带两侧的支撑应独立搭设，拆除时间应符合设计文件的要求。

（5）埋设于梁内的管线应尽量靠近梁中区域，现浇板中的预埋管线应尽量避免交叉。

（6）严格控制现浇板的厚度和现浇板中钢筋保护层的厚度以及钢筋间距。混凝土浇筑时应设置板厚标高控制点。

（7）混凝土浇筑宜一次连续完成，不得随意留置施工缝。施工缝的位置和处理、后浇带的位置和混凝土浇筑应严格按设计要求和施工方案执行。

（8）在现浇板混凝土初凝前应采用平板振动器进行二次振捣，在混凝土终凝前应进行表面二次抹压，并及时采取洒水、覆盖等措施进行养护。对普通混凝土的养护至少应持续7d，对添加缓凝剂的混凝土或有抗渗要求的混凝土养护至少应持续14d。

（9）现浇板养护期间，当混凝土强度小于1.2MPa时（冬季施工时72h内），不得进行下道工序施工。

三、楼地面渗漏

楼地面渗漏总体在质量通病中并不突出，主要是即使出现渗漏问题找到原因，大部分修复相对简单。

（一）原因

（1）卫生间和设有地漏的房间楼地面，未设防水层，防水层沿墙面的上翻高度小于300mm。

（2）厨房、卫生间和有防水要求的楼板（包括烟道、井道四周）等周边除门洞外，未向上设一道高度不小于200mm的混凝土防水翻边，翻边未与楼板同时浇筑。阳台与房间之间外墙未设混凝土防水翻边，造成墙面渗水很难修复。

（3）安装在卫生间及厨房内的套管，其顶部未高出装饰地面，有防水要求的楼板中的预埋套管中间未增设止水环（非标）。穿过楼板的套管与管道之间缝隙未用阻燃密实材料和防水油膏填实。

（4）找平层、防水层、面层施工前，基层未清扫、冲洗干净，与下一层结合不牢固，面层有空鼓、裂纹、脱皮、麻面、起砂等通病。

（5）整体面层施工时，墙面与地面交接处未做成半径为10mm的小圆角。

（6）整体面层的抹平未在水泥初凝前完成，压光未在水泥终凝前完成，养护时间少于7d。

（7）卫生间和设有地漏的房间的楼地面在结构层及施工完毕后，未分别进行24h蓄水试验，蓄水高度不够。

（8）地面回填土或垫层不分层压实或压实不满足要求。

（二）防治措施

1. 设计

（1）卫生间和设有地漏的房间的楼地面应进行防水设计，明确细部的防水构造、防水措施、选用的材料及其技术指标。卫生间墙体不得采用砂加气等易吸水的材料砌筑。

（2）卫生间和设有地漏的房间的楼地面、露台、平台等周边墙体，应设计同墙宽、高度不小于相邻房间相对较高地面200mm的混凝土防水翻边，与楼板一起浇筑。

（3）卫生间和设有地漏的房间的楼地面标高，应比室内相邻房间楼地面低50mm以上，并且高低交接处的楼板负筋应采用分离式设计，以保证浇筑混凝土楼面标高差。

（4）卫生间和设有地漏的房间的楼地面，应设水泥基防水层，沿墙面上翻高度不得小于300mm，有水喷溅到的墙面上翻高度不小于1800mm。

（5）立管穿越厨卫间和设有地漏的房间的楼地面处，必须设置钢制防水套管，套管顶部至少高出最终装饰面层50mm。排水支管穿越楼面宜采用预埋接口配件的方法。穿越楼面的排气道、烟道无墙侧的钢筋混凝土翻边要求宽度不小于60mm，高度不小于200mm。

2. 材料

卫生间和设有地漏的房间的楼地面采用的防水材料，应有产品合格证书和性能检测报告，材料的品种、规格、性能等应符合国家现行产品标准和设计要求，并按有关规定进行见证取样送检。

3. 施工

（1）卫生间和设有地漏的房间的楼地面在结构层及施工完毕后，应分别进行24h蓄水试验，蓄水高度20～30mm，不渗不漏为合格。

（2）防水层施工前应先将基层清理干净，阴角处粉成小圆弧，圆弧应符合选用防水材料的要求。

（3）楼地面找平层应向地漏放坡1%～1.5%，地漏口要比相邻楼地面低5mm。

四、外墙渗漏

（一）现象

外墙渗漏是比较重要的质量通病，它具有影响使用功能、渗漏原因复杂和修复难度大等特点。目前，在绝大部分建筑中，外墙饰面主要有三种做法：涂料饰面（水泥砂浆面层加涂料）、块材饰面（面砖）和幕墙（石材、陶板、铝板、玻璃）饰面。

外墙是组成建筑物的一个重要系统，它的防水构造节点设计包括门窗洞口、雨棚、阳台变形缝、伸出外墙管道、女儿墙压顶、外墙预埋件、预制构件等交接部位的防水设防。对于有保温要求的外墙系统来说，外墙材料必须要满足热工性能的要求，构造系统十分复杂，因此，外墙渗漏的影响因素也更多。

生活中，我们只要稍作留意，总能发现外墙有不同的"补丁"，这些"补丁"就是外墙渗漏经维修留下的现象。

现象一：在渗水外墙表面涂刷了一层透明的防水涂料，涂料形成一层防水薄膜，这样虽然可以修复渗漏，但经过一定时间，防水薄膜就会黏上空气中的灰尘，使墙面颜色变灰、变黑，与周围的外墙颜色形成强烈的反差，远远望去，既明显又难看。

现象二：对于外墙为块材饰面时，也经常采用现象一的方法修复。比较考究的修补方案是将渗漏部分的基层和块料凿除，重新施工修复，虽然基层修好了，但后补的面砖即使规格都一样，也不可能同批同色，这样修补的外墙，虽然比第一种好很多，但色差是避免不了的，此外，在新旧交接处可能会出现新增的渗漏现象。

现象三：其实是外墙没有症状的，即幕墙系列饰面的渗漏。由于幕墙节点构造复杂、表面材料质量不易保证（石材）、胶结密封材料存在使用寿命等影响均容易产生渗漏现象，而且是渗漏部位与发现渗漏点不在同一位置，发现问题比较困难，维修也十分复杂。

（二）原因

1. 沿混凝土梁底的渗漏

内墙面出现一条水平带的部位基本都在墙顶梁底处，即墙顶斜塞砖的部位，说明斜塞砖处砌筑砂浆不密实或斜塞砖顶与梁底交接处不密实，存在缝隙形成了渗水通道，这是原因之一；其二是斜塞砖过早砌筑，下部砖砌体未沉降到位，上部就容易出现细裂纹的机会；其三是外墙粉刷层，由于混凝土面和砖墙面材料性能不同，膨胀系数不一样，当温差较大时，这两种材料交接处容易产生裂缝。当以上几种原因同时发生时，墙面就出现渗水了。

2. 构造引起的渗漏

从外墙构造来看，由外到内分别是面层（或面砖、结合层和幕墙）、保温层、基层组成。

（1）涂料饰面

1）墙面基层没有界面层或基层未处理到位，如外墙剪力墙支模未采用止水螺杆穿墙，穿墙孔洞未采用微膨胀砂浆从墙体两侧分次堵塞密实；

2）墙面的湿润度不符合基层砂浆的要求；

3）外墙抹灰未采用中粗砂，砂浆未采用聚合物防水水泥砂浆或普通防水砂浆；

4）外墙粉刷未分层进行，几遍粉刷一次成活，即第一遍打底（找平），初凝后即抹第二遍，间隔时间少于24h；

5）外墙粉刷停息点未留置在楼层混凝土梁或圈梁的中部，各粉刷层的停息点没有相互错开；

6）凸出外墙的挑板、雨棚在嵌入墙体位置未增设混凝土翻边挡水；

7）砌体与混凝土结构交接处（梁底、柱边）抹灰时未采取加强措施；

8）保温砂浆的面层砂浆，未设置防开裂的材料。

（2）块材饰面

块材饰面，涂料饰面的大部分问题都存在。对于块材本身而言，质量应该没有问题。容易引起渗水的是块材间的缝隙，块材尺寸小而缝多，按目前的施工方法，对块材缝隙的处理都是以水泥砂浆"擦缝"的方法，不是"勾缝"（这么多的缝，即使"勾缝"也难保证质量）。对块材的缝隙，仔细观察，水泥砂浆是有不少收缩细裂缝和砂眼的，这些裂缝和砂眼主要是块材与墙面基层的干湿度、材料性质、施工环境和工艺等有关，特别是块材贴好后与勾缝的时间间隔较长，形成又一道施工缝，更容易产生裂缝和砂眼，其次是块材饰面的保养未到位。裂缝和砂眼虽然微小，却是雨水渗入的地方。

（3）幕墙

建筑幕墙（干挂系列）在我国大量运用始于2000年左右，凡"高大上"建筑墙面均使用干挂系列，其中石材是主要饰面，包括规划设计条件明确要求建筑物使用干挂系列。在这期间，也是我国公共建筑大量兴建的时期，目前已建成的"高大上"建筑绝大部分采用干挂系列，外墙干挂系列成了"高大上"建筑的象征。

干挂系列饰面，即根据建筑设计要求确定的立面，把经过加工后的饰面材料，通过扣件、胶结材料等固定在钢骨架上，钢骨架固定在建筑物的结构上，干挂饰面与墙面抹灰（保温、防水）等组成干挂石材外墙系统。从外观看，干挂石材的确"高大上"，但构造复杂，施工麻烦，造价高昂，安全和质量难以保证。

下面特别列举干挂石材幕墙的问题和隐患，供参考。

1）质量、安全难以保证。

如前所述，干挂石材墙面系统组成配件、材料较多，构造复杂，任何一个环节均会影响干挂石材墙面系统的质量和安全。如墙面渗水，首先是其天然性，很难避免和保证石材表面不渗水；其次是由于构造、胶水漏打等因素而渗水。干挂石材墙面渗水，影响建筑物的使用功能，成因复杂，维修工作量大，有时是很隐性的（内腔很难发现）。大家知道，渗水会影响钢骨架生锈，逐步降低其原有功能，此外，久而久之，胶合材料、扣件老化等，也会丧失石材与钢骨架基层的"连接"功能。

如果干挂石材与钢骨架基层失去"连接"功能，石材就会脱落，后果就不堪设想。

2）造价高昂。

据了解，干挂石材墙面的造价在700~1200元/m²（墙面面积），一般不含粉刷（防水、保温）层的造价，约占建筑总造价的10%~20%左右。

3）施工工期长、要求高、施工复杂。

干挂石材墙面在主体结构施工时，就开始设置预埋件；对脚手架的搭设有具体要求；从墙面抹灰、型钢安装、扣件固定、安装石材、打胶等施工工程复杂。

4）影响质量原因多。

A. 原材料质量。市场环境复杂，采购、加工、验收每一个环节稍有疏漏，就会产生质量问题。

B. 承包形式。目前大部分干挂石材是有专业分包单位施工，门窗也有专业单位施工安装，而抹灰由总包单位施工，由于各方面原因，很难保证和界定墙面干挂石材系统的质量。

C. 专业设计深度有限。往往一句墙面应"满足防水等要求"，而实际却不了了之。比较典型的是把压顶、窗台的石材面层作为防水层，而不采取任何防水措施。

D．施工、管理人员的质量、责任意识；

E．造价不合理，少数工程造价过低，存在施工单位偷工减料现象；

F．密封材料老化。

5）干挂石材安全问题屡见不鲜。

由于以上多方面原因，干挂石材幕墙不但存在渗漏问题，更存在严重的安全隐患，我们应当慎用。

此外，在外墙饰面中，也不应该把块料饰面作为主要饰面，应该把块料面层仅作为装饰层而已，而防水防渗功能靠面砖层内的基层来保证，如果按这种思路来做防渗漏，可能会更有效。

3．窗台构造引起的渗漏

窗台是极易渗水的部位之一，如果构造不妥，就会造成窗台渗水，当住户装修完成投入使用后，发现渗水，往往损失会更大，所以必须重视窗台的构造。

窗台要有坡度，这是众所周知的事，但目前尚未找到十分明确的关于窗台坡度要求的标准。《建筑外墙防水工程技术规程》（JGJ/T 235—2011）第5.3.1条规定：外窗台应设置不小于5%的排水坡度。对于降雨量较大的地区而言，该值是偏小的，应当提高。

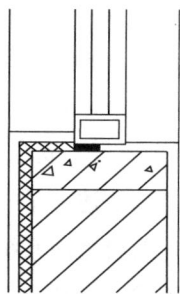

图6-4　外窗台高于内窗台

常见的窗台设计错误。外窗台高于内窗台，窗台没有坡度，如图6-4所示。

常见的窗台施工错误。窗台混凝土未进入窗间墙内而渗漏；门窗框与墙面间发泡剂不饱满，使砂浆进入门窗框与墙面间的缝隙，导致门窗框无法正常伸缩，出现裂缝而渗漏。

（三）外墙渗漏防治

1．设计

正确的设计方案是预防外墙渗水的第一步，设计方案应多方面考虑，除了考虑强度、热工等方面的要求外，外墙防渗水是必须重点考虑的内容。

（1）外墙装饰应优先采用涂料，涂料宜选用吸附力强、耐候性好、耐洗刷性好、防水性能优良的弹性涂料。

（2）在凸出外墙的线条、空调板、雨棚等部位上口的墙体中应设置混凝土防水翻边，并与上述构件整浇，上述部位节点的防水设计应在施工图中予以明确。

（3）出屋面墙体应设置高度大于250mm并不低于泛水高度的钢筋混凝土防水翻边。

（4）采用非烧结类砌体材料砌筑的外墙，应明确在第一道粉刷层中增设抗裂加强网片。外墙粉刷面层应设置分格缝，应有节点详图，并有防水处理措施。

（5）住宅工程外墙防水设计应符合现行的《建筑外墙防水工程技术规程》（JGJ/T

235）及《外墙外保温工程技术规程》（JGJ 144）的相关规定，高层建筑外墙及有外保温的外墙应进行墙面整体防水设计。

（6）推荐外墙防水窗台做法，如图6-5所示。

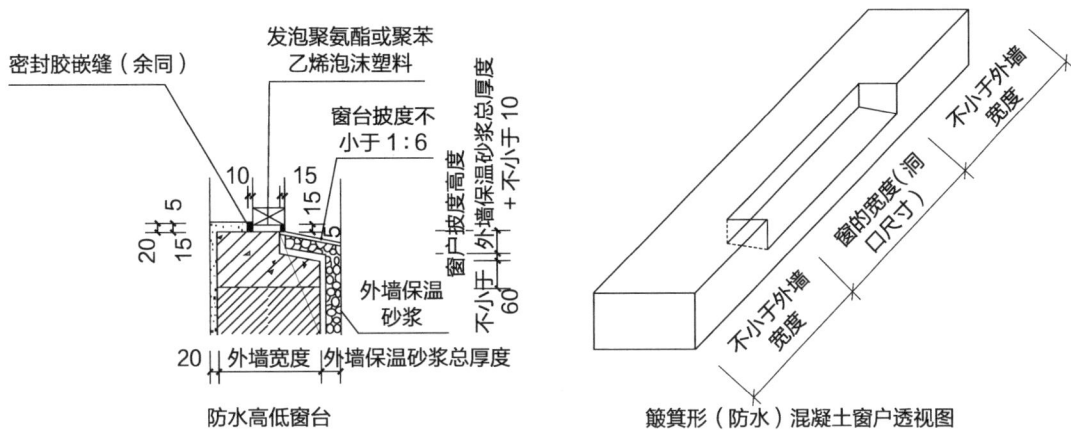

图6-5 簸箕形防水窗台

防止窗台渗水，首先要确保外窗台低于内窗台，其高差应至少大于10mm。其次是外窗台要有合理的构造，主要有：

1）外窗台低于内窗台。

外窗台低于内窗台是窗台防水的第一道天然屏障，它可以将雨水落到窗表面时顺窗台自然流往外墙面。

2）窗台应有一定的坡度。

窗台留有一定的坡度，并不小于1：6，可以将雨水不止于窗台上而迅速流往外墙面。

3）窗台必须用混凝土现浇。

窗台不仅需要横向防水，同样需要纵向的防水，两者形成簸箕状雨水围堵。

4）窗框周围应设结合层。

窗框四周应设结合层（发泡剂），结合层的厚度应一致（一般控制在15~20mm），并应先设置结合层，后进行窗框周围的粉刷。

特别提醒：飘窗窗台更应注意其构造。首先要确定窗外侧与粉刷外边缘的尺寸，该尺寸一般以40mm为宜，如果过大，坡度高度就大，特别是外保温墙面，极易产生窗台外高内低现象。其次是适当减小飘窗框的高度。图集规定窗框的实际尺寸比洞口尺寸每边小15mm，飘窗框的实际高度建议再减少10~20mm，也可适当降低内窗台的混凝土面标高10~20mm，内窗台的面层建议用30mm厚细石混凝土，这样做的目的是确保内窗台比外窗台高。

2. 材料

材料要求除按墙体裂缝防治中的相关条款规定外，还应符合以下规定：

（1）外墙粉刷采用的预拌砂浆，除应符合《预拌砂浆》（GB/T 25181）和《预拌砂浆应用技术规程》（JGJ/T 223）等规定的要求外，还应符合设计规定的防水要求，所采用的防水剂应符合《砂浆、混凝土防水剂》（JC 474）的要求，聚合物水泥防水砂浆应符合《聚合物水泥防水砂浆》（JC/T 984）的要求。

（2）外墙涂料在使用前，应对其产品性能和质量进行抽样检测。

（3）慎用砌筑砂浆外加剂。

对于砌体承重的多层建筑来说，砌体是主要的承重结构。不合格的砌筑砂浆难以保证砌体强度符合设计要求，不符合设计要求的砌体加固也十分困难（往往难以被建设单位接受）。砌筑砂浆是一种无机粘结材料，其中外加剂非常重要！它与原材料的质量、配比、存放时间、运输、保管、搅拌、使用时间、气候环境和施工工艺以及砌体材料等均有密切的关系，因此，建议施工单位运用较成熟的产品，慎用砌筑砂浆外加剂。

（4）选用质量好的原材料：外墙砌筑中，首要的就是保温砖，除了应该满足保温的要求外，还应观察几何尺寸及烧结裂纹等；选择质量好的干混砌筑砂浆；增加防水砂浆层，事前还应了解防水材料的性能、防水效果等。

3. 施工

（1）三要素

作为施工单位，外墙施工必须掌握三要素，即正确的施工工艺、认真的现场操作、有效的现场监督管理。

1）正确的施工工艺。

墙体砌筑、内外粉刷有成熟的施工规程和工艺，施工单位必须根据设计要求和工程特点组织施工，同时对作业班组要认真做好交底工作，例如斜塞砖必须在下部水平砖砌筑5～7d后开始砌筑。

2）认真的现场操作。

这是最实质性和重要的一环，好的设计方案和施工工艺，如果没有认真操作，就达不到预期效果，特别需要指出的是水平灰缝饱满度一定要大于80%，竖向灰缝也要达到水平灰缝饱满度的要求，内外粉刷要认真地实行二次抹灰，不能以一遍代替二遍抹灰等。

3）有效的现场监督管理。

现场分部分项的施工质量，除了施工单位自身管理以外，监理单位应该认真监督检查，要能及时发现问题、尽到职责。

（2）防治措施

1）外墙砌筑时应严格控制灰缝饱满度。

2）外墙构造柱及圈梁支模时不宜留置洞眼，应采取穿墙螺栓或其他固定措施。外墙剪力墙支模应采用止水螺杆穿墙。穿墙孔洞宜采用微膨胀砂浆从墙体两侧分次堵塞密实。

3）外墙穿墙管道的套管应焊止水环，主管与套管间隙应使用柔性材料填塞，并用防水油膏或防水胶封口。住宅自行车库所有出墙管及后期管线涉及穿墙部位应进行防水封闭处理。

4）外墙两种不同材料构件交接处应设加强网，加强网应设在粉刷层中间，按设计要求选用合格材料，并有可靠的固定措施，固定点间距不得大于300mm。

5）外墙粉刷前结构基层应清除污物，混凝土表面应采用人工凿毛或界面剂砂浆进行毛化处理，并应进行喷水养护。

6）外墙基层粉刷应采用防水砂浆，粉刷前提前1d浇水湿润。防水砂浆粉刷完成后应进行淋水试验，持续淋水6h以上，渗漏处处理后方可进入下道工序。

7）外墙粉刷必须分层进行，严禁一遍成活。施工时每层厚度宜控制在7～8mm，不应超过10mm。外墙粉刷各层接缝位置应错开，并应留置在楼层混凝土梁、圈梁、柱中部，面层应按分格缝一次性粉刷完毕。

8）外墙涂料应采用水泥基腻子材料进行找平。外墙饰面砖粘贴前和施工过程中，均应在相同基层上做样板件，并对样板件的饰面粘结力强度进行检验（实体检测与强度检测）。外墙面砖必须勾缝，宜采用专用勾缝剂和专用工具分两次勾缝，勾缝应光滑密实。

9）窗台排水坡度不应小于1∶6，窗眉、阳台栏板压顶、雨棚、腰线和挑檐等处粉刷的排水坡度不应小于5%，且靠墙体根部处应粉成圆角；滴水线粉刷应密实、顺直，不得出现爬水和排水不畅的现象。

10）水落管应采用管箍钉固定牢固，禁止用小木楔固定管箍，管钉周边应采取防水密封处理。

11）外墙工程完成后应做淋水试验，持续淋水12h以上，不渗不漏方可进入下道程序。

淋水试验是用最原始最直观的检查方法，这里强调二次淋水试验。第一次安排在内外粉刷完成后，时间以24h为宜；第二次安排在面砖贴完后，时间仍以24h为宜。重要的是第一次淋水试验，当第一次淋水试验后，若墙内面发现渗点，可以及时修复，而且修复也比较容易，所以是淋水试验的重点。第二次试验是进一步考验，一般说来，如第一次试验不渗水，第二次渗水的可能性不大。如果有条件的，不妨在墙体砌筑完成后粉刷前，增加一道淋水试验，考验砌体灰缝的施工质量，如能在砌体淋水试验时没有发现明显的渗漏情况，则在粉刷完成后渗水可能性就要小得多。

五、屋面渗漏

（一）概述

屋面是建筑物的重要组成部分，根据屋面排水坡度不同，屋面主要分为平屋面和坡屋面两种。一般平屋面的坡度在10%以下，最常用的坡度为2%～3%，坡屋面的坡度则在10%以上。我国传统建筑均采用坡屋面，有双面坡，四面坡等，这种屋面坡度较大，伸缩自如，排水迅速、防水效果也比较好。20世纪80年代以来，为减轻屋面自重、降低工程造价，大部分新建建筑屋面普遍改为钢筋混凝土平屋面。平屋面具有施工方便、构造简单、造价较低、外观简洁等特点，适用于各种形状和大小的建筑平面，这类屋面应用最为广泛，但平屋面的渗漏问题远远大于坡屋面。这里，我们主要讲述平屋面的渗漏问题。

屋面工程渗漏是目前建筑工程几大质量通病之一，究其产生原因，涵盖了屋面工程的形成的整个过程，即设计、施工、使用三个过程，上述三个过程任何一个环节的疏忽都会造成屋面工程的渗漏。在这里我们不讨论哪一个过程的影响大小，但我们必须对可能造成屋面工程渗漏的各个环节进行深入剖析，消除对质量通病认识的误区，才能更好地解决好屋面渗漏的质量通病。

对于屋面工程的渗漏问题，我们一直有一些误区，即一出现屋面渗漏，就认为是施工质量没有做好。下面首先澄清对屋面工程渗漏认识的误区，然后根据形成屋面的过程来对屋面工程产生渗漏的原因进行分析并且提出有针对性的防治措施。对于屋面工程渗漏原因的认识误区，主要有以下三个方面：

误区一：过分重视屋面工程的防水，不重视屋面工程的排水。屋面水不像地下室外围的地下水，长年累月一直有，只有下雨时才会有水，试想屋面雨水汇聚后，能够迅速排除，屋面哪还有水可漏？屋面工程的防渗漏原则首先应是"排"，然后是"防"，最后才是"堵"，只要按此原则对屋面防排水工程进行处理，屋面工程的渗漏现象必定会大大减少。

误区二：屋面工程渗漏是防水施工质量问题。屋面一旦出现渗漏，就会认为这是防水施工质量所造成的。其实屋面渗漏的原因设计才是基础和关键，它不仅仅是屋面防水的设计，还有结构体系和建筑构造等方面的因素，只有设计才可以从源头解决屋面防渗漏的根本性问题，才能更好地彻底解决屋面的渗漏问题。

根据笔者多年的审图体会，建筑设计总体对屋面设计不够重视，屋面往往是设计质量问题的"重灾区"，屋面构造和节点出现问题，几乎涉及所有工程，很多建筑师对屋面设计的要求没有交代清楚。因此，屋面完全按原设计施工图施工的比例不高，有的建筑师屋面设计完全套用标准图集，自己说不清设计的依据和做法。

误区三：后期的运营管理与屋面工程渗漏无关，屋面工程渗漏，肯定是施工质量问题。使用单位平时对屋面的维护几乎缺失，等到屋面渗漏再去维修是我们的"习惯思维"。

总之屋面工程是一个系统工程，它的渗漏涉及建设工程的整个生命周期，任何一个环节的疏忽都会导致屋面工程的渗漏，为此，我们必须注意把握好其形成的每一个过程，做到重设计阶段的主动设防控制，也不轻施工和运营阶段的被动控制，同时做好后期的维护和保养，我们的屋面工程也就无水可漏了。

（二）现象和原因

1. 设计

（1）屋面常年处于室外露天环境，一直处于高、低温交替状态，在进行屋面板设计时仅考虑满足屋面承载能力要求，没有考虑屋面板温度变形的影响，没有按不允许出现裂缝构件进行混凝土的拉应力验算。

（2）"平屋面檐沟"。雨天屋面上汇水没有形成明显水流，看不到沿沟或沿沟不明显，大暴雨时短时间内屋面建筑层就泡在水里。屋面没有设置独立的结构沿沟或屋面设计的是建筑找坡沿沟，起坡尺寸又太小（不满足规范不小于100mm的要求）或根本连建筑找坡的沿沟都没有（相当于卫生间的地面）。

图6-6是常见的平屋面平檐沟设计形式，我们不难发现该图存在以下缺点：

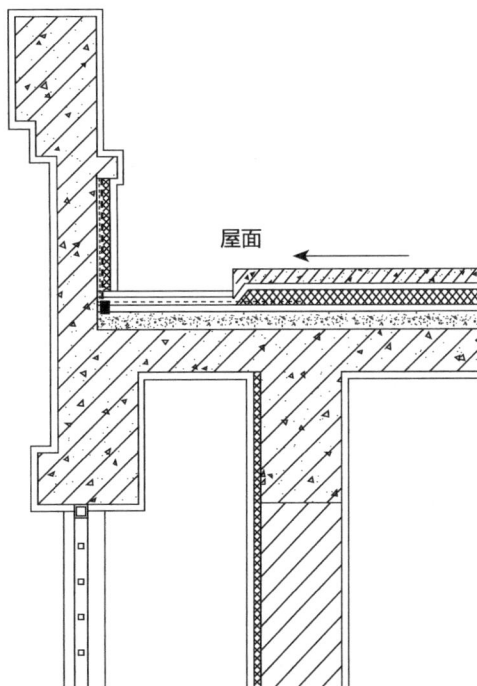

图6-6　常见的平屋面平檐沟设计

1）图中没有见到檐沟分水线的位置（不知设计者是如何考虑的）。

根据《屋面工程技术规范》（GB 50345—2012）第4.2.11条的规定：檐沟、天沟的过水断面，应根据屋面汇水面积的雨水流量经计算确定。钢筋混凝土檐沟、天沟净宽不应小于300mm，分水线处最小深度不小于100mm；沟内纵向坡度不应小于1%，沟底水落差不得超过200；檐沟、天沟排水不得流经变形缝和防火墙。

2）该设计为倒置式保温屋面。

根据《屋面工程技术规范》（GB 50345—2012）第4.4.6条的规定：倒置式屋面的坡度宜为3%。保温材料长期浸在水中，势必使用高性能的保温材料。

3）檐沟找平层阴阳角未做圆角。

按照《屋面工程技术规范》（GB 50345—2012）第5.3.7条、表5.3.7的规定：高聚物改性沥青防水卷材圆弧半径应符合50mm，合成高分子防水卷材圆弧半径应符合20mm。

4）压顶、线条无坡度。

这个屋面檐沟做法，不满足规范要求（檐沟的深度），容易造成渗水现象施工质量难以保证，对保温材料要求较高。因此，无论何种屋面都必须设计沿沟，有条件的尽可能设计较宽深的结构沿沟，这种做法是不能采用的，尤其在降雨量较大地区。

（3）屋面板内沿安装预埋管出现裂缝渗漏水。

（4）雨水过后屋面女儿墙底部一直不能干燥，一段时间后屋面上翻女儿墙上的防水层脱落，屋面建筑防水层下各建筑层内充满雨水。因黏土实心砖已禁止使用，屋面女儿墙多设计成轻质孔隙率较大的墙体材料砌筑而成，再加之诸多设计女儿墙不设计钢筋混凝土压顶，遇下雨雨水浸入女儿墙内积聚于女儿墙底，无处排除又难以蒸发出墙体，便使女儿墙底部一直处于雨水浸泡的状态中，便会出现上述现象。

2. 施工

（1）出屋面结构（楼梯间、电梯间、设备用房、烟道和风井等）室内屋面标高处渗漏水。出屋面结构围护墙底没有做混凝土翻高或翻高高度不够，或为二次翻高界面夹渣没有清理干净；翻高部分吊模施工采用木质内撑没有拆除，或采用铁丝对拉铁丝锈蚀，沿木质内撑或锈蚀铁丝渗漏水；翻高部分振捣不密实或先振翻高部分后再振屋面板出现吊脚孔洞渗水。

（2）防水卷材施工完成还未进入下一道工序前防水层空鼓、起泡、接缝不严（接头散焊）和翻高脱落。基层清理不干净，冷底子油涂刷不到位，基层未充分干燥，加热火候掌握不到位，滚压时间和力度没掌握好；阴、阳角没有做成小圆弧形角等原因易造成防水卷材空鼓；基层未充分干燥易造成卷材起泡；接头处加热火候没掌握好，滚压时间和力度掌握不好，对接头没有进行焊接收边易造成接头不严密；阴角没有做成小圆弧角，加热火候和推滚时间没有掌握好易造成出屋面结构处翻高脱落。

（3）涂膜类防水层施工完成还未进入下一道工序前防水层裂缝、脱皮、鼓泡和流淌。找平层空鼓、起壳、开裂，基层不平整造成涂膜厚度不均匀，易造成涂膜防水层裂缝；基层起砂、清理不干净容易导致涂膜防水层脱皮；基层未充分干燥，易造成防水层起泡；涂料耐热性较差易致涂料类防水层流淌。

（4）刚性层出现网状龟裂，或沿轴线、女儿墙和出屋面结构翻边裂缝，导致屋面雨水沿裂缝渗入各建筑层。屋面刚性层混凝土砂、石含泥量太高，混凝土坍落度太大，浇筑混凝土时温度过高导致混凝土失水过快，刚性层没有设分仓缝或分仓缝间距过大，刚性层钢筋在分仓缝处没有断开，这些原因会导致屋面刚性层出现裂缝导致渗漏。

（5）下大雨时屋面和沿沟流水不畅，在很短时间内屋面所有建筑层就泡在水中。施工时没有按设计图纸要求做足屋面和沿沟的排水坡度。

（6）屋面工程全部完成一段时间后，经过一段时间的雨水发现屋面有渗漏点，凿开屋面各建筑层，发现屋面各建筑层全部蓄满了水。除了上述的刚性层裂缝渗水外，最主要的原因是板块间的分仓缝、伸缩缝、出屋面管道根部没有处理好和保温层排气孔没有做180°朝下开口，还有屋面翻高收口脱落等，一到下雨这些部位便是集水口。

3. 后期使用管理

（1）屋面工程交付使用后长期不清理，各种杂物会致使水落口堵塞，沿沟长年积水，雨量大时导致屋面长期泡在水中，因为屋面结构再怎么密实也会有各种微细裂缝和各种微细小孔。

（2）屋面长期外露，在长期高、低温交替作用下，时间长了卷材收口处老化脱落，分仓缝等密封膏处没有进行卷材覆盖，在太阳长期暴晒时流淌了，未进行补充，或进行覆盖好，时间长了老化了、脱落了，没有进行修补。

以上两种情况处理不好也同样会导致屋面工程渗漏，预防和治理方法与上面施工方面的防治方法相同。

（三）防治

1. 设计

（1）屋面防水工程应按照《屋面工程技术规范》（GB 50345—2012）、《坡屋面工程技术规范》（GB 50693—2011）、《倒置式屋面工程技术规程》（JGJ 230—2010）的要求确定防水等级和屋面构造层次，并按二道及以上进行防水设防。防水设计的内容和深度应符合规范要求。

（2）屋面顶层结构应采用自防水混凝土。整体现浇混凝土板的找平层应采用防水砂浆，厚度为15～20mm。

（3）屋面应优先采用外挑式檐沟。

下面介绍"低平面斜"的建筑结构找坡和斜屋面的构造（细石混凝土挂瓦条）

1）"低平面斜"的建筑结构找坡。

屋面找坡是屋面构造和屋面质量控制的重要组成部分。住宅建筑既要保证屋面的质量，又要保证顶棚的美观，我们采用何种找坡形式呢？这里，向大家推荐一种较为实用和经济的钢筋混凝土现浇住宅屋面的找坡形式，即"低平面斜"的建筑结构找坡。所谓"低平面斜"的建筑结构找坡，就是屋面结构面层根据设计坡度要求直接形成坡度，板底则利用梁或分隔墙做成水平，做法如图6-7所示。

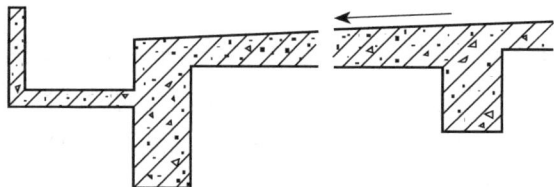

图6-7 "低平面斜"建筑结构找坡

对于建筑找坡而言，屋面找坡层可以兼做屋面的保温层，但由于找平层厚度不一，找坡材料必须用现场浇注材料施工，如轻型混凝土等。对于坡长较短的屋面，如住宅工程（一般单坡长度小于5m），使用找坡的材料数量较少，但施工十分麻烦，且一旦渗水很难找到渗水点，渗水后也会大大降低保温层的热工参数而降低保温效果，因此，建筑找坡存在很多缺点，我们在实际过程中尽可能少用或者不用。

对于结构找坡而言，则可以避免建筑找坡的上述缺点，但由于结构找坡会使顶棚不平，从而影响美观，对于民用建筑来说是不能接受的。但随着国民经济和生活水平的提高，大部分非居住建筑的顶层均采用吊顶形式，结构找坡影响美观一说就不存在了。

2）斜屋面的构造（细石混凝土挂瓦条）。

斜屋面的做法根据屋面表面材料有好多种做法，施工难度也大于平屋面，其优点是屋面防水性能较好，立面也比较美观。

某保温斜屋面设计构造，总厚度为：75mm（水泥瓦总厚度）、30mm（挂瓦条）、20（顺水条）、40mm（钢筋网细石混凝土持钉层）、45mm（挤塑聚苯板）、3.4mm（两道防水层）、20mm（找平层），合计总厚度为228.4mm。设计为了保证下层防水层不受破坏，增加了持钉层，但上下两道防水层被挤塑聚苯板隔离，时间长了较易产生滑落的安全隐患，檐沟等节点处理较难，施工也十分麻烦。

此外，根据《屋面工程技术规范》（GB 50345—2012）第3.0.5条的规定：重要建筑和高层建筑，设防要求为两道防水设防。因此，按照这个要求，很多屋面图集做法木挂瓦条、顺水条用钉子固定在防水层上，实际上是无法满足两道设防要求的（钢筋混凝土斜屋面不能作为防水层），而且时间长了还有安全隐患。

为了解决上述问题，笔者在多个项目实践中，把现浇钢筋混凝土保温斜屋面改用细石混凝土挂瓦条的做法，保温斜屋面构造为（自上而下）水泥瓦、防水涂膜、细石混凝土挂瓦条、水泥砂浆找平层、钢筋混凝土结构层、保温层、保护层，如图6-8所示。这种做法在方便施工、保证质量的同时，造价与前者节约至少20～25元/m²，也缩短了施工周期。

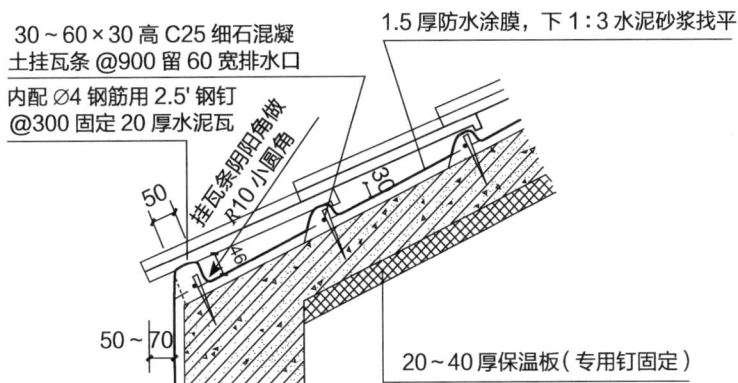

30～60×30 高 C25 细石混凝
土挂瓦条 @900 留 60 宽排水口
内配 Ø4 钢筋用 2.5' 钢钉
@300 固定 20 厚水泥瓦

1.5 厚防水涂膜，下 1：3 水泥砂浆找平

挂瓦条阴阳角做
R10 小圆角

50

30

6°

50～70

20～40 厚保温板（专用钉固定）

图6-8　斜屋面细石混凝土挂瓦条

（4）卷材在泛水处收头应嵌入墙体凹槽内并用防水密封材料封闭。刚性保护层与卷材、涂膜防水层之间应设置隔离层。

（5）屋面刚性保护层混凝土强度等级不应小于C25；厚度不应小于60mm，应在混凝土内配置不小于Φ6@200的钢筋网片，优先采用焊接网片。

（6）倒置式屋面应采用吸水率小、长期浸水不变质的保温材料。

（7）设保温层的屋面应明确排气管道的材料与做法。

（8）在屋面上安装太阳能热水、光伏系统时，应与建筑工程统一规划、同步设计、同步施工、同步验收。太阳能热水、光伏系统支架应与主体结构牢固连接并预留接地接口，连接处应进行防水细部节点设计。

（9）在屋面板设计时除正常计算其承载力，还必须按不允许出现裂缝构件计算其抗拉应力；板配筋采取双层双向通长配筋，板厚适当加厚，缩小次梁间距，伸缩缝或后浇带间距按室外露天环境考虑设置，混凝土采用抗裂混凝土。

（10）出屋面高度小于1.5m的女儿墙不要采用砖砌体，应采用混凝土墙或栏板并做压顶，使雨水无法浸入墙面。

（11）当屋面坡度较长并有高出屋面的建筑物或女儿墙时，出屋面的外墙面或女儿墙面的雨水会顺墙面水流流向泛水腰线，再从泛水腰线水流沿泛水腰线往下流动，这样会造成泛水腰线水流长时间在泛水腰线上经过，很容易造成雨水沿腰线渗入墙内，引起墙面渗水，如图6-9所示。因此，当泛水腰线过长时，腰线应做成水平分段，水平间距应≤6m，以防止墙面水流流向腰线时沿腰线而渗入防水层内，如图6-10所示。

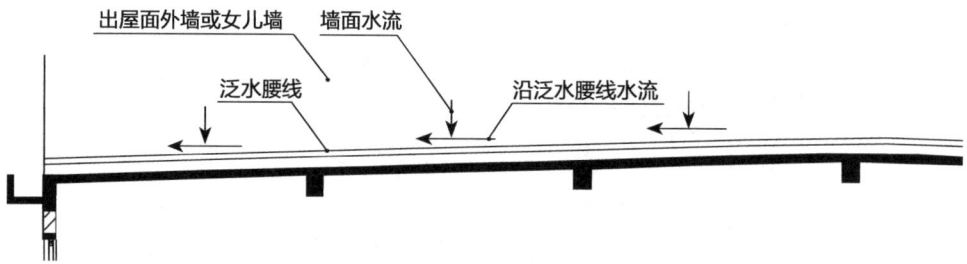

图6-9　泛水腰线过长易产生渗水现象

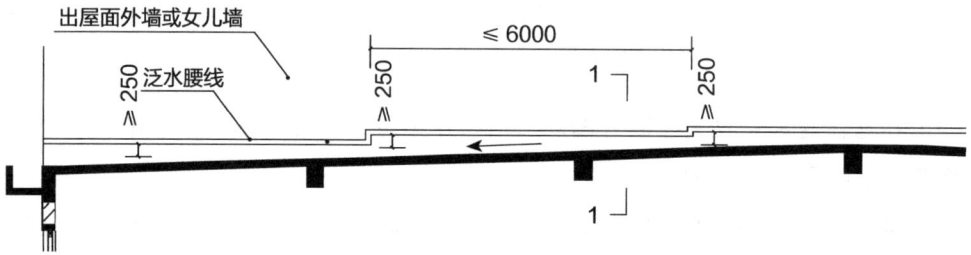

图6-10　坡度较长时泛水腰线水平分段

此外，出屋面的墙面腰线上应做混凝土翻边，翻边高度应大于腰线上120mm，如图6-11所示。

2. 材料

（1）屋面工程所采用的防水及配套材料等应有产品合格证书和性能检测报告，材料的品种、规格、性能等应符合国家现行产品标准和设计要求，并按有关规定进行见证取样和送检。

（2）防水材料品种多，质量参差不齐，现场验收必须认真严格。

3. 施工

（1）屋面工程施工前，必须编制专项施工方案，并经监理、建设单位审查确认后方可组织施工。

（2）屋面防水工程应由具备相应资质的专业队伍进行施工。

（3）屋面防水施工不应在雨天、大雾、雪天、大风（五级风及其以上）和环境平均温度低于5℃时施工，并防止基层受潮。

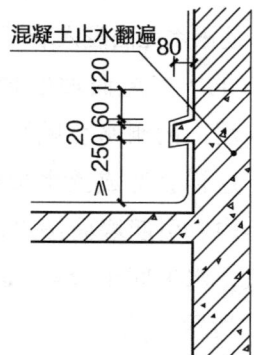

图6-11　墙面腰线上应做混凝土翻边

（4）屋面防水施工除应符合《屋面工程技术规范》（GB 50345—2012）外，尚应满足下列要求：

1）保温层上的找平层应留设分格缝，缝宽宜为5～20mm，纵横间距不宜大于6m，缝内嵌填密封材料。

2）卷材大面积铺贴前，应先做好节点密封处理、附加层和屋面排水较集中部位（如屋面与水落口连接处、檐口、天沟、檐沟、屋面转角处、板端缝等）的细部构造处理、分格缝的空铺条处理等，细部节点应经监理验收。

阴阳角在找平层施工时应做成圆弧形小圆角，防水层施工前基层应清理干净，待基层充分干燥（采用 1m² 防水卷材覆盖在基层表面，静置 3～4h，揭开没有水印，即已充分干燥）后涂刷冷底子油，冷底子油要均匀，无漏刷；卷材加热要均匀、充分、适度，在操作时，首先持枪人不能让火焰停留在一个地方的时间过长，而应沿着卷材宽度方向缓缓移动，使卷材横向受热均匀，其次要求加热充分，温度适中，掌握加热程度，以热熔后沥青胶出现黑色光泽、发亮并有微泡现象为度；卷材被热熔粘贴后，推滚要在卷材尚处于较柔软时趁热推滚，及时进行滚压排尽空气，滚压时间可根据施工环境、气候条件调节掌握，确保粘结牢固。屋面防水工程施工完成后，要及时验收进行下一道工序的施工，要避免防水层长期暴晒在太阳底下。

找平层施工前基层应充分清理干净，按规范要求设置分仓缝，并养护到位，保证基层不出现空鼓、起壳和开裂；施工前清理干净基层，检查是否有起砂现象，如出现起砂应返工后再行施工；基层干燥的问题同上一条处理办法；在炎热地区必须选择耐热性能好的防水涂料。

提前按规范要求和工程实际规划好屋面刚性保护层的分仓缝设置，按规划好的设置绑扎刚性层钢筋，并确保钢筋都断开，选择好的原材料，控制好混凝土的坍落度，选择好浇筑时间，确保浇筑和初凝时温度不过高。

在做找坡层时预先按设计好的分仓缝弹好墨线，沿墨线做好控制屋面和沿沟坡度的灰饼并冲筋，大面积施工时严格按冲筋进行屋面找坡层的施工。治理措施：对坡度不足的，现场进行实测，采用水泥砂浆进行补找坡。

对于这些平面有缝的部位除了做好沥青或沥青砂浆灌缝外，立即做300mm 宽防水卷材盖缝；对于竖向翻高脱落的部位，最好的做法是在翻高墙上留置凹口，将卷材收口于凹口，并采用铝条进行压缝。

3）卷材或涂膜防水屋面天沟、檐沟的防水层下应增设附加层，伸入屋面的宽度不应小于250mm，对于烧结瓦、混凝土瓦及沥青瓦屋面天沟、檐沟的防水层下应增设附加层，伸入屋面的宽度不应小于500mm；檐沟防水层和附加层应由沟底翻上至外侧顶部，卷材收头应用金属压条钉压，并用密封材料封严。

4）天沟、檐沟与屋面交接处的附加层宜空铺，空铺宽度不应小于200mm；檐沟外侧高于屋面结构板时应设置溢水口；檐沟外侧下端应做鹰嘴和宽度10mm的滴水槽。

5）斜屋面的檐沟应增设附加层，附加层在屋面檐口处要空铺200mm，防水层的卷材收头用金属压条钉压，并用密封材料封严。

6）泛水卷材收头采用镀锌钢板压条或不锈钢压条固定，钉距小于等于450mm，并用密封材料密封严密，泛水高度不应小于250mm。

7）水落口杯埋设标高应考虑增加的附加层的厚度及排水坡度加大的尺寸确定。防水层和附加层伸入水落口杯内不应小于50mm，并应粘结牢固。

8）水落口周围500mm范围内坡度不应小于5%，并应先用防水涂料或密封涂料涂封，其厚度为2~5mm，水落口杯与基层接触处应留宽20mm、深20mm的凹槽，以便填嵌密封材料。

9）伸出屋面的管道必须预埋刚性防水套管，套管伸出成品屋面不小于50mm，管道与套管间用防水密封材料嵌填密实；管道安装后应用二道防水卷材包裹管道。管道根部500mm范围内，砂浆找平层高出30mm坡向周围排水坡，以防根部积水；管道与找平层交接处预留20mm×20mm凹槽，槽内用密封材料嵌填密实，管道泛水处防水层下应增设附加层，附加层在平面和立面的宽度均不应小于250mm；防水层铺贴在管道上的高度不应小于250mm，附加层卷材应剪出切口，内外层切缝粘贴时错开，严密压盖，并用金属箍箍紧在管道上，上口用密封材料封严。

按设计要求做好出屋面结构外围护结构底的素混凝土翻高，对设计没有的或不够高（尤其要考虑建筑找坡屋脊处的高度）要提出变更设计，素混凝土翻高必须与屋面混凝土结构一次成型。对确有问难不能一次成型时，必须清理干净交接面，并对接头处表面进行毛化和套浆处理；翻高部分的内撑必须采用同质水泥条内撑，翻高采用止水螺杆进行对接加固；翻高部分的混凝土的振捣必须先将底部和屋面板一起浇筑并振捣密实，待初凝后终凝前再浇筑翻高部分。

10）屋面出入口的构造做法应符合以下要求：屋面上人孔泛水处应增设附加层，附加层在平面和立面的宽度均不应小于250mm，防水层收头应在混凝土压顶圈下；上人屋面门口泛水处应增设附加层和护墙，附加层在平面和立面上的宽度不应小于250mm，防水层收头应压在混凝土踏步下。

六、门窗渗漏

（一）原因

（1）门窗框安装固定前，未对预留墙洞尺寸进行复核，洞口尺寸过大时未用防水砂浆刮糙处理，再进行外框固定。

（2）门窗框与墙身间缝隙，洞口清理干净干燥后打发泡剂，发泡剂未连续施打，没有一次成型填充饱满，溢出门窗框外的发泡剂用刀具割。

（3）施打密封胶在涂料面层上。

（4）外窗台与窗下槛处未粉出圆档，窗台板未做出由内向外的排水坡度。

（5）竣工验收前未按要求做持续淋水12h以上外门窗淋水试验。

（二）防治

1. 设计

（1）门窗材料应选用国家规定的环保节能材料。门窗设计应明确门窗品种、规格，物理性能，化学性能，节能性能和环保参数等要求。

（2）根据门窗的结构形式、规格进行荷载计算，确认门窗的型材系列型号和壁厚。明确外门窗抗风压、气密性、水密性、保温性能和隔声性能等五项性能指标和淋水试验参数及技术要求。

（3）组合门窗应严格按"门窗标准图集"选用。凡不符合"门窗标准图集"中组合形式和最大允许组合尺寸的，其拼樘料必须进行抗风压变形验算。拼樘料应左右或上下贯通，并明确和建筑墙体的固定措施。拼樘料应选择与之相匹配的套接型材。

（4）塑料门窗的型材必须选用与其匹配的热镀锌增强型钢，型钢厚度应满足规范要求，塑料窗的钢衬厚度不小于1.5mm，塑料门的钢衬厚度不小于2.0mm。

2. 材料方面

（1）门窗型材、玻璃、密封条、密封胶、门窗锁、橡胶压条、螺钉、滑轮、防水胶条等材料和配件必须有出厂合格证明和检验报告，并符合国家现行产品标准和设计要求。

（2）选用五金配件的型号、规格和性能应符合国家现行标准和有关规定要求，并与门窗相匹配。平开门窗的铰链或撑杆、防坠落装置等应选用不锈钢或铜等金属材料。

（3）密封胶条应采用氯丁橡胶、三元乙丙热固性橡胶、硅橡胶等，不宜采用改良PVC产品。配件螺丝、螺栓宜采用奥氏体不锈钢（含镍量不得低于10%）；门窗锁具除推拉门窗外不得采用单点锁。

（4）门窗安装宜采用镀锌钢片与墙体固定连接，不得采用长脚膨胀螺栓或塑料膨胀螺栓穿透型材固定门窗框。

3. 施工

（1）门窗的加工制作、安装施工必须由具备相应资质的企业承担，施工单位严禁无图加工制作、安装门窗。门窗组角、中空合成、扇片玻璃装配等，不得在现场加工。

（2）门窗安装前应进行四项性能（抗风压、气密性、水密性和平面变形）、导热系数的见证制作实样送检；检验结果符合设计要求才能进行安装。

（3）加气混凝土等轻质砌块墙体上的门窗洞口周边，应预埋用于门窗连接的混凝土预制块或设置钢筋混凝土门窗框，窗框的固定点距四角部位不得大于150～180 mm，连接点部位间距不得大于500mm。不得将门窗直接固定在轻质砌块墙体上。

（4）门窗框安装固定前，应对预留墙洞尺寸进行复核，用防水砂浆刮糙处理后（刮糙后的尺寸应该比外框尺寸大10~15mm），再进行外框固定，严禁将外框抬高或者埋进窗台的抹灰层中。

（5）门窗框固定时，应先固定上框，后固定边框。固定片固定方法与位置距离应符合下列要求：

1）固定片位置距离窗转角、中坚挺、中横挺150~180mm，固定片中间距离应符合设计要求，并不得大于500mm。

2）混凝土墙洞口采用射钉或膨胀螺钉固定。

3）多孔砖墙洞口，采用水泥预制砖或水泥浇筑窗框，用膨胀螺钉固定。

4）轻质砌块或加气混凝土砌块，可在预埋的混凝土块或水泥浇筑窗框上用射钉或膨胀螺钉固定，预埋混凝土块间距应符合固定片间距的要求。

5）设有预埋镀锌钢板的洞口应采用焊接方式固定。

6）严禁在砖砌体上使用射钉或者水泥钉固定。

（6）门窗框与墙身间缝隙，应于洞口清理干净干燥后（门窗框室外、框和墙体部位建议先安装止水胶条）施打发泡剂，发泡剂应连续施打，一次成型，填充饱满，溢出门窗框外的发泡剂应在结膜前采用工具（如肥皂沾水）将其压入缝隙内，不得采用刀具割防止发泡剂外膜破损。

（7）门窗框外侧应留5mm宽的打胶槽口（外墙面层为粉刷层时，应贴"⊥"形塑料条做槽口）打胶时，槽口应清理干净、干燥后，贴美纹纸，打密封胶；外装为幕墙时密封胶应选用幕墙同一品质的中性硅酮耐候胶。密封胶应做到表面光滑、无杂物、气泡。严禁在涂料面层上打密封胶。

（8）型材转角或拼接搭接处应该设置防水垫片，搭接处采用密封胶密封；胶条、毛条下料不得偏短，应该留有余量；外露钉头钉眼或挤压孔应该注胶封堵；塑料门窗五金安装时，必须设置金属衬板，其厚度不应小于3mm。紧固件安装时，必须先钻孔，后拧入自攻螺钉，严禁直接锤击打入。水平和纵横型材搭接拼缝处，均需衬垫防水毡，耐候胶封堵。

（9）铝合金门窗不得在铝合金拼角处开设外排水孔孔，应该离拼角处50mm左右位置开孔，下滑前后排水孔应错位50mm。

（10）外门窗安装完毕，且与外墙间的缝隙密封完成后，应委托有资质的检测机构进行现场气密性能检验。

（11）竣工验收前应做外门窗淋水试验，持续淋水12h以上，可与外墙淋水试验同时做，不渗不漏为合格。与外墙淋水试验一样，同样强调二次淋水试验。

七、地下室渗漏与结露

随着城市建设的发展，建设工程地下室建设已成为一种常态，地下空间的开发速度也得到了加快发展，现在几乎所有的住宅小区均设计地下室，用以解决用户的停车问题，人车分流设计成大面积的地下停车库也越来越多，从而大大提升了小区地面的环境质量。随着地下车库的大量使用，很多地下室的使用问题也渐渐暴露出来，地下室外墙的裂缝及在梅雨天气地下室的结露问题成了新的质量通病。

（一）地下室裂缝的成因及防治

地下室外墙、顶盖的裂缝占有很高的比例，地下室外墙、顶盖普遍出现裂缝成因复杂，有设计的原因，也有施工和养护的原因。混凝土地下室外墙、顶盖裂缝的存在，不仅影响建筑物的使用，而且严重降低建筑物的耐久性，对今后处理补救也造成极大困难。地下室结构一般比较复杂，外墙、顶盖渗漏水治理难度较大，地下室出现裂缝，一定要认真对待、科学分析，根据实际情况采取适宜的处理方法。

1. 地下室裂缝的主要特征

（1）绝大多数裂缝为竖向裂缝，多数缝长接近墙高，两端逐渐变细而小的，为枣核形。

（2）裂缝数量较多，宽度一般不大。

（3）主要分布在外墙柱边和柱间墙中部，且经试验大部分为贯通缝。

（4）裂缝出现时间多在拆模后不久，有的还与气温骤变有关。

（5）随着时间裂缝发展，数量增多，但缝宽加大不多，发展情况与混凝土是否暴露在大气中和暴露时间的长短有关。

2. 裂缝主要原因

（1）混凝土收缩：从裂缝特征可见大多数均属收缩裂缝，因此解决收缩问题是避免裂缝的关键。

（2）设计问题：很多地下室停车库面积较大，外墙长度长、顶盖面积大，远远超过规范规定的长度要求，设计突破了规范规定后，没有采取相应措施，如：大多数设计地下室外墙的水平钢筋仍按构造配置，没有进行有效的裂缝验算；顶盖采用无梁顶盖体系等。

（3）施工问题：混凝土的级配、养护、施工缝的处理、施工工艺等均可能出现地下室的裂缝。如：高层建筑，顶盖混凝土设计强度大于C35的很常见，如果不采取有效措施养护，顶盖出现不规则混凝土裂缝很普遍；地下室顶盖绿化填土厚度大于1m的很常见，施工单位在回土时，往往使用大吨位自卸车进入地下室顶盖，也有树木种植时采用吊机在顶盖上运输，导致顶盖结构局部严重超过设计荷载而使顶盖结构层破坏，也使顶盖防水层的作用"名存实亡"，这类顶盖的渗水最难修。

（4）地下室外墙长期暴露：这类薄而长的结构对温度变化较敏感，常因附加的温度收缩应力导致墙体开裂。

关于地下室的设计和施工管理（监理），应当引起足够重视，首先在设计时顶盖荷载设计取值应当明确，譬如景观设计中的假山、大树的位置应当尽可能确定，设计说明中对施工的要求应当具体明确。其次是在地下室施工中，施工单位要编制专项的地下室防渗漏施工方案，经监理单位审定后方可施工，并严格按照批准的施工方案实施。

3. 设计建议

根据以上对地下室裂缝的特点及成因分析，提点预防地下室裂缝的几点建议：

（1）设置合理的后浇带位置，以减小混凝土收缩应力或使用微膨胀剂。

（2）加强水平钢筋的配置，合理的配置温度应力钢筋，以抵抗收缩变形产生的裂缝，同时应注意三个问题：

1）水平钢筋保护层应尽可能小些；

2）防裂缝钢筋的间距不宜太大，可采用小直径钢筋小间距的配筋方式；

3）考虑温度收缩应力的变化，加强配筋，预防温缩、干缩裂缝，如设置加强圈梁，混凝土收缩及温缩变化的影响是上端较大，一般最容易在施工缝墙顶部出现裂缝，为此，在施工缝顶部增配 $2\Phi 20 \sim 22mm$ 钢筋予以加强，和原配外墙的水平筋一起构成一道加强圈梁。这样处理后，使易裂的薄弱部位含钢率增大，结构的抗裂性能得到增强。

4）顶盖设计应适当增加梁的合理布置，并以梁受力为主，梁的布置要合理、均匀，不要片面追求地下室的层高而采用无梁顶盖体系，实践证明，这种地下室顶盖的设计是得不偿失的做法。

5）设计说明中，对地下室的防水施工要有详细的说明和要求。

（二）地下室出入口的防水

1. 地下室排水沟雨水倒灌

当建筑室内地坪标高略低于室外道路标高时，建筑出入口通常会设置一道排水沟，用于排除入口地面雨水，防止雨水进入室内，如图6-12所示。部分工程会将排水沟用管道直接接入室外雨水检查井，这种做法大部分时间均能正常排水，但是当遭遇暴雨室外雨水管满管流排水且检查井内水位上升到高于排水沟盖板标高时，道路雨水会通过排水沟与检查井的连通管倒灌，导致大量雨水进入室内，影响建筑的正常使用，带来不必要的损失。与之类似的情况还有出入口标高虽高于室外道路，但室内地面标高低于室外道路标高，室内排水直接重力流排入道路排水检查井，当室外管道发生满溢时，大量雨污水会通过室内排出管倒灌进入室内。因此，要杜绝此类问题的发生，必须确保重力流排水的排水口标高高于室外道路，高差宜做到150mm以上。当室内地坪略低于室外道路标高时，出入口排水沟或室内地面排水应采用潜水泵提升排水，不得直接设置重力流排水的连通管。

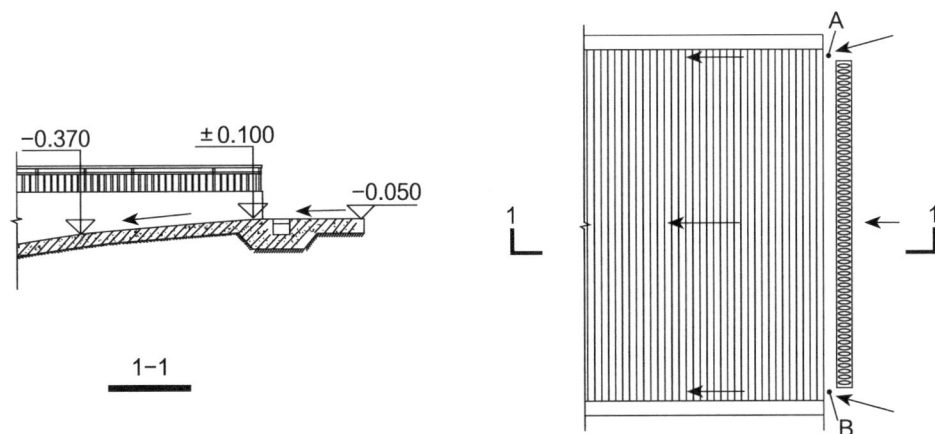

图6-12 坡道入口客水汇入

2. 地下车库坡道入口客水汇入

地下车库出入口的坡道上的雨水一般都是汇入坡道底部的集水坑，通过潜水泵提升排入室外雨水管网，为避免大量雨水进入地下车库，在坡道两侧设有挡墙，入口处设置截水沟。坡道外路面雨水排入室外地面雨水收集系统，坡道底部的集水坑汇水面积仅为坡道敞开部分的投影面积。在实际工程建设中，把坡道入口的截水沟当作道路路面排水沟，入口处道路往截水沟找坡的做法比较常见，截水沟与挡墙直接往往会留一段空隙，如图6-12中A、B点所示。路面雨水径流通常沿着到道路两边的侧石往低点流动，由于坡道入口与路面是顺坡，大量路面雨水在A、B两点处绕开截水沟沿车库坡道两侧流入地下室，即集水坑汇水面积之外的客水汇入集水坑，当汇入水量超过潜水泵的排水能力时，地下车库会出现大面积积水现象。

除了通过坡道入口汇入的路面雨水，当坡道贴邻高层建筑外墙布置时，外墙立面的雨水也会汇入坡道，其汇水面积远远大于坡道敞开部分的投影面积，如潜水泵选型计算未考虑这部分汇水面积，也容易发生车库积水现象。

为避免坡道以外的客水汇入，需关注坡道入口的竖向设计细节，在坡道入口截水沟之后设置反坡，如图6-13所示，入口处往道路找坡，平时路面雨水通过路面雨水口排除，暴雨时路面积水通过截水沟截流排入室外雨水管网。延长截水沟长度，避免截水沟与挡墙、侧石之间留有缝隙，减少路面雨水汇入坡道的概率。需分析坡道四周的竖向设计与汇水面积划分，避免挡墙外侧绿地雨水径流或高层建筑立面雨水越过挡墙汇入坡道。

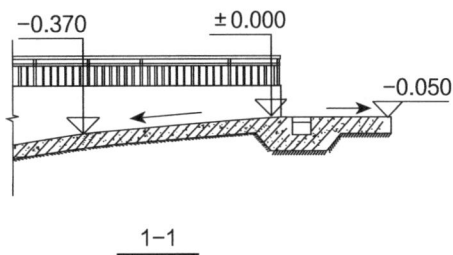

图6-13 坡道入口设置反坡

图6-14　地下室出入口挡墙空腔渗水

3. 地下室出入口挡墙干挂石材空腔的渗水

一些高大上的建筑外墙采用干挂石材墙面非常普遍，在地下室出入口挡墙采用干挂石材则更加有选择的理由，但不考虑其空腔的防水处理，就会在暴雨或道路管道堵塞时造成严重水患问题。图6-14所示就是一个这样的实例，这里挡墙周围是一片停车场地，汇水面积较大（图中有后置挡水的措施）。对于这类位置的干挂石材墙面一定要做好防水处理。

（三）地下室结露的成因及防治

1. 地下室结露现象产生的原因

结露是一种物理现象，就是指物体表面温度低于附近空气露点温度时表面出现冷凝水的现象。在汽车的玻璃上、居室的窗户玻璃上经常出现。

露点温度：在气象学中是指在固定气压之下，空气中所含的气态水达到饱和而凝结成液态水所需要降至的温度。在这温度时，凝结的水飘浮在空中称为雾、而沾在固体表面上时则称为露，因而得名露点。

地下室外墙面和地面因与回填土接触，外墙面和地面温度相对偏低，一般为18℃左右；地下室室内空气温度和湿度受自然环境影响大，在南方潮湿地区5~9月梅雨期节温度达到35℃以上、湿度达到90%左右。由此可知，地下室温差加湿度，就产生了地下室墙面和地面的结露现象，结露导致墙面和地面出现水迹，产生水迹后地面湿滑，会引起安全隐患，作为地下室停车库会给行车造成影响，作为地下室功能房间，结露导致墙面、吊顶受潮后发霉甚至塌落，影响正常使用。

2. 地下室结露现象的防治措施

以上通过结露现象的原因分析，我们知道减少温差、降低湿度是消除或减轻地下室结露的关键条件，而增加保温是减少温差的有效措施，降低湿度的有效措施则是加强通风，所以设计时应采取以下几点措施：

（1）地下室外墙、顶盖防水层后增加保温处理，如在地下室外墙、顶盖外侧增加50~80mm厚的聚苯板保温层，避免地下室外墙、顶盖与土壤的直接接触。

（2）作为功能房间，地下室房间地面采用架空板，增加透气孔，让空气自然对流，减少结露现象的产生。

内墙面采用内墙苯板保温降低温差，减少形成结露机会。地下室外墙内侧隔开100~150mm空气层，在内侧增加砌体也是一种很好的防治结露措施。

地面采用地坪苯板保温降低温差，减少形成结露机会。

（3）改善地下室自然通风环境，尽量让空气形成自然对流。在规范允许的范围内，建筑设计应尽量加大地下室的通风换气面积，如增加下沉式天井（敞开）是一种很好的解决自然通风办法。笔者曾对某无对流设计的地下室进行增加下沉式天井改造，很好地解决了地下室结露问题，以最低的成本解决了问题，取得了较好的效果。

（4）地面除基层采取相应措施外，表面材料的使用十分重要。如地下车库面层采用类似金刚砂水泥面层，就是一种较经济适用的面层材料，这在国内大型机场、交通枢纽工程等公共场合中大量使用，要避免清水性面层（如油漆、树脂类）产生表面结露易滑，影响使用和人身安全的状况。

八、其他质量通病的产生与防治

（一）楼梯的若干问题

1. 楼梯中间平台宽度的确定

《民用建筑设计通则》（GB 50352—2005）第6.7.3规定：楼梯改变方向时，扶手转向端处的平台最小宽度不应小于梯段宽度，并不小于1.2m，当有大型物件需要时应适当加宽。条文说明示意图明确指明："平台宽度是栏杆中心至墙面（粉刷面）的距离。"但很多施工图中楼梯中间平台的宽度忽视了栏杆转折（改变方向）时的宽度影响，而施工单位按照常规做法施工，造成楼梯中间平台宽度实际达不到设计和规范要求。

　　如果把扶手改向做成高低连接的做法，如图6-15所示，施工非常麻烦，一般情况下不提倡采用这种做法。

　　以多层住宅为例，楼梯中间平台的结构净宽度应不小于1440mm，如图6-16、图6-17所示。图中构造尺寸为60mm，该构造尺寸理论数字应为"0"，但是在实际施工中，由于施工难免造成误差，其值会大于"0"，因此，增加了该构造尺寸，该构造尺寸实际上很难避免。在实际施工中，常把该构造尺寸取为60mm，通常取60～100mm，这样才能保证楼梯栏杆护手正常改向的需要。

图6-15　扶手改向做成高低连接

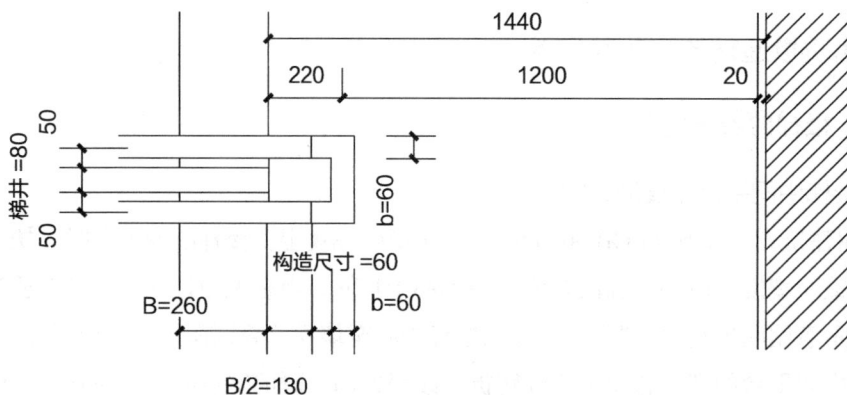

图6-16　楼梯平台的合理构造尺寸（平面）

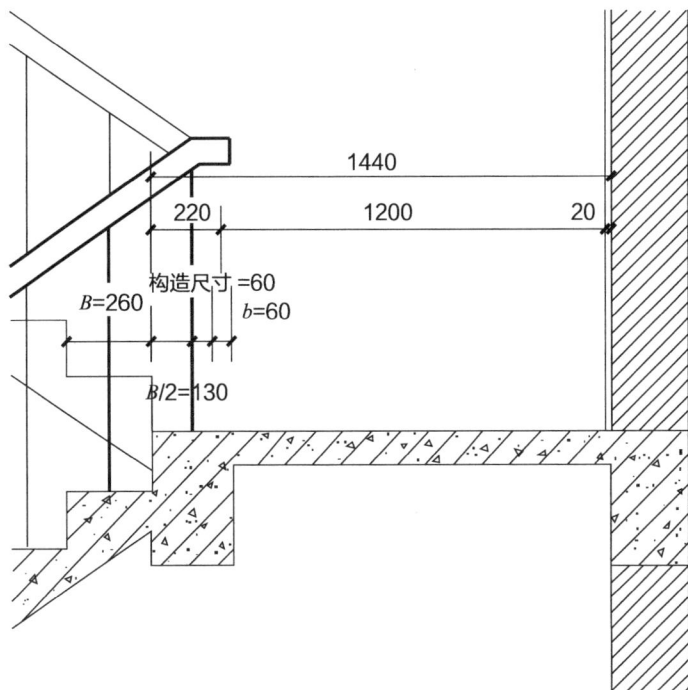

图6-17 楼梯平台的合理构造尺寸（立面）

2. 底层楼梯起步倒三角的处理

底层（或楼层）楼梯起步与地面（楼面）的夹角一般在30°左右，在夹角处做粉刷或装修是很难的。因此，应该在该处用砖墙体封一定的高度，其高度一般应不小于300mm（如果设计有小于等于600mm高的墙裙，建议高度与墙裙一样高），这样可以确保夹角处的粉刷或装修的正常施工，踢脚线也能跟通，既美观又方便施工。

该部位的砌体应在楼梯粉刷打糙前砌好，否则会留下二次粉刷施工的痕迹。

楼梯起步倒三角的处理，如图6-18所示。

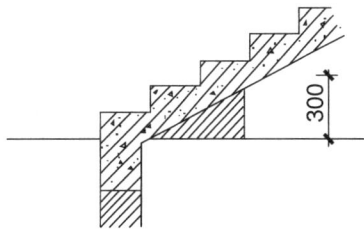

图6-18 底层楼梯起步倒三角的处理

3. 楼梯栏杆高度的确定

按照《民用建筑设计通则》（GB 50352—2005）第6.7.7条的规定，楼梯护手高度自踏步前缘线起，该高度是指装修完成面的高度，施工时应考虑装修层的影响。

（二）卫生间翻边高度的确定

《民用建筑设计通则》（GB 50352—2005）第6.12.3条规定：浴厕间、厨房等受水或非腐蚀性液体经常浸湿的楼地面应采用防水、防滑类面层，且应低于相邻楼地面，并设排水坡坡向地漏；浴厕间和有防水要求的建筑地面必须设置防水隔离层；楼层结构必须采用现浇混凝土或整块预制混凝土板，混凝土强度等级不应小于C20；楼板四周除门窗外，应做混凝土翻边，其高度不应小于120mm。实际使用中该值会有所提高，譬如嘉兴市《住宅工程质量通病防治要点》规定其值不能小于200mm。

在施工图设计说明中，设计单位往往标注混凝土翻高的规定值（如200mm），但不考虑砌体的模数尺寸，因而造成实际施工中，翻边上尺寸不符合模数要求，需要常用细石混凝土再找平的情况。譬如某工程砌体采用（240mm×115mm×53mm）页岩砖，并执行《民用建筑设计通则》（GB 50352—2005）第6.12.3条规定。那么，这个工程的合理混凝土翻边高度应为140mm（或200mm），如图6-19所示，图中50mm为卫生间与房间的高差，120mm为两皮砖的模数。

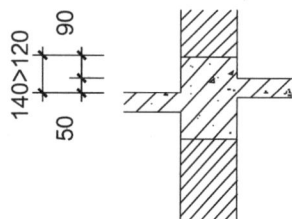

图6-19 卫生间的翻边高度

在施工图设计说明中，关于混凝土翻边的错误标注还有与楼面结构层混凝土强度标注的不一致，这就给没有经验的施工单位埋下了混凝土翻边分成两次浇捣的隐患（有时施工单位为了施工方便）。正确的标注，应当是符合砌体模数并满足规定混凝土翻边高度和注明与所在层同强度的混凝土一次浇捣。

（三）滴水（线条）、压顶做法

滴水（线条）、压顶的做法在很多施工图中标注不完整十分常见，有的甚至只是示意，可能设计认为这些小事施工单位会做好的。滴水（线条）、压顶做法，看似小事，但规范的做法不仅能起到防水的作用，更能从细微处体现项目的施工质量和管理水平的高低。

1. 滴水线的做法

滴水线的宽度一般为40mm，施工时要确保外低内高，高差不小于10mm，如图6-20所示。当滴水线（线条）的宽度在60~80mm时，高差应不小于20mm。

对于宽度在120mm以下的装饰线条，建议不必做滴水凹线，直接用粉刷做成斜滴水线即可。

2. 压顶构造做法

压顶与滴水的坡度标准与窗台一样，也无明确的依据。《建筑外墙防水工程技术规程》（JGJ/T 235—2011）第5.3.6条规定：女儿墙压顶宜采用钢筋混凝土或金属压顶，压顶应向内找坡，坡度不应小于2%。对于普通饰面，该值是偏小的。

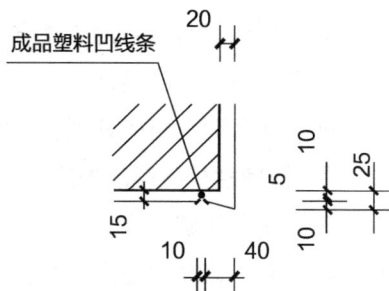

图6-20 滴水线做法

嘉兴市《住宅工程质量通病防治要点》规定：压顶的坡度（面层）不应小于5%较为合理。压顶的排水坡度应向内侧，否则会造成外墙面污染。

较好的防水面层做法应当在混凝土浇捣时即形成坡度，如果用水泥砂浆找平，较厚处往往会产生粉刷水平开裂现象。

（四）散水标高的确定

散水的主要作用是有利于建筑物四周的排水，保护外墙勒脚和建筑物的基础。我们看到的施工图设计（或图集）图纸，一般标注散水的最低标高是设计室外标高（或高出室外标高20mm左右）。如果按照这样施工，就会造成散水沿建筑物四周产生"明沟现象"，或者有意识地将绿化回填土做成缓坡，这样就失去了散水的作用。

大家都知道，大部分小区道路都做侧石，而绿化回填土往往与侧石面平，如果散水最低标高还是按室外设计标高施工，那么就会造成散水低于回填土面，这是一个非常普遍，而又被大家忽视的问题。所以，正确的做法应该使散水的最低标高提高至绿化回填土面（也就是侧石面平），如图6-21所示。

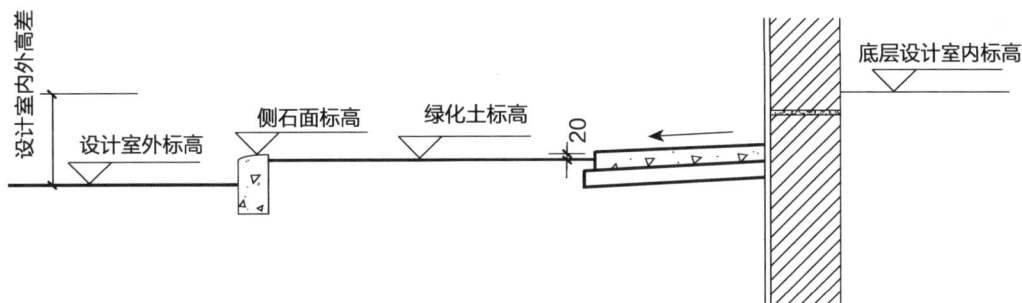

图6-21 正确的散水标高

第七章

工程竣工验收与备案

工程施工质量验收是指工程施工质量在施工单位自行检查合格的基础上，由工程质量验收责任方组织，工程建设相关单位参加，对检验批、分项、分部、单位工程及其隐蔽工程的质量进行抽样检验，对技术文件进行审核，并根据设计文件和相关标准以书面形式对工程质量是否达到合格作出确认。工程施工质量验收包括工程施工过程质量验收和竣工质量验收，是工程质量控制的重要环节。

本章以建筑工程施工质量验收为例进行表述，相关术语均来自《建筑工程施工质量验收统一标准》（GB 50300—2013）和《建设工程监理规范》（GB/T 50319—2013）。其他行业工程施工质量验收可按其行业要求进行。

本章是建设实施时期建设工程项目管理最后阶段的内容，主要是建设工程质量验收、建设工程档案移交、工程验收与备案、项目竣工验收与备案、不动产权证办理等。在实际工作中，这一阶段的很多工作与交付使用时期是搭接的，也很难明确区分时期（阶段），有时其过程还比较长，譬如工程决算、项目竣工验收与备案、不动产权证的办理等，但这个阶段最基本的条件就是建设工程必须满足设计使用功能的要求，这一阶段工作的责任主体仍然是建设单位。

建设单位在全部完成以上内容后，建筑物移交物业企业，建设单位项目法人（或称项目筹建办）的主要工作结束或进入尾声。

第一节　工程施工质量验收层次划分

一、工程施工质量验收层次划分

（一）工程施工质量验收层次划分及目的

1. 施工质量验收层次划分

随着我国经济发展和施工技术的进步，工程建设规模不断扩大，技术复杂程度越来越高，出现了大量工程规模较大和具有综合使用功能的大型单体工程。由于大型单体工程可能在功能或结构上由若干个子单体工程组成，且整个建设周期较长，可能出现将已建成可使用的部分子单体工程先投入使用，或先将工程中一部分提前建成使用等情况，这就需要对其进行分段验收。再加之对规模较大的单体工程进行一次性验收，其工作量又很大等。因此标准规定，将具备独立施工条件并能形成独立使用功能的工程划分为单位工程，将单位工程中能形成独立使用功能的部分划分为若干个子单位工程，对其进行验收。同时为了更加科学地评价工程施工质量和有利于对其进行验收，根据工程特点，按结构分解原则将单位或子单位工程又划分为若干个分部工程。每个分部工程又划分为若干个子分部工程。每个子分部工程又可划分为若干个分项工程。每个分项工程中又可划分为若干个检验批。检验批是工程施工质量验收的最小单位。

2. 施工质量验收层次划分的目的

工程施工质量验收涉及工程施工过程质量验收和竣工质量验收，是工程施工质量控制的重要环节。根据工程特点，按结构分解的原则合理划分工程施工质量验收层次，将有利于对工程施工质量进行过程控制和阶段质量验收，特别是不同专业工程验收批的确定，将直接影响到工程施工质量验收工作的科学性、经济性和可操作性。因此，对施工质量验收层次进行合理划分是非常必要的，这有利于保证工程质量符合有关标准。

（二）单位工程的划分

单位工程是指具备独立施工条件并能形成独立使用功能的建筑物或构筑物。对于建筑工程，单位工程的划分应按下列原则划分：

（1）具备独立施工条件并能形成独立使用功能的建筑物或构筑物为一个单位工程。如一所学校中的一栋教学楼、办公楼、传达室，某城市的广播电视塔等。

（2）对于规模较大的单位工程，可将其能形成独立使用功能的部分划分为一个子单位工程。

单位或子单位工程的划分，施工前可由建设、监理、施工单位商议确定，并据此收集整理施工技术资料和验收。

（三）分部工程的划分

分部工程是单位工程的组成部分，一个单位工程往往由多个分部工程组成。分部工程可按专业性质、工程部位确定。对于建筑工程，分部工程应按下列原则划分：

（1）可按专业性质、工程部位确定。如建筑工程划分为地基与基础、主体结构、建筑装饰装修、屋面、建筑给水排水及供暖、通风与空调、建筑电气、智能建筑、建筑节能、电梯十个分部工程。

（2）当分部工程较大或较复杂时，可按材料种类、施工特点、施工程序、专业系统及类别将分部工程划分为若干个子分部工程。

如主体结构分部工程划分为混凝土结构、砌体结构、钢结构、钢管混凝土结构、型钢混凝土结构、铝合金结构和木结构等子分部工程。

（四）分项工程的划分

分项工程，是分部工程的组成部分。分项工程可按主要工种、材料、施工工艺、设备类别进行划分。如建筑工程的主体结构分部工程中，混凝土结构子分部工程划分为模板、钢筋、混凝土、预应力、现浇结构、装配式结构等分项工程。

建筑工程的分部工程、分项工程划分按照《建筑工程施工质验收统一标准》（GB 50300—2013）的规定。

（五）检验批的划分

检验批是分项工程的组成部分。检验批是指按相同的生产条件或按规定的方式汇总起来供抽样检验用的，由一定数量样本组成的检验体。检验批可根据施工、质量控制和专业验收的需要，按工程量、楼层、施工段、变形缝进行划分。

施工前，应由施工单位制定分项工程和检验批的划分方案，并由项目监理机构审核。对于《建筑工程施工质量验收统一标准》（GB 50300—2013）附录B及相关专业验收规范未涵盖的分项工程和检验批，可由建设单位组织监理、施工等单位协商确定。

通常，多层及高层建筑的分项工程可按楼层或施工段来划分检验批；单层建筑的分项工程可按变形缝等划分检验批；地基与基础的分项工程一般划分为一个检验批，有地下层的基础工程可按不同地下层划分检验批；屋面工程的分项工程可按不同楼层屋面划分为不同的检验批；其他分部工程中的分项工程，一般按楼层划分检验批；对于工程量较少的分项工程可划分为一个检验批；安装工程一般按一个设计系统或设备组别划分为一个检验批。室外工程一般划分为一个检验批；散水、台阶、明沟等含在地面检验批中。

（六）室外工程的划分

室外工程可根据专业类别和工程规模划分子单位工程、分部工程和分项工程。室外工程的划分，见表7-1。

室外工程的划分   表7-1

单位工程	子单位工程	分部工程
室外设施	道路	路基、基层、面层、广场与停车场、人行道、人行地道、挡土墙、附属构筑物
	边坡	土石方、挡土墙、支护
附属建筑及室外环境	附属建筑	车棚，围墙，大门，挡土墙
	室外环境	建筑小品，亭台，水景，连廊，花坛，场坪绿化，景观桥

二、工程施工质量验收程序和标准

（一）工程施工质量验收基本规定

（1）施工现场应具有健全的质量管理体系、相应的施工技术标准、施工质量检验制度和综合施工质量水平评定考核制度。

施工现场质量管理可按表7-2进行检查记录。

（2）未实行监理的建筑工程，建设单位相关人员应履行有关验收标准涉及的监理职责。

（3）建筑工程的施工质量控制应符合下列规定：

1）建筑工程采用的主要材料、半成品、成品、建筑构配件、器具和设备应进行进场检验。凡涉及安全、节能、环境保护和主要使用功能的重要材料、产品、应按各专业工程施工规范、验收规范和设计文件等规定进行复验，并应经专业监理工程师检查认可。

2）各施工工序应按施工技术标准进行质量控制，每道施工工序完成后，经施工单位自检符合规定后，才能进行下道工序施工。各专业工种之间的相关工序应进行交接检验，并应记录。

3）对于项目监理机构提出检查要求的重要工序，应经专业监理工程师检查认可，才能进行下道工序施工。

（4）符合下列条件之一时，可按相关专业验收规范的规定适当调整抽样复验、试验数量，调整后的抽样复验、试验方案应由施工单位编制，并报项目监理机构审核确认。

1）同一项目中由相同施工单位施工的多个单位工程，使用同一生产厂家的同品种、同规格、同批次的材料、构配件、设备。

2）同一施工单位在现场加工的成品、半成品、构配件用于同一项目中的多个单位工程。

3）在同一项目中，针对同一抽样对象已有检验成果可以重复利用。

施工现场质量管理检查记录

表7-2

开工日期：

工程名称			施工许可证号		
建设单位			项目负责人		
设计单位			项目负责人		
监理单位			总监理工程师		
施工单位		项目负责人		项目技术负责人	
序号	项目		主要内容		
1	项目部质量管理体系				
2	现场质量责任制				
3	主要专业工种操作岗位证书				
4	分包单位管理制度				
5	图纸会审记录				
6	地质勘察资料				
7	施工技术标准				
8	施工组织设计编制及审批				
9	物资采购管理制度				
10	施工设施和机械设备管理制度				
11	计量设备配备				
12	检测试验管理制度				
13	工程质量检查验收制度				
14					
自检结果： 施工单位项目负责人： 年　　月　　日			检查结论： 总监理工程师： 年　　月　　日		

　　调整抽样复验、试验数量或重复利用已有检验成果应有具体的实施方案，实施方案应符合各专业验收规范的规定，并事先报项目监理机构认可。如施工单位或项目监理机构认为必要时，也可不调整抽样复验、试验数量或不重复利用已有的检验成果。

　　（5）当专业验收规范对工程中的验收项目未作出相应规定时，应由建设单位组织监理、设计、施工等相关单位制定专项验收要求。涉及安全、节能、环境保护等项目的专项验收要求应由建设单位组织专家论证。专项验收要求应符合设计意图，包括分项工程及检验批的划分、抽样方案、验收方法、判定指标等内容，监理、设计、施工等单位可参与制订。

　　（6）建筑工程施工质量应按下列要求进行验收：

　　1）工程施工质量验收均应在施工单位自检合格的基础上进行。

2）参加工程施工质量验收的各方人员应具备相应的资格。

3）检验批的质量应按主控项目和一般项目验收。

4）对涉及结构安全、节能、环境保护和主要使用功能的试块、试件及材料，应在进场时或施工中按规定进行见证检验。

5）隐蔽工程在隐蔽前应由施工单位通知项目监理机构进行验收，并应形成验收文件，验收合格后方可继续施工。

6）对涉及结构安全、节能、环境保护和使用功能的重要分部工程，应在验收前按规定进行抽样检验。

7）工程的观感质量应由验收人员现场检查，并应共同确认。

（7）建筑工程施工质量验收合格应符合下列规定：

1）符合工程勘察、设计文件的要求。

2）符合《建筑工程施工质量验收统一标准》（GB 50300—2013）和相关专业验收规范的规定。

（8）检验批的质量检验，可根据检验项目的特点在下列抽样方案中选取：

1）计量、计数或计量–计数的抽样方案；

2）一次、二次或多次抽样方案；

3）对重要的检验项目，当有简易快速的检验方法时，选用全数检验方案；

4）根据生产连续性和生产控制稳定性情况，采用调整型抽样方案；

5）经实践检验有效的抽样方案。

（9）检验批抽样样本应随机抽取，满足分布均匀、具有代表性的要求，抽样数量应符合有关专业验收规范的规定。当采用计数抽样时，最小抽样数量应符合表7-3的要求。

明显不合格的个体可不纳入检验批，但应进行处理，使其满足有关专业验收规范的规定，对处理的情况应予以记录并重新验收。

检验批最小抽样数量 表7-3

检验批的容量	最小抽样数量	检验批的容量	最小抽样数量
2 ~ 15	2	151 ~ 280	13
16 ~ 25	3	281 ~ 500	20
26 ~ 90	5	501 ~ 1200	32
91 ~ 150	8	1201 ~ 3200	50

（10）计量抽样的错判概率 α 和漏判概率 β 可按下列规定采取：

1）主控项目：对应于合格质量水平的 α 和 β 均不宜超过5%；

2）一般项目：对应于合格质量水平的 α 不宜超过5%，β 不宜超过10%。

错判概率 α 是指合格批被判为不合格批的概率，即合格批被拒收的概率。

漏判概率 β 是指不合格批被判为合格批的概率，即不合格批被误收的概率。

（二）检验批质量验收

1. 检验批质量验收程序

检验批是工程质量施工质量验收的最小单位，是分项工程、分部工程、单位工程质量验收的基础。按检验批验收有助于及时发现和处理施工中出现的质量问题，确保工程质量，也符合施工实际需要。

检验批应由专业监理工程师组织施工单位项目专业质量检查员、专业工长等进行验收。

验收前，施工单位应先对施工完成的检验批进行自检，对存在的问题自行整改处理，合格后填写检验批报审、报验表（表7-4）及检验批质量验收记录（表7-7），并将相关资料报送项目监理机构申请验收。

专业监理工程师对施工单位所报资料进行审查，并组织相关人员到验收现场进行实体检查、验收。对验收不合格的检验批，专业监理工程师应要求施工单位进行整改，自检合格后予以复验；对验收合格的检验批，专业监理工程师应签认检验批报审、报验表及质量验收记录，准许进行下道工序施工。

2. 检验批质量验收合格的规定

（1）主控项目的质量经抽样检验均应合格。

（2）一般项目的质量经抽样检验合格。当采用计数抽样时，合格点率应符合有关专业验收规范的规定，且不得存在严重缺陷。对于计数抽样的一般项目，正常检验一次、二次抽样可分别按表7-5、表7-6判定。

（3）具有完整的施工操作依据、质量验收记录。

为加深理解检验批质量验收合格规定，应注意以下三个方面的内容：

（1）主控项目的质量经抽样检验均应合格。

主控项目是指建筑工程中对安全、节能、环境保护和主要使用功能起决定性作用的检验项目。主控项目是对检验批的基本质量起决定性影响的检验项目，是保证工程安全和使用功能的重要检验项目，必须从严要求，因此要求主控项目必须全部符合有关专业验收规范的规定。主控项目如果达不到规定的质量指标，降低要求就相当于降低该工程的性能指标，就会严重影响工程的安全性能。这意味着主控项目不允许有不符合要求的检验结果，必须全部合格。如混凝土、砂浆强度等级是保证混凝土结构、砌体强度的重要性能，必须全部达到要求。

为了使检验批的质量符合工程安全和使用功能的基本要求，保证工程质量，各专业工程质量验收规范对各检验批主控项目的合格质量给予了明确的规定。如钢筋安装时的主控项目为：钢筋安装时，受力钢筋的品种、级别、规格和数量必须符合设计要求。

_____报审、报验表 表7-4

工程名称： 编号：

致：_____（项目监理部）
　我方已完成_____工作，经自检合格，请予以审查或验收。
　附件：□隐蔽工程质量检验资料
　　　　□检验批质量检验资料
　　　　□分项工程检验资料
　　　　□施工试验室证明资料
　　　　□其他

施工项目经理部（盖章）

项目经理或技术负责人（签字）

年　月　日

审查或验收意见：

项目监理机构（盖章）

专业监理工程师（签字）

年　月　日

注：本表一式二份，项目监理机构、施工单位各一份。

主控项目包括的主要内容：

1）工程材料、构配件和设备的技术性能等。如水泥、钢材的质量；门窗构配件的质量；风机等设备的质量。

2）涉及结构安全、节能、环境保护和主要使用功能的检测项目。如混凝土、砂浆的强度，钢结构的焊缝强度，管道的压力试验，风管的系统测定与调整，电气的绝缘、接地测试，电梯的安全保护、试运转结果等。

3）一些重要的允许偏差项目，必须控制在允许偏差限值之内。

（2）一般项目的质量经抽样检验合格。当采用计数抽样时，合格点率应符合有关专业验收规范的规定，且不得存在严重缺陷。对于计数抽样的一般项目，正常检验一次抽样可按表7-5判定，正常检验二次抽样可按表7-6判定。具体的抽样方案应按有关专业验收规范执行，且在抽样前确定。如有关专业验收规范无明确规定时，可采用一次抽样方案，也可由建设、设计、监理、施工等单位根据检验对象的特征协商采用二次抽样方案。

一般项目正常检验一次抽样判定　　　　　　　　　　　　　表7-5

样本容量	合格判定数	不合格判定数	样本容量	合格判定数	不合格判定数
5	1	2	32	7	8
8	2	3	50	10	11
13	3	4	80	14	15
20	5	6	125	21	22

一般项目正常检验二次抽样判定　　　　　　　　　　　　　表7-6

抽样次数	样本容量	合格判定数	不合格判定数	抽样次数	样本容量	合格判定数	不合格判定数
（1） （2）	3 6	0 1	2 2	（1） （2）	8 16	1 4	3 5
（1） （2）	5 10	0 3	3 4	（1） （2）	13 26	2 6	5 7
（1） （2）	20 40	3 9	6 10	（1） （2）	50 100	7 18	11 19
（1） （2）	32 64	5 12	9 13	（1） （2）	80 160	11 26	16 27

注：（1）和（2）表示抽样次数，（2）对应的样本容量为两次抽样的累计数量。

举例说明表7-5和表7-6的使用方法：

对于一般项目正常检验一次抽样，假设样本容量为20，在20个试样中如果有5个或5个以下试样被判为不合格时，该检验批可判定为合格；当20个试样中有6个或6个以上试样被判为不合格时，则该检验批可判定为不合格。

对于一般项目正常检验二次抽样，假设样本容量为20，当20个试样中有3个或3个以下试样被判为不合格时，该检验批可判定为合格；当有6个或6个以上试样被判定为不合格时，该检验批可判定为不合格；当有4个或5个试样被判定为不合格时，应进行第二次抽样，样本容量也为20个，两次抽样的样本容量为40，当两次不合格试样之和为9或小于9时，该检验批可判定为合格，当两次不合格试样之和为10或大于10时，该检验批可判定为不合格。样本容量在表7-5或表7-6给出的数值之间时，合格判定数可通过插值并四舍五入取整确定。例如样本容量为15，插值得出的合格判定数为3.571，取整可得合格判定数为4，不合格判定数为5。

一般项目是指除主控项目以外的检验项目。为了使检验批的质量满足工程安全和使用功能的基本要求，保证工程质量，各专业工程质量验收规范对各检验批的一般项目的合格质量给予了明确的规定。如钢筋连接的一般项目为：钢筋的接头宜设置在受力较小处。同一纵向受力钢筋不宜设置两个或两个以上接头。接头末端至钢筋弯起点的距离不应小于钢筋直径的10倍。对于一般项目，虽然允许存在一定数量的不合格点，但某些不合格点的指标与合格要求偏差较大或存在严重缺陷时，仍将影响使用功能或感观，对这些部位应进行维修处理。

（3）具有完整的施工操作依据、质量验收记录。

质量控制资料反映了检验批从原材料到最终验收的各施工工序的操作依据、检查情况以及保证质量所必需的管理制度等。对其完整性的检查，实际是对过程控制的确认，这是检验批质量验收合格的前提。

质量控制资料主要包括：

1）图纸会审记录、设计变更通知单、工程洽商记录。

2）工程定位测量、放线记录。

3）原材料出厂合格证书及进场检验、试验报告。

4）施工试验报告及见证检测报告。

5）隐蔽工程验收记录。

6）施工记录。

7）按有关专业质量验收规范规定的抽样检验、试验记录。

8）分项、分部工程质量验收记录。

9）工程质量事故调查处理资料。

10）新技术论证、备案及施工记录。

（4）检验批质量验收记录可按表7-7填写，填写时应具有现场验收检查原始记录，该原始记录应由专业监理工程师和施工单位专业质量检查员、专业工长共同签署，并在单位工程竣工验收前存档备查，保证该记录的可追溯性。现场验收检查原始记录的格式可由施工、监理等单位确定，包括检查项目、检查位置、检查结果等内容。

_____检验批质量验收记录　　　　　　　　表7-7

编号：_____

单位（子单位）工程名称		分部（子分部）工程名称		分项工程名称	
施工单位		项目负责人		检验批容量	
分包单位		分包单位项目负责人		检验批部位	
施工依据			验收依据		

	验收项目	设计要求及规范规定	最小/实际抽样数量	检查记录	检查结果
主控项目	1				
	2				
	3				
	4				
	5				
	6				
	7				
	8				
	9				
	10				
一般项目	1				
	2				
	3				
	4				
	5				

施工单位检查结果	专业工长： 项目专业质量检查员： 　　　　年　　月　　日
监理单位验收结论	专业监理工程师： 　　　　年　　月　　日

（三）隐蔽工程质量验收

隐蔽工程是指在下道工序施工后将被覆盖或掩盖，难以进行质量检查的工程。如钢筋混凝土工程中的钢筋工程，地基与基础工程中的混凝土基础和桩基础等。因此隐蔽工程完成后，在被覆盖或掩盖前必须进行质量验收，验收合格后方可继续施工。隐蔽工程可能是一个检验批，也可能是一个分项工程或子分部工程，所以可按检验批或分项工程、子分部工程进行验收。

如隐蔽工程为检验批时，隐蔽工程应由专业监理工程师组织施工单位项目专业质量检查员、专业工长等进行。

施工单位应对隐蔽工程质量进行自检，对存在的问题自行整改处理，合格后填写隐蔽工程报审、报验表（表7-4）及隐蔽工程质量验收记录（表7-7），并将相关资料报送项目监理机构申请验收；专业监理工程师对施工单位所报资料进行审查，并组织相关人员到现场进行实体检查、验收，同时宜留检查、验收过程的照片、影像等资料。对验收不合格的，专业监理工程师应要求施工单位进行整改，自检合格后予以复验；对验收合格的，专业监理工程师应签认隐蔽工程报审、报验表及质量验收记录，准予进行下道工序施工。

如在浇筑混凝土之前，应进行钢筋隐蔽工程验收，其主要内容包括：纵向受力钢筋的品种、规格、数量和位置等，钢筋的连接方式、接头位置、接头数量、接头面积百分率等，箍筋、横向钢筋的品种、规格、数量、间距等，预埋件的规格、数量、位置等。

（四）分项工程质量验收

1. 分项工程质量验收程序

分项工程应由专业监理工程师组织施工单位项目专业技术负责人等进行验收。

验收前，施工单位应对施工完成的分项工程进行自检，对存在的问题自行整改处理，合格后填写分项工程报审、报验表（表7-4）及分项工程质量验收记录（表7-8），并将相关资料报送项目监理机构申请验收。专业监理工程师对施工单位所报资料逐项进行审查，符合要求后签认分项工程报审、报验表及质量验收记录。

2. 分项工程质量验收合格应符合下列规定

（1）所含检验批的质量均应验收合格。

（2）所含检验批的质量验收记录应完整。

分项工程的验收是以检验批为基础进行的。一般情况下，检验批和分项工程两者具有相同或相近的性质，只是批量的大小不同而已。实际上，分项工程质量验收是一个汇总统计的过程。分项工程质量合格的条件是构成分项工程的各检验批验收资料齐全完整，且各检验批均已验收合格。

_____分项工程质量验收记录　　　　　　　表7-8

编号：_____

单位（子单位）工程名称			分部（子分部）工程名称			
分项工程数量			检验批数量			
施工单位			项目负责人		项目技术负责人	
分包单位			分包单位项目负责人		分包内容	

序号	检验批名称	检验批容量	部位/区段	施工单位检查结果	监理单位验收结论
1					
2					
3					
4					
5					
6					
7					
8					
9					
10					
11					
12					
13					
14					
15					

说明：

施工单位检查结果	项目专业技术负责人： 年　月　日
监理单位验收结论	专业监理工程师： 年　月　日

（五）分部工程质量验收

1. 分部工程质量验收程序

分部工程应由总监理工程师组织施工单位项目负责人和项目技术负责人等进行验收。

勘察、设计单位项目负责人和施工单位技术、质量部门负责人应参加地基与基础分部工程的验收。由于地基与基础分部工程情况复杂，专业性强，且关系到整个工程的安全，为保证质量，严格把关，规定勘察、设计单位项目负责人应参加验收，并要求施工单位技术、质量部门负责人也应参加验收。

设计单位项目负责人和施工单位技术、质量部门负责人应参加主体结构、节能分部工程的验收。由于主体结构直接影响使用安全，建筑节能又直接关系到国家资源战略、可持续发展等，因此规定对这两个分部工程，设计单位项目负责人应参加验收，并要求施工单位技术、质量部门负责人也应参加验收。

参加验收的人员，除指定的人员必须参加验收外，允许其他相关人员共同参加验收。由于各施工单位的机构和岗位设置不同，施工单位技术、质量负责人允许是两位人员，也可以是一位人员。勘察、设计单位项目负责人应为勘察、设计单位负责本工程项目的专业负责人，不应由与本项目无关或不了解本项目情况的其他人、非专业人代替。

验收前，施工单位应对施工完成的分部工程进行自检，对存在的问题自行整改处理，合格后填写分部工程报验表（表7-9）及分部工程质量验收记录（表7-10），并将相关资料报送项目监理机构申请验收。总监理工程师应组织相关人员进行检查、验收，对验收不合格的分部工程，应要求施工单位进行整改，自检合格后予以复查。对验收合格的分部工程，应签认分部工程报验表及验收记录。

2. 分部工程质量验收合格应符合的规定

（1）所含分项工程的质量均应验收合格。

（2）质量控制资料应完整。

（3）有关安全、节能、环境保护和主要使用功能的抽样检验结果应符合相应规定。

（4）观感质量应符合要求。

分部工程质量验收是以所含各分项工程质量验收为基础进行的。首先，分部工程所含各分项工程已验收合格且相应的质量控制资料齐全、完整。此外，由于各分项工程的性质不尽相同，因此作为分部工程不能简单地组合而加以验收，尚须进行以下两方面的检查项目：

（1）涉及安全、节能、环境保护和主要使用功能的地基与基础、主体结构和设备安装等分部工程应进行有关见证检验或抽样检验。总监理工程师应组织相关人员，检查各专业验收规范中规定检测的项目是否都进行了检测；查阅各项检测报告（记录），核查有关检测方法、内容、程序、检测结果等是否符合有关标准规定；核查有关检测单位的资质，见证取样与送样人员资格，检测报告出具机构负责人的签署情况是否符合要求。

（2）观感质量验收，这类检查往往难以定量，只能以观察、触摸或简单量测的方式进行观感质量验收，并结合验收人的主观判断，检查结果并不给出"合格"或"不合格"的结论，而是由各方协商确定，综合给出"好""一般""差"的质量评价结果。对于"差"的检查点应进行返修处理。所谓"好"是指在观感质量符合验收规范的基础上，能达到精致、流畅的要求，细部处理到位，精度控制好；所谓"一般"是指观感质量检验能符合验收规范的要求；所谓"差"是指观感质量勉强达到检验规范要求，或有明显的缺陷，但不影响安全或使用功能的。

_____分部工程报验表　　　　　　　　　表7-9

工程名称：　　　　　　　　　　　　　　　　　　　　　　编号：_____

致：_____（项目监理机构） 　　我方已完成_____（分部工程），经自检合格，请予以验收。 　　附件：分部工程质量资料   　　　　　　　　　　　　　　　　　　施工项目经理部（盖章） 　　　　　　　　　　　　　　　　　　项目技术负责人（签字） 　　　　　　　　　　　　　　　　　　　　　　年　　月　　日
验收意见：   　　　　　　　　　　　　　　　　　　专业监理工程师（签字） 　　　　　　　　　　　　　　　　　　　　　　年　　月　　日
验收意见：   　　　　　　　　　　　　　　　　　　项目监理机构（盖章） 　　　　　　　　　　　　　　　　　　总监理工程师（签字） 　　　　　　　　　　　　　　　　　　　　　　年　　月　　日

注：本表一式三份，项目监理机构、建设单位、施工单位各一份。

_____分部工程质量验收记录　　　　　　表7-10

编号：_____

单位（子单位）工程名称				子分部工程数量		分项工程数量	
施工单位				项目负责人		技术（质量）负责人	
分包单位				分包单位负责人		分包内容	

序号	子分工程名称	分项工程名称	检验批数量	施工单位检查结果	监理单位验收结论
1					
2					
3					
4					
5					
6					
7					
8					
质量控制资料					
安全和功能检验结果					
观感质量检验结果					
综合验收结论					

施工单位 项目负责人： 　　年　月　日	勘察单位 项目负责人： 　　年　月　日	设计单位 项目负责人： 　　年　月　日	监理单位 总监理工程师： 　　年　月　日

注：1. 地基与基础分部工程的验收应由施工、勘察、设计单位项目负责人和总监理工程师参加并签字；
　　2. 主体结构、节能分部工程的验收应由施工、设计单位项目负责人和总监理工程师参加并签字。

（六）单位工程质量验收

1. 单位工程质量验收程序

（1）预验收

单位工程完成后，施工单位应依据验收规范、设计图纸等组织有关人员进行自检，对存在的问题自行整改处理，合格后填写单位工程竣工验收报审表（表7-11），并将相关竣工资料报送项目监理机构申请预验收。

单位工程竣工验收报审表　　　　　　　　　　　表7-11

工程名称：　　　　　　　　　　　　　　　　　　　　　　　　编号：＿＿＿＿＿

致：＿＿＿＿＿＿＿＿＿＿＿＿＿（项目监理机构） 　我方已按施工合同要求完成＿＿＿＿＿＿＿＿＿＿工程，经检验合格，请予以验收。 　附件： 　1. 工程质量验收报告 　2. 工程功能检验资料   <div align="right">施工单位（盖章）</div> <div align="right">项目经理（签字）</div> <div align="right">年　　月　　日</div>
预验收意见： 　经预验收，该工程合格/不合格，可以/不可以组织正式验收。   <div align="right">项目监理机构（盖章）</div> <div align="right">总监理工程师（签字、加盖执业印章）</div> <div align="right">年　　月　　日</div>

注：本表一式三份，项目监理机构、建设单位、施工单位各一份。

总监理工程师应组织专业监理工程师审查施工单位报送的相关竣工资料，并对工程质量进行竣工预验收。存在施工质量问题时，应由施工单位及时整改，整改完毕且复验合格后，总监理工程师应签认单位工程竣工验收的相关资料，项目监理机构应编写工程质量评估报告，并应经总监理工程师和工程监理单位技术负责人审核签字后报建设单位。由施工单位向建设单位提交工程竣工报告，申请工程竣工验收。

单位工程中的分包工程完工后，分包单位应对所承包的工程项目进行自检，并应按标准规定的程序进行验收。验收时，总包单位应派人参加。验收合格后，分包单位应将所分包工程的质量控制资料整理完整，并移交给总包单位。建设单位组织单位工程质量竣工验收时，分包单位负责人应参加验收。

（2）验收

建设单位收到工程竣工报告后，应由建设单位项目负责人组织监理、施工、设计、勘察等单位项目负责人进行单位工程竣工验收。对验收中提出的整改问题，项目监理机构应督促施工单位及时整改。工程质量符合要求的，总监理工程师应在工程竣工验收报告中签署验收意见。这里注意的是，在单位工程质量竣工验收时，由于勘察、设计、监理、施工等单位都是责任主体，因此各单位项目负责人应参加竣工验收，考虑到施工单位对工程负有直接生产责任，而施工项目部不是法人单位，故施工单位的技术、质量负责人也应参加验收。

在一个单位工程中，对满足生产要求或具备使用条件，施工单位已自行检验，项目监理机构已预验收的子单位工程，建设单位可组织进行验收。由几个施工单位负责施工的单位工程，当其中的子单位工程已按设计要求完成，并经自行检验，也可按规定的程序组织正式验收，办理交工手续。在整个单位工程验收时，已验收的子单位工程验收资料应作为单位工程验收的附件。

《房屋建筑和市政基础设施工程竣工验收规定》规定，建设工程竣工验收应当具备下列条件：

1）完成工程设计和合同约定的各项内容。

2）施工单位在工程完工后对工程质量进行了检查，确认工程质量符合有关法律、法规和工程建设强制性标准，符合设计文件及合同要求，并提出工程竣工报告。工程竣工报告应经项目经理和施工单位有关负责人审核签字。

3）对于委托监理的工程项目，监理单位对工程进行了质量评估，具有完整的监理资料，并提出工程质量评估报告。工程质量评估报告应经总监理工程师和监理单位有关负责人审核签字。

4）勘察、设计单位对勘察、设计文件及施工过程中由设计单位签署的设计变更通知书进行了检查，并提出质量检查报告。质量检查报告应经该项目勘察、设计负责人和勘察、设计单位有关负责人审核签字。

5）有完整的技术档案和施工管理资料。

6）有工程使用的主要建筑材料、建筑构配件和设备的进场试验报告，以及工程质量检测和功能性试验资料。

7）建设单位已按合同约定支付工程款。

8）有施工单位签署的工程质量保修书。

9）对于住宅工程，进行分户验收并验收合格，建设单位按户出具住宅工程质量分户验收表。

10）建设主管部门及工程质量监督机构责令整改的问题全部整改完毕。

11）法律、法规规定的其他条件。

根据上述竣工验收条件，对于不同性质的建设工程还应满足其他一些具体要求，如工业建设项目，还应满足必要的生活设施已按设计要求建成，生产准备工作和生产设施能适应投产的需要；环境保护设施、劳动、安全与卫生设施、消防设施以及必需的生产设施已按设计要求与主体工程同时建成，并经有关专业部门验收合格交付使用。

2. 单位工程质量验收合格的规定

（1）所含分部工程的质量均应验收合格；

（2）质量控制资料应完整；

（3）所含分部工程中有关安全、节能、环境保护和主要使用功能等的检验资料应完整；

（4）主要使用功能的抽查结果应符合相关专业质量验收规范的规定；

（5）观感质量应符合要求。

单位工程质量验收也称质量竣工验收，是建筑工程投入使用前的最后一次验收，也是最重要的一次验收。参建各方责任主体和有关单位及人员，应给予足够的重视，认真做好单位工程质量竣工验收，把好工程质量验收关。

为加深理解单位工程质量验收合格规定，应注意以下几个方面的内容：

（1）所含分部工程的质量均应验收合格。施工单位事先应认真做好验收准备，将所有分部工程的质量验收记录表及相应资料，及时进行收集整理，并列出目次表，依序将其装订成册。在核查和整理过程中，应注意以下三点：

1）核查各分部工程中所含的子分部工程是否齐全；

2）核查各分部工程质量验收记录表及相应资料的质量评价是否完善；

3）核查各分部工程质量验收记录表及相应资料的验收人员是否是规定的有相应资质的技术人员，并进行了评价和签认。

（2）质量控制资料应完整。质量控制完整是指所收集到的资料，能反映工程所采用的建筑材料、构配件和设备的质量技术性能，施工质量控制和技术管理状况，涉及结构安全和主要使用功能的施工试验和抽样检测结果，以及工程参建各方质量验收的原始依据、客观记录、真实数据和见证取样等资料，能确保工程结构安全和使用功能，满足设计要求。它是客观评价工程质量的主要依据。

尽管质量控制资料在分部工程质量验收时已经检查过，但某些资料由于受试验龄期的影响，或受系统测试的需要等，难以在分部工程验收时到位。因此应对所有分部工程质量控制资料的系统性和完整性进行一次全面的核查，在全面梳理的基础上，重点检查资料是否齐全、有无遗漏，从而达到完整无缺的要求。

（3）所含分部工程中有关安全、节能、环境保护和主要使用功能等的检验资料应完整。涉及安全、节能、环境保护和主要使用功能的分部工程的检验资料应复查合格，这些检验资料与质量控制资料同等重要。资料复查不仅要全面检查其完整性，不得有漏检缺项，其次复核分部工程验收时要补充进行的见证抽样检验报告，这体现了对安全和主要使用功能的重视。

（4）主要使用功能的抽查结果应符合相关专业质量验收规范的规定。

对主要使用功能的应进行抽查，这是对建筑工程和设备安装工程质量的综合检验，也是用户最为关心的内容，体现了标准中完善手段、过程控制的原则，也将减少工程投入使用后的质量投诉和纠纷。因此，在分项、分部工程质量验收合格的基础上，竣工验收时再作全面的检查。主要使用功能抽查项目是在检查资料文件的基础上由参加验收的各方人员商定，并用计量、计数的方法抽样检验，检验结果应符合有关专业验收规范的要求。

（5）观感质量应符合要求。观感质量验收不单纯是对工程外表质量进行检查，同时也是对部分使用功能和使用安全所作的一次全面检查。如门窗启闭是否灵活、关闭后是否严密；又如室内顶棚抹灰层的空鼓、楼梯踏步高差过大等。涉及使用的安全，在检查时应加以关注。观感质量验收须由参加验收的各方人员共同进行，最后共同协商确定是否通过验收。

3. 单位工程质量竣工验收、检查记录的填写

单位工程质量竣工验收记录按表7-12填写。表中的验收记录由施工单位填写，验收结论由监理单位填写；综合验收结论由参加验收各方共同商定，由建设单位填写，并应对工程质量是否符合设计和规范要求及总体质量水平作出评价。单位工程质量控制资料核查记录按表7-13填写。单位工程安全和功能检验资料核查及主要功能抽查记录按表7-14填写。单位工程观感质量检查记录按表7-15填写，表中的质量评价结果"好"、"一般"、"差"的填写，可由各方协商确定，也可按下列原则确定：项目检查中有1处或多于1处"差"可评价为"差"，有60%及以上的检查点"好"可评价为"好"，其余情况可评价为"一般"。

单位工程质量竣工验收记录 表7-12

工程名称		结构类型		层数/建筑面积	
施工单位		技术负责人		开工日期	
项目负责人		项目技术负责人		完工日期	

序号	项目	验收记录	验收结论
1	分部工程验收	共　分部,经查符合设计及标准规定　分部	
2	质量控制资料核查	共　项,经核查符合规定　项	
3	安全和主要使用功能核查及抽查结果	共检查　项,符合规定　项,共抽查　项,符合规定　项,经返工处理符合规定　项	
4	观感质量验收	共抽查　项,达到"好"和"一般"的　项,经返修处理符合要求的　项	

综合验收结论	

参加验收单位	建设单位	监理单位	施工单位	设计单位	勘察单位
	（公章） 项目负责人: 年　月　日	（公章） 总监理工程师: 年　月　日	（公章） 项目负责人: 年　月　日	（公章） 项目负责人: 年　月　日	（公章） 项目负责人: 年　月　日

注:单位工程验收时,验收签字人员应由相应单位的法人代表书面授权。

单位工程质量控制资料核查记录   表7-13

工程名称				施工单位				
序号	项目	资料名称	份数	施工单位		监理单位		
				核查意见	核查人	核查意见	核查人	
1	建筑与结构	图纸会审记录、设计变更通知单、工程洽商记录						
2		工程定位测量、放线记录						
3		原材料出厂合格证书及进场检验、试验报告						
4		施工试验报告及见证检测报告						
5		隐蔽工程验收记录						
6		施工记录						
7		地基、基础、主体结构检验及抽样检测资料						
8		分项、分部工程质量验收记录						
9		工程质量事故调查处理资料						
10		新技术论证、备案及施工记录						
1	给水排水与供暖	图纸会审记录、设计变更通知单、工程洽商记录						
2		原材料出厂合格证书及进场检验、试验报告						
3		管道、设备强度试验、严密性试验记录						
4		隐蔽工程验收记录						
5		系统清洗、灌水、通水、通球试验记录						
6		施工记录						
7		分项、分部工程质量验收记录						
8		新技术论证、备案及施工记录						
1	通风与空调	图纸会审记录、设计变更通知单、工程洽商记录						
2		原材料出厂合格证书及进场检验、试验报告						
3		制冷、空调、水管道强度试验、严密性试验记录						
4		隐蔽工程验收记录						
5		制冷设备运行调试记录						
6		通风、空调系统调试记录						
7		施工记录						
8		分项、分部工程质量验收记录						
9		新技术论证、备案及施工记录						
1	建筑电气	图纸会审记录、设计变更通知单、工程洽商记录						
2		原材料出厂合格证书及进场检验、试验报告						
3		设备调试记录						
4		接地、绝缘电阻测试记录						
5		隐蔽工程验收记录						
6		施工记录						
7		分项、分部工程质量验收记录						
8		新技术论证、备案及施工记录						

续表

工程名称				施工单位			
序号	项目	资料名称	份数	施工单位		监理单位	
				核查意见	核查人	核查意见	核查人
1	智能建筑	图纸会审记录、设计变更通知单、工程洽商记录					
2		原材料出厂合格证书及进场检验、试验报告					
3		隐蔽工程验收记录					
4		施工记录					
5		系统功能测定及设备调试记录					
6		系统技术、操作和维护手册					
7		系统管理、操作人员培训记录					
8		系统检测报告					
9		分项、分部工程质量验收记录					
10		新技术论证、备案及施工记录					
1	建筑节能	图纸会审记录、设计变更通知单、工程洽商记录					
2		原材料出厂合格证书及进场检验、试验报告					
3		隐蔽工程验收记录					
4		施工记录					
5		外墙、外窗节能检测报告					
6		设备系统节能检测报告					
7		分项、分部工程质量验收记录					
8		新技术论证、备案及施工记录					
1	电梯	图纸会审记录、设计变更通知单、工程洽商记录					
2		设备出厂合格证及开箱检验记录					
3		隐蔽工程验收记录					
4		施工记录					
5		接地、绝缘电阻试验记录					
6		负荷试验、安全装置检查记录					
7		分项、分部工程质量验收记录					
8		新技术论证、备案及施工记录					

结论：

施工单位项目负责人：　　　　　　　　　　总监理工程师：

年　月　日　　　　　　　　　年　月　日

单位工程安全和功能检验资料核查及主要功能抽查记录 表7-14

工程名称			施工单位			
序号	项目	安全功能检查项目	份数	检查意见	抽查结果	核查（抽查）人
1	建筑与结构	地基承载力检验报告				
2		桩基承载力检验报告				
3		混凝土强度试验报告				
4		砂浆强度试验报告				
5		主体结构尺寸、位置抽查记录				
6		建筑物垂直度、标高、全高测量记录				
7		屋面淋水或蓄水试验记录				
8		地下室渗漏水检测记录				
9		有防水要求的地面蓄水试验记录				
10		抽气（风）道检查记录				
11		外窗气密性、水密性、耐风压检测报告				
12		幕墙气密性、水密性、耐风压检测报告				
13		建筑物沉降观测测量记录				
14		节能、保温测试记录				
15		室内环境检测报告				
16		土壤氡气浓度检测报告				
1	给水排水与供暖	给水管道通水试验记录				
2		暖气管道、散热器压力试验记录				
3		卫生器具满水试验记录				
4		消防管道、燃气管道压力试验记录				
5		排水干管通球试验记录				
6		锅炉试运行、安全阀及报警联动测试记录				
1	通风与空调	通风、空调系统试运行记录				
2		风量、温度测试记录				
3		空气能量回收装置测试记录				
4		洁净室洁净度测试记录				
5		制冷机组试运行调试记录				
1	建筑电气	建筑照明通电试运行记录				
2		灯具固定装置及悬吊装置的载荷强度试验记录				
3		绝缘电阻测试记录				
4		剩余电流动作保护器测试记录				
5		应急电源装置应急持续供电记录				
6		接地电阻测试记录				
7		接地故障回路阻抗测试记录				

续表

工程名称			施工单位			
序号	项目	安全功能检查项目	份数	检查意见	抽查结果	核查（抽查）人
1	智能建筑	系统试运行记录				
2		系统电源及接地检测报告				
3		系统接地检测报告				
1	建筑节能	外墙节能构造检查记录或热工性能检验报告				
2		设备系统节能性能检查记录				
1	电梯	运行记录				
2		安全装置检测报告				
结论：						
施工单位项目负责人：　　　　　　　　总监理工程师： 　　　　年　月　日　　　　　　　　年　月　日						

注：抽查项目由验收组协商确定。

单位工程观感质量检查记录　　　　表7-15

工程名称			施工单位		
序号		项目	抽查质量状况		质量评价
1	建筑与结构	主体结构外观	共检查 点，好 点，一般 点，差 点		
2		室外墙面	共检查 点，好 点，一般 点，差 点		
3		变形缝、雨水管	共检查 点，好 点，一般 点，差 点		
4		屋面	共检查 点，好 点，一般 点，差 点		
5		室内墙面	共检查 点，好 点，一般 点，差 点		
6		室内顶棚	共检查 点，好 点，一般 点，差 点		
7		室内地面	共检查 点，好 点，一般 点，差 点		
8		楼梯、踏步、护栏	共检查 点，好 点，一般 点，差 点		
9		门窗	共检查 点，好 点，一般 点，差 点		
10		雨罩、台阶、坡道、散水	共检查 点，好 点，一般 点，差 点		
1	给水排水与供暖	管道接口、坡度、支架	共检查 点，好 点，一般 点，差 点		
2		卫生器具、支架、阀门	共检查 点，好 点，一般 点，差 点		
3		检查口、扫除口、地漏	共检查 点，好 点，一般 点，差 点		
4		散热器、支架	共检查 点，好 点，一般 点，差 点		

续表

工程名称			施工单位	
序号		项目	抽查质量状况	质量评价
1	通风与空调	风管、支架	共检查 点，好 点，一般 点，差 点	
2		风口、风阀	共检查 点，好 点，一般 点，差 点	
3		风机、空调设备	共检查 点，好 点，一般 点，差 点	
4		管道、阀门、支架	共检查 点，好 点，一般 点，差 点	
5		水泵、冷却塔	共检查 点，好 点，一般 点，差 点	
6		绝热	共检查 点，好 点，一般 点，差 点	
1	建筑电气	配电箱、盘、板、接线盒	共检查 点，好 点，一般 点，差 点	
2		设备器具、开关、插座	共检查 点，好 点，一般 点，差 点	
3		防雷、接地、防火	共检查 点，好 点，一般 点，差 点	
1	智能建筑	机房设备安装及布局	共检查 点，好 点，一般 点，差 点	
2		现场设备安装	共检查 点，好 点，一般 点，差 点	
1	电梯	运行、平层、开关门	共检查 点，好 点，一般 点，差 点	
2		层门、信号系统	共检查 点，好 点，一般 点，差 点	
3		机房	共检查 点，好 点，一般 点，差 点	
	观感质量综合评价			

结论：

施工单位项目负责人：　　　　　　　　　　　　总监理工程师：

　　　　　　　年　月　日　　　　　　　　　　　　　　年　月　日

注：1. 对质量评价为差的项目应进行返修；
　　2. 观感质量现场检查原始记录应作为本表附件。

（七）工程施工质量验收不符合要求的处理

一般情况，不合格现象在检验批验收时就应发现并及时处理，但实际工程中不能完全避免不合格情况的出现，因此工程施工质量验收时不符合要求的应按下列进行处理：

（1）经返工或返修的检验批，应重新进行验收。在检验批验收时，对于主控项目不能满足验收规范规定或一般项目超过偏差限值的样本数量不符合验收规定时，应及时进行处理。其中，对于严重的质量缺陷应重新施工；一般的质量缺陷可通过返修、更换予以解决，允许施工单位在采取相应的措施后重新验收，如能够符合相应的专业验收规范要求，则应认为该检验批合格。

（2）经有资质的检测机构检测鉴定能够达到设计要求的检验批，应予以验收。当个别检验批发现问题，难以确定能否验收时，应请具有资质的法定检测机构进行检测鉴定。当鉴定结果认为能够达到设计要求时，该检验批可以通过验收。这种情况通常出现在某检验批的材料试块强度不满足设计要求时。

（3）经有资质的检测机构检测鉴定达不到设计要求，但经原设计单位核算认可能够满足安全和使用功能的检验批，可予以验收。如经检测鉴定达不到设计要求，但经原设计单位核算、鉴定，仍可满足相关设计规范和使用功能的要求时，该检验批可予以验收。这主要是因为一般情况下，标准、规范规定的是满足安全和功能的最低要求，而设计往往在此基础上留有一些余量。在一定的范围内，会出现不满足设计要求而符合相应规范要求的情况，两者并不矛盾。

（4）经返修或加固处理的分项、分部工程，满足安全及使用功能要求时，可按技术处理方案和协商文件的要求予以验收。经法定检测机构检测鉴定后认为达不到规范的相应要求，即不能满足最低限度的安全储备和使用功能时，则必须进行加固或处理，使之能满足安全使用的基本要求。这样可能会造成一些永久性的影响，如增大结构外形尺寸，影响一些次要的使用功能等。但为了避免建筑物的整体或局部拆除，避免社会财富更大的损失，在不影响安全和主要使用功能条件下，可按技术处理方案和协商文件进行验收，责任方应按法律承担相应的经济责任和接受处罚。需要特别注意的是，这种方法不能作为降低质量要求、变相通过验收的一种出路。

（5）经返修或加固处理仍不能满足安全或重要使用要求的分部工程及单位工程，严禁验收。分部工程及单位工程经返修或加固处理后仍不能满足安全或重要使用功能时，表明工程质量存在严重的缺陷。重要的使用功能不满足要求时，将导致建筑物无法正常使用，安全不满足要求时，将危及人身健康或财产安全，严重时会给社会带来巨大的安全隐患，因此对这类工程严禁通过验收，更不得擅自投入使用，需要专门研究处置方案。

（6）工程质量控制资料应齐全完整，当部分资料缺失时，应委托有资质的检测机构按有关标准进行相应的实体检测或抽样试验。实际工程中偶尔会遇到因遗漏检验或资料丢失而导致部分施工验收资料不全的情况，使工程无法正常验收。对此可有针对性地进行工程质量检验，采取实体检测或抽样试验的方法确定工程质量状况。上述工作应由有资质的检测机构完成，出具的检验报告可用于工程施工质量验收。

三、住宅分户验收

为进一步加强住宅工程质量管理，落实工程质量责任，深化住宅工程验收管理，住建部2009年12月22日出台了《关于做好住宅工程质量分户验收工作的通知》（建质〔2009〕291号），规定了分户验收的内容、依据、程序、组织等。各地根据这一《通知》，结合当地特点，又出台了住宅工程分户验收管理办法。所谓住宅工程质量分户验收，是指住宅工程主体结构验收和竣工验收前，建设单位按照当地住宅工程质量分户验收实施指南的要求，组织对以户为单位，主要是楼板结构层厚度、使用功能和观感质量进行的专门验收。如浙江省嘉兴市出台了《嘉兴市住宅工程质量分户验收实施指南（试行）》，主要内容如下。

（一）分户验收的项目内容

（1）室内空间尺寸，包括室内净高、净开间、净进深等偏差。

（2）楼板结构层厚度，指现浇混凝土结构楼板厚度偏差。

（3）楼（地）面、墙面、顶棚面层，包括黏结质量、观感质量等。

（4）门窗、栏杆安装，包括门窗安装、栏杆安装、玻璃安装等施工质量。

（5）防水工程，包括外墙、外窗、楼（地）面、屋面等部位的防渗漏功能。

（6）给水排水工程，包括管道渗漏、堵塞、坡度、预埋管道标识、安装固定、配件安装、地漏、存水弯、卫生器具等施工质量。

（7）室内电气工程，包括开关、插座、接地、户内配电箱安装、照明、等电位连结等施工质量。

（8）其他，包括通风设施、空调设备预留孔洞等施工质量。

（二）分户验收的组织及程序

（1）分户验收由建设单位组织实施，监理单位、施工单位（含分包单位）有关专业人员参加。已选定物业公司的，物业公司也应派出专业人员参加分户验收工作。设计单位可依照合同约定参加分户验收工作。

（2）分户验收人员应具备的相应资格：

1）建设单位参验人员为项目负责人、专业技术人员等。

2）监理单位参验人员为总监理工程师、相关专业监理工程师、监理员等。

3）施工单位（含分包单位）参验人员为企业质量技术部门负责人、建造师（项目经理）、项目技术负责人、质量员、施工员等专业技术人员。

4）物业公司和设计单位参验人员为项目负责人、专业技术人员等。

（3）分户验收的程序按照《嘉兴市住宅工程质量分户验收管理办法（试行）》第十条的规定执行。

（三）分户验收的结论和处理

（1）分户验收的结论，应以每户为单位全数合格，才能评为合格。

（2）分户验收过程中，发现下列情况之一的，不予通过：

1）发现结构质量隐患的；

2）发现较为严重可能影响使用功能的质量缺陷的；

3）以每户为单位，存在有不合格情况的；

4）发现工程主要技术资料存在缺项、遗漏不齐、存在明显弄虚作假、互相矛盾的。

（3）分户验收过程中，发现有不合格情况的，施工单位应进行整改，整改后重新进行分户验收。存在无法整改情况，涉及结构安全的，应由原设计单位认可；设计单位无法认可的，可通过检测鉴定；不涉及结构安全和使用功能的，可由建设、施工单位协商解决。

（4）凡经过处理或者协商解决通过分户验收的，建设单位应将有关情况如实告知住户，并报工程所在地的工程质量监督机构备案。

（四）分户验收的监督管理

1. 分户验收的监管程序

（1）住宅工程主体结构验收和竣工验收前，应由建设单位按规定组织分户验收，并将分户验收相关资料包括分户验收方案、分户验收记录表、分户验收汇总表等提前5个工作日报送当地工程质量监督机构（以下简称质监机构）。

（2）质监机构在监督主体结构验收和竣工验收时，应监督验收组通过现场随机抽查的方式，复查验收，分户验收记录是否真实、有效，复查核验的户数每单位工程不少于3户，且比例不少于总户数的5%。

（3）质监机构在监督中，发现分户验收条件不符合相关规定，或分户验收记录内容不真实或存在影响主要使用功能的质量缺陷时应终止验收，责令改正，重新进行分户验收。

（4）重新分户验收后，凡涉及实测实量的验收内容由建设单位委托具有检测资质的检测机构进行抽查检测，其余验收内容由验收组进行抽查检测，抽查检测户数每单位工程不少于5户，且比例不少于总户数的10%。

2. 分户验收的监管方法

（1）复查核验或抽查检测分户验收时，重点复（抽）查工程实物质量，对随机抽取的样户，按提供的住宅工程质量分户验收记录表及其检查记录表内容全数检查，核验其相是否合格，如果其验收结论与工程实体质量不一致时，应按有关文件规定，责令其重新组织分户验收。

（2）复（抽）查结果合格的要求：

1）核查质量技术资料的项目应全部符合规范、设计要求。

2）观察、手摸、手扳等方法检查的项目应全部符合规范、设计要求。

3）实测实量项目中有80%以上检查点在允许偏差范围内，且最大偏差不超过允许偏差的1.5倍。

（3）对复（抽）查结果处理：

1）单位工程所复（抽）查户数全部合格时视其验收结果有效。

2）单位工程复（抽）查存在一户不合格时，应责令建设单位对该单位工程重新组织分户验收。

（4）质监机构对分户验收复（抽）查的监督情况应列入工程质量监督报告。

第二节　工程竣工验收备案

为了加强房屋建筑和市政基础设施工程质量的管理，住房和城乡建设部根据《建设工程质量管理条例》的规定，制订了《房屋建筑和市政基础设施工程竣工验收备案管理办法》。凡在中华人民共和国境内新建、扩建、改建的各类房屋建筑和市政基础设施工程的竣工验收应当遵守本规定。国务院住房和城乡建设主管部门负责全国房屋建筑和市政基础设施工程（以下统称工程）的竣工验收备案管理工作。县级以上地方人民政府建设主管部门负责本行政区域内工程的竣工验收备案管理工作。

一、工程竣工验收备案的依据和主要条款

（一）依据

2009年10月19日，住房和城乡建设部第2号令《房屋建筑和市政基础设施工程竣工验收备案管理办法》。

（二）主要条款

（1）建设单位应当自工程竣工验收合格之日起15d内，依照本办法规定，向工程所在地的县级以上地方人民政府建设主管部门（以下简称备案机关）备案。

（2）备案机关收到建设单位报送的竣工验收备案文件，验证文件齐全后，应当在工程竣工验收备案表上签署文件收讫。

工程竣工验收备案表一式两份，一份由建设单位保存，一份留备案机关存档。

（3）工程质量监督机构应当在工程竣工验收之日起5d内，向备案机关提交工程质量监督报告。

（4）备案机关发现建设单位在竣工验收过程中有违反国家有关建设工程质量管理规定行为的，应当在收讫竣工验收备案文件15d内，责令停止使用，重新组织竣工验收。

（5）建设单位在工程竣工验收合格之日起15d内未办理工程竣工验收备案的，备案机关责令限期改正，处20万元以上50万元以下罚款。

（6）建设单位将备案机关决定重新组织竣工验收的工程，在重新组织竣工验收前，擅自使用的，备案机关责令停止使用，处工程合同价款2%以上4%以下罚款。

（7）建设单位采用虚假证明文件办理工程竣工验收备案的，工程竣工验收无效，备案机关责令停止使用，重新组织竣工验收，处20万元以上50万元以下罚款；构成犯罪的，依法追究刑事责任。

（8）备案机关决定重新组织竣工验收并责令停止使用的工程，建设单位在备案之前已投入使用或者建设单位擅自继续使用造成使用人损失的，由建设单位依法承担赔偿责任。

（9）竣工验收备案文件齐全，备案机关及其工作人员不办理备案手续的，由有关机关责令改正，对直接责任人员给予行政处分。

（10）抢险救灾工程、临时性房屋建筑工程和农民自建低层住宅工程，不适用本办法。

（11）军用房屋建筑工程竣工验收备案，按照中央军事委员会的有关规定执行。

（12）省、自治区、直辖市人民政府住房和城乡建设主管部门可以根据本办法制订实施细则。

二、建设工程档案

《城市建设档案管理规定》（建设部令第61、90号，住房城乡建设部令第9号）第八条规定："列入城建档案馆档案接收范围的工程，建设单位在组织竣工验收前，应当提请城建档案管理机构对工程档案进行预验收。预验收合格后，由城建档案管理机构出具工程档案认可文件。"

这里主要介绍根据《建设工程文件归档整理规范》（GB/T 50328—2014）的规定，建设工程竣工验收时归档的要求。

（一）建设工程文件归档整理规范基本规定

（1）建设、勘察、设计、监理、施工等单位应将工程文件的形成和积累纳入工程建设管理的各个环节和有关人员的职责范围。

（2）在工程文件与档案的整理立卷、验收移交工作中，建设单位应履行下列职责：

1）在工程招标及与勘察、设计、监理、施工等单位签订协议、合同时，应对工程文件的套数、费用、质量、移交时间等提出明确要求。

2）收集和整理工程准备阶段、竣工验收阶段形成的文件，并应进行立卷归档。

3）负责组织、监督和检查勘察、设计、监理、施工等单位的工程文件的形成、积累和立卷归档工作；也可委托监理单位监督、检查工程文件的形成、积累和立卷归档工作。

4）收集和汇总勘察、设计、监理、施工等单位立卷归档的工程档案。

5）在组织工程竣工验收前，应提请当地的城建档案管理机构对工程档案进行预验收；未取得工程档案验收认可文件，不得组织工程竣工验收。

6）对列入城建档案馆（室）接收范围的工程，工程竣工验收后3个月内，向当地城建档案馆（室）移交一套符合规定的工程移交。

（3）勘察、设计、监理、施工等单位应将本单位形成的工程文件立卷后向建设单位移交。

（4）建设工程项目实行总承包的，总包单位负责收集、汇总各分包单位形成的工程档案，并应及时向建设单位移交；各分包单位应将本单位形成的工程文件整理、立卷后及时移交总包单位。建设工程项目由几个单位承包的，各承包单位负责收集、整理立卷其承包项目的工程文件，并应及时向建设单位移交。

（5）城建档案管理机构应对工程文件的立卷归档工作进行监督、检查、指导。在工程竣工验收前，应对工程档案进行预验收，验收合格后，须出具工程档案认可文件。

（二）建设工程文件归档整理规范归档

（1）归档应符合下列规定：

1）归档文件必须完整、准确、系统，能够反映工程建设活动的全过程。文件材料归档范围详见表7-16。

2）归档的文件必须经过分类整理，并应组成符合要求的案卷。

（2）归档时间应符合下列规定：

1）根据建设程序和工程特点，归档可以分阶段分期进行，也可以在单位或分部工程通过竣工验收后进行。

2）勘察、设计单位应当在任务完成时，监理、施工单位应当在工程竣工验收前，将各自形成的有关工程档案向建设单位归档。

（3）勘察、设计、施工单位在收齐工程文件并整理立卷后，建设单位、监理单位应根据城建档案管理机构的要求对档案文件完整、准确、系统情况和案卷质量进行审查。审查合格后向建设单位移交。

（4）工程档案一般不少于两套，一套由建设单位保管，一套（原件）移交当地城建档案馆（室）。

（5）勘察、设计、监理、施工等单位向建设单位移交档案时，应编制移交清单，双方签字、盖章后方可交接。

（6）凡设计、监理、施工单位需要向本单位归档的文件，应按国家有关规定和《建设工程文件归档整理规范》（GB/T 50328—2014）附录A的要求单独立卷归档。

（7）列入城建档案馆（室）档案接收范围的工程，建设单位在组织工程竣工验收前，应提请城建档案管理机构对工程档案进行预验收。建设单位未取得城建档案管理机构出具的认可文件，不得组织工程竣工验收。

（8）城建档案管理部门在进行工程档案预验收时，应重点验收以下内容：

1）工程档案齐全、系统、完整；

2）工程档案的内容真实、准确地反映工程建设活动和工程实际状况；

3）工程档案已整理立卷，立卷符合《建设工程文件归档整理规范》（GB/T 50328—2014）的规定；

4）竣工图绘制方法、图式及规格等符合专业技术要求，图面整洁，盖有竣工图章；

5）文件的形成、来源符合实际，要求单位或个人签章的文件，其签章手续完备；

6）文件材质、幅面、书写、绘图、用墨、托裱等符合要求。

（9）列入城建档案馆（室）接收范围的工程，建设单位在工程竣工验收后3个月内，必须向城建档案馆（室）移交一套符合规定的工程档案。

（10）停建、缓建建设工程的档案，暂由建设单位保管。

（11）对改建、扩建和维修工程，建设单位应当组织设计、施工单位据实修改、补充和完善原工程档案。对改变的部位，应当重新编制工程档案，并在工程竣工验收后3个月内向城建档案馆（室）移交。

（12）建设单位向城建档案馆（室）移交工程档案时，应办理移交手续，填写移交目录，双方签字、盖章后交接。

（三）建设工程档案的作用与意义

档案是直接形成的历史纪录。"直接形成"说明档案继承了文件的原始性，"历史纪录"说明档案在继承文件原始性的同时，也继承了文件的记录性，是再现历史真实面貌的原始文献。正因为档案继承了文件原始记录性，具有历史再现性，所以档案才具有凭证价值的重要属性，并以此区别于图书情报资料和文物。

建设工程档案最常用的作用是建设工程技术、经验资料的积累，它可以作为已建建设工程扩建、改建、维修和事故责任的依据，这是它的最基本作用。建设工程档案其实是一个隐藏的数据库，如果把它利用好，意义十分重大。

建筑工程文件归档范围　　　　　　　　　　表7-16

类别	归档文件	保存单位				
		建设单位	设计单位	施工单位	监理单位	城建档案馆
工程准备阶段文件（A类）						
A1	立项文件					
1	项目建议书批复文件及项目建议书	▲				▲
2	可行性研究报告批复文件及可行性研究报告	▲				▲

续表

类别	归档文件	保存单位				
		建设单位	设计单位	施工单位	监理单位	城建档案馆
3	专家论证意见、项目评估文件	▲				▲
4	有关立项的会议纪要、领导批示	▲				▲
A2	**建设用地、拆迁文件**					
1	选址申请及选址规划意见通知书	▲				▲
2	建设用地批准书	▲				▲
3	拆迁安置意见、协议、方案等	▲				△
4	建设用地规划许可证及其附件	▲				▲
5	土地使用证明文件及其附件	▲				▲
6	建设用地钉桩通知单	▲				▲
A3	**勘察、设计文件**					
1	工程地质勘察报告	▲	▲			▲
2	水文地质勘察报告	▲	▲			▲
3	初步设计文件（说明书）	▲	▲			
4	设计方案审查意见	▲	▲			▲
5	人防、环保、消防等有关主管部门（对设计方案）审查意见	▲	▲			▲
6	设计计算书	▲	▲			△
7	施工图设计文件审查意见	▲	▲			▲
8	节能设计备案文件	▲				▲
A4	**招标文件**					
1	勘察、设计招投标文件	▲	▲			
2	勘察、设计合同	▲	▲			▲
3	施工招投标文件	▲		▲	△	
4	施工合同	▲		▲	△	▲
5	工程监理招投标文件	▲			▲	
6	监理合同	▲			▲	▲
A5	**开工审批文件**					
1	建设工程规划许可证及其附件	▲		△	△	▲
2	建设工程施工许可证	▲		▲	▲	▲
A6	**工程造价文件**					
1	工程投资估算材料	▲				
2	工程设计概算材料	▲				
3	招标控制价格文件	▲				
4	合同价格文件	▲		▲		△
5	结算价格文件	▲		▲		△
A7	**工程建设基本信息**					
1	工程概况信息表	▲	△			▲
2	建设单位工程项目负责人及现场管理人员名册	▲				▲
3	监理单位工程项目总监及监理人员名册	▲			▲	▲
4	施工单位工程项目经理及质量管理人员名册	▲		▲		▲

类别	归档文件	保存单位				
		建设单位	设计单位	施工单位	监理单位	城建档案馆
监理文件						
B1	**监理管理文件**					
1	监理规划	▲			▲	▲
2	监理实施细则	▲		△	▲	▲
3	监理月报	△			▲	
4	监理会议纪要	▲		△	▲	
5	监理工作日志				▲	
6	监理工作总结				▲	▲
7	工作联系单	▲		△	△	
8	监理工程师通知	▲		△	△	△
9	监理工程师通知回复单	▲		△	△	△
10	工程暂停令	▲		△	△	▲
11	工程复工报审表	▲		▲	▲	▲
B2	**进度控制文件**					
1	工程开工报审表	▲		▲	▲	▲
2	施工进度计划报审表	▲		△	△	
B3	**质量控制文件**					
1	质量事故报告及处理资料	▲		▲	▲	▲
2	旁站监理记录	△		△	▲	
3	见证取样和送检人员备案表	▲		▲	▲	
4	见证记录	▲		▲	▲	
5	工程技术文件报审表			△		
B4	**造价控制文件**					
1	工程款支付	▲		△	△	
2	工程款支付证书	▲		△	△	
3	工程变更费用报审表	▲		△	△	
4	费用索赔申请表	▲		△	△	
5	费用索赔审批表	▲		△	△	
B5	**工期管理文件**					
1	工期延期申请表	▲		▲	▲	▲
2	工期延期审批表	▲			▲	▲
B6	**监理验收文件**					
1	竣工移交证书	▲		▲	▲	▲
2	监理资料移交书	▲			▲	
施工文件（C类）						
C1	**施工管理文件**					
1	工程概况表	▲		▲	▲	△
2	施工现场质量管理检查记录			△	△	
3	企业资质证书及相关专业人员岗位证书	△		△	△	△
4	分包单位资质报审表	▲		▲	▲	

续表

类别	归档文件	保存单位				
		建设单位	设计单位	施工单位	监理单位	城建档案馆
5	建设单位质量事故勘查记录	▲		▲	▲	▲
6	建设工程质量事故报告书	▲		▲	▲	▲
7	施工检测计划	△		△	△	
8	见证试验检测汇总表	▲		▲	▲	▲
9	施工日志			▲		
C2	**施工技术文件**					
1	工程技术文件报审表	△		△	△	
2	施工组织设计及施工方案	△		△	△	△
3	危险性较大分部分项工程施工方案	△		△	△	△
4	技术交底记录	△		△		
5	图纸会审记录	▲	▲	▲	▲	▲
6	设计变更通知单	▲	▲	▲	▲	▲
7	工程洽商记录（技术核定单）	▲	▲	▲	▲	▲
C3	**进度造价文件**					
1	工程开工报审表	▲	▲	▲	▲	▲
2	工程复工报审表	▲	▲	▲	▲	▲
3	施工进度计划报审表			△	△	
4	施工进度计划			△	△	
5	人、机、料动态表			△	△	
6	工程延期申请表	▲		▲	▲	▲
7	工程款支付申请表	▲		△	△	
8	工程变更费用报审表	▲		△	△	
9	费用索赔申请表	▲		△	△	
C4	**施工物资出厂质量证明及进场检测文件**					
	出厂质量证明文件及检测报告					
1	砂、石、砖、水泥、钢筋、隔热保温、防腐材料、轻骨料出厂证明文件	▲		▲	▲	△
2	其他物资出厂合格证、质量保证书、检测报告和报关单位或商检证等	△		▲	△	
3	材料、设备的相关检验报告、形式检测报告、3C强制认证合格证书或3C标志	△		▲	△	
4	主要设备、器具的安装使用说明书	▲		▲		
5	进口的主要材料设备的商检证明文件	△		▲		
6	涉及消防、安全、卫生、环保、节能的材料、设备的检测报告或法定机构出具的有效证明文件	▲		▲	▲	△
7	其他施工物资产品合格证、出厂检验报告					
	进场检验通用表格					
1	材料、构配件现场检验记录			△	△	
2	设备开箱检验记录			△	△	
3	设备及管道	▲		▲	△	

类别	归档文件	保存单位				
		建设单位	设计单位	施工单位	监理单位	城建档案馆
	进场复试报告					
1	钢材试验报告	▲		▲	▲	▲
2	水泥试验报告	▲		▲	▲	▲
3	砂试验报告	▲		▲	▲	▲
4	碎（卵）石试验报告	▲		▲	▲	▲
5	外加剂试验报告	△		▲	▲	▲
6	防水涂料试验报告	▲		▲	△	
7	防水卷材试验报告	▲		▲	△	
8	砖（砌块）试验报告	▲		▲	▲	▲
9	预应力筋复试报告	▲		▲	▲	▲
10	预应力锚具、夹具和连接器复试报告	▲		▲	▲	▲
11	装饰装修用门窗复试报告	▲		▲	△	
12	装饰装修用人造木板复试报告	▲		▲	△	
13	装饰装修用花岗石复试报告	▲		▲	△	
14	装饰装修用安全玻璃复试报告	▲		▲	△	
15	装饰装修用外墙面砖复试报告	▲		▲	△	
16	钢结构用钢材复试报告	▲		▲	▲	▲
17	钢结构用防火涂料复试报告	▲		▲	▲	▲
18	钢结构用焊接材料复试报告	▲		▲	▲	▲
19	钢结构用高强度大六角头螺栓连接副复试报告	▲		▲	▲	▲
20	钢结构用扭剪型高强螺栓连接副复试报告	▲		▲	▲	▲
21	幕墙用铝塑板、石材、玻璃、结构胶复试报告	▲		▲	▲	▲
22	散热器、供暖系统保温材料、通风与空调工程绝热材料、风机盘管机组、低压配电系统电缆的见证取样复试报告	▲		▲	▲	▲
23	节能工程材料复试报告	▲		▲	▲	▲
24	其他物资进场复试报告					
C5	**施工记录文件**					
1	隐蔽工程验收记录	▲		▲	▲	▲
2	施工检查记录			△		
3	交接检查记录			△		
4	工程定位测量记录	▲		▲	▲	▲
5	基槽验线记录	▲		▲	▲	▲
6	楼层平面放线记录			△	△	△
7	楼层标高抄测记录			△	△	△
8	建筑物垂直度、标高观测记录	▲		▲	△	△
9	沉降观测记录	▲		▲	△	▲
10	基坑支护水平位移监测记录			△	△	
11	桩基、支护测量放线记录			△	△	
12	地基验槽记录	▲	▲	▲	▲	▲

类别	归档文件	保存单位				
		建设单位	设计单位	施工单位	监理单位	城建档案馆
13	地基钎探记录	▲		△	△	▲
14	混凝土浇灌申请书			△	△	
15	预拌混凝土运输单			△		
16	混凝土开盘鉴定			△	△	
17	混凝土拆模申请单			△	△	
18	混凝土预拌测温记录			△		
19	混凝土养护测温记录			△		
20	大体积混凝土养护测温记录			△		
21	大型构件吊装记录	▲		△	△	▲
22	焊接材料烘焙记录			△		
23	地下工程防水效果检查记录	▲		△	△	
24	防水工程试水检查记录	▲		△	△	
25	通风（烟）道、垃圾道检查记录	▲		△	△	
26	预应力筋张拉记录	▲		▲	△	▲
27	有黏结预应力结构灌浆记录	▲		▲	△	▲
28	钢结构施工记录	▲		▲	△	
29	网架（索膜）施工记录	▲		▲	△	
30	木结构施工记录	▲		▲	△	
31	幕墙注胶检查记录	▲		▲	△	
32	自动扶梯、自动人行道的相邻区域检查记录	▲		▲	△	
33	电梯电气装置安装检查记录	▲		▲	△	
34	自动扶梯、自动人行道电气装置检查记录	▲		▲	△	
35	自动扶梯、自动人行道的整机安装质量检查记录	▲		▲	△	
36	其他施工记录文件					
C6	施工试验记录及检测文件					
	通用表格					
1	设备单机运转记录	▲		▲	△	△
2	系统运转调试记录	▲		▲	△	△
3	接地电阻测试记录	▲		▲	△	△
4	绝缘电阻测试记录	▲		▲	△	△
	建筑与结构工程					
1	锚杆试验报告	▲		▲	△	△
2	地基承载力检验报告	▲		▲	△	▲
3	桩基检测报告	▲		▲	△	▲
4	木工击实试验报告	▲		▲	△	▲
5	回填土试验报告（应附图）	▲		▲	△	▲
6	钢筋机械连接试验报告	▲		▲	△	△
7	钢筋焊接连接试验报告	▲		▲	△	△
8	砂浆配合比申请书、通知单			△	△	△

续表

类别	归档文件	保存单位				
		建设单位	设计单位	施工单位	监理单位	城建档案馆
9	砂浆抗压强度试验报告	▲		▲	△	▲
10	砌筑砂浆试块强度统计、评定记录	▲		▲		△
11	混凝土配合比申请书、通知单	▲		△	△	△
12	混凝土抗压强度试验报告	▲		▲	△	▲
13	混凝土试块强度统计、评定记录	▲		▲	△	△
14	混凝土抗渗试验报告	▲		▲	△	△
15	砂、石、水泥放射性指标报告	▲		▲	△	△
16	混凝土碱总量计算书	▲		▲	△	△
17	外墙饰面砖样板黏结强度试验报告	▲		▲	△	△
18	后置埋件抗拔试验报告	▲		▲	△	△
19	超声波探伤报告、探伤记录	▲		▲	△	△
20	钢构件射线探伤报告	▲		▲	△	△
21	磁粉探伤报告	▲		▲	△	△
22	高强度螺栓抗滑移系数检测报告	▲		▲	△	△
23	钢结构焊接工艺评定			△	△	△
24	网架节点承载力试验报告	▲		▲	△	△
25	钢结构防腐、防火涂料厚度检测报告	▲		▲	△	△
26	木结构胶缝试验报告	▲		▲	△	
27	木结构构件力学性能试验报告	▲		▲	△	△
28	木结构防护剂试验报告	▲		▲	△	△
29	幕墙双组分硅酮结构胶混匀性及拉断试验报告	▲		▲	△	△
30	幕墙的抗风压性能、空气渗透性能、雨水渗透性能及平面内变形性能检测报告	▲		▲	△	△
31	外门窗的抗风压性能、空气渗透性能和雨水渗透性能检测报告	▲		▲	△	△
32	墙体节能工程保温板材与基层粘结强度现场拉拔试验	▲		▲	△	△
33	外墙保温浆料同条件养护试件试验报告	▲		▲	△	△
34	结构实体混凝土强度试验记录	▲		▲	△	△
35	结构实体钢筋保护层厚度验收记录	▲		▲	△	△
36	围护结构现场实体检验	▲		▲	△	△
37	室内环境检测报告	▲		▲	△	△
38	节能性能检测报告	▲		▲	△	▲
39	其他建筑与结构施工试验记录与检测文件					
	给水排水及供暖工程					
1	灌（满）水试验记录	▲		△	△	
2	强度严密性试验记录	▲		▲	△	△
3	通水试验记录	▲		△	△	
4	冲（吹）洗试验记录	▲		▲	△	
5	通球试验记录	▲		△	△	
6	补偿器安装记录			△	△	

类别	归档文件	保存单位				
		建设单位	设计单位	施工单位	监理单位	城建档案馆
7	消火栓试射记录	▲		▲	△	
8	安全附件安装检查记录			▲	△	
9	锅炉烘炉试验记录			▲	△	
10	锅炉煮炉试验记录			▲	△	
11	锅炉试运行记录	▲		▲	△	
12	安全阀定压合格证书	▲		▲	△	
13	自动喷水灭火系统联动试验记录	▲		▲	△	△
14	其他给水排水及供暖施工试验记录与检测文件					
	建筑电气工程					
1	电气接地装置平面示意图表	▲		▲	△	△
2	电气器具通电安全检查记录	▲		△	△	
3	电气设备空载试运行记录	▲		▲	△	△
4	建筑物照明通电试运行记录	▲		▲	△	△
5	大型照明灯具承载试验记录	▲		▲	△	
6	漏电开关模拟试验记录	▲		▲	△	
7	大容量电气线路结点测温记录	▲		▲	△	
8	低压配电电源质量测试记录	▲		▲	△	
9	建筑物照明系统照度测试记录	▲		△	△	
10	其他建筑电气施工试验记录与检测文件					
	智能建筑工程					
1	综合布线测试记录	▲		▲	△	△
2	光纤损耗测试记录	▲		▲	△	△
3	视频系统末端测试记录	▲		▲	△	△
4	子系统检测记录	▲		▲	△	△
5	系统运行记录	▲		▲	△	△
6	其他智能建筑施工试验记录与检测文件					
	通风与空调工程					
1	风管漏光检测记录	▲		△	△	
2	风管漏风检测记录	▲		▲	△	
3	现场组装除尘器、空调机漏风检测记录			△	△	
4	各房间室内风量测量记录	▲		△	△	
5	管网风量平衡记录	▲		△	△	
6	空调系统试运转调试记录	▲		▲	△	△
7	空调水系统试运转调试记录	▲		▲	△	△
8	制冷系统气密性试验记录	▲		▲	△	△
9	净化空调系统检测记录	▲		▲	△	△
10	防排烟系统联合试运行记录	▲		▲	△	△
11	其他通风与空调施工试验记录与检测文件					

续表

类别	归档文件	保存单位				
		建设单位	设计单位	施工单位	监理单位	城建档案馆
	电梯工程					
1	轿厢平层准确度测量记录	▲		△	△	
2	电梯层门安全装置检测记录	▲		▲	△	
3	电梯电气安全装置检测记录	▲		▲	△	
4	电梯整机功能检测记录	▲		▲	△	
5	电梯主要功能检测记录	▲		▲	△	
6	电梯负荷运行试验记录	▲		▲	△	△
7	电梯负荷运行试验曲线图表	▲		▲	△	
8	电梯噪声测试记录	△		△	△	
9	自动扶梯、自动人行道安全装置检测记录	▲		▲	△	
10	自动扶梯、自动人行道整机性能、运行试验记录	▲		▲	△	△
11	其他电梯施工试验记录与检测文件					
C7	**施工质量验收文件**					
1	检验批质量验收记录	▲		△	△	
2	分项工程质量验收记录	▲		▲	▲	
3	分部（子分部）工程质量验收记录	▲		▲	▲	▲
4	建筑节能分部工程质量验收记录	▲		▲	▲	▲
5	自动喷水系统验收缺陷项目划分记录	▲		△	△	
6	程控电话交换系统分项工程质量验收记录	▲		▲	△	
7	会议电视系统分项工程质量验收记录	▲		▲	△	
8	卫星数字电视系统分项工程质量验收记录	▲		▲	△	
9	有线电视系统分项工程质量验收记录	▲		▲	△	
10	公共广播与紧急广播系统分项工程质量验收记录	▲		▲	△	
11	计算机网络系统分项工程质量验收记录	▲		▲	△	
12	应用软件系统分项工程质量验收记录	▲		▲	△	
13	网络安全系统分项工程质量验收记录	▲		▲	△	
14	空调与通风系统分项工程质量验收记录	▲		▲	△	
15	变配电系统分项工程质量验收记录	▲		▲	△	
16	公共照明系统分项工程质量验收记录	▲		▲	△	
17	给水排水系统分项工程质量验收记录	▲		▲	△	
18	热源和热交换系统分项工程质量验收记录	▲		▲	△	
19	冷冻和冷却水系统分项工程质量验收记录	▲		▲	△	
20	电梯和自动扶梯系统分项工程质量验收记录	▲		▲	△	
21	数据通信接口分项工程质量验收记录	▲		▲	△	
22	中央管理工作站及操作分站分项工程质量验收记录	▲		▲	△	
23	系统实时性、可维护性、可靠性分项工程质量验收记录	▲		▲	△	
24	现场设备安装及检测分项工程质量验收记录	▲		▲	△	
25	火灾自动报警及消防联动系统分项工程质量验收记录	▲		▲	△	
26	综合防范功能分项工程质量验收记录	▲		▲	△	
27	视频安防监控系统分项工程质量验收记录	▲		▲	△	

类别	归档文件	保存单位				
		建设单位	设计单位	施工单位	监理单位	城建档案馆
28	入侵报警系统分项工程质量验收记录	▲		▲	△	
29	出入口控制（门禁）系统分项工程质量验收记录	▲		▲	△	
30	巡更管理系统分项工程质量验收记录	▲		▲	△	
31	停车场（库）管理系统分项工程质量验收记录	▲		▲	△	
32	安全防范综合管理系统分项工程质量验收记录	▲		▲	△	
33	综合布线系统安装分项工程质量验收记录	▲		▲	△	
34	综合布线系统性能检测分项工程质量验收记录	▲		▲	△	
35	系统集成网络连接分项工程质量验收记录	▲		▲	△	
36	系统数据集成分项工程质量验收记录	▲		▲	△	
37	系统集成整体协调分项工程质量验收记录					
38	系统集成综合管理及冗余功能分项工程质量验收记录	▲		▲	△	
39	系统集成可维护性和安全性分项工程质量验收记录	▲		▲	△	
40	电源系统分项工程质量验收记录	▲		▲	△	
41	其他施工质量验收文件					
C8	**施工验收文件**					
1	单位（子单位）工程竣工预验收报验表	▲		▲		▲
2	单位（子单位）工程质量竣工验收记录	▲	△	▲		▲
3	单位（子单位）工程质量控制资料核查记录	▲		▲		▲
4	单位（子单位）工程安全和功能检验资料核查及主要功能抽查记录	▲		▲		▲
5	单位（子单位）工程观感质量检查记录	▲		▲		▲
6	施工资料移交书	▲		▲		
7	其他施工验收文件					
	竣工图（D类）					
1	建筑竣工图	▲		▲		▲
2	结构竣工图	▲		▲		▲
3	钢结构竣工图	▲		▲		▲
4	幕墙竣工图	▲		▲		▲
5	室内装饰竣工图	▲		▲		▲
6	建筑给水排水及供暖竣工图	▲		▲		▲
7	建筑电气竣工图	▲		▲		▲
8	智能建筑竣工图	▲		▲		▲
9	通风与空调竣工图	▲		▲		▲
10	室外工程竣工图	▲		▲		▲
11	规划红线内的室外给水、排水、供热、供电、照明管线等竣工图	▲		▲		▲
12	规划红线内的道路、园林绿化、喷灌设施等竣工图	▲		▲		▲
	工程竣工验收文件（E类）					
E1	**竣工验收与备案文件**					
1	勘察单位工程质量检查报告	▲		△	△	▲

续表

类别	归档文件	保存单位				
		建设单位	设计单位	施工单位	监理单位	城建档案馆
2	设计单位工程质量检查报告	▲	▲	△	△	▲
3	施工单位工程竣工报告	▲		▲	△	▲
4	监理单位工程质量评估报告	▲		△	▲	▲
5	工程竣工验收报告	▲	▲	▲	▲	▲
6	工程竣工验收会议纪要	▲	▲	▲	▲	▲
7	专家组竣工验收意见	▲	▲	▲	▲	▲
8	工程竣工验收证书	▲	▲	▲	▲	▲
9	规划、消防、环保、民防、防雷等部门出具的认可文件或准许使用文件	▲	▲	▲	▲	▲
10	房屋建筑工程质量保修书	▲				▲
11	住宅质量保证书、住宅使用说明书	▲		▲		▲
12	建设工程竣工验收备案表	▲	▲	▲	▲	▲
13	建设工程档案预验收意见	▲		△		▲
14	城市建设档案移交书	▲				▲
E2	**竣工决算文件**					
1	施工决算文件	▲		▲		△
2	监理决算文件	▲			▲	△
E3	**工程声像资料等**					
1	开工前原貌、施工阶段、竣工新貌照片	▲		△	△	▲
2	工程建设过程的录音、录像资料（重大工程）	▲		△	△	▲
E4	**其他工程文件**					

注：表中符号"▲"表示必须存档；"△"表示选择性归档保存。

三、工程竣工验收备案应提交的文件

根据《房屋建筑和市政基础设施工程竣工验收备案管理办法》的规定，建设单位办理工程竣工验收备案应当提交下列文件。

（一）《办法》规定内容

建设单位办理工程竣工验收备案应当提交下列文件：

（1）工程竣工验收备案表。

（2）工程竣工验收报告。竣工验收报告应当包括工程报建日期，施工许可证号，施工图设计文件审查意见，勘察、设计、施工、工程监理等单位分别签署的质量合格文件及验收人员签署的竣工验收原始文件，市政基础设施的有关质量检测和功能性试验资料以及备案机关认为需要提供的有关资料。

（3）法律、行政法规规定应当由规划、公安消防、环保等部门出具的认可文件或者准许使用文件。

（4）施工单位签署的工程质量保修书。

（5）法规、规章规定必须提供的其他文件。

备案机关收到建设单位报送的竣工验收备案文件，验证文件齐全后，应当在工程竣工验收备案表上签署文件收讫。工程竣工验收备案表一式三份，一份由建设单位保存，一份留备案机关存档。

（二）实际办理内容

某区住建局实际办理房屋建筑工程竣工验收备案需提交的材料的清单，见表7-17。

办理房屋建筑工程竣工验收备案需提交的材料　　　表7-17

序号	资料名称及实例	提交份数	备注
1	工程竣工验收备案表（见实例7-1）	一式三份	备案建筑面积应与规划许可证建筑面积相符，竣工验收意见签署日期为工程验收合格之日
2	质量监督报告	1（原件）	由工程质量监督机构提交
3	房屋建筑工程竣工验收报告（建设单位）	1（原件）	报告签署日期即为工程竣工验收合格之日期每页盖公章，工程名称必须与规划名称一致
4	房屋建筑工程勘察质量检查报告	1（原件）	法人代表、技术负责人、项目负责人签名，尾页盖单位公章，工程名称必须与规划名称一致
5	房屋建筑工程设计质量检查报告	1（原件）	法人代表、技术负责人、注册建筑、结构师签名，尾页盖单位公章，工程名称必须与规划名称一致
6	房屋建筑工程监理质量检查报告	1（原件）	法人代表、技术负责人、总监签名（合格日期），尾页盖单位公章（签署建筑节能审查意见），工程名称必须与规划名称一致
7	房屋建筑工程单位工程竣工报告（施工单位）	1（原件）	报告日期为工程实际竣工日期，总监签署同意竣工的日期与监理评估报告日期一致，法人代表、技术负责人、项目经理签名，每页盖单位公章，工程名称必须与规划名称
8	施工许可证（副本）	1	包括各专业工程
9	竣工验收原始文件、统表Ⅰ～Ⅳ（见表7-11、表7-12、表7-13、表7-14）	1（原件）	由业主方加盖公章，附已签证的整改回执、委托书
10	工程质量保修书（略）	1（原件）	承、发包双方法人签名，加盖公章
11	商品房质量保证书（见实例7-2）、《住宅使用说明书》（见实例7-3）	1（原件）	
12	功能性试验、检测资料	各1	电梯试运行记录、电梯安全安装检测报告、电梯合格证
13	规划认可文件或准许使用文件	1（原件）	包括规划许可证、建设工程规划红线图、规划验收报告
14	单位工程消防验收意见书	1	
15	环保认可文件或准许使用文件	1	房地产 环保预验收；其他 环境评价函
16	城建档案认可文件或准许使用文件	1（原件）	城建档案部门出具
17	工程款按合同支付证明	1（原件）	
18	备案科认为需要提供的有关资料	1	甲方委托书等

注：1. 复印件必须加盖建设单位公章，并注明原件存放处。
　　2. 工程有甩项的，应提供由建设、设计等单位共同签证的甩项报告。甩项报告应说明甩项的具体部位、对工程使用功能的影响程度、后续工作管理等内容。

【实例7-1】

房屋建筑工程竣工验收备案表

×× 市 建 筑 业 管 理 局 监 制

编 号：□□□□□□□□□□□□□□□□□□□□

填写注意事项

1. 本表一式三份，建设单位、备案单位、备案机关和房屋产权登记部门各执一份。

2. 各项内容如实填写，"工程名称"填写全称与施工许可证一致。各单位名称填写与公章一致。

3. 首页右上角"备案日期"为建设单位向备案科提交备案资料的日期。

4. "各方验收意见"栏由各方根据验收小组的一致意见填写，签证日期为工程验收合格之日期。

5. 文件目录按所提交资料注明原件或复印件。

6. 除"竣工验收意见"栏外，其余栏目内容可以打印，如手写一律用蓝黑或黑色墨水钢笔填写，字迹清楚，不得任意涂改。

7. 提交情况栏由备案机关填写。

建设单位		备案日期	
工程名称		建筑面积/造价	
工程用途		结构类型（层次）	
开工日期		竣工验收日期	
施工图审查意见		设计使用年限	
勘察单位		资质等级	
设计单位		资质等级	
监理单位		资质等级	
施工单位（总包）		资质等级	
主要分包单位		资质等级	
主要分包单位		资质等级	
工程质量监督机构		施工许可证号	
竣工验收意见	勘察单位意见	法人代表：　　　　　　　　　　（公章）　　　　年　　月　　日	
	设计单位意见	法人代表：　　　　　　　　　　（公章）　　　　年　　月　　日	
	施工单位意见	法人代表：　　　　　　　　　　（公章）　　　　年　　月　　日	
	监理单位意见	法人代表：　　　　　　　　　　（公章）　　　　年　　月　　日	
	建设单位意见	法人代表：　　　　　　　　　　（公章）　　　　年　　月　　日	

工程竣工验收备案文件目录表

序号	文件名称	原件或复印件	提交情况（份数）
1	竣工验收备案表一式三份	原件	
2	质量监督报告	原件	
3	工程竣工验收报告	原件	
4	工程勘察质量检查报告	原件	
5	工程设计质量检查报告	原件	
6	工程质量评估报告	原件	
7	工程竣工报告	原件	
8	施工许可证（包括各专业工程）	复印件	
9	竣工验收原始文件、统表	原件	
10	工程质量保修书	原件	
11	商品住宅质量保证书、使用说明书	原件	
12	功能性试验、检测资料	复印件	
13	规划认可文件或准许使用文件	复印件	
14	单位工程消防验收意见书或单位工程消防备案受理凭证	复印件	
15	环保认可文件或准许使用文件	复印件	
16	城建档案认可文件或准许使用文件	原件	
17	工程款按合同支付证明	原件	
18	备案机关认为需要提供的有关资料		

该工程的竣工验收备案文件已于　年 月 日收讫，文件齐全。 <div style="text-align:right">备案机关（公章）</div> <div style="text-align:right">年　　月　　日</div>	
备案机关负责人		备案经手人	
备案机关处理意见： <div style="text-align:right">备案机关（公章）</div> <div style="text-align:right">年　　月　　日</div>	
备 注	

【实例7-2】

商品房质量保证书

一、房屋概况：

1. 工程名称_____，用户购买的幢号_____，房号_____。

2. 商品房质量等级：

本公司开发建设的××花园项目，经工程质量验收小组评定为____工程。

二、项目地基基础和主体结构在合理使用寿命年限内承担保修。

三、正常使用情况下各部位、部件保修内容与保修期。

1. 屋面防水工程，防渗漏为__年；

2. 有防水要求的卫生间、房间、厨房、外墙面、卫生间地面和地下室防渗漏为__年；

3. 装修工程为__年；

4. 电气管线、给水排水管道、设备安装工程为__年；

5. 管道堵塞__个月；

6. 灯具、电器开关__个月。

四、物业管理：

业主发现住宅质量问题，可向××物业管理有限公司××花园管理处提出申报进行报修，有关人员接收报修单后，将于24小时内到达现场（因业主原因不能到场的除外），确定维修项目及修复时间，修毕由业主签字认可。

物业公司联系电话：××××××××

五、房屋保修期从我公司竣工验收的交付用户使用，领取钥匙之日起计算。

六、我公司向业主交付房屋时，将办理现场交付验收手续，业主对所购商品房设备、设施正常运行的应签字认可。

七、业主验收后自行添置、改动的设施、设备，由业主自行承担维修责任。

保证单位（盖章）：

日期：　　年　　月

【实例7-3】

住宅使用说明书

一、开发与参与单位

　　开发单位：××置业有限公司

　　设计单位：××工程设计咨询有限公司

　　监理单位：××工程咨管理有限公司

　　施工单位：××建设股份有限公司

　　物业管理单位：××物业管理有限公司

二、住宅结构说明

　　本住宅为框架—剪力墙结构，抗震度为6度，结构形式为框架—剪力墙结构，高层住宅为预制管桩桩基，现浇楼板。为了您和他人的安全，请注意以下事项：

　　1. 不得随意在梁板、墙、柱等结构上开洞、开槽穿管，更不能拆除；

　　2. 不得随意拆除分户隔墙（含户内隔墙），严禁敲打、拆除任何一堵外墙；

　　3. 内墙面拉毛部分在二次装修前应按规范自行进行墙面清理和清除，方可进行施工，以免造成不良后果。

　　如用户有需要，凡涉及更改建筑结构的，须经原设计单位或具有相应资质等级的设计单位提出设计方案，经政府主管部门批准，并在告知小区物业管理处情况下，方可实施。

三、给水排水

　　本小区采用市政管网直接供水，实行一户一表。公共部位，便于查看；为了不影响您和他人的使用，请注意以下事项：

　　1. 根据设计图纸布置厨卫设施，不要随意变动。给水管若有更改，应在水表后进户出墙给水管明暗水管接口处开始更改，严禁在公共给水管部位改装并拆改楼梯间墙体。

　　2. 户内给水管若改为暗管，一则必须试压（压力6kg），二则必须用砂浆保护（指塑钢管，以免日久生锈）。

　　3. 不准更改排水孔位置，其空调排水也应接入预留的排水管口内或空调放置板上。

　　4. 为便于疏通排水管道，其厨房、卫生间内排水总管检查口在装修时不要封闭，如有封闭，在检查口封闭处做成可拆卸。同时不得以重力碰撞或震动预留的排水管，以免排水管与楼板交接处渗漏。

　　5. 阳台内下水管道仅用于雨水排放。

四、供电设施

每户安装的（8kW）电表，独立计费，为了您和他人的人身安全，请注意以下事项：

1. 每户进户处设置开关箱，断路器下标有回路指示，其中照明回路不经过漏电保护器，其余回路皆过漏电保护器。

2. 装修接线严禁各电器回路串线。避免一线多用超负荷工作。所有开关，插座、楼宇对讲机等30cm范围内皆有引入线，住户装修施工前应查明管线的走向，严禁随意打凿。

3. 严禁乱改电气计量器具，抄表系统、户内总电源箱及漏电开关。

五、通信

1. 小区内每户都设有线电视接入点，预留电话端子，宽带网络布线均已到户，向有关单位申请开户后即可使用。但请您注意以下事项：

1）不得私自更改室内系统线路，应由相应部门接线。

2）电话机的配置应符合系统标准，以确保正常使用。

2. 楼宇对讲系统：

可视对讲功能：访客在单元门口机键盘输入访问住户房号，即可和住户视频通话，住户按室内机上的"开锁键"即可为访客开门。

六、阳台

地面为水泥砂浆，墙面为混合砂浆，天棚为普通涂料刷白，阳台属悬挑物件，故为了您和他人的安全，请注意以下事项：

1. 不得改变阳台的使用功能；

2. 不得在阳台上堆放重物，避免超过楼板负荷而发生意外；

3. 为了保持建筑外立面的建筑风格，不得在阳台上、护栏上另加设其他设施，阳台外不得安装晾衣架。

七、装修、装饰事项

1. 用户装修前应向物业管理咨询装修手续，办理装修申请，领取装修许可证及装修人员进场许可证；

2. 建议用户（建设单位）应选择有营业执照、专业设计、施工资质的装修工队伍；

3. 涉及影响房屋建筑主体和承重结构的装修，必须由原设计单位或具有相应资质等级的设计单位出具设计方案，经政府主管部门审批，由具备自制的工程队伍装修许可批准的项目、方案范围装修；

4. 不准在屋面搭建棚架，不准在屋面板上钻孔，以免破坏屋面防水层，出现渗漏水现象；

5. 厨、卫、地面、墙面装修时不能破坏保护层下的防水层；

6. 卫生间装修前，请先进行养水试验；

7. 用户装修时应严格按照《房屋装修管理规定》的有关条款进行施工；

8. 改动的管道、线路应按室内具体施工画出详图，交物业公司保存。

八、消防

在小区道路旁及高层楼内均设有消防栓。

1. 严禁随意动用消防设施设备及占用消防通道；

2. 当火灾发生时，应首先切断电源，关好防火门，通过消防通道疏散，同时拨打火警电话119；

3. 消防通道的防火门平时关闭，切不可随意锁死或用异物阻塞。

九、建筑节能

1. 外墙采用煤矸石烧结多孔砖；

2. 屋面采用泡沫混凝土；

3. 室外门窗为高级彩色铝合金中空玻璃门窗；

4. ××太阳能牌热水器。

十、特别说明

1. 您在使用房屋时，应根据上述介绍合理使用，如建设单位未能按此说明书使用、装修住宅或违反有关规定的，本公司恕不负相关责任。建设单位如对房屋使用有不明之处，请及时与公司联系；

2. 本工程各种改造，如涉及结构、功能改变的，须经原设计单位验算确认，并经相关主管部门批准方可实施；

3. 本区域内住户都有义务按前期物管协议及临时公约约定的标准缴纳物业管理费，有义务维护本区域内的各项公共设施、绿化等；

4. 如有疑问可以向物业客户服务处咨询。

客户服务热线：×××××××××

××置业有限公司

年　　月　　日

十一、单项工程竣工验收证明

单项工程验收证明主要是指负责管线单位，即供水、供电、有线电视、电信、煤气工程、供暖和邮政、绿化等单位的验收证明。

根据我国国情，供水、供电、有线电视、煤气工程、供暖等部门属于国有独立专营的单位，除主体（单位）工程外，室外管线的安装均由相应单位负责，他们一般不单独办理施工许可证，但他们会按照各自的设计标准、施工要求实施相应施工内容的工程管理，施工内容经验收合格，出具验收合格的证明，这些内容作为各自单位独立的验收内容而不参与主体（单位）验收，但项目竣工验收（政府项目）与综合验收备案（商业开发〈房地产〉项目）作为分项工程合格的依据，列入验收清单中。

供水、供电、有线电视、电信、煤气工程、供暖和邮政、绿化等单位的验收证明如下（供参考）。

（1）供水工程竣工报告；

（2）供电工程竣工报告；

（3）广电工程竣工报告；

（4）通信工程竣工验收证书；

（5）天然气工程竣工验收报告；

（6）供暖工程竣工验收报告；

（7）排污工程竣工验收报告。

以上验收报告均由相应单位出具。

十二、建设工程数据库

我们这里所说的数据库是指一个单位或个人在项目管理中，应当积累的有关项目建设的数据，它可以为以后的项目建设管理积累经验。譬如在某个建设时期（如按年度），一个单位（政府发改和建设部门、设计、监理、施工等单位）按照建设项目归类（结构形式、层数等）建立住宅建筑的数据库，这个单位就知道同类住宅建筑相关的数据情况。建设工程数据库是检验建设工程技术指标的依据，是建设工程档案有效利用的一种手段，因此，建设工程数据库是宝贵的资料和财富，对建设工程管理具有很重要的实用意义。

（一）数据库的建立

任何项目的建设完成，自然就有了项目建设的相关数据，譬如建设项目前期办理手续的时间和建设工期、造价以及材料指标等，这些数据记录下来就是一个数据库，因此，数据库应当真实记录有关数据，在一定范围和时间内几项工程积累下来的资料就形成了可以对比的数据，在以后的项目管理中这些数据就成了宝贵的经验。

建设工程数据库建立应注意的事项：

1.　建立相关制度

如专人负责制，确定数据库的时间、范围等。

2.　按照建筑类别归类、划分

如按结构形式（砖墙承重、框架结构、框剪结构等）分类，按建筑用途（住宅、办公、宾馆、厂房等）分类等。

3.　确定内容

数据库的内容，应根据数据建立单位的需要而定，一般而言，内容越全面越好，分类越仔细越好。数据库的主要内容包括建设工期、造价、质量安全情况，主要材料使用指标、层高、电梯数量和建设地点等。数据库应根据数据的重要性进行细化，譬如建设工期，可以分为基础施工工期、主体施工工期、装饰施工工期等；造价可以分为建安工程、水、电、供暖、通风、电梯等。

（二）数据库的应用

数据库的运用，主要是在项目决策时期，数据库是固定的，因此，数据库使用者应当根据时间的不同，科学调整相关数据。

要确定某一拟建工程的目标，首先必须大致明确该工程的基本技术要求，如工程类型、结构体系、基础形式、建筑高度、主要设备、主要装饰要求等。然后，在建设工程数据库中检索并选择尽可能相近的建设工程（可能有多个），将其作为确定该拟建工程目标的参考对象。由于建设工程具有多样性和单件生产的特点，有时很难找到与拟建工程基本相同或相似的同类工程，因此，在应用建设工程数据库时，往往要对其中的数据进行适当的综合处理，必要时可将不同类型工程的不同分部工程加以组合。另外，建设工程数据库中的数据都是历史数据，由于拟建工程与已建工程之间存在"时间差"，因而对建设工程数据库中的有些数据不能直接应用，而必须考虑时间因素和外部条件的变化，采取适当的方式加以调整。

由以上分析可知，建设工程数据库中的数据表面上是静止的，实际上是动态的（不断得到充实）；表面上是孤立的，实际上内部有着非常密切的联系。因此，建设工程数据库的应用并不是一项简单的复制工作。要用好、用活建设工程数据库，关键在于客观分析拟建工程的特点和具体条件，并采用适当的方式加以调整，这样才能充分发挥建设工程数据库对合理确定拟建工程目标的作用。

建设工程数据库，是重要的档案，是无声的老师，是宝贵的经验，对于建设项目决策者和管理者来说，是重要的决策依据和帮手，它对建设项目的科学决策、合理决策具有重要的意义。

第八章

项目综合验收与备案

前面所说的工程验收与备案，是指对建设工程本身（单体）质量的竣工验收和各专项工程的质量验收，项目竣工综合验收是对整个建设工程项目的全面验收。

本章介绍的是政府投资项目的竣工综合验收和企业投资项目的竣工综合验收备案。无论政府投资项目和企业投资项目，工程竣工验收后都必须经过这个过程，否则，就无法进行不动产权证（房产证）等手续的办理。在实际工作中，对于政府项目的项目竣工综合验收，主要是形式上的（很多地方进行集中验收），因为其对后续管理和使用影响并不大。而对于企业投资项目而言，则具有重大的实用意义，建设工程项目竣工综合后，必须在合同约定的期内交付直接业主（购房者）使用，并可以办理不动产权证，因此，建设单位办理竣工综合验收备案都十分及时。

目前，国内尚无较为完整统一的建设工程项目竣工综合验收管理办法，但为规范项目的管理，各地根据各自特点，都制定了政府投资项目竣工综合验收和企业投资项目的竣工综合验收备案管理办法，以下按某市的项目竣工综合验收管理办法，讲述项目的竣工验收。

建设工程项目通过竣工综合验收备案，标志着项目建设的全面完成，也标志着建设工程项目建设实施时期的真正结束。

第一节　政府投资项目竣工综合验收

为严格执行基本建设程序，规范和加强对政府投资项目竣工验收的管理和监督，及时办理资产的交付使用和权属登记，按照项目建设程序，必须进行项目竣工综合验收。项目竣工综合验收依照"谁审批，谁验收"的原则进行，但法律、法规等另有规定的，从其规定。

政府投资项目建设完成，项目建设单位应及时进行工程竣工综合验收，编制工程竣工结算送政府审计部门进行造价审计；编制工程的竣工决算，报政府财政部门审核；编制项目竣工报告报政府发改部门，由政府发改部门或委托行业行政主管部门组织项目竣工验收。未经审计、审核的建设项目，不得办理项目竣工验收手续。

项目建设单位应在工程竣工验收后半年内，向政府发改部门报送项目竣工综合验收申请，同时政府发改部门也是项目竣工验收的牵头单位。

一、项目竣工综合验收

（一）组织

项目竣工综合验收由验收组负责，验收组由投资综合管理部门召集项目建设单位的主管部门，以及财政、审计、国土资源、规划、建设、环保、消防、安监、档案等行业行政主管部门组成。项目建设单位应当参加项目竣工验收，勘察、设计、监理、施工等单位，根据验收组要求参加项目竣工验收。

（二）依据

项目竣工综合验收，以项目建议书、可行性研究报告、初步设计批文、施工图审查报告、土地使用权证、规划许可证、施工许可证、招投标批文、中标合同、设计变更或者概算调整批文、设备技术资料、行业技术验收规范及其他有关法律、法规等为主要验收依据。

（三）时限

（1）自工程竣工并经过试用期之日起三个月内，工程承建等相关单位应当编制工程结算，经项目业主及其主管部门审核后，报财政部门审定；应当审计的，同时报审计部门审计。自工程结算审定、审计完成之日起三个月内，项目业主单位应当编制项目财务竣工决算，由其主管部门审核后，报财政部门审定。

（2）自工程竣工并经过试用期之日起六个月内，工程应当进行工程竣工验收备案等专项验收的，项目业主单位应当依照有关规定办理用地勘测、规划核实、工程质量、环境影响评价、消防、安监、档案等专项验收。各专项验收，应当尽量联合办理。

（3）自工程竣工并经过试用期之日起半年内，项目业主单位应当向投资综合管理部门报送项目竣工验收计划，一年内正式提出项目竣工验收申请。

（4）在提出项目竣工验收申请之前，项目业主单位应当先行完成项目初步（交工）验收。项目初步（交工）验收是指工程竣工后，工程施工、勘察、设计、监理等单位依照法律、法规等有关规定完成各自的报告，向项目业主单位提出申请，由项目业主单位组织进行的工程竣工验收。项目业主单位一般应当自接到申请之日起二十个工作日内组织工程竣工验收。

（5）项目竣工验收实行年度计划管理。投资综合管理部门根据项目业主单位报送的项目竣工验收计划，确定下一年度的项目竣工验收计划。项目年度竣工验收计划，原则上应当在计划年度的年底前完成。虽未列入项目竣工验收年度计划，但已达到项目竣工验收条件的，项目业主单位可以由其主管部门报请投资综合管理部门审核后，启动项目竣工验收程序。

（6）投资综合管理部门应当自收到项目业主单位竣工验收申请之日起五个工作日内，完成项目竣工验收申请资料符合性的初审。初审通过的，一般应当在十五个工作日内组织项目竣工验收；初审不通过的，应当一次性告知其补正；不在受理范围的，应当及时说明理由。

（7）自工程竣工并经过试用期之日起半年内，项目业主单位未向投资综合管理部门提交项目竣工验收计划的，投资综合管理部门应当及时督促其办理项目竣工验收有关手续。经投资综合管理部门督促，仍无法正常提交项目竣工验收计划的，投资综合管理部门应当组织有关行业行政主管部门对其进行项目稽查，落实事中事后监管制度。

（8）投资综合管理部门对项目稽查中发现的问题应当视情况提出整改意见。项目业主单位应当根据整改意见，在规定的时间内完成整改工作，并及时提出项目竣工验收计划或者提出项目竣工验收申请。

（9）投资综合管理部门等根据项目竣工验收综合意见，制作项目竣工验收纪要。项目业主单位应当及时办理资产的交付使用和权属登记。项目竣工验收合格的，财政部门拨付剩余项目资金；项目竣工验收不合格或者未经过项目竣工验收的，财政部门不予拨付剩余项目资金。

（10）工程竣工后，凡未依照规定申请项目竣工验收的项目业主单位，原则上不再安排新的项目。

（11）国资监管部门应当加强对国资公司的考核管理，将项目竣工验收工作纳入对国资公司年度目标责任制考核，并配合投资综合管理部门督促其完成项目竣工验收工作。

二、申请项目竣工综合验收应当提交下列资料

1. 项目建设批文

内容包括：项目建议书、可行性研究报告、初步设计批文、施工图审查报告、土地使用权证、规划许可证、施工许可证、招投标批文、中标合同，以及设计变更或者概算调整批文等。

2. 项目竣工报告

内容包括：项目总结、试用报告、初步（交工）验收报告（工程竣工验收报告）、设备技术资料等。

3. 项目财务竣工决算批复及项目审计报告

由财政部门或者受其委托有关主管部门出具的项目财务竣工决算批复或者项目财务决算审核意见。应当审计的，由审计部门或者受其委托中介机构出具的工程结算审计报告。

4. 工程竣工验收备案证书

应当进行工程竣工验收备案的，由行业行政主管部门出具的工程竣工验收备案证书。

5. 各专项验收结论

由国土资源、规划、环保、消防、安监、档案等行业行政主管部门出具的工程专项验收意见或者备案证书。

6. 法律、法规等规定的其他材料。

以上资料项目审批和组织验收单位（政府发改部门）会主导项目建设单位办理相关内容，各地政府相关部门有相应的验收格式。

三、项目竣工综合验收的主要任务

（1）审查项目建设各项批文是否齐全，程序是否到位；

（2）审查项目业主单位提交的项目竣工报告，具体包括项目总结、试用报告、初步（交工）验收报告（工程竣工验收报告）、设备技术资料等；

（3）审查项目业主单位是否已经依照有关规定，办毕项目财务竣工决算审核及工程结算审计；

（4）审查项目业主单位是否已经依照有关规定，办毕工程竣工验收备案；

（5）审查项目业主单位是否已经依照有关规定，办毕各专项验收；

（6）对未完工的部分收尾工程，若确定无需实施的，在办理完毕相关审批手续后，再行办理项目竣工验收；若确定需要实施的，以经审定的内容、数量、投资额和完成期为依

据，对先行项目竣工财务决算进行确认，由项目业主单位负责完成以后，依照实际投资对项目竣工财务决算进行最终调整，但最终的项目竣工财务决算以项目批复概算为限；

（7）对项目竣工验收中提出的主要问题，作出处理决定或者提出解决意见；

（8）签署项目竣工验收综合意见。

第二节　企业投资项目竣工综合验收备案

项目竣工综合验收备案，主要用于企业投资项目，由投资企业负责竣工综合验收备案资料的收集、整理和提交，政府房地产管理部门负责审定。

一、项目竣工验收

企业投资项目与政府投资项目的项目竣工验收办理相比，由于面对业主（最终产权用户）的性质和数量等不同，因此，办理手续更为烦琐，对办理的时间要求也更高。政府项目一般建筑单位就是最终产权用户，而企业投资项目，建设单位需要直接或通过物业企业再与业主交接，因而面对的最终业主是不一致的。

企业投资项目的项目竣工验收与政府投资项目的项目竣工验收有较大的不同，一般不组织项目竣工验收活动，企业投资只要按照规定的资料提供齐全，房地产管理部门就准予备案。

二、竣工综合验收备案所需资料

各地对企业投资项目竣工综合验收备案，是根据有关规定、方便管理和建设地实际情况自行制定的，组织项目竣工综合验收备案的牵头单位是政府房管部门。

以下是某区企业投资项目竣工验收备案资料清单：

（1）住宅小区竣工综合验收备案申请表，见【实例8-1】。

（2）小区建设总结。

项目建设总结从项目立项到交付使用的全过程记录，包括立项、批复、项目管理实施（勘察、设计、施工、监理）、竣工验收、物业移交、结算、综合验收等过程。

（3）前期物业管理总结。

（4）项目立项批文。

（5）建设用地批准书或土地使用权证、建设用地规划许可证、建设工程规划许可证、建筑工程施工许可证、建设工程竣工验收规划确认书（以上原件或城建档案馆复印盖章）。

（6）土地登记联系单。

（7）房屋建筑工程竣工验收备案表（原件）。

（8）档案馆资料收讫证明（原件）。

（9）建筑安装工程承包合同、工程预算书、中标通知书。

（10）建筑工程消防验收意见书。

（11）单项（单位）工程（供水、供电、广电、通信、天然气工程、邮政、绿化等）竣工验收证明。

（12）环卫化粪池验收通知书。

（13）新装电梯准用证。

（14）人防工程竣工验收合格证明或人防工程易地建设批复。

（15）公共安全技术防范工程设施（对讲防盗门）使用证书。

（16）地名、项目名称及门牌号码批复。

（17）业主临时公约，见【实例8-2】。

（18）物业服务企业中标通知书（或属地主管部门同意采用协议方式选聘物业企业的批准文件）。

（19）前期物业管理服务合同（建住房〔2004〕155号，示范文本）。

（20）物业管理单位资质证书。

（21）物业承接验收纪要（含应当向物业管理企业移交的资料）。

（22）小区物业管理用房配置联系单。

（23）社区用房产权移交单。

（24）建设单位与物业管理企业就小区内物业保修期限和保修范围、责任的协议。

（25）物业管理维修资金缴交情况。

（26）缴交住宅物业保修金证明。

（27）开发企业营业执照、开发企业开发资质证书。

（28）项目手册及"二书"（使用说明书、质量保证书）样本。

（29）建筑面积实测成果报告。

以上资料一式三份分别装订成册，其中一份资料为原件，要求胶装，硬面，侧边有公司及项目名称。

【实例8-1】

住宅小区竣工综合验收备案申请表

住宅小区名称：_____

申报单位名称（盖章）：_____

报送日期：_____

小区名称：　　　　　　　　　　　　　　　填表日期：　　　年　　月　　日

	单位名称 （全称）	负责人	电话号码	单位盖章
建设单位				
设计单位				
承建单位				
施工单位				
监理单位				
前期物业管理 单位				

小区开工时间				竣工时间		
设计概算				竣工决算		
质量合格率			%	质量优良率		%
综合技术指标	建筑面积		总用地面积			m²
			其中小区用地面积			m²
			住宅总幢数、户数		幢	户
			户均建筑面积			m²/户
			居住总人口			人
		分类	合　计			m²
			住　宅			m²
			商　业			m²
			办　公			m²
			物业、社区	物业	m²，社区	m²
			地下建筑			m²
	基础设施		道　路			m²
			围　墙			m²
			停车场			m²
			绿　化			m²
			绿地率			%

序号	组团名	占地面积（m²）	建筑面积（m²）	幢数	户数

小区简介：
规划、设计主要特点：
房屋销售（分配）及入住情况：

建设单位竣工综合验收备案意见：
单位盖章： 年　　月　　日

房地产行政主管部门备案意见：
单位盖章： 年　　月　　日

建设行政主管部门意见：
单位盖章： 年　　月　　日

【实例8-2】

业主临时公约

第一章 总 则

第一条 为加强物业服务区域内建筑物及其附属设施的管理，维护全体业主和物业使用人的合法权益，维护公共环境和秩序，保障物业的安全和合理使用，根据《中华人民共和国物权法》和国务院、××省、××市物业管理法规的有关规定，制定本规约。

第二条 本规约经业主大会表决通过后，对物业服务区域内全体业主和物业使用人均具有约束力。

第二章 物业基本情况

第三条 本物业服务区域内物业的基本情况

物业名称＿＿＿＿＿＿＿＿＿＿＿＿＿＿＿＿；

坐落位置＿＿＿＿＿＿＿＿＿＿＿＿＿＿＿＿；

物业类型＿＿＿＿＿＿＿＿＿＿＿＿＿＿＿＿；

物业建筑总面积＿＿＿＿m²。其中：地下＿＿＿＿m²；地上＿＿＿＿m²。

物业基本情况：多层＿幢＿套＿＿＿m²；小（高）层＿幢＿套＿＿＿m²；排屋＿幢＿套＿＿＿m²；非住宅（商铺）＿间＿＿＿m²；非住宅（办公）＿间（幢）＿＿＿m²；物业用房＿＿＿m²（位置：＿＿＿＿）；社区用房＿＿＿m²（位置：＿＿＿＿）；其他用房＿＿＿m²。

第四条 物业服务区域四至：

东至＿＿＿＿＿＿＿＿＿＿＿＿＿＿＿＿；

南至＿＿＿＿＿＿＿＿＿＿＿＿＿＿＿＿；

西至＿＿＿＿＿＿＿＿＿＿＿＿＿＿＿＿；

北至＿＿＿＿＿＿＿＿＿＿＿＿＿＿＿＿；

第三章 建筑物及其附属设施的使用、维修和养护

第五条 业主、物业使用人在使用、经营、转让建筑物及其附属设施时应遵守物业管理法规、规章、政策的规定，不得影响他人的正常使用。

妨碍他人正常使用物业的应及时改正，造成他人损失或影响物业使用的，应承担修复或赔偿责任。

第六条 业主、物业使用人应当加强安全防范意识，自觉遵守有关安全防范的规章制度，配合物业服务企业做好防火防盗工作，维护家庭人身财产安全和本物业的使用安全。

第七条 为防止水、气泄漏或火灾及发生上述灾害获得及时有效的处理，业主、物业使用人应主动向物业服务企业预留家庭主要成员的紧急联系电话。

在不可预见情况下，如发生煤气泄漏、漏电、火灾、水管破裂、救助人命、协助公安机关执行任务的突发事件，业主、物业使用人应积极配合物业服务企业对上述灾害发生时采取的紧急避险措施。

第八条 房屋装修时，禁止下列行为：

1. 擅自在房屋屋顶加层建房或搭棚；

2. 擅自改房屋结构、外貌（含外墙、外门窗、阳台等部位的颜色、形状和规格）、设计用途、功能和布局等；

3. 在房屋承重墙、梁、柱（含构造柱）、板进行拆改，开挖门洞；

4. 在楼面上凿槽安装各类管道，包括在楼面上凿孔、打洞、砌墙或超标准荷载；

5. 在悬挑楼梯的承重墙上挖壁打洞；

6. 在悬挑阳台托梁部位的墙体上挖洞；

7. 拆改房屋共用设施设备；

8. 封闭侵占房屋共用部位；

9. 卫生间、厨房间移位、扩大或者增设。

第九条 业主、物业使用人装修房屋时，应自觉遵守《住宅室内装饰装修管理办法》《××市区住宅装饰装修管理实施细则》等有关规定，开工前应向物业服务企业登记备案，并接受建设行政主管部门的监督。

业主、物业使用人和建设单位与物业服务企业签订《装饰装修管理协议》，应将此规约内容告知自行委托的装饰装修施工企业，并要求施工企业遵守本规约第十条的相关内容，同时要积极配合建设行政主管部门对装修房屋活动进行指导、监督，不得拒绝和阻碍。

第十条 业主、物业使用人和建设单位对住宅房屋装修需进行下列行为之一的，应当在装修前向房屋所在地建设行政主管部门进行备案：

（一）拆改变动非承重结构；

（二）增砌墙体，增加房屋使用荷载；

（三）开凿非承重墙体，扩大门窗尺寸或移动门窗、位置。

第十一条 业主、物业使用人应当接受物业服务企业的现场监督检查，及时纠正违规装修行为。

第十二条 业主、物业使用人装修房屋有需要搭建建筑物、构筑物，或改变建筑物外立面，改变房屋使用性质等行为的，应当依法征得业主委员会、物业服务企业和直接利害人同意后，报规划部门或其他行政主管部门批准后方可实施。

第十三条 在建筑物及其附属设施使用中，不得有下列行为：

1. 擅自占用或损坏楼梯、通道、走廊、屋面、平台、停车场（库）、自行车库等公用设施及场地；停车场（库）、自行车库不按规划性质使用，挪作他用；

2. 擅自拆除、截断、改变、连接、改造供电、供水、供气、通信、排水、排污、消防等公用设施；

3. 影响物业整体环境或市容观瞻的乱贴、乱挂广告牌；

4. 践踏、占用、擅自改变、破坏绿化用地；损坏涂画园林建筑小品。在树上刻画、拉绳（铁丝）晾晒衣服等；

5. 违反规定存放易燃、易爆、剧毒、放射性等物品和排放有害、有毒、危险物质等；

6. 随意堆放建筑装潢垃圾、杂物，乱丢弃垃圾，高空抛物；

7. 未经有关部门同意设置营业摊点、店铺跨门营业；

8. 占用消防通道、妨碍行人和其他车辆通行及其他违反小区停车管理约定的行为；

9. 在使用电梯时超载物品，在轿厢内吸烟、张贴、涂画或损坏内壁；

10. 进行危害公共利益、侵害他人合法权益或其他不道德行为；

11. 违反规定饲养家禽、家畜及宠物；

12. _____；

13. _____；

14. _____；

15. 法律、法规、规章及政府规定禁止的其他行为。

第十四条　发现房屋共用部位和共用设施、设备需维修的，业主或物业使用人应及时告知业主委员会及物业服务企业，在实施维修作业时，相关业主或物业使用人应配合维修人员做好维修工作，使维修工作正常进行。

第十五条　业主或物业使用人如委托物业服务企业对其自用部位、自用设施和毗连部位的有关设施、设备进行维修养护，应支付相应费用。

第十六条　业主或物业使用人人为造成公用设施设备或其他业主设施设备损坏的，负责修复或赔偿经济损失。

第十七条　业主应自觉按规定缴纳应付的各项物业服务费用。

转让物业时，业主须自觉缴清应缴纳的各项物业服务费。

业主与物业使用人约定由物业使用人缴纳物业服务费的，从其约定，业主负连带缴纳责任。

第十八条　业主拒付物业服务费，不缴存或不筹集专项维修资金以及实施其他损害业主共同权益行为的，限制进入业主委员会委员候选人。

第十九条　业主对建筑物专有部分以外的共有部分，享有权利，承担义务；不得以放弃权利为由不履行义务。

第二十条　因物业维修或者公共利益，业主确需临时占用、挖掘道路、场地、绿地及其他共用部位、共用设施设备的，应当征得业主委员会、物业服务企业和直接利害关系人的同意，并依法办理相关手续；物业服务企业确需临时占用、挖掘道路、场地、绿地及其他共用部位、共用设施设备的，应当征求直接利害关系人的意见，征得业主委员会同意，事先在物业服务区域内公告，并依法办理相关手续。

业主、物业服务企业临时占用、挖掘道路、场地、绿地及其他共用部位、共用设施设备，应当采取措施保障通行安全，并及时恢复原状。

第二十一条 为维护业主的共同利益，全体业主同意在物业服务活动中授予物业服务企业以下权利：

1. 根据本规约配合业主委员会拟定物业共用部位和共用设施设备的使用、公共秩序和环境卫生的维护等方面的规章制度；

2. 以批评、规劝、公示、＿＿＿等必要措施制止业主、物业使用人违反本规约和规章制度的行为；

3. 对属全体业主所有的共用部位和共用设施设备进行经营，按规定管理所得收益，每半年公布一次收支情况；

4. ＿＿＿＿＿＿＿＿＿＿＿＿＿＿＿＿＿＿＿＿；

5. ＿＿＿＿＿＿＿＿＿＿＿＿＿＿＿＿＿＿＿。

第二十二条 物业服务区域内依法属于全体业主共有的供水、供电、供气、供热、通信、有线电视等设施设备，全体业主同意移交给相关专业单位。

第二十三条 业主大会和业主委员会，对任意弃置垃圾，排放污染物或者产生噪声，违反规定饲养动物，违章搭建，侵占通道，拒付物业费等损害他人合法权益的行为，有权依照法律、法规以及管理规约，要求行为人停止侵害，消除危险，排除妨害，赔偿损失。业主对侵害自己合法权益的行为，可以依法向人民法院提起诉讼。

第二十四条《业主管理规约》经业主大会通过后生效。

第三节　不动产权证书的办理

一、不动产登记概述

不动产（Immovable Property）是指依自然性质或法律规定不可移动的财产，如土地、房屋、探矿权、采矿权等土地定着物、与土地尚未脱离的土地生成物、因自然或者人力添附于土地并且不能分离的其他物。2013年11月20日，国务院常务会议决定，整合不动产登记职责，建立不动产统一登记制度。不动产登记参照《不动产登记暂行条例》。

不动产登记是《物权法》确立的一项物权制度，是指经权利人或利害关系人申请，由国家专职部门将有关不动产物权及其变动事项记载于不动产登记簿的事实。

作为物权公示手段，不动产登记本质上为产生司法效果的事实行为而非登记机关的行政管理行为。

2015年2月15日，中央编办、财政部、住建部等八家不动产登记工作部际联席会议成员单位，在国土资源部就不动产统一登记工作推进事项展开集中办公，包括研讨不动产登记暂行条例实施细则。国务院总理李克强已签署国务院令：《不动产登记暂行条例》2015年3月1日落地实施。

2016年1月21日，国土资源部公布《不动产登记暂行条例实施细则》，对集体土地所有权登记、国有建设用地使用权及房屋所有权登记、宅基地使用权及房屋所有权登记等各种不动产权利的登记都作出了更为细致的规定，到2016年12月31日止，全国所有地区全面实施了不动产统一登记，开始停旧发新，颁发统一的不动产权证书。

不动产登记手续的办理，对于政府投资类建设工程项目，不动产登记手续办理分为取得土地时的空地土地使用权首次登记，和项目竣工验收后的土地使用权与房屋所有权首次登记，二次办理完成。对于企业投资项目而言，不动产登记手续办理分为取得土地时的空地土地使用权首次登记，开发商取得房屋预售后的不动产预告登记，项目竣工验收后的土地使用权与房屋所有权首次登记（转移登记）。项目分期建设的可分期办理，也可以开发商根据销售情况陆续办理，可能会延续一定时间。不动产登记手续可以自行办理，也可委托中介办理。

二、取得土地后空地的土地使用权首次登记

以划拨、出让等方式取得土地，在按规定缴清土地出让金及费税等后，业主需办理单独土地使用权的不动产登记，领取不动产权证书。

（一）依据

（1）《物权法》第9、10、11条；

（2）《土地管理法》第11条；

（3）《土地管理法实施条例》第5、6、7条；

（4）《不动产登记暂行条例》第5条；

（5）《不动产登记暂行条例实施细则》第33、34条。

（二）申请登记提交材料

（1）不动产登记申请书（原件）。

（2）申请人合法有效身份证明：权利人或法定代表人身份证（复印件）、营业执照（复印件）、机构代码证（复印件）、法定代表人资格证明书（复印件）、其他身份证明（复印件）。

（3）委托代理人有效身份证明：授权委托书（原件）、受托人身份证（复印件）。

（4）土地权属来源证明：国有建设用地出让合同（原件）、建设用地划拨决定书（原件）、划拨补办出让合同（原件）、建设用地呈报表或一书一方案（原件）、成交确认书（原件）、交地确认书（原件）。

（5）城乡规划证明：建设用地规划设计条件（原件）。

（6）土地价款缴纳凭证：土地价款缴纳票据（复印件）。

（7）税费缴纳凭证：税费缴款书等完税凭证（复印件）。

（8）权籍调查成果：权籍调查表、宗地图、宗地界址坐标、土地测绘报告等（原件）；

（9）应当提交的其他证明材料。

三、商品房预告登记

房地产开发企业在预售商品房后，预购商品房业主与房地产开发企业可申请办理预购商品房预告登记，预购商品房设定抵押的，可申请办理预购商品房预告抵押登记，领取不动产权证书。

（一）依据

（1）《物权法》第9、10、11条；

（2）《土地管理法》第11条；

（3）《土地管理法实施条例》第3条；

（4）《不动产登记暂行条例》第5条；

（5）《不动产登记暂行条例实施细则》第85、86、87、88条。

（二）申请登记提交材料

（1）不动产登记申请书（原件）。

（2）申请人合法有效身份证明：权利人或法定代表人身份证（复印件）、营业执照（复印件）、机构代码证（复印件）、法定代表人资格证明书（复印件）、其他身份证明（复印件）。

（3）委托代理人有效身份证明：授权委托书（原件）、受托人身份证（复印件）。

（4）不动产权属来源证明：不动产权证书（原件）。

（5）商品房预售证明：商品房预购合同已登记备案的商品房预售合同（或者商品房买卖合同及预售证附件）（原件）。

（6）主债权合同：主追债权合同书（原件）。

（7）抵押合同：预购商品房抵押合同（原件）。

（8）购房发票：预购商品房付款发票（原件）。

（9）预告登记约定协议：预告登记约定协议（原件）。

（10）权籍调查成果：权籍调查表、宗地图、房屋平面图、宗地界址坐标等（原件）。

（11）应当提交的其他证明材料。

四、项目建成后的土地使用权与房屋所有权不动产登记

在国有建设用地地上、地表或地下合法建造建筑物、构筑物的，建筑物、构筑物所有权人应当申请国有建设用地使用权及房屋所有权、构筑物所有权首次登记。

申请人应当将建筑区划内依法属于业主共有的道路、绿地、其他公共场所、公用设施和物业服务用房及其占用范围内的建设用地使用权一并申请登记为业主共有（只登记不发证）。业主转让房屋所有权的，其对共有部分享有的权利依法一并转让。

（一）依据

（1）《物权法》第9、10、11条；

（2）《土地管理法》第11条；

（3）《土地管理法实施条例》第5、6、7条；

（4）《不动产登记暂行条例》第5条；

（5）《不动产登记暂行条例实施细则》第33、35、36条。

（二）申请登记提交材料

1. 不动产登记申请书（原件）。

2. 申请人合法有效身份证明：权利人或法定代表人身份证（复印件）、营业执照（复

印件）、机构代码证（复印件）、法定代表人资格证明书（复印件）、其他身份证明（复印件）。

3. 委托代理人有效身份证明：授权委托书（原件）、受托人身份证（复印件）。

4. 土地权属来源证明：国有建设用地出让合同（原件）、建设用地划拨决定书（原件）、划拨补办出让合同（原件）、建设用地呈报表或一书一方案（原件）、成交确认书（原件）、交地确认书（原件）。

5. 建设工程符合城乡规划证明：立项批准文件（原件）、建设用地规划许可证（原件）；建设工程规划许可证（原件）、工程规划核实确认书（原件）、土地复核验收意见（原件）、其他符合规划的证明材料（复印件）。

6. 建设工程已竣工的证明：竣工验收备案表（原件）。

7. 税费缴纳凭证：税费缴款书（复印件）、完税或减免证明（复印件）、地税自建房税收审核证明（复印件）。

8. 原不动产权属证明：原土地证或不动产权证（原件）。

9. 权籍调查成果：权籍调查表、宗地图、房屋平面图、宗地界址坐标、房屋测绘报告等（原件）。

10. 应当提交的其他证明材料。

五、办理时限与登记收费

（一）办理时限

根据《不动产登记暂行条例》规定的办理时限比较长，需要30个工作日，但目前政府的审制度改革后，已经大大提速了，一般7个工作日（不含受理当日、法定节假日）就能办理完毕。

（二）登记收费

2016年7月12日，财政部　国家发展改革委印发《关于不动产登记收费有关政策问题的通知》（财税〔2016〕79号），2016年12月6日国家发展改革委　财政部印发《关于不动产登记收费标准等有关问题的通知》（发改价格规〔2016〕2559号）发布了具体收费标准。

1. 住宅类不动产登记收费标准

房地合一按件收取，收费标准为每件80元。

2. 非住宅类不动产登记收费标准

房地合一按件收取，收费标准为每件550元。

3. 证书工本费标准

核发一本不动产权属证书的不收取证书工本费，向一个以上不动产权利人核发权属证书的，每增加一本证书加收证书工本费10元。

六、不动产权证书

自2015年3月1日起，我国全面启用统一的不动产登记簿证样式。国土资源部制定的不动产登记簿证样式，不动产权证书、不动产登记证明正式启用。不动产登记机构启用新的不动产登记簿证后，在新老证交换期间，不动产登记机构坚持"不变不换"原则，权利不变动，簿证不更换，依法办理变更登记、转移等登记时，逐步更换为新的不动产登记簿证。各地不得强制要求当事人更换不动产权证书和登记证明，不得增加企业和群众负担。

不动产权证书产权信息栏目由证书编号和权利人、共有情况、坐落、权利类型、权利性质、用途、面积、使用期限、权利其他状况等组成，集合了原来的土地使用证和房产证所登记的信息，但内容变得更加全面。

第九章

交付使用时期的项目管理

经过"五方主体"竣工验收后，表示施工阶段结束，进入施工期内保修，实际上建设工程已进入交付使用时期，交付使用时期的建设工程项目的管理内容已经很少，主要是建设单位和物业企业的交接，物业企业接收后，建设单位和监理单位、施工单位在短时间内配合，现场项目部撤离。如果是商品房，建设单位和其他参建单位可能现场不会常驻人员，即项目法人或称项目筹建办的主要工作即将完成。这个时期的建设工程项目管理，主要是扫尾工作，如工程决算、保修等，其他建筑物维保工作由物业企业负责。期内保修期结束后，则完全由物业企业负责建筑物的正常使用、维护（为了让大家了解物业服务的大致情况，本章介绍了物业的前期介入与交接、物业接收、物业管理、物业维修等内容，即第一节至第四节）。建筑物超过设计使用年限或改变用途，须对建筑物进行鉴定、加固，直至建筑物拆除。

交付使用时期的过程和内容流程图，如图 9-1 所示。

按照有关法律法规的规定，交付使用阶段建筑物使用维护的责任主体是使用单位（建设单位或物业企业）。使用单位必须按照设计要求使用，未经批准，不得擅自变更使用性质，譬如：增加使用荷载，改变结构受力性质，变更门窗位置，改变疏散方向等。交付使用阶段的工作，就是确保建筑物正常使用。

使用单位应按照有关规定，对建筑物进行维护，发现情况及时处理。

建设工程项目按照规划设计要求，完成工程施工并符合验收要求交付使用，是建设工程建设的目的，经过投资决策阶段和建设实施阶段两个阶段，"建设工程项目"成了"物业"，我国对建设工程物业管理有很多的政策和规定，主要有《物权法》《城市房地产管理法》《不动产登记暂行条例》《物业管理条例》《住宅专项维修资金管理办法》《物业承接查验办法》等。

本章介绍建设工程通过竣工验收后的物业移交、接收、维护、改造、鉴定直至拆除利用的管理。

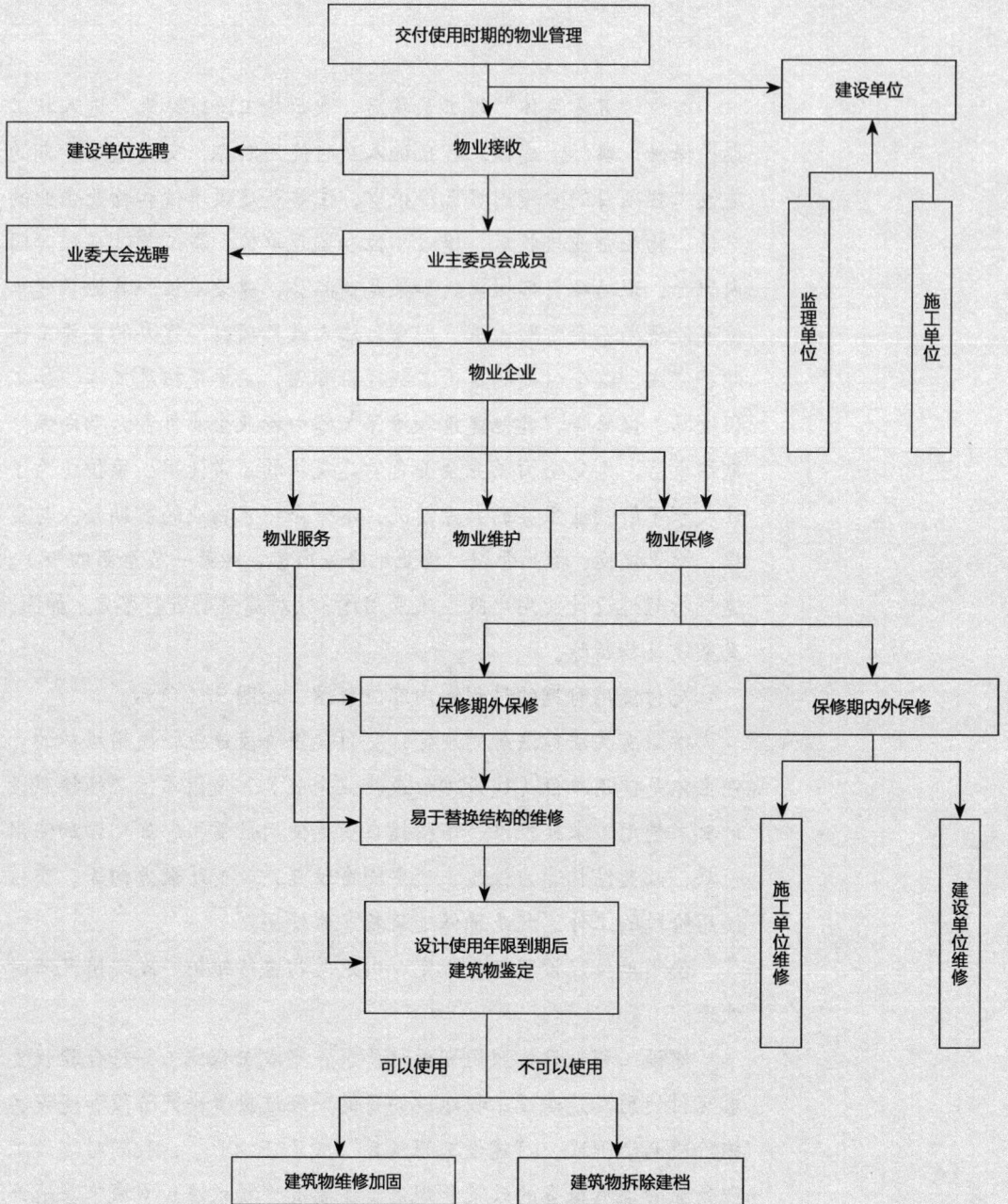

图9-1 交付使用时期的过程和内容流程图

第一节　物业的前期介入与交接

一、物业的前期介入

建筑物建成的结果最终是为人们提供生产和生活服务的，从高质量的物业管理来说，物业管理应当从拿地后开始介入，配合完成招投标工作后，直接介入项目图纸审图工作，对设计上存在使用功能影响的、业主居住感受不良的、物业管理不便或品质问题的内容提出意见，如出入口位置、数量设置；智能化技防功能；车辆行驶动线等。工程项目进入施工阶段，物业应根据需要对现场巡查，就施工中的发现的问题（设计图纸上没有及时发现，而在现场发现的问题）进行沟通，确保业主居住功能的便利性。因此，物业管理越早介入，可以改进物业设计的缺陷，促进建设质量的提高。

专业的物业企业，他们对物业管理有较丰富的经验，会对各类物业的管理在各阶段提出方便管理的合理化建议和措施，使建设工程品质更加优化。物业的提前介入对提高建设工程品质、方便物业管理是一举双赢的大好事。

二、物业的交接

除极个别单体建设工程外，建设实施时期与交付使用时期的界限实际上是很难明确界定的，譬如项目竣工决算就完成；企业投资项目竣工就产品售罄等。其实这也是前后两个时期转换必须经历和磨合的过程，合理的交接时间，对物业顺利交接很有好处。

物业的交接阶段，也是前期建设工程与物业管理承前启后的阶段，这个阶段是物业管理矛盾最突出的时期。此时，物业企业面对的不仅是业主，还有建设单位和施工单位。随着入住和装修开始，设计、施工等问题将逐渐显现出来，而此时物业管理主要工作就是处理暴露出来的各种问题。此时也是建设单位和施工单位之间最易发生相互推诿的时期，使物业管理在建设单位、施工单位和业主间进行周旋，甚至代建设单位、施工单位受过。理相关知识培训，使员工们明确本阶段的工作重点，经常同业主取得联系，加强对业主室内装修的监督指导，对装修过程中暴露出来的与设计、施工等有关问题及时收集汇总，并同建设单位保持密切联系，或者经建设单位授权代表建设单位与施工单位联系，使暴露的问题能在质保期内或者施工单位尚未完全撤离的时候，得到及时的处理。

前期物业管理介入工作的中心是业主，重点是做好为业主排难解困工作，对于一些建筑工程质量问题主动帮助他们与建设单位、施工单位取得联系。对于室内装修，要加强监督、检查和指导，让业主真正体会到物业管理是为他们着想，是在为他们创造一个安全舒适文明的生活环境。在管理过程中，加深业主对物业管理的了解，使业主和物业管理企业在管理过程中融为一体，而不是相互对立。

作为物业管理企业，要十分重视前期管理的介入和介入阶段的作用，它不仅能对早、前期介入的成效进行检验和评价，而且是高端物业的开路先锋，起到为高端物业排除困扰、铺平道路的作用，这在很多大型房企中，这种物业全过程的介入管理，早已成为建设工程管理的补充和常态，甚至是指导规划设计的一大重要因素。

第二节 物业接收

为了规范物业承接查验行为，加强前期物业管理活动的指导和监督，维护业主的合法权益，根据《物权法》《合同法》和《物业管理条例》等法律法规的规定，住房和城乡建设部制定了《物业承接查验办法》（建房〔2010〕165号）。办法所称物业承接查验，是指承接新建物业前，物业服务企业和建设单位按照国家有关规定和前期物业服务合同的约定，共同对物业共用部位、共用设施设备进行检查和验收的活动。

物业承接查验应当遵循诚实信用、客观公正、权责分明以及保护业主共有财产的原则。鼓励物业服务企业通过参与建设工程的设计、施工、分户验收和竣工验收等活动，向建设单位提供有关物业管理的建议，为实施物业承接查验创造有利条件。

一、物业承接查验的依据

实施物业承接查验，主要依据下列文件：
（1）物业买卖合同；
（2）临时管理规约；
（3）前期物业服务合同；
（4）物业规划设计方案；
（5）建设单位移交的图纸资料；
（6）建设工程质量法规、政策、标准和规范。

二、物业承接查验的程序

物业承接查验按照下列程序进行：
（1）确定物业承接查验方案；

（2）移交有关图纸资料；

（3）查验共用部位、共用设施设备；

（4）解决查验发现的问题；

（5）确认现场查验结果；

（6）签订物业承接查验协议；

（7）办理物业交接手续。

三、物业承接查验的条件

实施承接查验的物业，应当具备以下条件：

（1）建设工程竣工验收合格，取得规划、消防、环保等主管部门出具的认可或者准许使用文件，并经建设行政主管部门备案；

（2）供水、排水、供电、供气、供热、通信、公共照明、有线电视等市政公用设施设备按规划设计要求建成，供水、供电、供气、供热已安装独立计量表具；

（3）教育、邮政、医疗卫生、文化体育、环卫、社区服务等公共服务设施已按规划设计要求建成；

（4）道路、绿地和物业服务用房等公共配套设施按规划设计要求建成，并满足使用功能要求；

（5）电梯、二次供水、高压供电、消防设施、压力容器、电子监控系统等共用设施设备取得使用合格证书；

（6）物业使用、维护和管理的相关技术资料完整齐全；

（7）法律、法规规定的其他条件。

四、建设单位的责任和义务

（1）建设单位与物业买受人签订的物业买卖合同，应当约定其所交付物业的共用部位、共用设施设备的配置和建设标准。

（2）建设单位制定的临时管理规约，应当对全体业主同意授权物业服务企业代为查验物业共用部位、共用设施设备的事项作出约定。

（3）建设单位与物业服务企业签订的前期物业服务合同，应当包含物业承接查验的内容。

前期物业服务合同就物业承接查验的内容没有约定或者约定不明确的，建设单位与物业服务企业可以协议补充。

不能达成补充协议的，按照国家标准、行业标准履行；没有国家标准、行业标准的，按照通常标准或者符合合同目的的特定标准履行。

（4）建设单位应当按照国家有关规定和物业买卖合同的约定，移交权属明确、资料完整、质量合格、功能完备、配套齐全的物业。

（5）建设单位应当在物业交付使用15天前，与选聘的物业服务企业完成物业共用部位、共用设施设备的承接查验工作。

（6）现场查验20天前，建设单位应当向物业服务企业移交下列资料：

1）竣工总平面图，单体建筑、结构、设备竣工图，配套设施、地下管网工程竣工图等竣工验收资料；

2）共用设施设备清单及其安装、使用和维护保养等技术资料；

3）供水、供电、供气、供热、通信、有线电视等准许使用文件；

4）物业质量保修文件和物业使用说明文件；

5）承接查验所必需的其他资料。

未能全部移交前款所列资料的，建设单位应当列出未移交资料的详细清单并书面承诺补交的具体时限。

（7）建设单位应当依法移交有关单位的供水、供电、供气、供热、通信和有线电视等共用设施设备，不作为物业服务企业现场检查和验收的内容。

（8）建设单位应当委派专业人员参与现场查验，与物业服务企业共同确认现场查验的结果，签订物业承接查验协议。

（9）建设单位应当在物业承接查验协议签订后10d内办理物业交接手续，向物业服务企业移交物业服务用房以及其他物业共用部位、共用设施设备。

（10）物业交接后，建设单位未能按照物业承接查验协议的约定，及时解决物业共用部位、共用设施设备存在的问题，导致业主人身、财产安全受到损害的，应当依法承担相应的法律责任。

（11）物业交接后，发现隐蔽工程质量问题，影响房屋结构安全和正常使用的，建设单位应当负责修复；给业主造成经济损失的，建设单位应当依法承担赔偿责任。

（12）建设单位应当按照国家规定的保修期限和保修范围，承担物业共用部位、共用设施设备的保修责任。

建设单位可以委托物业服务企业提供物业共用部位、共用设施设备的保修服务，服务内容和费用由双方约定。

（13）建设单位不得凭借关联关系滥用股东权利，在物业承接查验中免除自身责任，加重物业服务企业的责任，损害物业买受人的权益。

（14）建设单位不得以物业交付期限届满为由，要求物业服务企业承接不符合交用条件或者未经查验的物业。

（15）建设单位不移交有关承接查验资料的，由物业所在地房地产行政主管部门责令

限期改正；逾期仍不移交的，对建设单位予以通报，并按照《物业管理条例》第五十九条
的规定处罚。

五、物业服务企业的责任和义务

（1）物业服务企业应当对建设单位移交的资料进行清点和核查，重点核查共用设施设
备出厂、安装、试验和运行的合格证明文件。

（2）物业服务企业应当对下列物业共用部位、共用设施设备进行现场检查和验收：

1）共用部位：一般包括建筑物的基础、承重墙体、柱、梁、楼板、屋顶以及外墙、
门厅、楼梯间、走廊、楼道、扶手、护栏、电梯井道、架空层及设备间等。

2）共用设备：一般包括电梯、水泵、水箱、避雷设施、消防设备、楼道灯、电视天
线、发电机、变配电设备、给水排水管线、电线、供暖及空调设备等。

3）共用设施：一般包括道路、绿地、人造景观、围墙、大门、信报箱、宣传栏、路
灯、排水沟、渠、池、污水井、化粪池、垃圾容器、污水处理设施、机动车（非机动车）
停车设施、休闲娱乐设施、消防设施、安防监控设施、人防设施、垃圾转运设施以及物业
服务用房等。

（3）物业承接查验协议应当对物业承接查验基本情况、存在问题、解决方法及其时
限、双方权利义务、违约责任等事项作出明确约定。

（4）物业承接查验协议作为前期物业服务合同的补充协议，与前期物业服务合同具有
同等法律效力。

（5）物业承接查验协议生效后，当事人一方不履行协议约定的交接义务，导致前期物
业服务合同无法履行的，应当承担违约责任。

（6）物业服务企业应当自物业交接后30天内，持下列文件向物业所在地的区、县
（市）房地产行政主管部门办理备案手续：

1）前期物业服务合同；

2）临时管理规约；

3）物业承接查验协议；

4）建设单位移交资料清单；

5）查验记录；

6）交接记录；

7）其他承接查验有关的文件。

（7）自物业交接之日起，物业服务企业应当全面履行前期物业服务合同约定的、法律
法规规定的以及行业规范确定的维修、养护和管理义务，承担因管理服务不当致使物业共
用部位、共用设施设备毁损或者灭失的责任。

（8）物业服务企业应当将承接查验有关的文件、资料和记录建立档案并妥善保管。

物业承接查验档案属于全体业主所有。前期物业服务合同终止，业主大会选聘新的物业服务企业的，原物业服务企业应当在前期物业服务合同终止之日起10天内，向业主委员会移交物业承接查验档案。

（9）物业服务企业擅自承接未经查验的物业，因物业共用部位、共用设施设备缺陷给业主造成损害的，物业服务企业应当承担相应的赔偿责任。

六、物业交接的其他注意事项

（1）现场查验应当综合运用核对、观察、使用、检测和试验等方法，重点查验物业共用部位、共用设施设备的配置标准、外观质量和使用功能。

（2）现场查验应当形成书面记录。查验记录应当包括查验时间、项目名称、查验范围、查验方法、存在问题、修复情况以及查验结论等内容，查验记录应当由建设单位和物业服务企业参加查验的人员签字确认。

（3）现场查验中，物业服务企业应当将物业共用部位、共用设施设备的数量和质量不符合约定或者规定的情形，书面通知建设单位，建设单位应当及时解决并组织物业服务企业复验。

（4）交接工作应当形成书面记录。交接记录应当包括移交资料明细、物业共用部位、共用设施设备明细、交接时间、交接方式等内容。交接记录应当由建设单位和物业服务企业共同签章确认。

（5）分期开发建设的物业项目，可以根据开发进度，对符合交付使用条件的物业分期承接查验。建设单位与物业服务企业应当在承接最后一期物业时，办理物业项目整体交接手续。

（6）物业承接查验费用的承担，由建设单位和物业服务企业在前期物业服务合同中约定。没有约定或者约定不明确的，由建设单位承担。

（7）建设单位和物业服务企业应当将物业承接查验备案情况书面告知业主。

（8）物业承接查验可以邀请业主代表以及物业所在地房地产行政主管部门参加，可以聘请相关专业机构协助进行，物业承接查验的过程和结果可以公证。

（9）建设单位与物业服务企业恶意串通、弄虚作假，在物业承接查验活动中共同侵害业主利益的，双方应当共同承担赔偿责任。

（10）物业承接查验活动，业主享有知情权和监督权。物业所在地房地产行政主管部门应当及时处理业主对建设单位和物业服务企业承接查验行为的投诉。

（11）建设单位、物业服务企业未按《物业承接查验办法》履行承接查验义务的，由物业所在地房地产行政主管部门责令限期改正；逾期仍不改正的，作为不良经营行为记入企业信用档案，并予以通报。

（12）物业承接查验中发生的争议，可以申请物业所在地房地产行政主管部门调解，也可以委托有关行业协会调解。

（13）前期物业服务合同终止后，业主委员会与业主大会选聘的物业服务企业之间的承接查验活动，可以参照执行《物业承接查验办法》。

（14）省、自治区、直辖市人民政府住房和城乡建设主管部门可以依据《物业承接查验办法》，制定实施细则。

第三节　物业管理

一、前期物业管理

前期物业管理，是指在业主、业主大会选聘物业服务企业之前，由建设单位选聘物业服务企业实施的物业管理。国家提倡建设单位按照房地产开发与物业管理相分离的原则，通过招投标的方式选聘具有相应资质的物业服务企业。《建设部关于印发〈前期物业管理招投标管理暂行办法〉的通知（建住房〔2003〕130号）》第三条规定，住宅及同一物业管理区域内非住宅的建设单位，应当通过招投标的方式选聘具有相应资质的物业服务企业；投标人少于3个或者住宅规模较小的，经物业所在地的区、县人民政府房地产行政主管部门批准，可以采用协议方式选聘具有相应资质的物业服务企业。

通过招标投标方式选择物业服务企业的，招标人应当按照以下规定时限完成物业管理招标投标工作：

（1）新建现售商品房项目应当在现售前30d完成；

（2）预售商品房项目应当在取得商品房预售许可证之前完成；

（3）非出售的新建物业项目应当在交付使用前90d完成。

建设单位应当在销售物业之前，制定临时管理规约，对有关物业的使用、维护、管理，业主的共同利益，业主应当履行的义务，违反临时管理规约应当承担的责任等事项依法作出约定。临时管理规约，不得侵害物业买受人的合法权益。建设单位应当在物业销售前将临时管理规约向物业买受人明示，并予以说明。物业买受人在与建设单位签订物业买卖合同时，应当对遵守临时管理规约予以书面承诺。

建设单位选聘前期物业服务企业，应当签订书面的前期物业服务合同。建设单位与物业买受人签订的买卖合同应当包含前期物业服务合同约定的内容。前期物业服务合同可以约定期限；但是，期限未满、业主委员会与物业服务企业签订的物业服务合同生效的，前期物业服务合同终止。

一个物业管理区域由一个物业服务企业实施物业管理。

二、物业管理用房配置

依据《物业管理条例》,《浙江省物业管理条例》2006年5月24日,经浙江省第十届人民代表大会常务委员会第二十五次会议通过,又根据2009年11月27日浙江省第十一届人民代表大会常务委员会第十四次会议《关于修改〈浙江省物业管理条例〉的决定》修正,自2006年10月1日起施行。《浙江省物业管理条例》第二十六、二十七条规定,建设单位应当按照物业建设工程规划许可证载明的地上总建筑面积千分之七的比例配置物业管理用房;但物业管理区域内的物业均为非住宅的,物业管理用房的配置比例为物业建设工程规划许可证载明的地上总建筑面积的3‰。

物业管理用房应当与新建物业同步设计、同步施工、同步交付,其面积、位置应当在批准的建设工程规划设计方案中载明。

因依法调整规划,物业竣工验收后的实测地上建筑面积超过建设工程规划许可证载明的地上建筑面积的,建设单位应当对超过部分按照前述规定的比例补充配置物业管理用房;确实无法补充配置的,应当按照该物业管理区域内的物业平均销售价格支付不足部分的相应价款,列入专项维修资金或者按照业主大会的决定用于物业管理方面的其他需要。

物业管理用房依法属于全体业主共同所有。未经业主大会同意,不得改变其用途。

三、物业保修金交存、使用、退还

《浙江省住宅物业保修金管理办法》(浙政发〔2007〕19号)规定,2006年10月1日以后,新建竣工的用于销售的住宅物业、住宅小区内的非住宅物业或者与住宅物业结构相连的非住宅物业,建设单位均应当按照规定交纳保修金。

建设单位在物业交付使用办理权属初始登记手续前,应当一次性向所在地保修金管理机构按照物业建筑安装总造价2%的比例交纳保修金,作为物业保修期内保修费用的保证,并存入按有关规定在指定的商业银行开设的专户内。

建设单位不按本办法的规定交纳或者补交保修金的,由物业主管部门责令限期交纳;逾期仍不交纳的,自逾期之日起按日加收滞纳部分万分之五的滞纳金,并依法给予处罚。

建设单位应当按照国家规定的保修期限和保修范围,承担物业的保修责任。

正常使用条件下,住宅物业保修期限为:

(1)屋面防水工程不低于8年;

(2)有防水要求的卫生间、房间和外墙面的防渗漏不低于8年;

（3）供热与供冷系统，为2个采暖期、供冷期；

（4）电气管线、给水排水管道、设备安装和装修工程，为2年；

（5）房屋建筑的地基工程和主体结构工程、基础设施工程，为设计文件规定的该工程的合理使用年限。

保修期限自商品房交付消费者之日起计算。（住宅物业保修期选自浙江省实施《消费者权益保护法》办法〈2000年修正〉第二十九条）

因业主使用不当或者擅自改动房屋结构、设备位置和不当装修等造成物业质量问题，由业主依法承担相应的维修责任。

在物业保修期内有下列情形之一，建设单位不履行保修责任或者因歇业、破产等原因无法履行保修责任的，可以按规定启动使用保修金：

（1）物业交付后，业主发现房屋建筑工程存在质量问题的；

（2）物业小区未按经批准的规划设计方案进行配套设施建设或有关设施不配套的。

因建设单位不履行保修责任，业主委员会按照规定动用保修金后，建设单位应当在保修金使用后15天内足额补存保修金。

保修金存储期限为8年。保修金管理机构应当在住宅物业交付之日起满8年的前一个月内，将拟退还保修金事项在相关的物业小区内予以公示。无异议的，按照相关规定将保修金本金及其银行存款利息余额退还给建设单位。

其他物业保修金的管理，可以参照《浙江省住宅物业保修金管理办法》执行。

四、物业专项维修资金交存和使用

物业专项维修资金，是指由业主交存的专项用于建筑物内共有部分、建筑区划内共有设施设备保修期满后的维修、更新和改造的资金。

住宅物业、住宅小区内的非住宅物业或者与单幢住宅楼结构相连的非住宅物业的业主，应当按照规定交存专项维修资金。

新建物业首次交存专项维修资金由建设单位代收代交。交存的标准为当地房屋建筑安装工程每平方米建筑面积平均造价的5%~8%。具体比例由设区的市、县物业主管部门会同同级财政部门根据当地实际和房屋结构类型确定，报经设区的市、县人民政府批准后公布。

建设单位应当在办理房屋产权初始登记之前，按照物业总建筑面积和交存标准的规定交存专项维修资金，待物业交付时按照业主所拥有物业的建筑面积和交存标准向业主收取。建设单位应当向购房人说明，并将该内容约定为购房合同条款。对房价中已包含专项维修资金的，建设单位不得再向购房人另行收取。未售出的物业专项维修资金由建设单位交存。

物业管理区域内共有部分、共有设施设备保修期限满后的维修、更新和改造费用，除国家有关规定和物业服务合同已明确在物业服务费中列支外，在专项维修资金中列支。

物业共有部分、共有设施设备维修、更新和改造费用按照下列规定列支：

（1）涉及整个物业区域的共有部分、共有设施设备的维修、更新和改造费用，在该区域全体业主专项维修资金账户中列支；

（2）涉及单幢或部分物业共有部分、共有设施设备的维修、更新和改造费用，在其相关业主的专项维修资金账户中列支；

（3）专项维修资金不足支付维修费用的，不足部分按照物业建筑面积按比例由相关业主分摊。

第四节　物业维修

物业维修是指物业自建成到报废为止的整个使用过程中，为了修复由于自然因素、人为因素对物业造成的损坏，维护和改善物业使用功能，延长物业使用年限而采取的各种养护维修活动。物业维修有广义和狭义之分，狭义的物业维修仅指对物业的养护和维修；广义的物业维修则包括对物业的养护、维修和改建。根据损坏程度的不同进行不同程度的养护维修，才能保证物业的正常使用和安全，延长其使用年限。物业维修是物业简单再生产在流通领域中的继续和价值的追加，维修不仅是物业服务企业为住户服务的重要内容，也是保护城市房产的基本途径。

物业维修，包括保修期内由开发建设单位履行保修义务、移交专业部门的由专业部门负责维修、保修期外由业委会委托物业服务企业维修、无物业服务的小区自主维修以及人为损坏的由当事人承担维修责任等多种情况。

物业维修的经营性：共有部分、共有设施设备的维修部分是属于物业服务企业日常维护维保范围内的，应由物业费列支，不属于经营性收入；部分大中修可以申请使用物业专项维修资金，也不属于经营性收入；一部分是有偿维修，属于经营性收入。

具体地说，物业维修包括物业服务企业对物业的日常保养，对破损物业的维修，以及对不同等级物业功能的恢复、改善，装修、装潢，同时结合物业的维修加固，增强物业抗震能力。

一、物业维修的意义

物业维修在物业管理中有重大的意义：

（1）物业维修是延长物业使用寿命的保证，物业维修也是提高物业使用价值的保证，良好的物业维修能够最大地发挥物业在生命周期的使用价值。

（2）做好物业维修管理工作可以使业主安居乐业，方便业主工作和生活。

（3）做好物业维修管理工作使国家节省大量的建房基金。

（4）做好物业维修管理工作可以扩大物业服务企业的经济效益。

（5）物业维修管理与服务的完善可以给社会减轻就业压力，创造更多的就业机会。

二、物业维修的特点

1. 具有物质生产的特点

由于物业服务企业的物业维修活动本质上是一种物质生产活动，物业维修活动属于生产领域的事情，前面已经讲过，由于受自然侵蚀、正常使用、生物破坏以及地理、灾害等因素的影响与作用，物业会逐渐破损，使用价值逐步降低。为了全面或部分地恢复物业失去的使用功能，防止、减少和控制其破损程度的发展，就要对破损物业进行维修，以及对不同等级物业的功能进行恢复、改善，进行装修、装潢，同时结合着物业的维修加固，增强物业的抗震能力。但是，所有这些物业维修活动，投资规模都很小，属于简单再生产的性质。

2. 经营性和服务性相统一

物业管理是一种经营性的管理活动。物业维修管理是物业管理的主要内容，是其重要的业务种类之一。物业维修过程是严格按市场经济规律运行的，物业维修所取得的收入或利润也是在经营管理中得到的，因此，它具有经营性，是经营性维修管理，没有这部分业务，物业服务企业的经营收入就要受到很大的影响。同时，物业维修又具有很强的服务性，物业维修的基本目的是以为住户服务为宗旨，保持物业的物质形态完好无损，保证住户对物业的正常和安全使用，为人类自身再生产创造重要条件。所以它又具有直接为社会大众的生产和生活服务的性质。

3. 具有广泛性和分散性

物业使用期限长，在使用中由于自然或人为的因素影响，会导致物业的损坏或使用功能的减弱。物业的各个部分，如结构、外墙、粉刷、零部件等都会有不同程度的损坏，而且这种损坏经常发生，没有明确的规则可言。相同结构的物业使用功能减弱的速度和损坏的程度也是不均衡的。当损坏发生时，需要根据损坏的程度随时进行小修、中修或大修，这是所有的物业普遍存在的情况。因此，物业维修具有广泛性。另一方面由于损坏的部分往往只占物业的很少部分，分散在物业的各个方面，维修规模很小，维修工作又是分散地、零星地进行的。

4. 具有较强的技术性

物业维修是一项技术性很强的工作。物业维修活动与一般建筑施工生产不同，它本身有独特的设计、施工技术和操作技能的要求，而且对不同的建筑结构，不同等级标准的物业，采用的维修标准也不同。物业维修技术不仅包括建筑工程专业的技术，还包括机械、设备、通信等相关专业的技术。国家的维修管理规范在此方面提出了明确要求。物业维修工程质量的优劣在很大程度上取决于维修技术水平的高低。另外，物业维修由于要保持原有的建筑风格和设计意图，并达到与周围环境相协调，这就增加了技术难度。因此，物业维修必须要求具备较高的技术性，同时操作一般也要在业主或使用人的监督下进行。如此一来，培训维修技术人员，配备一支素质较高的专业维修技术队伍，并制定严格的技术操作规定和质量考评标准，就成为物业维修管理的重要内容。

5. 具有明显的限制性

由于物业维修是在原有物业基础上进行的，是对物业的构件、部分项目进行养护维修，或进行局部或全部的更新、修复，因此它受到原有条件的限制，如受到原有物业资料、环境、条件的限制，维修设计与施工都只能在一定范围内进行，往往是借鉴原有物业的构造、部件、装饰、布局等安排相关工作，难以超越客观环境进行创新。此外，还受到原有建筑风格、建筑艺术的限制，尤其是有历史、文化保留价值的物业，更要求保持原有建筑风格，与周围建筑相协调。虽然可以借鉴与发展优秀的建筑艺术，通过实践、观察、研究、总结，改进旧房的结构与装饰，但程度明显受到限制。

三、物业维修的范围

我们这里所说的物业维修范围是物业的共用部位和共用设施设备。

（一）共用部位

是指根据法律、法规和房屋买卖合同，由单幢住宅内业主或者单幢住宅内业主及与之结构相连的非住宅业主共有的部位，一般包括：住宅的基础、承重墙体、柱、梁、楼板、屋顶以及户外的墙面、门厅、楼梯间、走廊通道等。

（二）共用设施设备

是指根据法律、法规和房屋买卖合同，由住宅业主或者住宅业主及有关非住宅业主共有的附属设施设备，一般包括电梯、天线、照明、消防设施、绿地、道路、路灯、沟渠、池、井、非经营性车场车库、公益性文体设施和共用设施设备使用的房屋等。

（三）不属于物业维修的范围

超过保修期限的套内物业维修和套内装修、改造，属于单位或个人的维修义务。

第五节　易于替换的结构和内容

一幢建筑物的合理使用年限，并不是说建筑物到了设计使用年限就不可以使用或不安全（理论是对的），同样，在合理使用年限内，并不是建筑物就可以保证正常使用或安全。国家有关规范规定对易于替换的结构和内容作了使用年限的规定。

在房屋建筑中，易于替换的结构和内容主要有：

一、幕墙

根据现行国家标准《建筑幕墙》（GB/T 21086—2007）的规定，幕墙属于易于替换的结构件，结构设计使用年限不宜低于25年。在《金属与石材幕墙工程技术规范》（JGJ 133—2001）和《玻璃幕墙工程技术规范》（JGJ 102—2003）等幕墙规程中都有关于幕墙设计使用年限为25年的规定。

（一）金属与石材幕墙

根据《金属与石材幕墙工程技术规范》（JGJ 133—2001）的规定，金属与石材幕墙的保养与维修要求如下：

（1）金属与石材幕墙工程竣工验收后，应制定幕墙的保养、维修计划与制度，定期进行幕墙的保养与维修。

（2）幕墙的保养应根据幕墙墙面积灰污染程度，确定清洗幕墙的次数与周期，每年至少应清洗一次。

（3）幕墙在正常使用时，使用单位应每隔五年进行一次全面检查。应对板材、密封条、密封胶、硅酮结构密封胶等进行检查。

（4）幕墙的检查与维修应按下列规定进行：

1）当发现螺栓松动，应及时拧紧，当发现连接件锈蚀应除锈补漆或更换；

2）发现板材松动、破损时，应及时修补与更换；

3）发现密封胶或密封条脱落或损坏时，应及时修补与更换；

4）发现幕墙构件和连接件损坏，或连接件与主体结构的锚固松动或脱落时，应及时更换或采取措施加固修复；

5）应定期检查幕墙排水系统，当发现堵塞时，应及时疏通；

6）当五金件有脱落、损坏或功能障碍时，应进行更换和修复；

7）当遇到台风、地震、火灾等自然灾害时，灾后应对幕墙进行全面检查，并视损坏程度进行维修加固。

（5）对幕墙进行保养与维修中应符合下列安全规定：

1）不得在4级以上风力或大雨天气进行幕墙外侧检查、保养与维修作业；

2）检查、清洗、保养维修幕墙时，所采用的机具设备必须操作方便、安全可靠。

3）在幕墙的保养与维修作业中，凡属高处作业者必须遵守现行行业标准《建筑施工高处作业安全技术规范》（JGJ 80）的有关要求。

（二）玻璃幕墙

根据《玻璃幕墙工程技术规范》（JGJ 102—2003）的规定，玻璃幕墙的保养与维修要求如下：

1. 一般规定

（1）幕墙工程竣工验收时，承包商应向业主提供《幕墙使用维护说明书》。《幕墙使用维护说明书》应包括下列内容：

1）幕墙的设计依据、主要性能参数及幕墙结构的设计使用年限；

2）使用注意事项；

3）环境条件变化对幕墙工程的影响；

4）日常与定期的维护、保养要求；

5）幕墙的主要结构特点及易损零部件更换方法；

6）备品、备件清单及主要易损件的名称、规格；

7）承包商的保修责任。

（2）幕墙工程承包商在幕墙交付使用前应为业主培训幕墙维修、维护人员。

（3）幕墙交付使用后，业主应根据《幕墙使用维护说明书》的相关要求及时制定幕墙的维修、保养计划与制度。

（4）雨天或4级以上风力的天气情况下不宜使用开启窗；6级以上风力时，应全部关闭开启窗。

（5）幕墙外表面的检查、清洗、保养与维修工作不得在4级以上风力和大雨（雪）天气下进行。

（6）幕墙外表面的检查、清洗、保养与维修使用的作业机具方便、安全可靠；每次使用前都应进行安全装置的检查，确保设备与人员安全。

（7）幕墙外表面的检查、清洗、保养与维修的作业中，凡属高空作业者，应符合现行行业标准《建筑施工高处作业安全技术规范》（JGJ 80—2016）的有关规定。

2. 检查与维护

（1）日常维护和保养应符合下列规定：

1）应保持幕墙表面整洁，避免锐器及腐蚀性气体和液体与幕墙表面接触；

2）应保持幕墙排水系统的畅通，发现堵塞应及时疏通；

3）在使用过程中如发现门、窗启闭不灵或附件损坏等现象时，应及时修理或更换；

4）当发现密封胶或密封胶条脱落或损坏时，应及时进行修补与更换；

5）当发现幕墙构件或附件的螺栓、螺钉松动或锈蚀时，应及时拧紧或更换。

6）当发现幕墙构件锈蚀时，应及时除锈或采取其他防锈措施。

（2）定期检查和维护应符合下列规定：

1）在幕墙工程竣工验收后一年时，应对幕墙工程进行一次全面的检查，此后每五年应检查一次。检查项目应包括：

A. 幕墙整体有无变形、错位、松动，如有，则应对该部位对应的隐蔽结构进行进一步检查；幕墙的主要承力构件、连接构件和连接螺栓等是否损坏、连接是否可靠、有无锈蚀等；

B. 玻璃面板有无松动和损坏；

C. 密封胶有无脱胶、开裂、起泡，密封胶条有无脱落、老化等损坏现象；

D. 开启部分是否启闭灵活，五金附件是否有功能障碍或损坏，安装螺栓或螺钉是否松动和失效；

E. 幕墙排水系统是否通畅。

2）应对第1款检查项目中不符合要求者进行维修或更换；

3）施加预拉力的拉杆或拉索结构的幕墙工程在工程竣工验收后六个月时，必须对该工程进行一次全面的预拉力检查和调整，此后每三年应检查一次。

4）幕墙工程使用十年后应对该工程不同部位的结构硅酮密封胶进行粘结性能的抽样检查；此后每三年宜检查一次。

（3）灾后检查和修复应符合下列规定：

1）当幕墙遭遇强风袭击后，应及时对幕墙进行全面的检查，修复或更换损坏的构件。对施加预拉力的拉杆或拉索结构的幕墙工程，应进行一次全面的预拉力检查和调整。

2）当幕墙遭遇地震、火灾等灾害后，应由专业技术人员对幕墙进行全面的检查，并根据损坏程度制定处理方案，及时处理。

3. 清洗

（1）业主应根据幕墙表面的积灰污染程度，确定其清洗次数，但不应少于每年一次。

（2）清洗幕墙应按《幕墙使用维护说明书》要求选用清洗液。

（3）清洗幕墙过程中不得撞击和损伤幕墙。

以上详细介绍了国家规范关于幕墙的使用、维护、检修和保养等内容，可见幕墙系统的使用要求是非常高的，同时，幕墙系统具有施工烦琐、造价高、质量安全要求严格等特点，从经济性而言，幕墙系统是性价比最差的墙面饰面系统，因此，应当慎用幕墙系统，尤其是高层和外墙。

二、外墙保温系统

《外墙外保温工程技术规程》（JGJ 144—2004）第3.0.10规定：在正确使用和正常维护的条件下，外墙外保温工程的使用年限不应少于25年。

其实对于外保温外墙的维护和保养，是一种很牵强的说法，也就是说很难正常保养，脱落等质量问题只能"任其自然"，目前也没有比较适用的检测方法。关于外墙保温工程的质量和使用年限只有靠业主自行观察，发现隐患及时处理。

外墙外保温系统是目前最常采用的外墙保温形式，但没有较为成熟的其他做法，因此，它是过渡的做法，解决外墙外保温系统的质量问题，也是我们工程管理者刻不容缓的一大责任和课题，我们期待装配式建筑和建筑工业化的早日到来，在此，我们也呼吁建筑物使用年限小于设计年限的国家相关维修、维护政策的早日出台。

三、屋面防水层

对于防水层的合理使用年限的确定，由于近年来新型防水材料的门类齐全、品种繁多，防水技术也由过去的沥青防水卷材叠层做法向多道设防、复合防水、单层防水等形式转变。对于屋面的防水功能，不仅要看防水材料本身的材性，还要看不同防水材料组合后的整体防水效果，这一点从历次的工程调研报告中已经得到了证实。

目前，尚缺乏相关的实验数据，根据现行《屋面工程技术规程》（GB 50345—2012）的规定，取消了关于屋面防水层合理使用年限，并把防水等级分为Ⅰ级（两道防水）和Ⅱ级（一道防水），但条文说明中有合理使用年限Ⅰ级20年和Ⅱ级10年之说，因此，防水层是有合理使用年限的。

四、电梯

随着我国经济建设的发展，使用电梯的场所越来越多，对电梯的需求量也逐年增加。为了切实加强电梯行业的管理，提高电梯的制造、安装、维修质量，确保电梯的安全正常运行，原国家经贸委为此会同有关部门对电梯管理问题进行了专门研究，在总结《关于提高电梯质量的若干规定》的基础上，并参照国际上许多国家对电梯管理的经验，制定了《关于加强电梯管理的暂行规定》（1994年11月5日原建设部、国家经济贸易委员会、国家技术监督局发布）。该规定明确电梯的制造、安装、维修实地电梯生产企业全面负责的一条龙管理制度。电梯质量实行生产企业全面负责制。电梯销售、安装、维修实行由生产企业委托代理制。使用单位订购电梯应同时签订电梯安装调试与维修合同（协议）。被电梯生产企业认可的安装、维修企业，对其安装、维修质量向电梯生产企业负责。

（一）电梯的保养与维护

对电梯的保养和维修是指定期对运行的电梯部件进行检查、加油、清除积尘、调试安全装置等工作，包括电梯曳引钢丝绳的无损检测与润滑维护等。根据《关于加强电梯管理的暂行规定实施细则》规定，电梯维修要求如下：

（1）电梯维修是保证电梯长期安全正常运行的重要环节，也是电梯生产企业售后服务的主要内容。所有电梯使用单位必须与其电梯生产企业或被委托代理企业签订维修合同。

（2）使用单位必须按规定在每年的年检后，凭年检合格书、维修合同书到建设行政主管部门办理下一年度的《电梯准用证》。建设行政主管部门要在一周内派检测人员实地检查，合格后，发给新一年度《电梯准用证》。

（3）使用单位自行维修保养电梯必须得到电梯生产企业的委托代理。

（4）使用单位发生变化，不再是与电梯生产企业签订合同的单位而移交或转售另一单位时，原使用单位必须负责向电梯生产企业办理维修保养合同转让手续。

（5）电梯生产企业或被委托代理企业必须按照维修合同及时处理电梯故障与事故；每个月对电梯的所有设备至少进行一次检修；一年进行一次电梯的年检。

（6）电梯生产企业或被委托代理企业应根据本企业电梯产品销售情况和本企业在用电梯的情况，建立维修保养网络，负责本企业新装电梯和在用电梯的维修保养工作。维修网络的维修保养人员必须严格按照生产企业的《电梯维修技术规程》《电梯保养技术规程和检验标准》和《维修保养合同》的规定按时维修保养，逐台电梯做好维修保养记录，建档备查。

（7）电梯维修费用原则上由负责电梯维修的企业与电梯使用单位在维修合同中协商确定。

（8）电梯的大修、改造和更新，均按本细则有关电梯安装的条款执行。

（二）电梯的使用年限与报废

电梯是组成建筑物的重要设备，目前，国家尚未出台对电梯有关使用年限的规定。根据《特种设备安全法》等规定，2016年2月1日，国家出台了《电梯主要部件报废技术条件》（GB/T 31821—2015）。

以上易于替换的结构和内容，超过设计使用年限，使用单位就应当请原设计单位（或相应资质的设计单位）或专业机构进行鉴定，由具备资质的设计提出方案进行替换（维修）施工。

对于非居住建筑和商品用房的单位和私有建筑（不缴纳物业维修基金），以上替换（维修）所产生的费用由业主承担。

对于在购房时已缴纳物业维修基金的，按照《住宅专项维修资金管理办法》等规定，以上内容替换（维修）所发生的费用，应当办理有关手续，在专项维修资金中列支。

第六节　建筑物改造与鉴定

一、设计使用年限

根据《建设工程质量管理条例》规定，设计文件要"注明工程合理使用年限"。《民用建筑设计通则》（GB 50352—2005）的设计使用年限引自《建筑结构可靠度设计统一标准》（GB 50068—2001），它把民用建筑的设计使用年限按照建筑等级、重要性分为四类，见表9-1。

设计使用年限分类　　　　　　　　　　　　　　表9-1

类别	设计使用年限（年）	示例
1	5	临时性建筑
2	25	易于替换结构构件的建筑
3	50	普通建筑和构筑物
4	100	纪念性建筑和特别重要的建筑

《建筑结构可靠度设计统一标准》（GB 50068—2001）所采用的设计基准期为50年，结构在规定的设计使用年限内应具有足够的可靠度（结构在规定的时间内，在规定的条件下，完成预定功能的能力）。

设计使用年限明确了设计规定的一个时期，在这一规定时期内，只需要进行正常的维护而不需要进行大修就能按预期目的使用，完成预定的功能，即房屋建筑在正常设计、正常施工、正常使用和维护下所应达到的使用年限，如达不到这个年限则意味着在设计、施工、使用与维护的某一环节上出现了非正常情况，应查找原因。所谓"正常维护"包括必要的检测、防护及维修。设计使用年限是房屋建筑的地基基础工程和主体结构工程"合理使用年限"的具体化。

二、改造及其规定

我们这里所说的改造是指经过竣工验收合格后的建筑物或已使用的建筑物，应业主装修或使用单位要求改变原有设计的改造，如结构改动、增加荷载等。改造程序在《建筑法》等有关法律法规中有原则规定，但我国现行规定除《住宅室内装饰装修管理办法》对结构改造有具体要求外，对其他类建筑尚无具体规定。《住宅室内装饰装修管理办法》基本囊括了改造的全部内容。

（一）改造程序

业主提出改造意向，通过立项并经过设计和办理有关手续后（见本书第二章、第三章），方可进行结构改造施工。超过设计使用年限的建筑物，应当对建筑物进行鉴定。

（二）改造规定

《住宅室内装饰装修管理办法》有关改造的规定如下：

第五条 住宅室内装饰装修活动，禁止下列行为：

（一）未经原设计单位或者具有相应资质等级的设计单位提出设计方案，变动建筑主体和承重结构；

（二）将没有防水要求的房间或者阳台改为卫生间、厨房间；

（三）扩大承重墙上原有的门窗尺寸，拆除连接阳台的砖、混凝土墙体；

（四）损坏房屋原有节能设施，降低节能效果；

（五）其他影响建筑结构和使用安全的行为。

本办法所称建筑主体，是指建筑实体的结构构造，包括屋盖、楼盖、梁、柱、支撑、墙体、连接接点和基础等。

本办法所称承重结构，是指直接将本身自重与各种外加作用力系统地传递给基础地基的主要结构构件和其连接接点，包括承重墙体、立杆、柱、框架柱、支墩、楼板、梁、屋架、悬索等。

第六条 装修人从事住宅室内装饰装修活动，未经批准，不得有下列行为：

（一）搭建建筑物、构筑物；

（二）改变住宅外立面，在非承重外墙上开门、窗；

（三）拆改供暖管道和设施；

（四）拆改燃气管道和设施。

本条所列第（一）项、第（二）项行为，应当经城市规划行政主管部门批准；第（三）项行为，应当经供暖管理单位批准；第（四）项行为应当经燃气管理单位批准。

第七条 住宅室内装饰装修超过设计标准或者规范增加楼面荷载的，应当经原设计单位或者具有相应资质等级的设计单位提出设计方案。

第八条 改动卫生间、厨房间防水层的，应当按照防水标准制定施工方案，并做闭水试验。

第九条 装修人经原设计单位或者具有相应资质等级的设计单位提出设计方案变动建筑主体和承重结构的，或者装修活动涉及本办法第六条、第七条、第八条内容的，必须委托具有相应资质的装饰装修企业承担。

第十条 装饰装修企业必须按照工程建设强制性标准和其他技术标准施工，不得偷工减料，确保装饰装修工程质量。

第十一条 装饰装修企业从事住宅室内装饰装修活动，应当遵守施工安全操作规程，按照规定采取必要的安全防护和消防措施，不得擅自动用明火和进行焊接作业，保证作业人员和周围住房及财产的安全。

第十二条 装修人和装饰装修企业从事住宅室内装饰装修活动，不得侵占公共空间，不得损害公共部位和设施。

三、建筑物鉴定

建筑物超过合理使用设计年限或由于使用不当（超载、长期渗水、改变环境或环境影响）或临近建筑施工（打桩、基坑开挖）、地震、自然灾害、战争等原因造成对建筑物的安全影响，就应该或要求对建筑物进行结构安全进行鉴定并提出加固方案。

（一）鉴定的标准

为正确鉴定民用建筑的可靠性，加强对已有建筑物的安全与合理使用的技术管理，国家制定了《民用建筑可靠性鉴定标准》（GB 50292—2015），标准适用于民用建筑在下列情况下的检查与鉴定。

（1）建筑物的安全鉴定（其中包括危房鉴定及其他应急鉴定）。

（2）建筑物使用功能鉴定及日常维护检查。

（3）建筑物改变用途、改变使用条件或改造前的专门鉴定。

（二）鉴定的内容与等级

按照《民用建筑可靠性鉴定标准》（GB 50292—2015）的规定，安全性和正常使用的鉴定评价，应按构件、子单元、鉴定单元三个层次。每一层次分为四个安全性等级和三个使用性等级。

1. 三个层次和四个安全性等级

（1）构件：a_u、b_u、c_u、d_u

a_u：安全性符合标准对a_u级的要求，具有足够的承载能力，不必采取措施。

b_u：安全性略低于标准对a_u级的要求，尚不显著影响承载能力，可不采取措施。

c_u：安全性不符合标准对a_u级的要求，显著影响承载能力，应采取措施。

d_u：安全性极不符合标准对a_u级的要求，已严重影响承载能力，必须及时或立即采取措施。

（2）子单元：A_u、B_u、C_u、D_u

A_u：安全性符合标准对 A_u 级的要求，具有足够的承载能力，不必采取措施。

B_u：安全性略低于标准对 A_u 级的要求，尚不显著影响承载能力，可不采取措施。

C_u：安全性不符合标准对 A_u 级的要求，显著影响承载能力，应采取措施。

D_u：安全性极不符合标准对 A_u 级的要求，已严重影响承载能力，必须及时或立即采取措施。

（3）鉴定单元：A_{su}、B_{su}、C_{su}、D_{su}

A_{su}：安全性符合标准对 A_{su} 级的要求，具有足够的承载能力，不必采取措施。

B_{su}：安全性略低于标准对 A_{su} 级的要求，尚不显著影响承载能力，可不采取措施。

C_{su}：安全性不符合标准对 A_{su} 级的要求，显著影响承载能力，应采取措施。

D_{su}：安全性极不符合标准对 A_{su} 级的要求，已严重影响承载能力，必须及时或立即采取措施。

2. 3个使用等级

（1）地基基础；

（2）上部承重结构；

（3）维护系统承重部分。

结构安全鉴定和加固方案，必须邀请具备专业资格的单位进行。业主委托鉴定单位时，应当在委托要求中，向鉴定单位提出引起结构安全隐患的原因，以便分清事故的责任。

建筑物达到设计使用期限，经鉴定并维修、加固后，从使用、经济等价值综合考虑，除了特殊的建筑物外，建筑物就完成了它的历史使命（拆除）。

各层次可靠性鉴定评价，应以改层次安全性和正常使用性的评定结果为依据综合确定。每一层次的可靠性等级分为四级：构件a、b、c、d；子单元A、B、C、D；鉴定单元Ⅰ、Ⅱ、Ⅲ、Ⅳ。

当仅要求鉴定某层次的安全性或正常使用性时，检查和评定工作可只进行到该层次相应程序规定的步骤。

3. 鉴定报告的内容

（1）建筑物概况；

（2）鉴定的目的、范围和内容；

（3）检查、分析、鉴定的结果；

（4）结论与建议；

（5）附件。

（三）鉴定结果的处理

建筑物鉴定结果一般有三种结果：①建筑物可以正常使用；②建筑物经加固可以正常

使用；③建筑物不可以使用。

1. 可以正常使用

建筑物使用年限达到设计使用年限时，并不意味着建筑物不可以使用，当建筑物鉴定结果能满足正常使用要求或稍作维修就能满足使用要求时，则表明建筑物安全，能够正常使用。对于已经超过设计使用年限可以继续使用的建筑物，委托单位和鉴定机构应当要求在鉴定报告中注明建筑物继续使用的要求和年限。

2. 经加固可以正常使用

当建筑物鉴定结果不能满足正常使用要求，但经加固和维修能满足使用要求时，也表明建筑物安全，能正常使用。对于已经超过设计使用年限的建筑物，委托单位和鉴定机构同样应当要求在鉴定报告中注明建筑物继续使用的要求和年限。

3. 不可以使用

当建筑物鉴定结果不能满足正常使用要求时，表明建筑物已存在严重安全隐患，不能正常使用，或建筑物经加固、维修后，无论对使用、经济和社会都无意义、价值时，表明该建筑物已完成它的历史使命"寿终正寝"，这时，建筑物就应当拆除。

第七节　建筑物的拆除与利用

一、建筑物的拆除

当一处建筑物需要拆除时，建筑物产权单位应当邀请具有相应资质的施工单位进行拆除，并经过招投标、签订合同、制定和审定拆除方案、拆除实施、验收等过程，建筑物的拆除同样需要按照建筑业的管理规定进行。

目前的建筑物拆除承包模式，大多采用拆除单位利用回收拆除建筑物废弃料作为承包单位工程款抵消的办法，大部分是建筑物拆除承包单位倒贴给拆除建筑物产权单位的方式，因此，对拆除建筑物废弃料的处理并无规范的处理方式，主要靠建筑物拆除承包企业自行调剂处理，譬如：某工地需要填土，拆除承包单位就向该工地运送建筑垃圾并收取相应的费用作为拆除工程款的回收。

传统的建筑物的拆除工作，一般在取得土地重置和使用权后即可进行。由于建筑物拆除主要涉及拆迁补偿工作，拆迁补偿工作涉及政策、利益等等复杂因素，因此，人称拆迁工作是"天下第一难"不无道理。目前，地方政府为了保证项目的顺利进行，大部分建设项目在土地取得使用权以前，政府已把评估、拆迁补偿工作委托专业的评估、拆迁公司来完成，也就是新建项目的建设单位一般不用负责拆迁工作。这样，建设单位可以大大减少项目建设前期的工作量，使建设工期有更清晰的目标。

我们这里所说的场地拆迁，是指把征地范围内的建筑物拆除，不涉及对原有建筑物的评估、拆迁补偿等内容。

对于城市改造来说，建筑物的拆除，表明建设工程项目管理的结束，也标志着一个新项目成立的开始。

二、拆除建筑物的利用

建筑物在全寿命的使用中应当坚持环保、低碳、绿色的原则，拆除建筑物除部分可以继续利用外，大部分拆除建筑物成为建筑垃圾，目前，拆除建筑物产生的建筑垃圾主要处理方式是填埋，但是，对于城市来说（尤其是大城市），填埋既占用土地，又容易污染地下水，并带来系列问题，因此，建筑垃圾不能完全依靠填埋来处理。

建筑垃圾并不是真正的垃圾，只要稍加处理，就能变废为宝，目前，一般对建筑垃圾的处理主要有以下两个办法。

首先，拆除建筑物、房屋装修和改造道路中产生的建筑垃圾用车运到处理场所，然后，用人工的办法将建筑垃圾中的可直接再生利用的物质，如金属材料、木质类材料和塑料类材料分选归类，直接交给相应的公司进行处理。

其次，对建筑垃圾中的大块废混凝土、废砖、大理石等物质，利用大型破碎锤或破碎机破碎至粉碎机所能粉碎的尺寸，一般为小于100mm，然后用石料粉碎机粉碎为建筑所需的石子、砂子，再将上述混合物用多层分级筛分成符合建筑标准的粗石子、细石子、粗砂子、细砂子等再生材料。生产用水采用活性炭反渗透净化生活污水并循环使用，既可节约用水又可防止污水排放污染环境。

下面具体从以下几点讲述建筑垃圾是如何再利用的。

（1）用废弃建筑混凝土和废弃砖石生产粗细骨料，可用于生产相应强度等级的混凝土、砂浆或制备诸如砌块、墙板、地砖等建材制品。粗细骨料添加固化类材料后，也可用于公路路面基层。

（2）用废砖瓦生产骨料，可用于生产再生砖、砌块、墙板、地砖等建材制品。

（3）渣土可用于筑路施工、桩基填料、地基基础等。

（4）对于废弃木材类建筑垃圾，尚未明显破坏的木材可以直接再用于重建建筑，破损严重的木质构件可作为木质再生板材的原材料或用于造纸等。

（5）废弃路面沥青混合料可按适当比例直接用于再生沥青混凝土。

（6）废弃道路混凝土可加工成再生骨料用于配制再生混凝土。

（7）钢材、废钢筋及其他废金属材料可直接再利用或回炉加工。

目前，我国对建筑垃圾再利用的处理水平和意识远低于发达国家水平，国家也没有相关的政策规定，因此，通过立法，鼓励和推行这项工作十分重要。

三、拆除建筑物档案

目前我国对场地拆除建筑物原始资料档案的存档建立尚未明文规定，一般把建筑物拆除就算拆除工作完成，至于对建筑物拆除后的原地形地貌情况、遗留物的处理（如老基础的桩基工程、工厂的地下废旧油气管道、有害物设施）、场地平整等处置标准和要求等是由负责拆迁的部门（一般是政府指定的拆迁办公室）自行来决定的，这是有关部门管理的一个盲区。

建设单位拿到一块新地，没有相关场地上原有建筑物的情况（如老建筑的桩基础），供地单位是不负责任的，尤其是在《国有建设用地使用权出让合同》中的某些"规定"，对新建单位是不负责任的。

对于城市拆迁后取得的地块，新建项目单位很难知道原有地貌的情况，这会给新取得地块的项目单位带来很多问题，特别是外来投资者，甚至会出现质量事故和安全隐患，这一点应当引起重视，国家应当早日在这方面作出有关规定。

后记

作为一名建设工程项目的参与者，我常以"严格管理就是热情服务，放任管理就是道德问题"来告诫和鞭策我和我的同事。建设工程项目管理需要技术和经验，需要制度和责任，更需要道德和良心。"安得广厦千万间"，其中我们建设工程项目管理者是最为关键的决定因素。

平时在工作中，把技术和经验的积累形成书面材料，是我多年来的习惯。最初的设想是写一本小册子，把它作为企业标准，供企业内部员工培训和业务管理使用。由于其内容涉及量大面广和尺度把握举棋不定曾几次搁浅，但作为一名忠实的建设工程项目管理者，一种我要著书的"冲动"时常"伴随左右"。

在一次工作交流中，我把以上想法大胆地告诉了浙江省建设工程监理管理协会秘书长章钟先生，他说这本书内容很好，市场上没有见到过，建设工程项目管理人员十分需要，你是在做开创性的工作，省协会可以助你一臂之力。同时，此想法也得到了嘉兴市城乡规划建设管理委员会原总工程师陆锦法先生的大力支持和帮助，他建议利用各方资源高质量地把该书编著好，并提出了很多建议。在两位资深同行的鼓励下，我坚定了著书的决心。

在大纲和目录确定时，又听取了有关专家、领导的意见，使初稿雏形很快形成。在向同事、同行收集材料时，继续邀请了业内专家、领导进行指导、修正，使本书逐渐成熟，经过近两年的努力，这本凝聚了大家智慧的书籍终于完成了。

《建设工程项目全过程管理操作指南》介绍了建设工程项目管理的经过，也畅谈了编者团队对当前我国建设工程项目管理的现状、理解、经验乃至意见和建议。建设工程项目的质量管控，是全体工程参与者的崇高责任，事关千秋大业，事关子孙后代，涉及千家万户，这是职业赋予我们的光荣和使命。我们必须用更高的视野和高度去领悟，用更好的技术和服务去践行，建设工程的质量就会越来越好。

同行们，努力吧！大家从点滴做起，从我做起，从现在做起，担当起我们应有的责任，去回报我们的衣食父母。

本书在编著过程中，得到了浙江省建设工程监理管理协会、宁波市建设监理与招投标咨询行业协会、嘉兴市建设工程监理管理协会的大力支持，也得到了各级领导和同行朋友的无私帮助，特别是在最终审定过程中，承蒙住建部原总工程师博士生导师姚兵、浙江省建筑业行业协会副会长兼秘书长教授级高级工程师姚光恒和浙江大学建筑工程学院教授毛义华、浙江省标准设计站教授级高级工程师赵宇宏等专家的悉心指导和大力斧正，使本书能够顺利出版，在此，一并向各位表示深深的敬意和衷心的感谢！

由于编者水平有限，书中一定存在很多不足之处，敬请广大读者批评、指正。

董发根

2017年11月

主要参考文献

［1］中国建设监理协会. 全国监理工程师培训考试系列教材（2017版）［M］.
北京：中国建筑工业出版社，2017.

［2］江正荣.《建筑施工计算手册》（第二版）［M］. 北京：中国建筑工业出
版社，2013.